KB143644

동아시아 연구,
어떻게 할 것인가

동아시아
교양총서
0   1

동아시아 연구,
어떻게 할 것인가

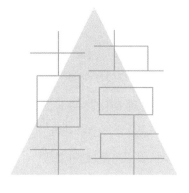

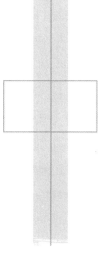

배항섭

박소현

박이진

책임 편집

성균관대학교
출 판 부

이 책은 제목에서 알 수 있듯이 동아시아 연구의 다양한 스펙트럼과 방법론의 기초를 포괄적으로 소개하는 '입문서'의 형태를 띠고 있다. 그러나 말이 입문서이지, 이 책이 나오기까지는 성균관대 동아시아학술원에 몸담고 있는 여러 선생님들의 오랜 고민의 시간이 있었다. 우선 여러 선생님들이 함께 이 책을 쓰게 된 동기는 성균관대학교 동아시아학과 학생들을 위한 기초적인 교재가 필요했다는 데 있었다.

한국에서 최초로 일국적 시야에서 벗어나 '동아시아'라는 넓은 맥락 속에서 인문학을 연구하고자 했던 동아시아학술원은 복합적이고 융합적인 연구를 통해 기존의 분과 학문에 뿌리를 둔 학문 패러다임을 극복하고자 했다. 그에 따라 대학원 동아시아학과가 설립되면서 '동아시아학'에 대한 통합적이고 체계적인 이해가 더욱 절실히 요청되었다. 그러나 이는 말처럼 간단한 문제가 아니었다. 동아시아학과 여러 선생님 어느 누구도 '동아시아학'이라는 것을 체계적으로 배워본 적이 없기 때문이다. 각자 문학, 역사, 철학, 사회과학 또는 한국학, 중국학, 일본학 등 다양한 학문 분야를 전공하였다. 물론 다양한 관점에서 동아시아를 고민해오기는 했지만, 우리가 비판하고 극복하고자 하던 '분과 학문'의 틀에서 벗어나지 못한 채 여전히 '대안으로서의 동아시아학'을 찾고 있는 것이 솔직한 현실이기 때문이다.

따라서 이 책에서 체계적인 '동아시아학'으로의 안내를 기대한 독자에게는 이 책이 실망만을 안겨줄지도 모른다. 그러나 동아시아를 연구하기 위해 걸어가는 수많은 갈래길들과 그 여정의 즐거움을 살피고자 하는 독자라면 이 책이 신선한 자극이 될 수도 있다. 물론, 그 길을 개척하면서 한 발 한 발 걸어 나아가는 사람에게 그 여정이 즐겁기만 할 수는 없는 일이지만 말이다.

이 책을 본격적으로 구상하게 된 것은 한국학, 중국학, 일본학의 총합이 아닌, '융합 학문'으로서의 '동아시아학'을 고민하고 구성하기 위해 동아시아학술원의 여러 선생님들이 모여 '동아시아학의 재구성'이라는 연구 모임을 결성하면서부터이다. 이와 같은 연구 모임의 구성이 가능했던 것도 우선 한국, 중국, 일본 등 동아시아 지역의 문학, 역사, 철학, 사회과학을 연구하는 다양한 분야의 연구자들로 구성된 동아시아학술원의 독특한 연구 환경과 시스템이 있었기 때문이다.

그러나 다양한 전공의 연구자들이 함께 융합 학문으로서의 '동아시아학'을 고민하는 것이 비단 동아시아학술원에 국한된 특수한 현상은 아니다. 우리나라에서는 1990년대부터 탈냉전, 세계화, 지역주의, 신자유주의 등 변화하는 국제정세에 대응할 수 있는 대안적 담론으로서의 동아시아론이 활발히 전개되었다. 동아시아의 평화와 상생, 번영을 추구하여 동아시아 역내 국가 간의 협력과 공동체를 구상하고, 역사와 문화를 통해 동아시아에 대한 새로운 이해를 모색하는 등 다양하게 전개된 '동아시아론'은 한때 침체한 인문학계에 새로운 활기를 불어넣는 것처럼 보였다. 그러나 안타깝게도 동아시아론의 활기는 오래가지 못했다. 세계화 추세가 가속화되면서 국가 간의 인적 교류가 폭발적으로 증가한 2000년대에 들어와서는 오히려 퇴조한 측면이 있다. 동아시아론의 퇴조는 무엇보다 내셔널리즘에 뿌리를 둔 영토문제, '역사전쟁', 그리고 안보문제 등을 둘러싼 "현안"들이 동아시아 각국의 내셔널리즘을 다시 자극, 고조시키면서 갈등과 대립의 골을 깊게 만드는 국제정치의 현실 때문일 것이다. 그러나 돌이켜보면 인문학자들이 주도한 동아시아론이 동아시아의 사회·정치적 현실을 극복할 새로운 비전을 제시하지 못한 채 지나치게 이상적이거나 추상적인 접근에 머물렀다는 데에서도 그 원인의 하나를 찾을 수 있을 것이다. 결국 기왕의 동아시아아론은 인문학 고유의 보편적 통찰을 통해 동아시아의 자국중심주의와 지역이기주의, 문화적 특수주의(particularism)의 한계를 극복하고 새로운 지평을 열어간다는 목표에는 도달하지 못한 것이다.

2000년대에 들어와서 성균관대 동아시아학술원을 비롯해 여러 대학에서 인문학과 사회과학의 융합을 목표로 하는 〈(동)아시아 연구소〉가 설립되었다. 그러나 이러한 제도적 변화가 '동아시아학'과 관련한 새로운 비전과 가능성을 충실히 보여주지는 못하고 있다. 한국의 동아시아론은 여전히 지역연구(area studies)의 사회과학적 패러다임을 극복할 수 있는 새로운 담론을 생성하지 못하고 있으며, 오히려 동아시아라는 경계가 지역주의의 극복 및 '탈경계'를 방해하는 부정적인 현상마저 나타나고 있다. 다시 말해서 동아시아 지역연구가 다른 아시아 지역연구와 유기적, 수평적으로 연결되지 못하고 동아시아의 지정학적 특수성, 특히 동북아 정세만을 지나치게 강조하는 한계를 보이고 있는 것이다.

한편, 지역연구의 방법론과 패러다임은 냉전체제의 산물로서 제2차 세계대전 이후 미국과 유럽 대학에서 본격적으로 연구되었다는 점에서 미국학계나 유럽학계의 동아시아 연구를 참조해볼 필요가 있을 것이다. 그렇지만 19세기 식민정책의 연장선상에서 오리엔트 연구 (Oriental Studies)를 해온 유럽 대학과 달리, 제2차 세계대전 이후 본격적으로 아시아학과(Asian Studies) 또는 동아시아학과(East Asian Studies)를 신설하고 아시아 또는 동아시아를 하나의 지역 또는 현상으로 연구해온 미국 대학의 '동아시아학'은 과연 새로운 학문적 비전과 가능성을 성공적으로 제시하였는가? 결론부터 말하자면, 미국학계도 에드워드 사이드(Edward Said)의 오리엔탈리즘 비판 이후 수십 년이 지나도록 이렇다 할 대안을 찾지 못한 채, 아직도 오리엔탈리즘 비판의 후유증에서 벗어나지 못한 상태이다. 그럼에도 불구하고 '(동)아시아학'을 연구하는 서구학자들 가운데는 (동)아시아 인문학이 세계화의 막다른 골목에 맞닥뜨린 서구사회를 구원할 대안이라고 믿고 있는 학자들이 적지 않다.

그렇지만 이러한 대안은 그리 쉽게 찾아지는 것은 아닌 듯하다. 이웃한 일본의 예를 들어보자. 19세기말 중국문화권(중화)에서 (대)동아 문화권으로의 '중심' 이동을 제창하며 동아, 동양과 같은 개념에 제국의 지배원리를 덧붙였던 그들이었지만, 주변국들에게까지 막대한 희생을 초래하면서 파국적 종말을 맞고 말았다. 그 결과 제2차 세계대전에서 패전한 이후에는 아시아와의 단절이나 아시아의 망각이라는 이른바 '쇄국상태'를 연출하게 되고, (동)아시아는 일종의 금기어가 되기도 했다. 그러다가 1960년대 이후 세계사 속 지역연구의 일환으로 일본 혹은 동아시아가 구상되기 시작하였고, 사상적으로 서양의 근대주의 비판이라는 맥락에서 동아시아 담론이 등장하였다. 이후 냉전해체의 시류 속에서 평화와 연대를 지향하는 동아시아 공동체론이 제기되기도 했다. 하지만 일본의 동아시아 담론은 여전히 아시아와의 연대냐 고립이냐를 두고 분열된 주장을 보이는 등, 기능주의적이고 편의주의적 성향이 강함을 부정할 수 없다. 지역 구상 면에서도 동남아, 동북아, 환태평양, 환일본해와 같이 한정된 권역권을 설정하며 통일된 동아시아를 구상해 내고 있지 못하다. 이는 일본만의 문제로 한정해 볼 수 없을지 모른다. 보다 원론적인 차원에서 생각할 때 실체이든 개념이든 '동아시아론'의 주체적 구성이 간단한 문제가 아님을 보여주는 것일 수도 있다.

요컨대 동아시아를 한마디로 정의하는 것이 불가능한 것만큼이나 동아시아를 어떤 관점에서 바라보고 어떻게 연구할 것인가에 대한 정답은 없는 것 같다. 결국 우리만의 방식으로 그 해답을 찾아야 한다는 것이 유일한 정답일 것이다. 따라서 이 책에서는 다양한 가능성을 제시하는 것으로 그에 대신하고자 한다.

이 책에는 총 12개의 글이 세 개의 부로 나누어 구성되어 있다. 지금 우리가 동아시아를 사유함에 있어서 필요한 문제의식과 연구방법, 그리고 국내외의 동아시아 연구 동향에 관한 논의를 각 편에 담아 독자의 필요와 편의에 따라 참조할 수 있도록 하였다. 무엇보다 국내 동아시아 연구 상황의 추이에 유념하면서 (재)검토해야 할 기본 과제를 중시해서 각 부를 편성했다.

1부 '동아시아 연구의 시각과 방법'에서는 동아시아를 학문적으로 어떻게 바라봐야 하는지에 대한 성찰을 담은 글을 소개한다. 서구의 역사 발전을 모델로 '고착화'되어 온 근대중심주의적 역사인식을 넘어서고 있는 이 글들을 통해 동아시아 자체를 새롭게 사유할 수 있는 기회가 되리라 생각한다.

미야지마 히로시(宮嶋博史)의 「한·일 양국의 역사를 다시 본다—동아시아사의 입장에서」는 그의 저서 『미야지마 히로시, 나의 한국사 공부』와 『일본의 역사관을 비판한다』의 집필 배경과 주요 내용 그리고 남겨진 과제를 다루고 있지만, 사실상 한일 양국의 역사인식에 대한 비판적 접근을 통해 동아시아사에 대한 새로운 이해의 필요성을 환기하고 있다. 특히 그는 한국사의 주류적 견해인 내재적 발전론과 일본 역사학계의 일본사 인식이 모두 서구의 역사 발전을 모델로 삼아 한국사와 일본사를 이해하려고 했다는 의미에서 쌍둥이 같은 성격을 가진다고 지적한다. 그리고 이러한 주류적 견해 대신 동아시아의 역사에 대한 새로운 이해를 추구하고 있다.

보데윈 왈라번(Boudewijn Walraven)의 「유럽의 오리엔트 연구 혹은 아시아학의 기원」은 16세기부터 현대까지 서구의 동양학을 간략하게 개관한다. 그에 따르면 지식은 언제나 지식을 생산하는 이들의 생활 조건과 정신세계에 좌우되고 인간이나 인종 간의 권력관계를 반영한다는 미셸 푸코(Michel Foucault)의 지적이 에드워드 사이드의 저작인 『오리에탈리즘(Orientalism)』의 출발점이 되었다. 그러나 왈라번은 사이드가 서양의 동양학에 대해 너무 편파적인 모습만을 제시했다는 비난을 받을 수 있다고 지적하면서 동아시아 연구(동양학)를 좀 더 깊이 이해할 수 있는 개념과 시각을 제시하고자 하였다.

배항섭의 글 「동아시아사를 바라보는 시각」은 동아시아의 역사적 경험을 어떻게 이해하고, 그것을 통해 무엇을 해야 하며 혹은 할 수 있는지에 대한 고민을 담고 있는 시론적 글이다. 특히 동아시아 연구가 서구 중심주의는 물론, 그 쌍생아적 인식이라고 할 수 있는 근대중심주의를 비판하고 전근대와 근대, 양자의 관계를 새롭게 이해할 수 있는 하나의 방법이 되어야 한다는 점을 강조하고 있다.

박소현은 「법률과 동아시아 사회, 문화, 역사」에서 '유교적 법문화', '동아시아 소송사회', '동아시아의 법률과 문학'과 같은 주제들을 통해서 동아시아 법문화사 연구의 다양한 스펙트럼을 소개한다. 이와 동시에 동아시아 법률과 문화에 대한 역사적 이해, 특히 서구와 달랐던 동아시아의 역사적 '특수성'에 대한 고려를 전제로 한 비교사적 접근은 서구중심적 근대성 담론을 극복하는 데 유효한 방법이 될 수 있다고 역설한다.

1부의 글들이 동아시아의 역사와 문화에 대한 접근방법을 다루고 있다면, 2부 '동아시아 담론의 현재와 전망'에서는 동아시아에 대한 지금까지의 논의들을 비판적으로 살펴보는 한편, 향후 '동아시아' 연구의 방향과 가능성에 대해 모색하고 있다.

김비환은 「동아시아공동체 담론의 현황과 새로운 이론의 모색」에서 동아시아지역의 평화와 안정이 동아시아 역내 국가들과 주민들의 공동번영을 위한 필수조건이라는 문제의식을 던지고 있다. 이에 대한 필자 나름의 해답으로 지금까지 진행된 동아시아공동체 담론, 특히 주로 기능주의적·환원주의적 접근과 동아시아의 문화적 정체성을 강조하는 접근을 반성해보고, 답보상태에 있는 동아시아공동체 논의에 활력을 불어넣을 수 있는 새로운 이론적 시도들로서 다문화주의와 동아시아시민주의라는 개념을 제시하고 있다.

임우경의 「비판적 지역주의로서 한국 동아시아론의 형성」은 1990년대 중반 이래 10여년간 『창작과 비평』 그룹을 중심으로 형성된 동아시아론을 소개하고 있다. 1990년대 초반 미소 냉전체제가 와해되자 『창작과 비평』 그룹은 곧 한반도 변혁운동의 탈냉전적 출로를 모색했고, 한반도 분단 극복 문제가 동아시아 지역 전체의 탈냉전 및 평화와 불가분의 관계에 있다는 점에서 동아시아라는 지역적 시각의 중요성을 제기해 왔다. 그리고 이들의 동아시아론이 이후 동아시아 지역 내 비판적 지식인들과 활발히 소통하며 부단히 자기사유를 갱신하면서 비판적 지역주의로 심화되어 왔음을 논의하였다.

고은미는 「글로벌 히스토리와 동아시아론-일본의 연구성과를 중심으로」에서 글로벌 히스토리의 시각이나 방법론을 통해서 지역세계, 그 중에서도 동아시아를 어떤 시각에서 파악하고 분석할 수 있는지를 일본의 연구 성과를 중심으로 검토한다. 시간과 공간의 다양한 층위 가운데서 지역세계가 규정되기 때문에 발생하는 지역세계의 다양성 혹은 유동성과 더불어 특정 지역세계내의 중심과 주변의 관계 및 중심의 가변성 혹은 이동성에 대해서 논의하고 있다.

박이진의 글 「탈냉전과 일본의 동아시아 담론-과제로서의 '대중의 동아시아'」는 최근 일본에서 제기된 동아시아 관련 언설과 특징을 소개하며 그 한계와 과제를 전개한다. 현대 일본이 아시아를 전통적 문화적 동질성을 지닌 공동체로 보지 않고 탈냉전 이후 한반도의 긴장 완화라는 흐름 아래 아시아와의 연대냐 고립이냐를 둘러싼 분열된 주장들을 제기하고 있는 상황을 논의하고 이에 대한 비판 등을 보여준다. 아울러 대중의 동아시아'상'에 영향을 미치고 있는 식민지 귀환서사에 대한 올바른 비판(해석의 틀)이 부재하는 상황을 지적하며, 귀환 서사의 비교사적 분석을 통해 동아시아 간 기억의 낙차를 확인하는 연구가 현실적으로 중요함을 강조하였다.

3부 '동아시아의 과거와 현재-현상과 이해'는 동아시아가 과거 전통적 지식의 장에서 어떻게 이해되고 어떠한 기능을 했는지, 또한 지난 세기말 이래 세계화와 함께 더욱 확산되고 있는 다문화적 현실 속에서 동아시아는 어떠한 위치에 있는지를 구체적 사례를 통해 이야기하고 있다.

진재교의 「동아시아와 조선조 후기 한문학-연구방법론을 겸하여」는 조선조 후기 한문학을 배경으로 '방법으로서의 동아시아'를 제시한다. 동아시아 '문화장'이라는 개념을 설정하여 지식인들이 지식과 문화를 생성하는 과정과 그 역사적 의미를 탐색하였는데, 구체적인 사례로 조선중화(朝鮮中華)의 역사적 성격과 함께 지식·정보와 관련하여 중간계층이 보여준 복수의 시선, 그리고 일국 안팎에서 보여준 지식·정보와 관련한 그들의 역할에 주목한다. 이를 통해 '동아시아'라는 시각이 향후 한문학 연구의 새로운 방향을 제공해 줄 수 있는 가능성을 검증하고 있다.

박영미는 「전근대기 동아시아의 同文-지(知)와 권력의 공간」에서 전근대기 동아시아가 한자를 언어문자로 사용한 '동문(同文)'의 권역이었음을 강조한다. 전근대기 '동문권(同文圈)'은 중화의 권력이 작동하는 동시에 책봉체제에 의해 그 질서가 유지되었다. 또한 동아시아는-그것이 중화이든 조선이든 일본이든-'동문'이라는 정체성을 통해 야만이나 금수, 이적과는 차별화된 '문명'의 공간으로 스스로를 인식하였다. 문명화의 선후는 있겠지만 그것이 지배를 행사하는 궁극적 요인이 되지는 않았고, 오히려 언제나 긴장 관계일 수밖에 없었던 동아시아 사회에서 동아시아는 '동문'을 통해 '같음'을 이야기하였다. 이는 근대기에 들어서 서양의 침략에 맞서 동아시아 연대론을 주장할 수 있었던 배경이기도 했다고 필자는 주장한다.

정은주의 글 「동아시아 이주자 시민권과 다문화적 현실-화교의 사례를 중심으로」는 종래 동아시아에서 주목받지 못했으나 급증하는 초국적 이주의 흐름 속에서 점차 일상적, 정책적, 학문적 이슈로 대두되는 정주외국인의 시민권과 사회통합 문제를 화교에 대한 처우를 중심으로 다루고 있다. 국적과 괴리되는 시민권의 발전 양상과 인권 및 다문화주의적 담론의 전지구적 소통 속에서 동아시아의 위치를 점검하려는 시도로서, 한국의 첫 장기체류 외국인인 화교의 시민권에 대한 고찰과 주변국의 연관 제도에 대한 점검을 통해 동아시아의 이주자 시민권과 다문화적 현실을 살피고 있다.

그리고 끝으로 글로벌 시대를 맞아, 국제적인 평판이 특정 국가의 소프트 파워와 하드 파워에 직접적으로 영향을 주며 지속적으로 중요해지고 있는 지금, 다니엘 종 스베켄디크는 「세계 속의 동아시아 국가 브랜드 이미지—중국, 일본, 한국의 비교적 관점을 중심으로」라는 글에서 국가 브랜드 지수를 이용하여 중국, 일본, 한국이 동아시아 외 20개 핵심국가에서 어떻게 인식되는지를 살펴보았다. 또 이 세 나라가 서로를 어떻게 인식하고 있는지에 대해서도 국민, 제품, 문화, 정부, 관광, 이민 등 총 여섯 가지의 키워드를 통해 고찰하고 있다.

부족한대로라도 이 책이 처음 동아시아 연구에 접근하는 분들에게 작은 길잡이가 되길 기대해 본다. 이후로도 학생들을 비롯한 독자들의 의견을 성실히 청취하고 필자들 간에도 진지한 논의를 지속하여 기왕의 지역학적인 접근이나 그러한 지역학의 총합으로서의 동아시아가 아닌 융합 학문으로서의 '동아시아학'을 고민하고 새로운 학문적 비전과 가능성을 더욱 구체화하기 위해 노력할 것을 이 자리를 빌려 약속한다.

필자들을 대신해
배항섭, 박소현, 박이진 씀

1부

동아시아 연구의
시각과 방법

1장

한·일 양국의 역사를 다시 본다

;

동아시아사의 입장에서

미야지마 히로시

나는 최근에 두 권의 책을 공간했다. 『미야지마 히로시, 나의 한국
사 공부: 한국사의 새로운 이해를 찾아서』(너머북스, 2013. 1.)와 『일본의
역사관을 비판한다』(창비, 2013. 3.)가 그것이다. 이 두 권의 책은 제목
만 보면 전자는 한국사를 다룬 것이며 후자는 일본의 역사인식을 다
룬 것으로서, 전혀 다른 주제에 관한 책처럼 느껴지겠지만 사실은 서
로 깊은 관련을 갖고 있다.

이 글에서는 두 권의 책에서 내가 주장하고 싶었던 내용에 대해, 왜
두 개의 주제가 깊은 관련을 갖고 있는가를 설명하는 형식으로 논의
를 진행하겠다. 그리고 두 권의 책에서 충분히 논의할 수 없었던 문제
에 대해서도 언급함으로써 앞으로 남겨진 과제를 제시하기로 한다.

1. 내 연구의 문제의식

(1) 연구자로서의 출발

내가 한국사 공부를 시작했던 1970년대 전반은 나중에 '내재적 발
전론'이라고 불리게 되는 새로운 연구 성과가 한국과 북한, 그리고 일
본에서도 나오기 시작한 시기였다. 내재적 발전론은 새삼스럽게 말

할 필요도 없겠지만 일찍이 일본인 연구자가 주장했던 한국사의 타율성과 정체성을 강조하는 입장을 비판하는 것으로, 그때까지의 한국사 이미지를 완전히 쇄신하는 것이었다. 대표적인 것으로는 북한에서 나온 전석담·허종호·홍희유의 『조선에서 자본주의적 관계의 발생』(사회과학출판사, 1970)과 김광진·정영술·손전후의 『조선에서 자본주의적 관계의 발전』(사회과학출판사, 1973), 조선 후기 농촌경제의 변화를 추구한 김용섭의 『조선후기 농업사 연구: 농촌경제·사회변동』(일조각, 1970)과 『조선후기 농업사 연구: 농업변동·농학사상』(일조각, 1971), 조선 후기 상업의 발전을 추구한 강만길의 『조선후기 상업자본의 발달』(고려대학교 출판부, 1974) 그리고 실학 사상의 문제를 선구적으로 밝힌 천관우의 『한국 실학 사상사』(고려대학교 민족문화연구소, 1970) 등을 들 수 있다. 이들 책을 나는 대학원에 진학하면서 당시 류코쿠(龍谷)대학에 계셨던 안병태 교수[1]의 지도를 받으면서 조선사연구회 관서부회의 동학들과 같이 읽었다.

　나도 그러한 연구에서 많은 자극을 받아 학부 졸업 논문에서는 1920년대 한국의 노동운동을, 그리고 석사 논문에서는 갑오개혁부터 1910년에 이르는 시기 농업 문제를 주제로 한 논문을 쓰게 되었다. 석사 논문을 쓰면서 개항기의 농업 변동을 제대로 파악하기 위해서는 개항 이전까지 올라가서 조선 후기의 농업에 대한 이해가 있어야 한

1　이 글은 서울대학교 아시아연구소에서 열린 제13회 서울대학교 아시아포럼(2013. 4. 18.)에서 발표한 초고를 토대로 수정, 보완한 것임을 밝혀둔다.
　나의 스승 중 한 분이신 안병태 교수는 일찍 돌아가셨다. 대표적인 연구로서 『朝鮮近代經濟史硏究(조선근대경제사연구)』(日本評論社, 1975)와 유고를 모은 『朝鮮社會の構造と日本帝國主義(조선사회의 구조와 일본제국주의)』(龍溪書舍, 1977)가 있다. 전자의 전체와 후자의 일부가 『한국근대 경제와 일본제국주의』(백산서당, 1982)라는 제목으로 한국어로 번역된 바 있다.

다는 것을 깨닫게 되었으므로 박사 과정에 진학한 후 조선 후기의 농업 생산과 토지 제도의 문제를 연구함과 동시에 일제시대 토지조사사업에 대해서도 조금씩 자료를 모으는 작업을 하게 되었다.

(2) 내재적 발전론에 대한 의문

이 시기는 기본적으로 내재적 발전론의 입장에서 연구를 진행했는데, 한편으로는 내재적 발전론에 대한 의문도 점점 싹트기 시작했다. 그 의문이란 내재적 발전론이 주장하는 것처럼 조선 후기에 근대의 맹아로 볼 수 있는 변화들이 존재했었다면 개항 이후 그것이 쉽게 사라지지 않았을 거라고 여겨지는데, 그러한 연구가 별로 없다는 것이었다. 그리고 개항기 이후 일본의 침략, 지배와 그에 대한 저항이라는 식으로 한국의 근대사를 그리는 것도 무언가 모자란 것 같은 느낌을 가지게 된 것이다. 특히 후자의 문제는 이를테면 일본 근대사의 그림자로서 한국 근대사를 보려는 것으로, 그 자체는 근대 일본의 역사를 반성적·비판적으로 파악하기 위해서는 의미 있는 작업이라고 할 수도 있지만, 그것만으로는 전문적인 연구자가 아닌 일본 시민들에게 한국사에 대해 적극적인 관심을 환기시키기에는 충분치 않다는 생각을 가질 수밖에 없었다.

이러한 의문이 차차 커지는 가운데 내 연구 생활에서 첫 번째 큰 전기가 찾아왔다. 그것은 개화파 사람들의 사상에 대한 연구를 하게 된 것이다. 1984년은 갑신정변 100주년에 해당하는 해로 일본의 대표적인 한국사 연구단체인 조선사연구회의 연차대회에서 '갑신정변 100년'이라는 주제로 발표를 준비하게 되었다. 1981년부터 도쿄도립대학에 근무하던 나도 발표자가 되었기 때문에 도립대 대학원의 강의에서 개화파와 갑신정변 관련의 논문을 읽기 시작했다. 나와 함께 그 당시 도립대의 대학원생이던 조경달(현 지바대학 교수) 씨도 발표를 할 예정이었기 때문에 발표 준비를 겸해서 이러한 강의를 하게 되었다.

개화파의 김옥균이나 박영효, 김윤식 등의 문장을 읽으면서 종래의 개화파 연구에 의문을 가지게 되었다. 개화파, 특히 갑신정변을 주도한 이른바 급진 개화파로 불리는 김옥균이나 박영효는 일본의 대표적인 계몽 사상가이던 후쿠자와 유키치의 영향도 받으면서 개화사상을 가지게 되었고, 일본의 후원에 의지해서 갑신정변을 일으키게 되었다는 것이 당시의 일반적인 이해였다. 그런데 실제로 그들의 문장을 보면 유학적인 사상의 깊은 흔적이 여실히 나타나고 있으며, 그런 면에서 후쿠자와와 차이가 있다는 것을 알게 된 것이다. 그 당시의 일반적인 이해로는 이러한 유학 사상의 흔적은 그들의 한계로 인식되고 있었다. 그 이유는 유학 사상이 근대화를 위해서는 극복되어야 할 낡은 사상으로 간주되었기 때문이다. 그러나 정말로 유학 사상을 그렇게 볼 수 있는가, 유학 사상의 영향이 남아 있다는 것을 부정적으로만 보아야 되는 것인가, 그렇다면 개화파보다 후쿠자와를 높이 평가할 수밖에 없게 되는 것이 아닐까, 등의 의문이 차차 떠올랐다.

이러한 의문을 해소하기 위해 유학 사상에 대한 재검토가 필요하다는 생각에 이르렀고, 더 나아가서는 유학을 국가 이념으로 한 조선시대의 국가와 사회를 어떻게 볼 것인가, 한국의 근대 이행을 어떻게 이해해야 할 것인가 등을 밝혀야 한다는 새로운 과제를 자각하게 되었다. 또한, 유학에 대해 대단히 부정적인 인식을 가졌던 후쿠자와를 근대 계몽의 기수로 높이 평가해온 일본사 이해에 대해서도 다시 보게 되었다.[2]

(3) 양안과의 만남

개화파에 대한 위와 같은 재검토가 나의 연구생활의 첫 번째 전기였다고 한다면, 두 번째 전기가 된 것은 조선시대의 토지대장인 양안(量案)에 대한 연구였다. 일제시대의 토지조사사업 연구를 장기적인 과제로 삼았지만, 구체적인 진전이 없는 상태에 있었다. 그러던 중 토지조사사업의 역사적 의미를 구명하기 위해서는 조선시대의 토지제도, 국가의 토지 파악 방식을 연구해야 한다고 생각해서 1987년에 7개월간 처음으로 한국에 체재하면서 서울대학교 규장각 도서실에 소장되어 있는 방대한 양안 자료와 씨름을 하기 시작했다. 일견하면 단순한 숫자의 나열 같이 보이는 양안이지만, 자세히 검토하면 양안 하나하나가 개성을 갖고 있다는 것을 알게 되었고, 그러한 양안의 다양성으로부터 국가에 의한 토지 파악 방식의 시대적 변화를 읽어낼 수 있다는 확신을 가질 수 있었다. 그 결과 완성하게 된 것이 나의 첫 번째 저서인『朝鮮土地調査事業史の硏究』(도쿄대학 동양문화연구소, 1991)인데, 장기적으로 볼 때 양안을 연구하면서 나에게 더욱 의미가 있었던 것은 양안에 반영된 조선시대 토지 소유의 독특한 모습에 관심을 갖게 된 것이었다.

양안에는 각 토지의 소유자가 기록되어 있는데, 소유자로 등장하는 사람들은 양반, 향리, 양인, 노비, 승려 등 신분적으로나 계층적으로 다양하게 구성되어 있었다. 그 가운데도 특히 흥미로운 것은 양반도 다른 사람들과 마찬가지로 토지 소유자로 등록되어 있다는 사실이다.

---

2 그 당시의 성과로서는 宮島博史, "開化派硏究の今日的意味(개화파연구의 현재적 의미)"(『季刊三千里』40호, 1984)와 "朝鮮社會と儒敎(조선사회와 유교)"(『思想』750호, 1986)가 있다.

주지하듯이 양반은 조선시대의 지배계층으로 존재했는데, 그러한 양반도 양안에서는 다른 사람과 똑같이 나온다는 이야기다. 이러한 현상은 아무것도 아닌 것 같이 보일지도 모르겠지만, 사실은 세계사적으로 보면 대단히 특이한 현상이다.

예를 들어 도쿠가와(德川) 시대 일본에서도 양안과 비슷한 양식을 가진 검지장(檢地帳)이라는 토지대장이 작성되었는데, 거기서 무사들은 토지 소유자로 전혀 등장하지 않는다. 왜냐하면 무사들은 토지를 지배하는 존재로서, 토지를 소유하는 농민과 신분적으로 엄격하게 구별되었기 때문이다. 일본뿐만 아니라 서구에서도 마찬가지다. 서구의 귀족이나 교회는 토지의 지배자로서 토지대장을 작성하는 주체였지, 스스로 각 토지의 소유자로는 전혀 나타나지 않았다. 이러한 일본이나 서구의 경우와 비교하면 양반은 지배계층이면서도 다른 계층에 속하는 사람들과 나란히 토지 소유자로서 등장하는데, 이러한 현상을 어떻게 이해해야 하는 것일까? 양안에 관한 연구는 저명한 김용섭 교수의 연구[3]를 비롯해서 여러 연구가 있었지만, 위와 같은 현상에 주목한 연구는 전무한 상태였다. 이러한 의문을 가지게 되면서 양반이란 무엇인가, 양반을 지배계층이라고 하지만 그것은 어떤 의미로 그렇게 말할 수 있는 것인가, 양반을 지배계층으로 한 조선 사회는 어떤 사회였다고 볼 수 있는가 등의 문제가 머릿속을 맴돌게 되었다.

그리고 양안을 연구하면서 한 가지 더 주목하게 된 것은 양안과 일본의 검지장, 더 나아가서 같은 시기 중국에서 작성되던 어린도책(魚鱗圖冊)이라는 토지대장의 유사성에 대해서였다. 이들 토지대장은 서

---

3 김용섭 교수의 양안에 관한 연구는 앞에서 소개한 두 권의 책에 수록되어 있다.

로 영향관계가 없음에도 불구하고 국가가 직접 모든 토지를 조사해서 일률적으로 파악한 결과 만들어졌던 것으로 아주 비슷한 내용을 갖고 있는데 왜 이러한 유사성이 생긴 것인가의 문제였다[4]. 이 문제는 한국, 일본, 중국의 '공통성'을 어떻게 볼 수 있는가의 문제인데, 앞에서 말한 첫 번째 전기에서 제기된 문제가 한국과 일본의 '차이점'에 관한 문제였다는 의미에서, 두 문제는 대조적인 성격을 가진 것이었다.

이상과 같이 1980년대부터 1990년대에 걸쳐 연구하는 과정에서 내재적 발전론에 대해 여러 의문을 갖게 되었다. 이에 따라 그렇다면 내재적 발전론을 대신할 수 있는 틀은 어떤 것이어야 하는가 하는 문제를 생각할 수밖에 없었다. 내재적 발전론이라는 시각은 앞에서도 말했듯이 일본인 연구자가 주장하던 한국 사관을 비판하기 위해 제기된 시각이었지만, 역사를 바라보는 입장에서는 일본의 연구자가 일본사를 바라보는 입장과 사실은 같은 것이었다. 즉, 일본의 일본사 연구자들은 서구적인 모델을 일본사에 적용하면서, 일본의 역사가 서구와 비슷한 발전을 해왔다고 주장했는데, 내재적 발전론 역시 한국의 역사를 서구 모델을 한국사에 적용하려고 하는 의미에서는 대동소이했다는 말이다. 따라서 내재적 발전론을 비판하고 새로운 한국사 이해를 모색한다는 과제는 동시에 일본사에 대한 일본의 통설적인 이해를 비판하는 측면을 함의한 것이었다.

이상이 올해 초에 출판된 두 권의 책에 담겨 있는 문제의식의 배후 설명이다. 다음으로는 두 권의 책에 대해 간략하게나마 그 내용을 설명하기로 한다.

---

4 세 개 장부의 양식을 비교한 논문이 첫 번째 책인 『미야지마 히로시, 나의 한국사 공부: 한국사의 새로운 이해를 찾아서』에 수록된 「사대부와 양반은 왜 토지귀족이 아닌가」이다.

2. 한국사에 대한 새로운 이해를 찾아서

(1) 서구 모델에 의거한 한국사 연구 비판

내재적 발전론은 일제시대에 일본인 연구자들이 주장하던 한국사 이해를 비판하기 위해 제기된 주장이었다. 즉, '타율성'에 대해 '내재'를, 그리고 '정체성'에 대해 '발전'을 대치함으로써 한국사를 이해하려는 주장이었다. 이 새로운 한국사 이해는 일본인 연구자의 한국사 이해를 비판하는 면에서는 큰 의미를 갖는 것으로 많은 연구 성과를 낳는 역할을 수행했다. 그러나 거기에는 두 가지 문제점이 존재했다고 여겨진다. 하나는 '내재'를 강조한 나머지 외부와의 관계가 경시되었을 뿐만 아니라, 비교사적인 연구가 제대로 이루어지지 않았다는 것이다. 또 하나는 '발전'의 모델로서 서구 모델이 적용되었다는 것이다. 여기서는 후자의 문제부터 말하겠다.

서구 모델을 한국사에 적용하려고 했다는 것을 단적으로 보여주는 사례는 '봉건제'에 관한 문제다. '봉건제'란 서구 중세사회의 구조를 파악하기 위해 만들어진 개념인데, 이러한 서구적인 '봉건제'가 한국에서도 존재했을 뿐만 아니라, 18·19세기에 '봉건제'가 해체기에 접어들었다는 것이 '내재적 발전론'의 주장이다. 이러한 주장은 기실 전전(戰前) 일본인 연구자가 주장했던 '봉건제 부재론', 즉 한국의 역사에는 '봉건제'의 시대가 존재하지 않았으며 그 때문에 한국은 스스로 근대화할 능력이 없다는 주장을 비판하기 위해 제기된 것이었다.

그러나 조선시대의 한국사회를 '봉건제' 개념으로 파악하려고 하면 여러 가지 문제가 제기된다. 예를 들어 앞에서 언급한 양안의 문제가 그렇다. 양안에서 양반도 다른 사람들과 같이 토지 소유자로 등장하는 현상은 '봉건제'론으로는 제대로 설명할 수가 없다. 서구 '봉건제' 사회에서 영주나 교회는 토지의 지배자로서, 어떤 지역 전체를 지배하는 존재로서 개별 토지의 소유자로는 등장하지 않았다. 이에 비해 조선시대 양반은 개별 토지의 소유자로 존재할 뿐, 영역적인 지배자는 전혀 아니었다. 물론 양반은 많은 경우 일반사람보다 넓은 토지를 소유하고 있었지만, 그것은 어디까지나 지주로서 토지를 소유했던 것일 뿐, 일정한 지역 전체를 지배하는 영주로서 존재했던 것은 결코 아니다. 그리고 이러한 현상은 중국 사대부의 경우도 마찬가지였다. 즉, 중국의 사대부들도 어린도책에 일반사람들과 나란히 토지 소유자로 등장하지만 영역적 지배자로서의 성격은 전혀 가지지 않았던 것이다. 이러한 양반과 사대부의 존재 형태를 '봉건제'론은 제대로 파악할 수 없다고 말할 수밖에 없다.

(2) 소농사회론의 제기

그러면 양반과 사대부의 위와 같은 특색은 어떻게 생긴 것일까? 이 문제를 생각하는 과정에서 내가 제기한 가설이 '소농(小農)사회론'이다. '소농사회론'은 일본도 포함한 동아시아 전통 사회의 특색을 파악하기 위한 가설인데, 그 의도로서 가장 중요한 것은 '봉건제'로 대표되는 서구 모델로 동아시아 사회를 보려는 입장을 극복하는 데 있다. 즉, 서구 모델로부터 일단 떠나서 동아시아 전통 사회의 최대 특색이라고 생각되는 부분에 주목해 그것을 개념화한 것이 '소농사회론'이다.

'소농사회론'의 내용은 첫 번째 책인『미야지마 히로시, 나의 한국사 공부: 한국사의 새로운 이해를 찾아서』에서 구체적으로 전개되고 있다. 그 핵심은 16세기를 중심으로 한 시기에 동아시아 지역에서 집약적인 벼농사가 일반화되는 가운데, 그것이 단순히 농업의 변화에 머무르지 않고 사회구조와 국가구조까지도 크게 변화시켰다는 점이다. 즉, 집약적 벼농사가 확립되는 가운데 소농민이 생산주체로서 성장한 결과, 사대부, 양반, 무사 등의 지배계층이 농업 생산에서 손을 떼며 토지귀족으로서의 성격을 잃게 되었고, 이러한 소농을 지배하기 위한 이데올로기로 주자학이 국가 이념으로서의 지위를 얻게 되고 주자학으로 무장한 관료들에 의한 통치체제가 구축되기에 이르렀다. 이것이 '소농사회론'의 골격이다. '소농사회론'에서 가장 중요한 의미를 가진 집약적 벼농사의 확립 과정에 대해서는 다음과 같이 이해할 수 있다. 동아시아에서 먼 옛날부터 건조 지대에서는 밭농사 그리고 습윤 지대에서는 벼농사가 이루어져 왔다. 주지하듯이 중국 대륙의 황하문명은 건조 지대의 관개 밭농사를 기반으로 한 것이어서 벼농사가 차지하는 비중은 작았다. 이러한 밭농사와 벼농사의 비중이 바뀐 것은 중국 대륙에서는 송나라 시대 이후이고, 한반도와 일본열도를 포함한 동아시아 규모에서는 16세기 이후다.

동아시아 농업이 이처럼 획기적으로 변화한 이유는 그때까지만 해도 산간의 좁은 평야 지역에서만 가능하던 이식식(移植式) 집약적 벼농사(모내기를 행하는 벼농사)가 대하천의 하류 평야지역에서도 가능해졌기 때문이다. 중국대륙에서 이런 변화는 송나라 시대에 시작되어 명나라 시대인 16세기에 이르러 장강(長江, 양자강) 델타 지역의 치수가 안정화됨에 따라 확립되었다. 한반도와 일본열도에서 는 16~18세기에 기본적으로 같은 변화를 볼 수 있다. 이러한 집약적 벼농사의 획기적 확대는 당시로는 세계적으로 유례없는 고도의 토지생산성과 높은 인구밀도를 가져온 원동력이 되었다. 몽골제국의 성립과 함께 시작되어 16세기에 비약적으로 확장된 세계시장 형성의 움직임은 동아시아, 특히 중국의 부유함을 동경하면서 기동한 것이었는데, 중국의 부의 원천은 집약적 벼농사의 성립이었던 것이다.

이러한 농업에서의 변화를 바탕으로 '소농사회'는 중국에서는 송나라 시대부터, 한국에서는 조선시대부터 형성되기 시작했고 대체로 16세기쯤에 완성되었다고 볼 수 있는데, 일본의 경우는 차이가 있다. 즉, 일본에서도 집약적인 벼농사가 보급, 일반화되었다는 면에서는 중국, 한국과 마찬가지지만, 그에 대응하는 국가구조 면에서는 다른 형태의 구조가 형성되었다고 보아야 한다는 이야기다. 예를 들어 일본에서는 주자학이 국가 이념으로서의 지위를 획득할 수 없었으며 과거제도도 도입되지 않았다. 무엇보다도 지식인이 아닌 무사가 통치를 담당했을 뿐만 아니라, 그 지위는 신분제도를 바탕으로 세습되었다. 그런 의미에서 '소농사회론'은 한편에서는 동아시아 전통 사회의 공통점을 파악하기 위한 이론임과 동시에 그중에서 일본의 특이함을 파악하는 의미를 가진 것이기도 하다.

(3) 소농사회론의 심화

나는 이러한 함의를 가진 '소농사회론'을 1994년에 처음으로 발표했는데, 이후 그것을 구체적으로 뒷받침하기 위해 여러 방면에서 연구를 진행해왔다. 그 작업은 주로 2002년 한국에 오게 된 이후에 이루어졌는데, 첫 번째 책에는 '소농사회론'을 처음으로 제기한 논문을 비롯해 그 이후의 논문들이 수록되어 있다.

'소농사회론'의 입장에서 한국사를 보려고 할 때 가장 중요하다고 여겨지는 것은 양반의 문제이다. 내재적 발전론에서는 양반을 '봉건적'인 신분제를 바탕으로 존재하던 조선시대 지배계층으로 이해했는데, 이러한 이해를 비판하기 위해 양반과 토지와의 관계, 조선시대 신분제의 특색, 양반의 재생산구조 등을 밝히는 것이 필요했다. 또한, 조선시대 한국사회의 특색을 파악하기 위해 가족과 친족제도[5], 사회적 결합의 문제도 고찰했는데, 이 문제를 생각할 때 중국, 일본과의 비교가 유효하다는 것을 제시하려고 했다.

역사인구학이라는 학문은 아직 한국에서는 잘 알려지지 않은 분야인데, 첫 번째 책에 수록된 역사인구학에 관한 논고는 초보적인 것이지만 앞으로 많은 연구가 기대되는 부분이다. 역사인구학이란 근대에 들어 국세조사 같은 인구조사가 이루어지기 전의 시대를 대상으로 인구 변동을 연구하는 학문이다. 한국은 조선시대의 호적대장이 많이 남아 있을 뿐만 아니라 족보도 왕성하게 편찬되었기 때문에 역사인구학의 방법을 이용해서 연구하는 데 아주 좋은 조건을 갖고 있다고 말할 수 있다. 그런데도 지금까지 연구가 부진한 상태였는데, 그것은 역설적으로 자료가 방대하기 때문일지도 모르겠다. 동아시아의 각 사회는 서구와 비교하면 한 여성이 평생 동안에 출산하는 자녀의 수가 적었다고 볼 수 있는데, 이러한 인구 조절의 문제와 '소농사회론'이 어떻게 연관되는지는 앞으로의 연구과제로 남아 있다. 그리고 지금 동아시아 각국은 인구가 감소하기 시작했거나(일본) 가까운 시기에 감소하기 시작하리라 예상되는(한국과 중국) 상황에서 과거의 인구 조절

---

5 한국의 가족, 친족제도의 특색을 파악하기 위해 무엇보다 좋은 자료는 족보다. 한국의 족보에 대해서는 "『안동권씨 성화보』를 통해서 본 한국 족보의 구조적 특성"(『대동문화연구』 62호, 2008)과 "동아시아세계 속의 한국 족보"(『대동문화연구』 77호, 2012) 등 두 편의 논문을 발표했지만, 이 책에는 수록하지 않았다. 족보에 관해서는 가까운 시일에 단행본으로 발표할 예정이다.

문제를 연구하는 것은 큰 의미가 있다고 생각된다.

'소농사회론'을 처음으로 제기한 지 벌써 20년 가까운 세월이 경과했다. 일본 학계에서는 한국사 이외의 분야에서도 '소농사회론'이 어느 정도 '시민권'을 얻게 되었다고 보는데, 한국의 학계에서는 찬성이든 반대든 간에 여전히 본격적인 논의가 이루어지지 않은 상태다. 이번의 책 간행을 계기로 활발한 토론이 이루어지기를 기대한다.

'소농사회론'의 또 하나의 함의는 그것이 단순히 전통시대 동아시아 사회를 파악하기 위한 틀로서만 제기된 가설이 아니라 근대 이후의 동아시아를 이해하기 위해서도 유효하다는 점에 있다. 전통과 근대를 단절적으로 보지 않고 그 연속적인 부분을 주목하자는 이야기가 되는데, 그런 관점에서 근대 이행기에 관한 논문도 첫 번째 책에서는 포함되어 있다. '소농사회론'이라는 입장에서 동아시아 내부의 비교라는 방법을 동원해 조선시대 이후의 한국사를 보려고 한 것이 첫 번째 책의 의도라고 말할 수 있다.

3. 일본의 일본사 인식 비판

(1) 왜 일본사 인식을 문제로 삼는가?

한국사를 연구해온 내가 일본사 인식의 문제까지 발언한다는 것에 대해서는 의아하게 생각될지도 모르겠다. 그러나 나에게는 한국사에 대한 연구와 일본의 일본사 인식을 비판하는 작업은 불가분의 관계에 있는 것이었다. 왜 그러한가?

일본인의 입장에서 한국사를 연구하는 나로서는 일본의 한국사 인식 문제에 관심을 기울인다는 것은 당연하다고 할 수 있다. 그런데 일본의 한국사 인식을 문제 삼아 연구하는 과정에서 깨닫게 된 것은 일본의 한국사 인식과 일본사 인식이 표리일체의 관계에 있다는 사실이었다. 무슨 이야기인가 하면 일본인 연구자가 한국사의 특색 등을 논의할 때 그 배후에는 반드시 일본사의 특색에 대한 인식이 존재한다는 것이다. 예를 들어 한국사의 '타율성'을 이야기할 때 그 배후에는 일본은 한국과 달리 '자율'적인 역사를 갖고 있다는 인식이 존재하며, 한국사의 '정체'를 말할 때 그와 대비되는 일본의 '발전'이라는 인식이 깔려 있다. 이러한 인식이 언제부터 생겼는지 확실하지 않지만 일본에 있어서 외국으로 제일 먼저 의식되는 존재가 한반도였기 때문에 그럴 수밖에 없었다고도 여겨진다.

지금까지 일본에서도, 한국에서도 일본의 한국사 인식의 문제에 관해서는 많은 논의가 있었다. 특히, 내재적 발전론은 일본의 식민 사관을 비판해서 새로운 한국사상을 만드는 데 큰 기여를 했다고 할 수 있지만, 일본의 일본사 인식의 문제에 대해서는 별로 적극적인 발언을 하는 바가 없었다. 그 결과 지금도 한국의 고등학교 세계사 교과서 등에는 가마쿠라시대 이후의 일본을 '봉건제' 사회로 보는 일본 역사학계의 통설적인 이해가 그대로 반영되고 있다. 그런데 지금까지 살펴본 바와 같이 일본의 한국사 인식과 일본사 인식은 불가분의 관계에 있다. 따라서 일본의 한국사 인식을 비판하기 위해서는 한국사 인식만이 아니라 일본사 인식을 비판해야 하는 것이다. 한국사를 연구해온 내가 일본의 일본사 인식을 비판한 두 번째 책을 출판한 이유도 여기에 있다.

(2) '탈아입구(脫亞入歐)'적인 일본사 인식

메이지유신 이후 일본에서는 근대 국민국가를 건설하기 위해 국민으로서의 일체감을 만드는 일이 요구되었다. '국사(國史)=일본사'라는 도식들은 이러한 요구를 충족시키기 위해 만들어진 것이다. 이때 만들어진 '국사'의 특징을 한마디로 말하면 '탈아입구'를 위한 일본사 이해였다. 그 핵심은 일본의 역사를 서구와 비슷한 경과를 겪어온 것으로 그림으로써 한국, 중국의 역사와의 차이를 강조하는 점에 있었다. 그리고 이러한 역사상을 만드는 데 결정적인 역할을 한 것이 '봉건제'론이었다. 일본은 서구와 마찬가지로 '봉건제'를 경험한 데 비해 한국과 중국은 그것을 경험하지 못했다는 것이 일본 '봉건제'론의 내용이다. 이러한 일본 '봉건제'론은 단순한 학문적 주장에 머무는 것이 아니라 강한 정치적 성격을 가진 것이기도 했다. 즉, 서구와 비슷한 역사를 가진 일본은 스스로 근대화를 할 수 있었지만, '봉건제'를 경험하지 못했던 한국과 중국은 자력으로 근대화할 능력이 없는 존재로, 외부의 힘으로 근대화할 수밖에 없다는 것이 일본 '봉건제' 론의 정치적 함의였던 것이다.

이러한 일본 '봉건제'론은 러일전쟁에 승리함으로써 세계열강의 일각을 차지하게 된 시기에 본격적으로 형성되기 시작했는데, 학문적인 연구 결과로 나온 주장이라기보다 그 당시 현실을 설명해주는 담론이었다고 해야 한다. 그러나 이후 '봉건제'론은 일본사의 통설적인 이해로서 강한 영향력을 갖게 되었고 지금까지도 그것을 지키려고 하는 연구자가 존재한다. 그뿐만 아니라 일본 '봉건제'론은 계속해서 다양한 형태로 제기되는 '탈아입구'적인 일본사 인식의 선구로서도 큰 의미를 가진 담론이었다. 두 번째 책인 『일본의 역사관을 비판한다』에서는 일본 '봉건제'론이 어떻게 형성되었고 통설로서의 지위를 차지하게 되었는지, 그리고 그 문제점이 어디에 있는지를 고찰한 논고들이 포함되어 있다.

(3) 유학에 대한 부정적인 인식의 문제

일본에서 이와 같은 역사인식이 생기게 되는 데 한 가지 더 중요한 기여를 한 것이 유학에 대한 인식이었다. 유학의 영향력이 중국이나 한국보다 약했고 과거제도도 존재하지 않았던 일본에서는 서구의 충격에 직면했을 때 그에 대한 저항이 훨씬 약했다. 유학은 근대문명을 실현하기 위해서는 빨리 버려야 하는 사상이라는 인식이 일반화되었으며, 유학이 지배하는 중국과 한국을 후진적인 나라로 보는 인식이 널리 공유되었던 것이다. 이러한 유학에 대한 부정적인 인식을 확산시키는 데 결정적인 역할을 한 사람이 후쿠자와 유키치였는데, 그의 유명한 '탈아론(脫亞論, 일본은 주변의 한국, 중국과의 관계를 끊고 서구 각국과 가까운 관계를 만들어야 한다는 주장)'은 유학에 대한 부정적인 인식과 불가분의 관계에 있는 것이었다.

유학에 대한 일본의 위와 같은 인식은 지금도 강하며 연구자 사이에서도 사정은 마찬가지다. 그 대표적인 사례가 전후 일본의 인문학, 사회과학 연구에 지대한 영향력을 발휘한 마루야마 마사오이다. 그는 주자학을 서구 중세의 가톨릭과 비슷한 보수적이고 비합리적인 사상으로 보면서 도쿠가와시대 일본에서 주자학에 대한 비판이 일찍부터 등장했다고 해서 그 지점에서 일본 근대화의 기원을 찾으려고 했다. 즉, 주자학은 근대화를 위해서는 극복되어야 하는 존재로만 인식했는데, 그가 후쿠자와를 높이 평가했던 것도 당연한 결과였다. 유학에 대한 부정적인 인식이 여전히 강하다는 것은 한국과 중국의 역사에 대한 부정적인 인식 역시 변하지 않았다는 이야기가 된다. 두 번째 책에서는 유학에 대한 부정적인 인식을 비판적으로 검토한 논고가 수록되어 있다.

그런데 유학에 대한 부정적인 인식의 문제는 일본 학계에서만 독특한 것이라고 할 수 없다. 왜냐하면 한국 학계, 더 나아가 한국사회에서도 비슷한 인식이 공유되어 있기 때문이다. 최근에는 한국사 연구자 사이에서도 유학에 대한 부정적인 인식을 재검토하는 움직임이 활발하게 일어나고 있지만, 얼마 전까지만 해도 유학자들이 지배한 탓에 식민지 지배를 받게 되었다는 이른바 '유교망국론'의 주장이 일반적이었다. 그것을 잘 나타내는 현상이 실학에 대한 높은 평가다. 즉, 유학 사상을 비판해서 근대지향적인 사상의 출발점으로 실학이 각광을 받았던 것이다.

이러한 실학 연구는 서구 모델을 사상사 연구에 적용한 것으로 볼 수 있는데, 실학 사상도 기본적으로 유학의 테두리 속에 있었다는 것을 부정하기 어렵다. 문제는 유학의 테두리 속에 있었다는 것을 부정적으로 보지 않고, 거기에서 오히려 적극적인 의미를 찾을 수 있는지에 있다. 이 문제에 관해서는 첫 번째 책에서 내 나름대로의 견해가 제시되어 있다.

(4) 최근의 일본에 대해서

최근에 와서 일본에서는 또다시 제2차 세계대전 때까지 일본 역사를 옹호하고 침략을 인정하지 않으려고 하는 목소리가 높아지고 있다. 집권당인 자민당을 비롯해 '일본 유신의 회(日本維新の会)' 등, 책임

있는 정치가들의 망언이 매일 언론에서 보도되는 상황이다. 21세기를 살아가는 일본인으로서 몸 둘 바를 모를 만큼 부끄러울 따름이다. 이러한 현상은 경제 불황이 장기간 지속되었을 뿐만 아니라 3·11 대지진과 후쿠시마 원자력 발전소 사고가 생기면서 미래를 전망할 수 없는 상황이 되어 '강한 일본'을 재건하려고 하는 초조감의 산물이라고 할 수 있을 것이다.

돌이켜보면 두 번째 책에 수록된 논고 「일본 동아시아공동체론의 현주소」를 집필할 당시(2005년)까지만 해도 일본에서는 동아시아 공동체에 대해 어느 정도 적극적인 태도를 유지하고 있었다. 그러나 그 이후 일본이 미국과의 동맹 강화, 중국에 대한 경계와 대항이라는 외교 노선을 선택함으로써 동아시아 공동체 논의는 거의 사라지게 되었다. 뿐만 아니라 작년부터는 영토 문제를 둘러싸고 한국, 중국과의 관계도 전례 없이 나빠진 상태에 빠져 있다.

일본에서는 이러한 위기를 극복하려고 할 때 많은 경우 과거의 영광스러운 시대가 호출되는데, '유신의 회'라는 이름이 상징하듯 메이지유신 이후의 근대 일본을 '강한 일본'의 표상으로 그리는 움직임이 이어지고 있는 것도 이런 관행의 연장선상에 있는 것이다. 그런 현황을 볼수록 두 번째 책에서 논한 일본의 역사인식 비판은 의미가 있다고 여겨진다.

4. 남겨진 과제

두 권의 책 내용은 대체로 위와 같은 것이다. 물론 아직 충분히 검토하지 못했던 부분, 실증이 부족한 부분도 많이 남아 있다. 그러한 약점을 보충하는 작업은 앞으로도 계속 할 생각이지만, 여기서는 '소농사회론' 등 지금까지 나의 연구가 갖고 있는 더 큰 문제에 대해서 몇 가지 지적하기로 한다.

나의 연구에서는 한국과 중국, 일본 등 동아시아 각국을 비교하는 방법을 많이 사용했는데, 이러한 방법은 어쩌면 최근 그 극복이 요청되고 있는 일국사적인 역사 파악을 강화하는 위험성을 갖고 있다. 이 문제점은 나도 나름대로 자각하고 있지만 실제 연구에서는 아직 미진한 부분이 많다고 할 수밖에 없다. '소농사회'의 핵심을 이룬 집약적 벼농사가 전형적으로 전개된 지역은 중국의 강남(江南) 이남 지역, 한국의 남반부, 일본 서부 등에 한정되어 있었다. 그래서 3국 내부에서도 이질적인 요소가 존재했는데, 이러한 문제를 어떻게 생각하는가 하는 것은 앞으로의 큰 과제라고 생각한다.

일국사적인 역사 파악의 문제와 관련해서 더욱 큰 문제는 국제관계나 상호 접촉, 영향의 문제가 충분히 고려되어 있지 않다는 데에 있다. 바꿔 말하면 '소농사회론'은 서구 모델을 일본에 적용한 '봉건제'론이나 해방 후의 '내재적 발전론'에 대해서는 어느 정도 유효한 비판이라고 자부하지만, '타율'과 '내재'의 문제에 대해서는 방치 상태에 있다는 이야기가 된다.

내재적 발전론은 '타율성론'을 비판, 극복하기 위해 '내재'를 강조했다. 하지만 타율과 자율, 종속과 독립이라는 문제가 과연 양자택일식으로 볼 수 있는 문제일까? 역사적으로나 현대적 관점에서 보더라도 완전한 자율, 독립이라는 것은 오히려 예외적인 상황이라고 봐야 하는 것은 아닐까? 이러한 문제는 국제화, 지구화가 제기되고 있는 현재로서 대단히 절실한 문제이다. 특히 한국사의 경우 이 문제를 생각하기 위한 소재가 아주 풍부하다고 생각된다. 왜냐하면 중국이라는 거대한 존재를 눈앞에 두고 종속과 자율 사이에서 고민해 온 한국에는 중국에 대해 어떻게 대처해야 하는가 하는 노하우가 세계 어느 지역보다 풍부하게 축적되어 있기 때문이다. 이 노하우는 21세기 중국이 또다시 부상하는 가운데 아주 귀중한 유산이라고 할 수 있는데, 내재적 발전론도 '소농사회론'도 이러한 부분에서는 재고의 여지가 많다고 할 수밖에 없다.

타율과 자율의 문제도 그렇지만 한국사와 동아시아사를 연구하면서 지금까지 나의 연구는 그 특색을 밝히는 데 중점을 두었기 때문에 연구를 통해 어떠한 보편적인 문제를 제기할 수 있는가에 대해서는 별다른 성과가 없었다고 하지 않을 수 없다. 예를 들어 한국이나 동아시아 지역의 인간관계 문제, 사회적 결합의 문제에 대해서도 지금까지처럼 서구의 개인주의와 동아시아의 집단주의라는 도식이 타당한 것인지, 한국과 동아시아에서 사람들이 어떻게 사회를 구성해왔는지 등의 문제도 앞으로 집중적으로 연구해야 하는 문제다.

이 문제를 생각할 때 주목하고 싶은 문제는 한국의 '계(契)'다. 계에 대해서는 첫 번째 책에 수록된 사회적 결합에 관한 논고에서도 간략하게 언급했는데, 거기서는 충분히 고찰할 수가 없었다. 계에 대해서는 그것을 공동체로 볼 것인지, 아니면 결사체(結社體)로 볼 것인지를 둘러싸고 일치된 견해가 없는 상태이지만, 나로서는 두 가지 성격을 겸비한 존재로서 계를 이해하고 싶다. 즉, 계는 아주 다양한 성격을 갖고 있는 것으로, 때로는 공동체처럼 구성원들의 강한 결합을 요구하는 계가 존재하는 한편, 때로는 필요에 따라서 자발적으로 결성되는 느슨한 성격을 가진 계도 존재하기 때문에 그것을 일률적으로 공동체 혹은 결사라고 규정하는 것 자체가 무리라는 이야기다. 바꿔 말하면 계라는 조직은 개인주의냐, 집단주의냐라는 양자택일적인 명제가 갖고 있는 문제점을 잘 보여준다고도 할 수 있다.

주지하듯이 계라는 조직은 조선시대 후기부터 많이 형성되기 시작하면서 지금도 강한 생명력을 발휘하고 있다. 이처럼 계가 장기간에 걸쳐서 존재할 수 있었던 이유도 기본적으로는 조직으로서의 유연성에 있다고 볼 수 있다. 그렇다면 한국사회는 왜 이러한 계를 선호했는지, 그것이 한국의 사회적 결합 문제와 어떻게 관련되는지, 더 나아가서 인간관계나 사회적 결합이라는 인류의 보편적인 문제에 대해서 깊이 검토할 만한 문제를 발견할 수 있지 않은지 등의 문제에 대해 최근 고민을 하고 있다.

남겨진 과제가 너무나 많지만 앞으로도 연구의 진전이 있기를 바랄 뿐이다.

| 참고문헌 |

김관진·정영술·손전후, 1973, 『조선에서 자본주의적 관계의 발달』, 평양: 사회과학출판 (이 책은 한국에서도 1988년에 도서출판 열사람에서 간행되었다).

강만길, 1974, 『조선후기 상업자본의 발달』, 서울: 고려대학교 출판부.

김용섭, 1970, 『조선후기 농업사 연구: 농촌경제·사회변동』, 서울: 일조각.

김용섭, 1971, 『조선후기 농업사 연구: 농업변동·농학사상』, 서울: 일조각.

미야지마 히로시, 2008, "『안동권씨 성화보』를 통해서 본 한국 족보의 구조적 특성", 『대동문화연구』 제62집, 성균관대학교 대동문화연구원.

_____. 2012, "동아시아세계 속의 한국 족보", 『대동문화연구』 제77집, 성균관대학교 대동문화연구원.

_____. 2013, 『일본의 역사관을 비판한다』 파주: 창비.

_____. 2013, 『미야지마 히로사, 나의 한국사 공부: 한국사의 새로운 이해를 찾아서』, 서울: 너머북스.

전석담·허종호·홍희유, 1970, 『조선에서 자본주의적 관계의 발생』, 평양: 사회과학출판사.

천관우, 1970, 『한국 실학 사상사』, 서울: 고려대학교 민족문화연구소.

宮島博史, 1984, "開化派研究の今日的意味", 『季刊三千里』 40호.

_____. 1986, "朝鮮社會と儒敎", 『思想』 750호. 岩波書店.

2장

유럽의 오리엔트 연구 혹은 아시아학의 기원

보데윈 왈라번
(번역: 김민승)

에드워드 사이드는 대표작 『오리엔탈리즘Orientalism』에서 모호하게 범주화된 '동양'이라는 지역에 대한 서양의 연구가 제국주의적이고 식민주의적인 고정관념을 생산했다고 비판했다. 사이드에 따르면 '동양'은 터키, 레바논, 이집트와 같은 근동지역(Near East)뿐만 아니라, 이들과 매우 다른 인도, 중국, 한국, 일본과 같이 멀리 떨어진 아시아 국가들까지 포함하는 다양한 문화구성체로 막연히 정의되었음에도 불구하고, 우월한 서양과 구분되는 어떤 공통의 특성을 공유했다고 여겨졌다. 다른 문명을 보는 서양의 태도가 대상의 특성을 지나치게 일반화하거나 허구적으로 구성하고 때때로 제국주의와 식민 지배를 정당화했음을 지적했다는 점에서 사이드의 논의는 중요한 시사점을 제시했다. 그러나 사실에 대한 사이드의 해석은 그 자체로 비판적으로 재고될 필요가 있다. 『오리엔탈리즘』의 가장 큰 약점 중 하나는 동양에 대한 고정관념을 생산하거나 영속시킨 학자들의 역할을 서술했다는 점이다. 로버트 어윈(Robert Irwin)은 『위험한 지식: 오리엔탈리즘과 그에 대한 비판Dangerous Knowledge: Orientalism and its Discontents』에서 사이드 연구의 한계로 사실관계의 오류와 특정 학술분과에 대한 전적인 무지를 지적한 바 있다. 동양에 대한 고정관념이 실재했었다는 점에서 『오리엔탈리즘』은 유의미한 연구 성과라고 할 수 있다. 그러나 모든 인간이 고정관념에서 벗어나기는 어렵다고 하더라도, 여러 학자들이 사이드의 주장보다 훨씬 더 정교한 뉘앙스를 갖는 연구를 했고, 실제로 불쾌함을 유발하는 고정관념들을 제거하는 데 상당한 공헌을 해왔다. 사이드는 그리스가 페르시아와 혈전을 벌인 고대에서 오리엔탈리즘적 왜곡의 기원을 찾으려 했는데, 이러한 사이드의 논의에 대한 무비판적인 의존 또한 동양에 대한 서양인의 태도가 상당한 역사적 변화를 거쳐 왔고, 항상 부정적이지만은 않았다는 사실을 파악하기 어렵게 만든다.

서양의 오리엔트 연구(Oriental Studies) 혹은 아시아학(Asian Studies) 발전의 전체를 다루려면 최소한 책 한 권의 분량이 필요할 것이다. 실제로 우르스 아프(Urs App)의 방대한 연구 성과인 『오리엔탈리즘의 탄생 *The Birth of Orientalism*』은 18세기만을 다루는 데 568페이지를 썼다. 이 글은 위의 연구서보다는 한층 소략하다. 아시아학 발전사의 일부분과 아시아학에 기여한 개별 학자들의 사례를 선택해서 아시아에 대한 특정한 관점이 형성된 맥락을 밝히고, 서구의 아시아 연구에 대한 획일적인 비난이 이 연구들의 미묘한 차이를 간과하고 있음을 증명할 것이다. 이는 서양의 아시아학을 제국주의나 식민주의와의 공모관계로부터 완전히 떼어내려는 의도는 아니다. 학자들 역시 일반인처럼 자기 주변 환경과 시대적 정신에 영향을 받았다. 현재의 관점으로는 용납하기 힘든 문제들을 묵인하는 일이 분명히 존재했고, 심지어는 식민 정책에 적극적으로 동조하기도 했다. 그러나 학자들은 다른 대부분의 사람들보다 일반적으로 통용되던 고정관념과 선입견으로부터 스스로 거리를 둘 줄 안다는 사실을 우리는 인정해야만 한다.

1. 초창기 유럽인과 아시아의 접촉

유럽인들 — 각기 다른 이해관계를 가진 서로 다른 국가들로 구성된 지극히 모호한 범주 — 은 고대부터 아시아와 접촉해왔는데, 그 대상이 비단 근동지역뿐만은 아니었다. 이 중 일부는 문서로 남아 있지 않은데도 고고학적인 발견을 통해 증명될 수 있었다. 그 예로 2011년 부산 근처의 가덕도에서 발견된 유골에서 7,000여 년 전의 것으로 추정되는 유럽인의 DNA가 확인된 적이 있다. 한편 알렉산더 대왕의 군대가 기원전 4세기 아프가니스탄에 건너갔다는 기록이나 고대 그리스인과 로마인이 실크를 수입해오던 '세레스(Seres)'인 — 중국인 혹은 토하라인(Tokharian)으로 추정되는 — 을 알고 있었다는 증거는 문서로 남아 있다. 유럽 중세 시대에는 몽골 제국의 출현으로 동양과 서양이 쉽게 교류할 수 있게 되면서 천주교는 1307년에 조반니 다 몬테코르비노(Giovanni da Montecorvino)를 최초의 베이징 대주교로 임명하기도 했다. 그럼에도 아시아 연구, 특히 동아시아 연구는 16~17세기가 되어서야 시작될 수 있었는데, 바로 포르투갈, 스페인, 네덜란드, 영국과 같은 유럽의 대표적인 해양국가가 경제적 이익을 위해 지구를 일주하기 시작한 때였다. 포르투갈인과 스페인인이 천주교 전파와 개종 활동에도 관심이 있었던 반면, 개신교 영국인과 네덜란드인의 목적은 오직 무역의 이익에 있었다.

기독교와 무역은 아시아 연구의 발생에 상당한 영향을 끼쳤다. 기독교의 기원이 히브리어로 기록된 구약성서와 같은 성경을 바탕으로 한 중동의 종교, 즉 아시아 종교에 있었다는 점은 매우 중요하다. 이에 따라 유럽의 학자들은 히브리어뿐만 아니라 같은 셈어(Semitic languages)에 속하는 아랍어를 연구할 필요가 있었다. 우연히 이 과정에서 그리스어 원본이 소실된 아리스토텔레스의 저작이 아랍어 번역본을 통해 확인되기도 했다. 또한, 학자들은 예수가 사용했을 것이라 추정되는 히브리어와 같은 어원의 아람어(Aramaic)를 연구하기도 했다. 이렇듯 학자들은 언어와 성서를 연구하면서 근대 학술의 근간이 되는 문헌 해석학의 원리를 발전시켜 나갔다. 그중 대표적인 사례는 프랑스 출신의 조세프 유스투스 스칼리게르(Joseph Justus Scaliger, 1540-1609) 인데, 그는 그 당시 유럽에서 가장 많은 언어를 구사할 수 있다고 알려졌다. 스칼리게르는 그간 그리스와 로마의 역사로 대표되었던 고대사에 페르시아, 바빌로니아, 유대인 그리고 이집트의 역사를 포함시켜야 한다고 주장했다. 그러나 비록 스칼리게르가 이전 학자들보다 폭넓은 관점을 갖추고 있었다고 하더라도, 그의 연구 시각은 여전히 제한적이고 성서의 역사와 연관되어 있었다. 스칼리게르는 프랑스, 영국, 스위스, 네덜란드에서 살았지만, 유럽을 한 번도 떠난 적이 없었던 것이다. 반면 1600년경 일본으로 이주한 예수회 선교사들은 일본어 문법책과 방대한 사전을 편찬하며 유럽의 일본어 이해 수준을 높이는 데 많은 공헌을 했다. 또한, 선교사들은 편지와 논저의 형태로 일본 문화에 대한 많은 글을 쓰기도 했다. 더욱이 그들은 라틴어 문자로 일본어를 표기하여 일본어 음성학 발전사에 중요한 사료를 남길 수 있었다. 일본 불교에 관해 남긴 기록은 여전히 오늘날의 학자들에 의해 활용된다. 한편, 17세기경 일본에서 추방되었던 동료들과 달리 중국에 계속 체류할 수 있었던 천주교 선교사들은 중국에 대한 유럽인의 이해에 많은 기여를 할 수 있었다.

동양에 대한 연구를 촉발시킨 또 다른 계기는 국가 간 무역이다. 유럽 국가들은 무역을 확장하면서 이전에는 몰랐던 여러 국가 및 민족들과 교류할 수 있게 되었다. 이러한 상황 가운데 유럽 국가는 동양에 대한 정보와 동양인과 소통할 수 있는 능력의 필요성을 절실히 느끼게 되었다. 인도네시아에만 국한되지 않고 예를 들어 일본에서도 무역을 시작하게 된 네덜란드 동인도회사는 직원들에게 새롭게 방문하는 국가들에 대한 보고서 작성을 요청했다. 이를 위해 회사는 무역업무뿐만 아니라 종교, 사법체계, 문화 전반에 대한 상세한 조사항목을 만들었다. 1653년 제주 해변에서 난파당한 이후 다른 선원들과 함께 13년 동안 한국에 거주했던 네덜란드인 헨드릭 하멜(Hendrik Hamel) 은 조사항목들을 기준으로 '표류기'를 기록했다. 1666년 일본으로 탈출한 그는 중요한 화물이 실린 배를 소실한 원인과 동인도회사의 조사항목에 대한 답변을 보고서로 작성했다. 물론 학술적인 논문은 아니었지만, 기록된 정보는 매우 정확했다. 이 글이 탐험에 관심이 많았던 네덜란드 독자들의 흥미를 끌게 되면서 일부 네덜란드 출판인들은 하멜 보고서를 편집하는 과정 중 세간의 이목을 끌기 위해 원문에는 없는 정보를 추가했다. 가령 하멜과 동료들이 "미개인들에 의해 감금되었다"는 말을 덧붙였다. 그러나 원문에서는 "미개인"이라고 할 만한 어휘가 발견되지 않는다. 오히려 하멜은 여러 번에 걸쳐 한국 문화의 장점을 언급했는데, 예를 들어 높은 교육 수준, 출판물의 대중적 보급, 도량형의 통일화 등에 대해 서술했다. 물론 여성의 매우 열등한 지위를 한국의 문제점으로 비난하기도 했다. 이를 종합해 볼 때 저자의 한국 인식을 "오리엔탈리즘적"이라고 단정짓기는 어렵다. 또한, 저자의 관점은 당시 18~19세기에 횡행했던 인종관과도 무관하다. 논저에는 한국인의 겉모습이나 피부색과 관련된 표현을 찾아보기 어렵다. 이러한 하멜의 시선은 당시 유럽의 아시아를 대하는 일반적인 태도에서 크게 벗어나지 않는다. 당시 유럽이 아시아 국가들보다 훨씬 우월하다는 인식은 찾기 어려웠고, 많은 유럽인은 무력을 통한 정복보다는 상대 지역과의 협의와 협동을 기대했다. 즉, 이 시기는 유럽이 급속한 산업혁명의 발전을 계기로 아시아에 대한 우월함을 느끼게 된 19세기와 구별되는 "협력의 시대"였다.

19세기 이전 유럽인은 아시아 문명을 모방의 대상으로 삼기도 했다. 중국에 체류했던 예수회 신부는 1687년 공자에 관한 논저를 시작으로 중국 지역과 역사에 관한 많은 저작을 꾸준히 출판했다. 이를 통해 유럽의 대표적인 계몽주의자들은 중국에 대해 자세히 알게 되었고, 중국의 정치체계와 문화에 감탄하기도 했다. 예수회와 서신을 주고받던 철학자 라이프니츠(Leibniz, 1646-1716)는 중국과 관련한 단행본을 출판했는데, 바로 1697년 유럽의 공통어였던 라틴어로 씌어진 『중국의 최신 뉴스Novissima Sinica』이다. 한편, 프랑스에서 볼테르(Voltaire, 1694-1773)는 공자를 현자들 중 최고의 인물로 꼽았고, 중국을 세계 최고의 제국으로 보았다. 이처럼 라이프니츠와 볼테르는 중국에 대해 낙관적인 전망을 갖고 있었고, 그들의 아시아에 대한 고정관념은 부정적이라기보다는 매우 긍정적이었다.

하멜과 그의 동료들이 수집한 정보는 새로운 학파를 대표한 니콜라스 빗선(Nicolaes Witsen, 1641-1717)에 의해서도 이용되었다. 빗선은 귀족이 아닌 부르주아 상인들로 구성되어 있었던 암스테르담에서 엘리트 계층에 속한 인물이었다. 많은 엘리트들은 여가시간과 부를 이용해 다양한 연구를 시작했는데, 대부분 이윤 추구보다는 학문적 호기심의 충족을 위해서였다. 당시 러시아 제국은 점차 시베리아로 세력을 확장하고 있었다. 러시아 전역을 여행했던 빗선은 아직 개발되지 않은 시베리아 지역에 관심이 있었고, 1690년 시베리아 지도를 완성했다. 초창기 세계지도에서 한국이 섬으로 표시되었던 것과 다르게 빗선의 지도에서 한국은 동쪽의 반도로 묘사되었다. 지도의 간행 이후 빗선은 1692년 네덜란드에서『북동 타타르인들*North and East Tartary*』를 출판했고 1705년에 개정판을 출간했다. "타타르(Tartars)"는 당시 시베리아와 북동아시아 사람들을 지칭하는 일반적인 용어였다. 하멜은 만주인을 가리킬 때 이 용어를 사용하기도 했다. 1705년 개정판에서 빗선은 총 25개의 언어의 어휘 목록과 각종 자료들을 기록했는데, 한국을 서술하기 위해 하멜의 동료가 제공한 한국어 어휘 목록을 포함한 구술 정보를 활용했다. 주목할 점은 그가 다양한 형태의 자료 기록을 활용했고, 그중에는 아랍인 저자가 남긴 자료도 포함되어 있다는 것이다. 당시 국가 간의 자유로운 횡단을 통해 연구자들은 국경 너머의 다양한 연구자들과 교류하면서 학문을 형성해 갔다고 할 수 있다. 빗선 역시 라이프니츠와 서신을 교환하면서 유교에 대해 배우고,『북동 타타르인들』에서 그는 중국의 현자로 '성 공자(Saint Confucius)'를 언급하기도 했다. 또한, 빗선이 속해 있던 영국의 왕립학회(Royal Society)의 회원들 대부분은 다른 국적을 가진 부르주아들이었다.

이 시기에는 만국사(universal history)에 대한 이해의 폭도 넓어졌다. 스칼리게르가 주로 성경에서 언급된 문명들에만 관심을 가졌던 반면, 17세기에는 중국을 포함한 만국사와 관련한 저서들이 발간되기 시작했다. 그 당시에는 소수였지만, 18세기부터는 대다수의 만국사 연구가 중국을 다루었다. 진정한 전지구적 관점으로 역사를 서술하려는 시도 또한 나타났다. 조제프 드 기뉴(Joseph de Guignes, 1721-1800)는 1756년에서 1758년 사이에 출간한『훈족, 투르크족, 몽골족, 그리고 다른 서타타르인들의 통사*General History of the Huns, the Turks, the Mo[n]gols, and Other Western Tartars*』에서 최초로 중앙아시아의 역사를 다루었다. 또한, 한나라 때 중국 영토의 확장 때문에 스텝지역 유목민이 이동하게 되었고, 그것이 로마 제국과 이후 유럽의 일부 지역에 영향을 끼쳤다고 주장했다. 이때 드 기뉴가 아랍어, 터키어, 페르시아어, 그리고 번역된 중국어 자료를 활용했다는 점은 매우 중요하다.

아시아인을 연구하는 데 있어서 언어에 대한 정보는 매우 중요하다. 이른 시기에 프랑스가 아시아 언어 연구 촉진을 위해 관련 기관을 설립했다는 점은 주목할 만하다. 1669년 젊은 청년들은 터키와의 무역을 위해 콘스탄티노플(이스탄불)과 스미르나(Smyrna)로 파견되어 터키어를 배웠고, 1795년에는 아랍어, 터키어, 크림반도의 타타르어, 페르시아어, 그리고 말레이어를 교육하는 아시아 언어 교육기관이 설치되기도 했다. 중요한 점은 이 언어들이 그 시대 사람들이 사용하는 언어였다는 점이다. 이전에 스칼리게르와 같은 학자들은 종교연구의 목적으로 아시아에 관심을 가져 지금은 사용되지 않는 고대 언어 연구에만 몰두했었다. 이와 반대로 새로운 교육기관의 목표는 외교와 무역에 활용될 수 있는 언어를 가르치는 것이었다. 따라서 현재 사용 중인 언어에 대한 정보가 매우 중요했던 것이다. 아시아 언어 교육 기관은 점차 발전하여 현재 국립동양언어문화대학(Institut National des Langues et Civilisations Orientales: INALCO) 이 되었고, 현재 한국어를 포함한 100여 개의 언어를 가르치고 있다.

일반적으로 민족학과 인류학은 서양의 식민주의가 팽창했던 19세기에 발생했다고 간주된다. 그러나 관련 연구는 이미 18세기에 다양한 민족들이 살고 있던 시베리아로 러시아가 세력을 확장했을 때부터 시작되었다. 초창기 연구로 시베리아 샤먼의 사진을 제시한 빗선의 논저를 들 수 있다. 18세기 시베리아의 탐험에 자극을 받은 독일에서는 민족학(Völkerkunde; ethnology), 민족지학(Ethnographie)이라는 용어가 통용되기 시작했다. 탐험가와 여행가들의 민족학, 민족지학과 관련한 자료 수집은 서양 세력의 확장을 계기로 이루어졌지만, 부르주아 지식인층은 단순히 지적 호기심의 충족을 위해 민족학에 상당한 관심을 보였다. 이러한 맥락에서 다른 유럽 세력에 비해 해외식민지 건설에 소극적이었지만 교육받은 부르주아 계층 — *Bildungsbürger* — 이 중심 세력으로 부상했던 독일에서 다수의 민족학 연구서가 출판되었다는 점에 주목할 필요가 있다.

2. 대변동: 협력에서 위계질서와 지배로

18세기 인류에 관한 새로운 시각으로 과학적 분류로서의 인종 개념이 고안되면서 유럽인의 이민족을 대하는 태도는 급변했다. 이 개념은 인종의 수직적 계층체계를 만들면서 인간을 피부색에 따라 구별하고, 인종별로 고유한 정신적 특성을 부여했다. 이는 최초의 동물적 세계에 인간이 일체가 되었던 자연계를 체계화하려는 시도의 일환이었다. 스웨덴 웁살라대(Uppsala)의 식물학·의학교수이자 식물분류법의 전문가로 알려진 린네(Linnaeus, 1707–1778)는 꼬리 없는 원숭이인 유인원(Anthropomorpha)과 유사한 호모 사피엔스를 유럽 백인종, 아시아 황인종 또는 갈색 인종, 아메리카 적색 인종, 그리고 아프리카 흑인종 네 종류로 분류했다. 18세기에 많은 변동이 있긴 했지만, 이 분류법은 사실적인 근거가 부족함에도 21세기까지 전해졌다. 이러한 인종 개념과 함께 다른 인종의 이동을 계기로 문화적 변동이 발생한다는 인식이 확산되었다. 이러한 인식의 기저에는 특정 인종, 특히 백인이 아닌 인종은 성질이 불변하고, 독립적으로 발전할 수 없다는 판단이 전제되어 있다.

그러나 다른 한편에서는 인종주의에 반대하는 움직임도 있었다. 빗선처럼 영국의 왕립학회의 회원이었던 프랑스인 기요므 토마스 레이날(Guillaume Thomas Raynal, 1713-1796)은 18세기 베스트셀러 중 하나인 『동인도 및 서인도의 유럽 정착과 무역에 관한 철학과 정치의 역사 *Philosophical and Political History of the European Settlements and Trade in the East and West Indies*』를 저술했다. 이 책은 서른여섯 번이나 재판(再版)되었고 영어, 독일어, 스페인어, 네덜란드어로도 번역되었다. 저자 레이날은 드니 디드로(Denis Diderot, 1713-1783)와 다른 계몽주의 사상가들의 도움을 받은 것으로 보인다. 10권에 걸친 이 책에서 레이날은 인종주의와 노예제도에 문제를 제기하고, 유럽의 팽창주의가 부도덕하다고 비판했다. 더 나아가 다른 저자들의 연구 성과를 기반으로 중국의 긍정적인 면과 부정적인 면을 동시에 언급하면서, 향후 중국 언어와 문자에 대한 이해를 기반으로 한층 심도 깊은 연구가 진행될 필요가 있다고 주장했다. 식민주의가 아닌 무역을 기초로 한 국가 간의 평화로운 공존을 주장했다는 점에서 레이날의 관점은 선구적이었고 할 수 있다.

동양에 대한 서양의 태도에 비판적이었던 또 다른 인물은 아브라함 히야센트 안크틸-뒤페론(Abraham Hyacinthe Anquetil-Duperron, 1731-1805)이다. 그는 청년 시절 히브리어, 아랍어, 페르시아어를 학습하였고, 23세에는 산스크리트어와 고대 페르시아어를 배우기 위해 인도에서 7년간 머물렀다. 본래 안크틸-뒤페론은 프랑스군이 주둔하던 인도에 일반 병사로 지원해 인도에 가려고 했으나, 그의 지적 열망에 감명받은 부대 장교가 무료 통항권, 특실, 500파운드 상당의 비용을 지원하고, 체류 시 급여 수당을 위해 인도의 프랑스 총독부에 소개장을 보내는 등 특별대우를 제공했다. 안크틸-뒤페론의 논의에서 주목할 만한 부분은 동양의 군주들이 백성을 보호하는 법률의 제한을 받지 않고 자의적으로 권력을 휘두른다는 '동양적 전제주의(Oriental despotism)' 개념을 비판한 점이다. 이 개념은 서양의 우월성을 증명하기 위해 사용된 일종의 오리엔탈리즘적 관용어(cliché)가 되었다. 안크틸-뒤페론은 이러한 선입견이 동양의 언어와 법체계에 대한 무지에서 비롯되었고, 서양 세력의 탐욕스런 식민정책을 합리화하려는 구실일 뿐이라고 주장했다. 또한, 인간이 피부색에 상관 없이 모두 동등한 본성을 지닌다고 보고, 공정한 무역이 현실로 실현되기 어려운 이상에 가깝다고 하더라도 모든 이를 평등하게 만들어야 한다고 생각했다.

19세기 괴테(Johann Wolfgang von Goethe, 1749-1832)와 철학자 아르투르 쇼펜하우어(Arthur Schopenhauer, 1788-1860)도 아시아에 대해 긍정적으로 평가했다. 괴테는 페르시아 스타일로 시를 쓰고, 프란츠 슈베르트(Franz Schubert, 1797-1828)는 희곡 『사쿤탈라 _Sakuntala_』에 감명을 받았다. 또한, 중국문학에도 관심이 있었다. 쇼펜하우어는 자신을 불교신자라 밝혔는데, 인도 『우파니샤드 _Upanishads_』와 동아시아 불교에 대한 안크틸-뒤페론의 연구로부터 영향을 받았다. 이렇듯 아시아 종교에 대한 긍정적 평가는 유럽인의 사유 속에서 잠재적으로 존재해왔으나, 19세기 정치가들과 외교관들의 사고방식은 서구 우월주의 사상에 압도되었다.

18세기 학자들의 인종 분류법은 그 영향력이 점차 강해져 많은 연구자들의 인식 속에 자리잡게 되었다. 1828년 나가사키에 위치한 네덜란드 정부 소속 교역소로 파견된 독일인 의사 필리프 프란츠 폰 지볼트(Philipp Franz Von Siebold, 1796-1866)는 난파된 배의 복구를 기다리던 한국인과 이야기를 나눌 기회가 있었다. 이때 지볼트는 한국인이 어떤 인종에 속하는지 밝히기 위해 신체적 특징을 과학적으로 분석할 필요성을 느꼈다. 이는 한국인의 피부색이나 골격에 대해 언급하지 않았던 하멜의 태도와 매우 대조적이었다. 더 긍정적인 측면이 있다고 한다면, 지볼트는 수집한 자료를 바탕으로 네덜란드에 돌아와 그의 조수 호프만(J.J. Hoffmann, 1805-1878)과 함께 인종적 편견이 없는, 한국 문화에 관한 다양한 에세이를 출판했다는 점이다. 호프만은 1855년 라이덴(Leiden) 대학에서 최초로 일본·중국학과의 교수가 되었다. 일본 개항을 계기로 네덜란드 정부는 다른 국가와의 경쟁에서 네덜란드의 입지를 공고히 하기 위해 일본 전문가의 필요성을 깨달았는데, 호프만의 교수 임용 배경도 일본의 개항 상황과 무관하지 않았다.

19세기 산업혁명을 계기로 인종 관련 학설의 부정적인 영향은 더욱 악화되는 한편, 서양 열강들은 군사력을 증강하고 식민지에 자신의 세력을 확장하려 했다. 초기에 서양 열강은 교역을 위한 발판과 전초기지를 건설하고 지역의 통치자들을 통해서 간접적으로 지배하는 데 만족했지만, 19세기에는 직접적인 관리와 통제를 행하게 되었다. 그러나 다른 한편으론 직접 지배를 위해 지역 토착어를 사용할 수 있는 관리자가 필요해지면서 학술 방면에 긍정적인 영향이 있었다. 네덜란드의 경우 동인도 식민지에 다수의 중국인이 거주했기 때문에 중국어 의사소통을 위한 언어 교육의 필요성을 제기했다. 호프만은 최초로 중국어 교육을 담당했는데, 이후 1872년 구스타프 슐레겔(Gustaaf Schlegel, 1840-1903)에게 위임했다. 슐레겔은 9살에 부모님을 속이고 호프만으로부터 중국어 교육을 받았다. 이후 네덜란드 정부의 파견으로 중국에 가게 되어 그때 광둥어(Cantonese)를 포함한 몇몇 중국 방언을 배웠다. 슐레겔은 동아시아에 가본 적이 없었던 호프만과 달리 서재에만 머물지 않고 실제 현장에서 활동하는 학자였는데, 중국의 비밀결사조직(secret society)에 관해 연구하기도 했다. 안크틸-뒤페론이나 슐레겔 같은 학자들은 비록 식민주의적 혹은 제국주의적 목적에 따라 공직에 등용되었다 할지라도, 그들의 경력에서 결정적 역할을 했던 것은 청년 시절부터 두각을 드러내었던 지식을 향한 개인적 열망이었다.

3. 본격적인 식민주의 시대

19세기에 이르자 무역 활동에만 만족했던 유럽 열강들은 상당한 경제적 이익을 획득했던 아시아 지역에서 더욱 강력한 지배력을 행사하기 시작했다. 영국 및 네덜란드 정부는 동인도회사 대신 인도와 인도네시아를 직접 통치하기 시작했고, 19세기 후반 프랑스는 인도차이나반도까지 영향력을 확대했다. 그 이전까지 서양 국가들과 중국 및 일본 사이의 무역에는 엄격한 규제가 있었다. 18세기 중국은 광동 지역에서만 서양과 교역했고 1854년까지 일본은 나가사키의 네덜란드 교역소를 통해서만 유럽인과 교류했다. 당시 유럽 및 미국에서 아시아를 향한 세력 확장을 반대하는 여론은 거의 찾아보기 힘들었다. 이는 서양이 우월한 위치에 있기 때문에 자연스러운 결과이자 심지어는 하나님의 섭리에 의해 먼저 선진화를 이룬 서양이 마땅히 해야 할 임무로 간주되었다. 인도 총독(1899-1905) 겸 대영제국의 외무대신(1919-1924)이었던 조지 커즌(George N. Curzon, 1859-1925)은『극동 문제: 일본-한국-중국Problems of the Far East: Japan-Korea-China』의 헌사에서 다음과 같이 밝혔다. "하나님의 섭리 아래 대영제국이 역사상 가장 위대한 선(善)을 위한 도구라고 믿는 사람들과, 저자를 포함해 극동에 대한 연구가 아직 완성되지 않았다고 생각하는 사람들에게 이 책을 바친다." 커즌은 한국의 잠재적 발전 가능성에 대해 매우 부정적이었는데, 만약 100년 뒤의 한국을 목격할 수 있었다면 깜짝 놀랐을 것이다. 식민주의가 정당하지 않다고 믿는 서양인들조차도 서양이 다른 국가를 근대성(modernity)의 세계로 인도해야 한다는 생각은 저버리기 어려웠다. 서양의 군사적, 기술적 발전을 목격한 많은 아시아 지식인들도 그들이 서양의 기술과 문화를 어느 정도 수용해야 한다고 생각했다.

서양과 아시아의 관계가 밀접해지면서 각국 정부는 아시아학을 위해 더 많은 지원을 제공했다. 앞서 언급했듯이 네덜란드는 중국어 교육에 착수했고, 프랑스 정부는 1898년 프랑스 극동연구원(École Française d'Extrême Orient: EFEO)을 사이공과 하노이에 설립했다. 이곳에서 이루어진 연구는 식민화 과정과는 직접적으로 연관되지 않았는데, 주로 고문 수집 및 고대 유물 보존과 고고학 연구가 활발하게 이루어졌다. 이러한 연구를 부정적인 의미에서 오리엔탈리즘적이라고 본다면, 그 근거는 대상 국가의 과거에만 집중하려는 태도 때문일 것이다. 이는 번영했던 과거와 위대한 문화유산을 지니고 있지만, 이 나라들의 현재 상태는 쇠퇴기에 있다는 인상을 암묵적으로 주기 때문이다. 발전하지 못한 식민지를 근대화하기 위해 식민화가 필수적이라는 식민주의자의 주장을 정당화한다는 점에서 이러한 태도는 식민주의적 관점이라 할 수 있다. 그런데 다른 한편 이런 식의 아시아 연구는 그 자체로 큰 가치를 지니고 있는데, 가령 캄보디아 앙코르의 중요한 사원 단지를 보존하는 일을 들 수 있다. 둔황 문헌 연구로 저명한 중국학자 폴 펠리오(Paul Pelliot, 1878-1945)나 중국 종교학자 앙리 마스페로(Henri Maspero, 1883-1945)와 같이 저명한 아시아 연구자들이 활동했던 EFEO는 지금까지도 핵심적인 연구기관으로 자리하고 있고, 앙코르 사원의 보전과 한국을 포함한 12개 아시아국에 대한 연구를 진행 중이다. 현재 서울에 기반을 둔 채 북한학자들과 협업하여 개성 지역의 고고학 발굴도 진행하고 있다.

영국의 옥스포드는 19세기부터 『동양의 경전Sacred Books of the East』 시리즈를 출간하고, 1916년 식민지와 본국의 예비 관료를 교육시키기 위한 대학도 설립하여 아시아학 연구에 상당한 업적을 남겼다. 이 대학의 목표는 "아프리카—아시아 지역과 관련한 영국의 학술, 과학, 무역을 발전시키는 데" 있었다. 이 기관은 런던대학의 동양아프리카대학(School of Oriental and African Studies; SOAS)으로 변모하여 현재 외교관들을 위한 아시아 언어 교육을 제공하고 있다. SOAS는 정부에 직접적인 이익이 되는 주제에 집중하기보다는 다양한 국적의 학자들이 모여 과거에 대한 탈식민주의적 연구를 진행하고 유럽중심주의에 문제를 제기하고 있다.

미국에서는 북아메리카 원주민과 충돌을 일으킨 서부 개척을 계기로 민족학에 관심을 갖게 되었는데, 이는 러시아에서 동부 영토 확장 이후 민족학 연구가 발전하게 된 상황과 유사했다. 처음 북아메리카 원주민 연구를 시작한 프레드릭 스타(Frederick Starr, 1858-1933)는 일본과 한국에도 관심이 생겨 1911년 한국을 방문한 뒤 『한국의 불교 Korean Buddhism』를 출판하기도 했다. 스타 박사는 전형적인 그 시대의 산물이라고 할 수 있을 정도로 인종 개념을 중시했고, 인종이론의 강력한 영향 아래 있던 인물이었다. 이에 따라 신체 계측법에 따른 인종 구분이 적당한 방식이라 보고, 인종 간의 우월관계를 고려한 열등한 수직적 위계질서를 전제했다.

또한, 19세기 서양의 지배 이후 중국, 한국, 일본에서는 가톨릭과 프로테스탄트 기독교의 자유로운 선교활동이 가능해졌다. 선교사들은 동아시아인을 계몽시킬 수 있다는 믿음과 서양 문화의 우월성을 맹신했다. 그들은 지역언어를 배우고 문화를 이해해야 했기 때문에 동아시아에 체류하면서 연구를 시작했다. 스코틀랜드 선교사 제임스 레게(James Legge, 1815~1897)는 주요한 유교 경전들을 번역하는 작업을 진행했는데, 앞서 언급했듯 이 연구 성과는 1879년부터 1891년까지 옥스포드에서 50권 분량의 『동양의 경전Sacred Books of the East』으로 출판되었다. 당시 레게의 번역본은 중요한 연구 성과였고, 새로운 번역본이 출판된 현재까지 여전히 인용되고 있다.

한편, 1888년 처음으로 한국에 온 캐나다 선교사 제임스 스카스 게일(James Scarth Gale, 1863~1937)은 영어권 국가의 한국어 및 한국 문화 이해 수준을 높이는 데 상당한 공헌을 했다. 게일이 쓴 많은 논저 가운데 1897년 출판된 『한영사전Korean-English Dictionary』은 여러 번에 걸쳐 개정되었다. 또한, 게일은 존 번연(John Bunyan, 1628~1688)의 『천로역정Pilgrim's Progress』을 한국어로, 김만중의 한문소설 『구운몽』을 영어로 번역하기도 했다. 이처럼 게일의 여러 저작들을 통해 저자가 한국 문화에 대해 깊이 이해하고 큰 감명을 느꼈다는 것을 알 수 있다. 그러나 허구가 아닌 사실에 바탕을 둔 그의 소설 『선구자The Vanguard』에서 나타나듯, 게일 또한 그 시대의 오리엔탈리스트적인 편견을 갖고 있었다. 게일의 언어학 연구만큼 중요한 성과를 냈던 인물은 1859년 일본으로 건너간 의사이자 평신도 선교자였던 제임스 헵번(James Hepburn, 1815~1911)이다. 그는 1876년 『일영사전Japanese-English Dictionary』을 완성하여 그 뒤 몇 차례에 걸쳐 개정하고 재출판했다. 헵번의 로마자표기법은 영어권 국가에서 아직도 표준이 되고 있다.

4. 전후, 탈식민 연구

19세기 중반 이후 동아시아 연구는 대다수의 유럽 대학에서 기반을 잡아갔다. 미국의 경우 콜롬비아 대학이 비교적 이른 시기인 1902년에 중국학 강의를 시작했음에도 불구하고 다소 미진한 상태에 있었다. 흥미롭게도 이 강의는 뉴욕에 거주 중이던 중국인 하인 딘 롱(Dean Long)이 중국학 연구 발전을 위해 기부한 12,000달러가량의 지원금으로 개설되었다. 당시 일반적으로 유럽의 유서 깊고 유명한 연구기관으로부터 저명한 학자들이 방문교수로 초빙되었는데, 캠브리지의 허버트 자일스(Herbert Giles, 1845-1935), 파리의 폴 펠리오, 옥스포드의 윌리엄 수트힐(William Soothill, 1861-1935), 레이덴의 얀 다이픈다크(Jan Duyvendak, 1889-1954)가 그러했다. 그러나 이러한 상황은 1945년 이후 변하기 시작했고, 현재 미국의 연구기관은 동아시아학 연구의 세계적 중심지가 되었다.

이러한 변화는 전쟁을 계기로 나타났다. 제2차 세계대전 중 미국 정부는 다양한 방면에서 군대를 도와줄 수 있는 일본어 능통자를 급히 필요로 했고, 언어 교육을 위한 프로그램을 신설했다. 콜롬비아 대학에서 중요한 연구 성과를 내고 일본 시민권을 얻었던 도날드 킨(Donald Keene, 1922-)처럼 유명한 전후 미국인 일본학 연구자 중 일부는 미국 정부의 교육 프로그램에 참여했다. 프레드 루코프(Fred Lukoff, 1920-2000)는 원래 셈어를 연구했으나, 세계대전 중 미국 정부의 위임으로 미국 내 한국인 이민자의 도움을 받아 한국어 교과서를 집필했다. 그 후 그는 한국어학의 전문가가 되었다. 1945년 이후 미국 정부는 아시아의 변동을 예의주시하면서 일본에서 민주국가로의 이행을 지휘하고, 1945년부터 1948년까지 대학민국 남한에 군대를 주둔시켰다. 한국과 미국의 관계는 1950년 북한의 공격이 발발하자 미국이 남한을 원조하면서 더욱 긴밀해졌다. 하버드대 최초의 한국학 교수인 에드워드 와그너(Edward Wagner, 1924–2001)는 일본과 한국에서 미국 주둔군으로 복무했고, 1950년 인천에 상륙한 맥아더 부대와 함께 귀환했다. 와그너는 동시대 한국의 상황을 잘 알고 있었는데, 학문적 연구 주제로 동시대 한국이 아닌 조선시대의 사회사에 주목했다.

1945년 이후 한국학 연구의 성립은 매우 중요한 발전을 의미했다. 주권 상실 기간 동안 몇몇 학자가 관심을 갖고 있긴 했지만, 한국학이 독립된 분과 학문으로 성립될 기회는 없었기 때문이다. 유럽에서 한국학에 주목한 대부분의 연구자들은 일본학과 중국학 연구를 기반으로 두고 있었다. 대표적인 예로 유럽 한국학 연구의 선구자로서 1947년 라이덴 대학에서 한국과 관련한 수업을 개설한 프리츠 보스(Frits Vos, 1918–2000)가 있다. 흥미롭게도 그는 본래 일본학을 가르치기 위해 대학에 임용되었지만, 온전히 그의 의지에 따라 한국학 연구 확장에 앞장섰다. 프리츠 보스는 1930년대 중국·일본학과에 재학할 당시 처음으로 한국에 관심을 갖기 시작했는데, 당시 환경적 제약 속에서도 한국어를 배우고자 노력했다. 다행히 그는 원산에 오랜 기간 거주했던 독일 가톨릭 신부가 박사학위논문 준비를 위해 레이덴 대학에 왔을 때 많은 도움을 받을 수 있었다. 보스는 남한을 원조하기 위해 파견된 네덜란드 부대의 특별장교로 1950년에 최초로 한국(그리고 동아시아)을 방문했다. 라이덴으로 돌아간 후에는 일본학과와 중국학과 학생들이 한국어도 배우도록 지도했고, 한국학 학위 제도를 신설했다. 또한, 외국인 학자들이 한국에 관심을 갖도록 장려하기도 했는데, 그중 윌리엄 스킬렌드(William Skillend, 1926–2010)는 일본의 고대

시집 『만요수(萬葉集)』로 박사학위를 받은 뒤 SOAS의 한국학 교수가 되었다.

한국이 장학제도를 신설해 해외 한국학을 장려하기 시작한 1970년이 되어서야 미국의 한국학 연구가 확장되었고 많은 곳에서 강의가 개설되었다. 1977년 윌리엄 스킬렌드의 주도로 유럽한국학회(AKSE)가 창립되고 초대 회장으로 프리츠 보스가 임명된 것이 당시의 한국학 연구의 부흥을 보여주는 대표적 사례이다. 냉전 종식 때까지 많은 어려움이 있었으나, 정치적 중립을 지키고 공산주의 동유럽과 자유민주주의 서유럽의 학술적 연대를 도모했던 학회의 초기 목표는 끝내 달성될 수 있었다.

미국 내 한국학은 세 단계를 거쳐 발전했다. 우선 미국의 한국에 대한 직접적인 개입을 통해 유럽 학자들과 다르게 중국학이나 일본학을 먼저 공부하지 않은 루코프(Fred Lukoff)나 와그너(Edward Wagner)와 같은 학자들이 배출될 수 있었다. 오랜 기간 지속된 한국 내 미군 주둔은 이후 미국 청년들에게 한국에 대해 알게 되는 기회를 주었으며, 그들 중 일부는 한국학자가 되었다. 초대 성균관대 동아시아학술원장이었던 제임스 팔레(James Palais, 1934-2006), 영국 더럼(Durham)과 메릴랜드대(The University of Maryland)의 교수였던 음악학자 로버트 프로바인(Robert Provine), 현재까지 UCLA에서 한국학 연구를 하고 있는 역사학자 존 던컨(John Duncan) 등이 그 예이다. 이후 냉전을 계기로 미국 내 한국학 연구는 또 한 번의 성장을 맞이하게 되었다. 미국 정부는 평화봉사단을 신설해 소프트 파워를 증진시키고자 했는데, 한국은 그 대상국 중 하나였다. 이 제도로 많은 청년들이 한국에 오래 체류하면서 전국 여러 곳에서 다양한 주제를 가르치게 됐다. 1970년대 후반에서 1980년대 사이 미국 대학에서 한국학 교수가 된 이들 중에는 평화봉사단원으로 최초로 한국을 방문한 이들도 많이 있었다. 시카고대의 브루스 커밍스(Bruce Cumings), 콜럼비아대와 자연사박물관(Museum of Natural History)의 로렐 켄달(Laurel Kendall), 그리고 하버드대의 카터 에커트(Carter Eckert)가 그러했다. 마지막 세 번째는 미국에서 석사와 박사 학위를 받은 한국인 연구자와 1.5 혹은 2세대 한국계 미국인 학자들의 등장과 관련이 있다. 대표적인 예로 한국에서 처음 학위를 받고 이후 미국에서 교육받은 학자로 일리노이대(The University of Illinois)와 콜럼비아대 교수 자현 김 하부쉬(Jahyun Kim Haboush, 1940-2011)와 하버드대의 선주 김(Sunjoo Kim)이 있다. 또한, 미국에서 자란 한국계 미국인 학자들도 많은데, 역사학자로 펜실베니아대(The University of Pennsylvania) 교수 유진 박(Eugene Park)을 포함해 USC(The University of Southern California)의 경문 황(Kyungmoon Hwang) 등이 있다. 이와 같은 단계를 거쳐 미국의 한국학 연구는 상당히 강화되었다.

5. 결론

앞서 논의한 바와 같이 동양에 대한 서양 학자들의 태도는 항상 부정적인 것은 아니었고, 에드워드 사이드가 주장한 것처럼 정치적이고 제국주의적, 식민주의적인 목적에 의해서만 형성되지도 않았다. 또한, 서양이 자기 자신을 보는 동양의 방식을 무시한 채 동양을 타자로 묘사했다는 것도 사실이 아니다. 사이드는 1697년 프랑스에서 출간된 바르텔레미 데르블로(Barthélemy d'Herbelot)의 『오리엔탈 도서관 Oriental Library』이 "동양을 오리엔탈화했다"고 하면서, 이 책이 서구의 관점과 우월성을 주장하려는 의도밖에 없는 마구잡이식의 모음집에 불과하다고 비난했다. 그러나 사이드는 이 책의 상당 부분이 한 오스만 학자의 인명사전에 의존했다는 사실은 알지 못했다.

특히 동아시아 연구를 위해 오래전부터 서구학자들은 동아시아의 연구자들로부터 학문적 도움을 받아왔다. 라이덴 대학에서 중국학과 학생들은 중국인 학자들의 연구를 참조했을 뿐만 아니라, 일본의 중국학을 이해하기 위해 입학 첫해부터 일본어를 필수로 배워야 했다. 최근에는 다양한 방면에서 동아시아 학자들과 서양의 학자들 사이의 교류가 용이해졌다. 서구학계에서 더 많은 동아시아 학자들이 연구하게 되었고, 그 반대로 동아시아 학계에서 활동하는 서구학자들이 늘어났다. 각 지역별 차이가 있긴 하지만, 전 세계적으로 교수진의 구성은 다양해지는 추세이다. 가령 SOAS나 라이덴 대학의 아시아 연구소(라이덴 동아시아학과가 속해 있는 LIAS; Leiden University Institute for Area Studies)에는 연구 대상 국가에서 온 외국인 연구원 수가 영국인이나 네덜란드인 연구원 수보다 많아졌다. 또한, 동아시아학과 학생들은 거의 다 그들이 연구하는 나라에 머물면서 상당 기간 동안 연구를 진행한다.

우리가 다루게 되는 실질적 문제로 다른 문화에서 온 사람들에 대한 선입견을 생각할 때, 이것이 상이한 문화들이 접촉할 때 보편적으로 발생하는 문제임을 깨달아야 한다. 동양문화에서도 서양인에 대한 고정관념인 '옥시덴탈리즘(Occidentalism)' 같은 개념이 존재해왔다. 때때로 비서구권 국가는 동아시아의 신비주의나 영적 특성이 관광산업 등에 이득이 된다고 판단했을 때 '자발적 오리엔탈리즘(self-orientalizing)'의 고정관념을 선전하기도 했다. 대중의 심리에 깊이 각인되어 있는 고정관념을 넘어서는 것은 쉽지 않다. 그러나 학자들은 보통사람들에 비해 그러한 과제를 수행하는 데 최고의 자격을 갖추고 있다. 동

양이든 서양이든 학자라면 모두 이 과제에 큰 책임감을 가질 필요가
있다.

| 참고문헌 |

App, Urs. *Arthur Schopenhauer and China.* Sino—Platonic Papers Nr. 200 (April 2010). Available online.

App, Urs. 2010, *The Birth of Orientalism,* Philadelphia: University of Pennsylvania Press.

Buruma, Ian and Avishai Margalit., 2004, *Occidentalism: The West in the Eyes of its Enemies,* Penguin: Harmondsworth.

지명숙 & B.C.A. 왈라번, 2003, 『보물섬은 어디에—네덜란드 공문서를 통해 본 한국과의 교류』, 서울: 연세대학교 출판부.

Chin, Sangbum. 2012, "Goethe's Reception of China and its Significance for his Concept of World Literature," 『세계문학비교연구』 제41권.

Franco, Eli and Karin Preisendanz (eds.), 1997, *Beyond Orientalism: The Work of Wilhelm Halbfass and its Impact on Indian and Cross—cultural Studies,* Amsterdam: Rodopi.

Furber, Holden. 1969, "Asia and the West as Partners Before "Empire" and After," *Journal of Asian Studies* Volume 28, Issue 2.

Irwin, Robert. 2006, *Dangerous Knowledge: Orientalism and its Discontents,* New York: Overlook Press.

Rutt, Richard. 1972, *James Scarth Gale and his History of the Korean People,* Seoul: Royal Asiatic Society, Korea Branch.

Vermeulen, Han F. 2013, *Before Boas: The Genesis of Ethnography and Ethnology in the German Enlightenment,* Lincoln NE: University of Nebraska Press.

Walraven, Boudewijn. "Korean Studies in Early—Nineteenth Century Leiden," *Korean Histories* (online:www.koreanhistories.org).

3장

동아시아사를 바라보는 시각

배항섭

1. 동아시아사 연구의 현재

최근 들어 '동아시아'라는 말이 붙은 대학부설 연구기관이 많아졌고, '동아시아'를 키워드로 한 저서나 논문도 이전에 비해 많이 제출되고 있다. 고등학교 과정에서 '동아시아사'라는 교과목이 신설된 데서도 알 수 있듯이 '동아시아'는 역사학 분야에서 매우 큰 관심을 받는 화두가 되고 있다. 그러나 동아시아의 역사적 경험을 어떻게 이해하고, 그것을 통해 무엇을 해야 하며 혹은 할 수 있는지에 대한 고민은 매우 부족하다고 생각된다.

이러한 연구 실정은 최근 서구에서 중국을 중심으로 한 동아시아의 역사적 경험이 '새로운 세계사' 구성과 관련하여 중요한 이슈가 되고 있다는 점과 대조적이다. 이와 관련한 연구들은 주로 근세 혹은 초기근대(early modern)에 집중되어 있으며, 핵심적 목표는 서구 중심주의(Eurocentrism)에 의해 구축된 사회이론을 비판하고 세계사를 새롭게 구성하는 데 있다. 서구 중심주의를 비판할 목적으로 출간된 최근 서구학계의 동아시아사 관련 연구들은 동아시아를 비롯한 비서구의 역사와 세계사를 지금까지와 매우 다르게 이해한다는 점에서 중요한 의미가 있지만, 몇 가지 면에서 간과하기 어려운 문제점을 드러내고 있다. 우선 서구 중심적 인식을 여전히 드러내고 있으며, 무엇보다 서구 중심주의와 비슷한 시기에, 유사한 패턴의 정치적 의미를 가지고 형성된 근대중심주의(Modernocentrism)에 대해서는 근본적인 비판의식이 없거나 선명하지 않은 연구들이 적지 않다.

이 글에서는 동아시아사에 관한 최근의 연구들에 기대어 서구 중심적 역사인식뿐만 아니라 근대 중심적 역사인식을 비판적으로 검토함으로써 향후 동아시아사 연구의 방향을 모색하는 단서로 삼고자 한다. 한국 학계에도 서구 중심주의를 비판한 서구 학자들의 책이 번역되어 있고, 그것을 소개하는 논저가 제출되기 시작한 지 이미 오래되었지만, 여전히 서구 중심적 역사인식과 그에 입각한 연구들이 지배적이다. 이는 서구 중심주의에 대한 자각이 미흡하고, 또 무엇보다 서구 중심주의를 극복하는 것이 매우 어려운 과제이기 때문이지만, 다른 한편 서구 중심주의의 쌍생아이면서도(Kathleen, 20) 비서구에 대해서만이 아니라, 서구의 역사인식에도 서구 중심주의보다 더 직접적이고 심대한 영향을 미치고 있는 근대 중심주의에 대한 비판의식이 없다는 점과 밀접히 관련되어 있다고 생각한다.

이 글에서는 먼저 '근대 중심주의'의 형성 과정과 그것이 역사인식이라는 면에서 어떤 문제들을 초래하는지 살펴본다. 이어 중국을 중심으로 한 연구들이 대부분이기는 하지만, 동아시아사를 새롭게 이해하고자 하는 국내외 학계의 최근 연구들에 내포되어 있는 서구중심·근대중심적 성격을 비판적으로 살펴보고, 그를 통해 한국사 연구와 동아시아사 연구가 지향해야 할 방향을 생각해보고자 한다.[1]

---

1 이 글은 미야지마 히로시·배항섭 엮음, 『동아시아는 몇 시인가?』(너머북스, 2015)에 실렸던 글을 일부 수정한 것이다.
   다만 여기서 다루고자 하는 동아시아사는 동아시아를 하나의 역사적 공간으로 묶어서 사고하는 방식이 아니라, 서구중심·근대중심적 인식에서 벗어나 한국사와 동아시아

2. 근대 중심주의 — 서구 중심주의의 쌍생아

'서구'와 '근대'가 구성되는 과정은 비서구와 전근대라는 두 가지 타자를 만들어가는 과정이었다. 양자는 서로 유기적으로 연결되어 있으며, 전자는 비서구를 타자화하여 서구와 비서구의 비대칭적 관계를, 후자는 전근대를 타자화하여 근대와 전근대의 비대칭적 관계를 만들어냈다. 전자는 서구 중심주의, 후자는 근대 중심주의이다.

서구 중심주의에 대해서는 이미 논의가 많이 있으므로 여기서는 근대 중심주의를 중심으로 살펴보고자 한다. 근대 중심주의 역시 서구 중심주의와 마찬가지로 17, 18세기에 형성되었다. 'modern'이라는 형용사는 'just now'를 의미하는 라틴어 부사에 어원을 두고 있으며, 영어에서는 빨라도 16세기 후반에 들어서야 '고대'와 대비되는 '현재'라는 의미로 사용되기 시작하였다.(Lauzon, 72) 17세기 이후, 특히 18세기에 들어 '근대'라는 말은 '더 낫다'는 의미를 갖게 되었다. 역사가들은 자기들의 시대를 이전 시대와 구별하기 위해 근대라고 부르기 시작했다. 17세기 말경 처음 사용되기 시작한 '중세'라는 말은 근대보다 덜 발전한 시대였고, "모든 국가와 모든 직업에 퍼져 있던 지독한 무지의 시대"였다. 이후 진보의 이상이 확산되면서 근대는 과거를 심판하는 기준이 되었다.(린 헌트 외, 80~86) 이는 근대라는 시간 개념이 '무지의 시대'인 중세를 타자화하거나, 그를 대립쌍으로 설정하는 과

사, 나아가 세계사를 재구성하는 하나의 방법이자 시각으로서의 동아시아사임을 미리 밝혀둔다. 역사인식과 연구 대상으로서의 동아시아는 경계가 모호하고 가변적일 뿐만 아니라, 동아시아의 범위를 어디까지로 하느냐에 따라 그 바깥에 있는 지역 국가의 역사적 경험을 배제하게 되는 문제가 있다는 점 등이 이미 지적되고 있다. 安本美緖, 「東アジア史の「パラダイム轉換」,『韓國併合'100年を問う』, 岩波書店, 2011.

정에서 형성되어갔음을 보여준다. 물론 자신들의 시대가 이전 시기에 비해 훌륭함을 부각하고, 그들이 이룬 성취를 강조하려는 의도였다.

근대/전근대를 이항대립적으로 편성함으로써 '지난 시대'는 오늘날과는 완전히 다른 것으로 창조되었다. 그에 따라 근대는 새로운 체제·가속·파열·혁명을, '과거'는 그와 반대로 낡아빠지고 정적인 것을 지칭하게 되었으며, 비가역적으로 지나가버리는 과거 전체를 처음부터 무화하는 시간관이 성립되었다.(브뤼노 라투르, 40, 100, 130) 전근대—근대의 시기 구분이 처음부터 정치적이고 이데올로기적인 의도를 강하게 가지고 있었음을 보여주는 것이다.

이후 19세기와 20세기 초 계몽주의적 교의(敎義)를 따르는 다수의 서구 지식인에게 근대성은 제도의 지배, 즉 비이성적이며 비합리적인 모든 속박에서 우리를 벗어나게 해주는 제도의 지배를 의미하는 것으로, 그 경계를 벗어난 것들은 전근대적인 것(premodern)으로 묘사되었다. 서구 열강들은 그들의 제국주의적 틀 내에서 근대성을 당대의 진보 이념으로 간주하였다. 반면 민족주의자들은 그 안에서 발전의 약속을 보았다(Chakrabarty, xix).

더 중요한 것은 이 과정에서 '근대'가 자신들이 보여준 지적·문화적·기술적 혁신이 인간의 역사가 끊임없는 진보와 완성을 향한 서사가 될 수 있음을 보여주는 것이라고 주장하였다는 점이다.(Lauzon, 73) 근대 이전 시기에 대한 '근대'의 승리를 의미하는 중세—근대의 시기 구분이 진보와 완성을 향해 달려가는 목적론적 역사인식과 쌍생아였음을 보여준다. 그에 따라 근대라는 것은 '완전히 다른 것'으로 '과거보다 뛰어난 것'을 의미했고, 식민지 침략이 구축한 지정학적 차이를 시간화함으로써 근대와 전근대의 차이는 '진보', '근대화', '발전'이라는 단일한 직선적 시간도식 내부의 차이로 규정되었다.(Osborne, 118 ;

차크라바르티, 85) 곧 전근대는 진보·발전된 근대를 향해 달려가야 할 숙명을 지닌 뒤처진 시간대로 타자화되어 설정된다는 점에서 목적론적인 역사인식이 더욱 선명하게 자리 잡게 되었다.

나아가 중세─근대의 시기 구분에 따라 형성되고 전 세계로 확산되어간 종교적─중세적─봉건적인 것, 그리고 세속적─근대적─자본주의적(혹은 민주주의적)인 것과 같은 개념의 계열들은 점차 배타적인 강제력을 행사하였다. 글로벌한 차원에서 원칙적인 정치 근대화로 진입하기 위해서는 역사적으로 특정한 문화, 경제, 그리고 제도적인 형태가 필요하게 되었다. 나아가 '중세'는 최근 파키스탄에 '봉건제'라는 딱지를 붙이듯이, '아직' 근대화를 달성하지 못한 혹은 더 '나쁘게 역행하는' 어느 시대, 어느 사회에나 적용될 수 있는 유동적 범주가 되었다.(Kathleen, 3~5, 132~133) 유럽의 근대가 종교적·봉건적인 것 등 특정한 요소들을 근거로 근대 이전 시대를 억압하기 위해 만들었던 '중세'라는 개념이 전 세계 역사에 균질적으로 적용되면서, 근대/중세를 준별하는 요소에 문화·경제·제도적 차원까지 덧붙여졌고, 마침내 앞서 언급한 식민지에 대해서만이 아니라, 서구 근대와 이질적인 어떤 시대나 사회(비서구)에도 적용되는 논리로 확대되어갔음을 보여준다.

이런 과정을 거쳐 근대는 인류 역사의 전개 과정에서 이전 시기와 구별되는 특권적 시기의 지위를 부여받게 되었다. '전통'을 쉽사리 변화의 긍정적 원동력에 대한 장애물로 인식해버리게 된 것도 이러한 시간관의 결과임은 물론이다. 이와 같은 과정을 거치며 근대는 근대 이전의 역사를 횡령하고, 과거를 심판하는 기준이 될 수 있었다. 이리하여 만들어진 것이 '근대 중심주의'이다.[2]

벤틀리(Jerry H. Bentley)는 '근대 중심주의'의 요체를 "전근대와 근대의 연속성을 깨닫지 못하도록 근대 세계에 매혹당하는 것"에서 찾았다. 근대 중심주의는 근대가 이전 시대와 비교할 수 없을 만큼 근본적으로 다르다고 믿게 만듦으로써 전근대와 근대의 역사적 경험을 왜곡한다는 점을 지적하면서, 근대 중심주의를 극복하기 위해 세계의 역사를 더 넓은 범위와 긴 시간 속에서 이해해야 한다는 점을 강조하였다. 근대 중심주의에 대한 이러한 이해와 비판은 타당하지만, 근대 중심주의의 정치적 · 이데올로기적 함의를 분명히 드러내고 비판하는 데는 부족하다.

그 점에서 오만한 심판자의 시선으로 전근대를 지배하는 근대 중심주의는 사이드(Edward W. Said)가 오리엔탈리즘에 대해 내린 정의를 빌려보면 좀 더 선명하게 이해할 수 있다. 이를테면 근대 중심주의는 "전근대를 지배하고 재구성하며 억압하기 위한 근대의 방식"이며, "전근대에 관한 지식체계로서의 근대 중심주의는 근대인의 의식 속에 전근대를 여과하여 주입하기 위한 필터로 만들어"진 것이다. 근대 중심주의는 '서구적 근대'를 특권화한다는 점에서 서구 중심주의와 겹치는 부분이 있지만, 특권화의 대상이 장소가 아니라 시간이라는 점에

---

2 전통적인 가치관이나 관습 등을 부정하거나 그에 대립하여 서구발 '근대성'을 지향하는 사상 경향에 대해 지금까지는 주로 '근대주의'라는 용어를 사용해왔다. 그러나 지금까지는 무엇보다 '근대주의'가 역사적 시간에 대한 심판자로서의 특권적 지위를 차지하고, 특히 근대 이전의 시간을 지배한다는 점, 곧 '시간의 정치학'을 내포한 매우 정치적 · 이데올로기적인 개념이라는 점을 간과하거나 느슨하게 인식해왔다. 필자 역시 다른 글에서 전근대/근대에 대한 이러한 이분법적 이해의 문제점을 지적하는 한편, 전근대로부터 혹은 전근대에 의해 근대가 어떻게 새로워질 수 있는지를 탐구하기 위해 "특권화된 근대를 '특수'한 지위로 전복하여 사고"하는 것, 곧 "전근대를 '특수한 근대'의 역사에 의해 점유된 시공간으로부터 해방시킬" 필요가 있음을 지적하면서도 그것을 '근대주의'라는 용어로 표현한 바 있다.(배항섭, 2009, 372) 그러나 전근대/근대의 시기 구분과 그 과정에서 만들어진 '근대'라는 시기가 가진 이데올로기적 · 정치적 의미를 분명히 하기 위해 이 글에서는 '근대 중심주의'(Modernocentrism)로 표현한다.

서 차이가 난다. 서구 중심주의가 비서구를 서구에 종속시키는 개념이라면, 근대 중심주의는 서구와 비서구 어디에서든 전근대를 지배하기 위한 정치적·이데올로기적 의미를 가진다는 점에서 그것의 영향력은 서구 중심주의에 비해 훨씬 크다고 생각한다.

중세사 연구자들에 따르면 중세/근대 또는 중세시대/르네상스시대 같은 구분은 각 시기에 균질성을 부과함으로써 중세에서 보이는 '근대적' 특성들과 근대에서 보이는 '중세적' 특징들을 감출 뿐 아니라, 의학, 철학 같은 분야의 역사를 왜곡하고 여성과 인종적으로 혹은 종교적으로 억압받는 소수집단의 역사를 방해하였다.(Kathleen, 4) 근대 중심주의가 날조된 '중세상'과 '근대상'을 주조함으로써 전근대는 물론 근대에 대해서도 왜곡된 이해를 불러왔다는 것이다. 근대 중심주의에 대해 이렇게 규정할 수 있다면, 그에 대한 상대화 전략은 근대와 전근대의 이항대립적 인식에 대한 문제 제기와 그에 대한 비판에서 출발해야 한다고 생각한다. 그리하여 근대의 특권적 지위를 상대화함으로써 전근대를 근대의 억압으로부터 해방시키고, 나아가 전근대로부터 근대를 심문하는 방식으로 근대를 새롭게 이해할 수 있는 가능성을 열어 나가야 한다.[3]

---

3 이러한 문제의식과 관련하여 '근대성' 개념의 실패와 사실상의 폐기를 요구하는 매우 '과격한' 주장이 일찍부터 제기되어왔다. 예컨대 캐슬린에 따르면 뢰비트(Karl Löwith)와 캘리(Donald R. Kelly) 등은 각기 1949년 혹은 1970년에 이미 '근대성' 또는 '근대'Neuzeit가 완전히 독립적이거나 자기 구성적 시기가 아니라고 주장하였으며,(Kathleen, 6, 15), 뱅코(George Benko) 역시 이미 십수 년 전에 "근대라는 관념은 그 자체가 실제로 공허한 개념임을 입증하는 실패한 개념이자, 결코 자율적 인식론적 대상이 되었던 적이 없는 용어"라고 규정한 바 있다(우드사이드, 86). 최근 구디도 장기간에 걸친 유럽의 우월성이라는 암시를 내포하고 있는 '자본주의'라는 용어를 버리는 것으로 세계사는 더욱 명확하게 이해될 것이라고 주장하였다(Goody, 305). 라투르 역시 ─유럽을 향해 발언하는 것이지만─유럽인들이 소중하게 여겨온 (근대적) 가치들이 사실은 그들이 외부 세계(비서구)에 알려온 것보다 훨씬 복잡한 구성주의적 작

서구 중심주의에 대해서는 이미 많은 비판이 제시되었지만, 근대 중심주의 혹은 근대 중심주의에 의한 시대 구분이 지닌 정치적 효과에 대해서는 자각적 비판이 충분하지 못한 것으로 보인다.[4] 물론 이미 복수의 근대성(Multiple Modernities) 혹은 다양한 근대성(Varieties of Modernity), 대안적 근대성(Alternative Modernity) 등이 제기되어왔다(아이젠스타트). 이러한 개념은 유용하고 비판적인 사유에서 나왔으며, 이러한 개념이 등장함에 따라 근대성의 서구적 형태만이 "보편성을 가진 진정한 근대성"이라는 주장은 사실상 기각되다시피 하였다. 이 점에서 '복수의 근대성' 자체가 사실은 '근대성' 개념이 내파(內破)되어가고 있음을 보여주는 단서라고 생각되지만, 그들의 논리는 무엇이 근대성인지 아닌지를 단정하기 전에 근대성이란 무엇인지 규명해야 한다는 문제를 불러온다. 그러나 복수의 근대성론자들은 근대성에 대한 대안적 정의를 제시하지 않고 있다.(Volker, 7) 또 차크라바르티는 복수

업에 의존한 것이었음을 지적하면서 제2의 근대화 국면을 열어가기 위해 '근대' 개념을 리콜(recall)할 것을 주장하였다.(Latour, 29) '근대(성)' 개념의 폐기 여부에 대해서는, 그것이 발생사적으로 이전 시대에 대한 지배와 억압의 '정치학'을 내포한 개념이라는 점에서 간단치 않지만, '근대성'으로부터 특권적 지위를 거세함으로써 하나의 분석적 도구로 활용할 수 있을 것인가 하는 문제와 관련하여 더 깊은 고민이 요청된다.

4 물론 근대 중심적 역사인식에 대한 비판이 없는 것은 아니며, 이미 다양한 방식으로 시도되고 있는 것으로 보인다. 예컨대 데이비스 캐슬린(Davis Kathleen)은 '중세'에 대한 역사서술 전략은 반드시 현대의 신식민주의적 자본주의의 압력 아래서, 대안을 창조할 수 있는 가능성을 근본적으로 줄여나가는 글로벌 컬처의 균질화 경향이라는 맥락에서 고려해야 한다는 점을 지적하면서, 시대 구분의 정치적 효과를 약화시키기 위해 '중세'를 복수화하자고 주장하였다(Kathleen, 5, 16). 근대 중심주의에 의한 시대 구분과 역사인식이 가진 정치적·이데올로기적 효과를 현재의 자본주의 세계체제에 대한 비판과 연결하여 근본적으로 성찰하게 한다는 점에서 매우 중요한 지적이라 생각한다. 다만 근대 중심주의를 극복하기 위한 핵심적 과제는 그러한 중세와 근대의 이미지를 재구성하는 데 있으며, 그를 위해서는 무엇보다 근대와 중세의 관계를 목적론적·발전론적 인식에 입각하여 억압/피억압의 관계로 보는 것이 아니라, 대칭적 관계로 바라보는 시각을 확보하는 것이 관건이라고 생각한다.

의 근대성과 관련하여 이 세상에 존재하는 모든 것이 '근대'로 정의된 다면, 근대성이라는 개념은 개념으로서 의미를 잃게 되는 문제를 낳는다고 지적한 바 있다.(Chakrabarty, xx)

더구나 로존(Matthew J. Lauzon)은 '복수의 근대성' 등은 '보편적 근대'에 대한 재귀적인 원리들 혹은 비판적 이성, 인간의 자율성, 전통이라는 질곡으로부터의 해방 등의 개념을 여전히 유지하고 있기 때문에, 각기 다른 사회가 나름대로 근대성을 형성하였다는 다양한 재귀적 연구로 이어질 가능성을 열어두고 있다고 그 한계를 지적하였다.(Lauzon, 82~83) 또한 '○○적 근대'라는 표현은 형식논리상 이미 '원래의 근대'가 별도로 존재함을 전제로 한다. 이와 관련하여 잭 구디(Jack Goody)는 서구만이 아니라 비서구에서도 과학과 자본주의가 발달하고 있었음을 인정하는 서구 지식인들 가운데도—예컨대 브로델이나 니덤—여전히 근대 서구의 독자성 내지 우월성을 고집하기 위해 "진정한 자본주의", "근대적 과학"이라는 개념을 준비해두고 있음을 지적하고 있다.(Goody, 305) 이 점에서 '○○적 근대'라는 논리는 서구 근대를 핵심적 요소로 하는 근대 중심주의 비판에서 '보편성'을 가지기 어렵다. 복수의 근대성론이 근대 중심주의나 전근대/근대 혹은 근대/중세라는 이분법적 시대 구분의 정치적·이데올로기적 의미에 대한 근본적 비판이 되기 어려운 것도 이 때문이다.

3. 동아시아사에 대한 새로운 이해와 서구·근대중심주의

20여 년 전부터 서구의 독창성과 탁월함을 자명한 전제로 삼던 서구 중심적 세계사 인식과 사회이론을 비판하고 '새로운 세계사'를 구축하려는 노력이 본격적으로 제기되기 시작했다. 그들은 유럽이 산업화를 이끈 독특하고 고유한 능력을 지녔고, 그것이 경제발전을 이루기 위한 보편적 모델을 만들었다는 종래의 주장을 반박하고 있다. 1800년 전후까지는 아시아나 중국이 세계경제에서 더 중요한 역할을 하였고, 근대 이후 일어난 '서구의 대두'도 문화나 가치 등에서 서구가 비서구에 비해 독창적이거나 탁월하기 때문이 아니라 외부적이거나 '우연적인' 요인을 배경으로 한 것이라는 주장이다.(강진아, 2004; 강성호, 2008a; 강성호, 2008b; 강진아, 2008; 유재건; 강성호, 2010; 강진아, 2011; 배영수; 김경필)

우선 『리오리엔트(Reorient)』를 쓴 프랑크(Andre Gunder Frank, 1929-2005)는 이 책의 목적이 "기존의 거의 모든 사회이론이 유럽 중심적 편견과 오만에 물들어 있다는 사실을 논리적으로 규명하고 증거를 제시하는 것"이라고 밝혔다(프랑크, 80). 그는 "1800년 이전에 세계경제에서 우세한 지위를 점한 지역이 있었다면 그것은 아시아였다. 당시 세계경제에서 '중심적' 지위와 역할이 있었고, '여러 중심' 중에도 만약 서열이 있었다면, 그 정점에는 중국이 있었다고 보아야 한다"고 주장하였다.(프랑크, 60) 이를 실증하기 위해 인구·생산성·소득·무역액 등 다양한 수량적 비교를 시도한 그는 유럽이 인종, 민족, 제도, 자본주의정신 등에서 아시아 지역보다 우월했기 때문에 근대화에 성공했다고 보지 않는다. 오히려 그는 유럽이 이 시기에 세계경제의 (반)주변부에 머물러 있었기 때문에 '후발성'의 비교우위를 가질 수 있었다는 점을 지적하였다. 따라서 그는 근대 이후 유럽이 주도한 세계경제에 대해 유럽은 "이미 존재했던 세계경제 질서에 뒤늦게 편승했거나, 기존의 느슨한 연결고리를 강화한 것에 불과하다"고 판단하였다.(강성호, 2008a, 226)

이른바 캘리포니아학파의 주요 연구자들인 포메란츠(Kenneth Pomeranz)와 웡(Roy Bin Wong) 역시 19세기에 들어 서구와 중국 사이에 대역전이 일어났다는 점을 강조한다. 19세기 이전에는 유라시아에 걸쳐 중심부가 여러 곳 존재했고, 이곳들은 모두 시장경제의 활력에 힘입어 경제성장이 두드러진 지역이었다고 보았다. 이들은 유럽의 산업혁명이 유럽에만 있던 독특한 특징, 문화나 가치 때문에 필연적으로 일어난 것이 아니라, 우연적·외부적 요인에 따른 것이었음을 지적하였다.(강진아, 2004, 2008, 2011; 유재건; 배영수)

그러나 이러한 새로운 세계사 이해는 분명히 서구 중심적 역사인식을 비판하는 데는 유용하지만, 그 주요 관심은 1800년 이전 시기의 경제적 발전 정도, 그리고 1800년 이후 대분기의 원인 혹은 산업혁명이 유럽, 그중에서도 영국에서만 가능했던 원인을 찾는 데 있다. 근대 자체를 상대화하는 것은 아니다. 근대가 낳은 발전론적 역사인식에 대한 비판은 논의 밖에 있다. 웡은 근대국가와 자본주의를 향한 원동력의 추적에 목적을 두고 있으며(Wong, 6), 포메란츠의 핵심 논지 역시 초기 근대 시기 중국의 경제적 발전 수준이 유럽, 특히 영국과 대등하였음을 밝히는 데 있다. 그의 논의가 경제 문제에 집중되어 있다는 점은 산업자본주의로 이끈 시장의 발달 정도, 칼로리 섭취나 소비의 질과 내용 등의 면에서 영국과 중국의 차이점을 강조하는 필립 황(Philip C. C. Huang)과의 논쟁에서도 잘 보인다.(Huang, 2003; Pomeranz, 2003) 자본주의 세계체제를 비판하기보다는 그에 대한 기여도나 주도권을 둘러싸고 서구와 경쟁하는 아시아와 중국의 모습을 부각하거나, 자본주의 세계체제를 낳은 산업혁명이라는 특정한 '현상'에 구속된 시각은 여전히 근대 중심적·발전론적 역사인식을 유지하거나 목적론적 방향으로 흐를 가능성을 배제하기 어렵다. 물론 이 가운데 아리기(Giovanni Arrighi)는 중국의 부상에 대해 중국이 서구의 기계화한 대량생산과는 다른 노동집약적 생산방식의 전통을 가지고 있다는 점에 주목하여 자본주의와는 다른 대안적 생산방식, 곧 자본주의 초극의 가능성이 있음을 부정하지 않았다. 그러나 핵심 논지는 중국이 세계체제의 형성 과정에서 유럽 못지않은 혹은 유럽을 능가하는 역할을 했고, 앞으로는 중국이 다시 세계체제의 중심이 될 것이라는 점을 전망하는 데 있다.(아리기, 2009 ; 강진아, 2011, 179)

앞서 언급한 벤틀리는 근대 중심주의를 극복하기 위해 이미 고대부터 서로 다른 문화 사이에 상호작용과 개인적·집단적 교류가 있었다는 사실을 강조하였다. 그러면서 그는 자신의 이러한 주장이 "현재의 세계적 자본을 위한 계보학을 정당화하는 역사적 설명을 생산하지 않는다"라는 변명을 굳이 부기하였다.(Bentley, 27) 이 역시 '새로운 세계사' 인식이 근대 중심적·발전론적 인식과 부합할 위험이 있음을 의식했기 때문이라 생각된다. 또 벤틀리는 '지리상의 발견' 이후만이 아니라 이미 고대부터 국가 간, 지역 간에 개별적·집단적으로 서로 다른 문화가 상호작용하고 있었음을 강조하면서도 고대에는 그것이 "근대처럼 항상 강렬하고 체계적"이지는 않았다고 하였다.(Bentley, 21) 이러한 논법 역시 자칫 세계사의 전개 과정을 상호작용의 확대 과정인 것으로 봄으로써 현재의 자본주의 세계체제를 정당화하는 시각이라는 오해를 살 만한 여지를 남겨두는 것이라 판단된다.

특히 프랑크의 글은 이런 점에서 문제적이다. 그의 글에는 세계자본주의가 추구하는 성장 지상주의에 근거한 중국 중심주의가 내포되어 있다. 그뿐만 아니라, 그의 역사적 전망은 동아시아, 특히 중국의 재부상이라는 좁은 근대(중심)주의의 틀에 갇혀 있다. 이 때문에 "프랑크에게서 신자유주의 이데올로그의 목소리를 듣는다"는 아리기의 비

판을 경청할 필요가 있다.(유재건, 243)[5]

한편, 동아시아의 관료제와 사회복지 문제를 다룬 우드사이드 (Alexander Woodside)의 저서는 '새로운 세계사'와 다른 접근방법을 보여준다. 우선 그는 단수형의 '근대성(modernity)'에 비판적인 태도를 취한다. 그는 단수형의 근대성이 역사적 시간을 지나치게 단순화할 뿐만 아니라, "역사의 '패배자'들과, 다양한 형태의 권력에 대한 합법적 또는 비합법적 저항을 무시할 수 있으며, 심지어 전지구적 자본주의와 공모하고 있다는 지표로 읽힐 수 있기" 때문이라고 하였다. 반면 "복수형의 '근대성들(modernities)'은 단수형 개념의 '근대성'이 사장해버린 광범위한 합리성의 전통을 들추어낸다"고 하였다.(우드사이드, 39~40) 그는 "근대라고 생각하는 합리화 과정은 우리가 종종 가정하는 것보다 훨씬 다양한 과정"이며, 이러한 "합리화 과정은 다양한 발전경로로서 상호 상당히 독립적으로 발생할 수도 있고, 어떠한 경우에도 자본주의 또는 산업화 과정의 성장과 같은 획기적인 사건들로부터 상당히 분리되어서도 발생할 수 있다"는 문제의식을 가지고 논의를 시작하였다.(우드사이드, 56~57)

또 그는 맥닐(William McNeill)을 인용하여 근대성이 "힘을 의미할 뿐만 아니라 취약성과 줄어들지 않는 '재난의 지속'도 의미한다"는 점을 지적한다.(우드사이드, 232~233) 따라서 그는 관료제의 긍정적인 면과 부정적인 모습을 동시에 포착하여, 동아시아에서는 오래전부터 관료제의 부정적 측면도 논의되어왔으며, 그러한 경험이 오늘날 관료제

---

5 최근 동아시아사와 관련해서도 초국가적인 관계, 지역 간 상호 연관성을 강조하는 연구들이 있다. 일국사를 넘어서기 위해서도, 각국의 역사를 풍부하게 이해하기 위해서도 이러한 연구가 필요하다는 것은 말할 필요가 없다. 그러나 문제의식이 거기에 그칠 경우 세계화를 뒷받침해주는 논리가 될 수도 있다는 점을 지적해둔다.

문제의 해결점을 시사해줄 수 있다고 지적하였다.

> 중국식 관료제의 성취를 경시하려는 태도는 그것에 대한 무의식
> 적인 두려움과 정비례하는 것일 수도 있다. 만약 중국식 관료제의
> 역사를 진지하게 받아들이고 이를 오늘날의 관련 문제에 적용하려
> 한다면, 순수한 이성에 기초한 관료제라는 것은 애초에 존재하지 않
> 는다는 사실을 확실히 인정하게 될 것이다.(우드사이드, 49)

위의 인용문은 서구 중심주의에 억압된 동양의 과거를 정당하게 복
원할 필요가 있다는 점을 강조한 것이다. 또한 역사적 시간을 서구가
구성한 전근대−근대로의 단선적 발전 과정으로 파악하는 인식틀에
근본적으로 문제 제기를 했다는 점에서 매우 중요한 의미가 있다. 관
료제를 중심으로 하기는 했지만, 동아시아의 역사적 경험이나 역사적
시간을 서구·근대중심주의로는 파악할 수 없음을 강조한 것이다.

그러나 우드사이드는 복수의 근대성을 주장하면서도 근대(성)를 합
리화 과정 혹은 합리성으로 파악하였다. 역사적 시간을 합리성의 확
대 과정으로 바라보는 인식이 전제되어 있다. 이 점에서 앞서 언급한
로존의 지적, 곧 '복수의 근대성' 개념이 다양한 재귀적 연구로 연결
될 가능성이 있다는 지적을 떠올리게 된다. 또한, 그는 논의의 중점
을 관료제 자체의 형성 시점과 관료제가 초래한 문제점들에 대한 축
적된 고민에 두고 있다. 따라서 관료제와 집권적 정치체제의 조기 성
숙을 사회, 경제, 문화, 사상 등의 면과 유기적으로 연관하여 파악하
지는 않는다. 마찬가지로 관료제와 관련된 동아시아의 경험이 서구
의 충격 이후 폐기되었다는 점을 강조하기 때문에, 이후의 새로운 사
회·정치 질서와 어떤 식으로 연결되는지 등은 논의하지 않았다.

그러나 근대 중심주의를 비판하기 위해서는 전근대 혹은 서구의 충격 이전 시기에 서구의 근대에서 나타나는 중요한 요소들이 보인다는 점을 강조하거나, 나아가 그 요소만 분리하여 서구 근대의 그것과 직접 대비하는 방식으로는 부족하다고 생각한다. 그보다는 서구적 관점으로 보았을 때 정치·경제·사회·문화적인 면에서 보이는 전근대적인 것, 근대적인 것, 혹은 전근대적이나 근대적인 것으로 설명하기 어려운 것들이 어떤 원리에 따라 상호 관련을 맺으며 '조화롭게' 체제를 지탱해나갔고, 길게는 1,000년 이상이나 유지될 수 있었는지를 설명해내는 데 있다고 생각한다. 그 결과 얻게 되는 전체상을 서구 근대 혹은 서구의 충격 이후 비서구의 역사상과 대칭적으로 대비하는 방식이 요청된다. 이 점은 근대 중심주의를 비판하는 하나의 방법으로서 동아시아사 연구와 관련하여 매우 중요한 점이라 생각된다. 이는 다음 장에서 좀 더 자세히 다룬다.

미야지마 히로시(宮嶋博史)와 훙호펑(Hung Ho-fung)은 '전근대' 동아시아 혹은 중국의 역사상을 우드사이드와 달리 정치·경제·사회 등 각 분야 간의 유기적 관련성 속에서 이해하고자 하였다. 일찍이 중국과 동아시아의 '근세'를 '소농사회론'으로 파악한 바 있는 미야지마의 문제의식은 동아시아 전통사회의 특질을 유럽적 기준이 아니라 동아시아의 공통성에 기반을 두고 이해함으로써 유럽과는 다른 동아시아사의 독자적 모델을 유형화하려는 데 있었다. 그의 동아시아사 이해에서 주목되는 것은 무엇보다 서구와 달랐던 동아시아의 개성적이고 독특한 정치(과거제도와 집권적 국가), 사상(주자학), 경제(집약적 벼농사), 사회(종법제도)적 역사 경험을 상호 유기적으로 관련지어 이해한 점이다.

이러한 그의 문제의식은 최근에 중국의 명대 이후를 '근대'로 이해하는 '유교적 근대'로 이어졌다. '동아시아 근세론'의 한계, 곧 근세는 결국 근대 자체가 아니며, 근대는 서구의 충격에 따라 시작된다는 종래의 서구 중심적 인식틀을 그대로 내포하고 있다는 점을 극복하려고 발상된 것이다. 또한, 언뜻 보기에 상충되는 듯한 '유교적 근대'라는 개념상의 딜레마를 '근대'에 대한 독자적인 시대 구분을 통해 벗어나고자 하였다. 근대를 합리성, 시장, 국민국가 등 중세와는 구별되는 사회적 삶의 독특한 형태로서가 아니라, 현재와 직결되는 시대라는 의미로 규정한 것이다. 그런 점에서 동아시아의 근대는 19세기가 아니라, 가족이나 촌락 등 사회의 가장 기초적인 단위를 구성하는 조직이 현재와 같은 형태로 형성되기 시작한 16세기 이후로 보아야 한다고 했다.(미야지마, 324-326) 또한, 그는 소농사회론에서와 마찬가지로 서구사회와 대비되는 중국사회의 다양한 특징을 주자학을 중심에 두고 법과 토지소유, 국가권력과 사회단체의 관계 등을 상호 관련지어 이해하면서, 여러 가지 면에서 서구적인 관점으로는 전근대 혹은 근대적인 것으로 규정하지 못하는 점이 많다고 주장하였다.

다만 그는 '이슬람적 근대'라는 개념도 성립할 수 있다고 하였으며, '인도적 근대'라는 개념의 가능성도 열어두고 있다.(미야지마, 348) 이 점에서 앞서 언급한 복수의 근대성이 지닌 문제점을 공유한다고 생각된다. 이것은 그가 유교적 근대론에서 핵심으로 삼고 있는 주자학의 근대성을 "채권적인 감각을 기초로 민간에 '공공적 공간'을 만들어내고자 한 것"에서 찾는 점에서도 짐작할 수 있다.(미야지마, 334-335) '공공적 공간'이 근현대 중국사와 중국의 현실을 이해하는 데 어떤 관건적 의미를 가지는지에 대한 수긍할 만한 설명 없이 주자학의 근대성을 '공공적 공간'이라는 서구 근대의 요소와 연결하여 파악한 것이다. 이는 서구 중심적 근대성을 재귀적으로 드러내고 있다는 비판에서 자유로울 수 없다.

중국의 초기 근대를 근현대와 연결하여 파악해야 한다는 논의는 최근 홍호펑도 제시했다. 홍은 1740년부터 1839년에 이르는 '초기 근대(early modern)' 중국 저항운동의 형태나 내용이 틸리(Charles Tilly)를 비롯한 서구 사회과학자들이 말하는 것처럼 서구가 경험한 단선적 발전 과정을 추종하는 것이 아니었다고 주장하고 있다. 틸리에 따르면 동서를 막론하고 전근대시대의 저항과 반란은 대부분 반동적이고 퇴행적이며 국지적이었다. 변화에 저항하여 전통적 권리를 지키고자 하였으며, 초기의 중앙집권국가와 같은 외부 세력으로부터 살아남기 위한 것이었다. 그러나 근대 초기(17~19세기)부터 중앙집권국가와 시장과 자본이 부상하면서 국지적이고 반동적이던 저항도 사전 계획적(proactive)이고 광역적인 것으로 변화하였다. 변화된 저항운동은 일반적으로 국가권력을 단순히 거부하는 것이 아니라, 국가와 협상을 벌여 새롭고 보편적인 권리를 주장하는 미래지향적 성격을 지닌다고 하였다. 틸리는 이러한 변화가 근대 사회운동과 19세기 유럽 민주정치의 성장을 가져왔다고 하였으며, 중국을 비롯한 비서구 후발국들에서 일어난 저항운동의 역사적 발전도 유럽의 경험을 반복한 것에 지나지 않는다고 보았다.(Hung, 3, 16)

　　그러나 홍호펑에 따르면 비슷한 시기 중국의 경우 저항운동 참가자들이 첫 번째 물결(18세기 중반)에서는 가부장적인 지방과 중앙권력 모두에게 충성심 있고 복종하는 백성으로 행동하였고, 두 번째 물결(18세기 후반)에서는 반대로 지방과 중앙권력 모두에게 거부감을 느끼고 반항적인 경향을 보였으며, 세 번째 물결(19세기 전반)에서는 지방정부에 적대적이었지만 중앙정부와 소통할 때는 대체로 충직한 백성으로서 행동하였다고 하였다. 이러한 순환적 변화는 단순히 서구의 경로를 따르는 것이 아니라, 초기 근대 중국 국가의 도덕적 정당성과

정치경제의 순환적 변화와 궤적을 같이하는 것이라고 보았다.(Hung, 169~173)

또한, 홍호펑은 이러한 저항운동의 전통을 현대 중국과 연결하여 매우 흥미로운 결론을 내리고 있다. 1989년 천안문 사태 때 학생 대표 3명이 인민대회당 앞에 무릎을 꿇고 읽은 권력에 청원하는 편지에는 주권재민의 자유주의적인 이데올로기보다는 사대부들이 황제의 행동을 제한하기 위해 사용한 도덕주의의 향수가 남아 있다는 것이다. 유교 이념과 권력에 대한 가족적 충성의 실천이 후손들에게 지속되는 것은 1911년 이래 한 세기 동안의 "혁명"이 있었음에도 불구하고 가부장적이고 권위적인 중국 정치가 여전히 이어지고 있음을 보여주는 것이라고 지적하였다.(Hung, 194~201) 따라서 "17세기로 거슬러 올라가야만 중국의 현안 문제가 어떻게 생겨났고 어떤 지적·경제적·감정적 자원을 중국인이 활용해서 문제를 해결할 수 있을지 비로소 알 수 있으며", "중국 저항운동의 발전은 현재가 과거를 지속적으로 앞서는 단선적 경로를 따르지 않으며, 오히려 과거는 현재를 구성하는 요소이고, 또한 미래의 요소가 될 것이다"라고 주장하였다.(Hung, 2~3, 200~201)

그런데 홍호펑은 지금까지 사회과학자들이 주장한 전근대와 근대 저항운동 패턴의 변화, 특히 반동적·퇴영적이던 것에서 사전 계획적(proactive)이고 새로운 권리를 요구하는 미래지향적인 것으로 변화한 것이 중국에는 맞지 않는다고 하였다. 하지만 그것이 다만 중국에만 해당하는 것인지, 아니면 서구 민중운동의 경험에도 해당하는지에 대한 질문이 필요하다. 서구의 민중운동 역시 근대 중심적 시각에 왜곡되었을 개연성은 없는가? 홍호펑은 전통적 항의와 이데올로기 형태의 지속성은 중국만의 현상이 아니며, 남미에서는 1990년대 구조조정 개혁 시기에 산업혁명 이후 사라진 것으로 간주되었던 식량 폭동이 만연했다고 하였다. 또 그는 "혁명에 대한 기존 연구들은 대규모 반란이 지역적 항의와 근본적으로 다르다고 가정했으나, 나는 이 연구에서 어떻게 청대 중기의 항의들이 그 시대의 많은 반란과 19~20세기의 혁명적 운동으로 이어지는지 보일 것이다"라고 하였다. 그것은 비정상적 상황에 발발하는 반란과 혁명을 정상적 시기에 일어난 대중의 항의가 발전해 최고조에 달한 결과라고 판단하기 때문이다.(Hung, 2~3, 16) 이러한 홍호펑의 판단은 매우 흥미롭지만, 그것이 반드시 비서구에만 국한되는 것으로 생각하기는 어렵다.

마르크스(Karl Marx)나 베버(Max Weber) 등의 고전적 관점은 전근대와 근대 저항운동을 준별하였을 뿐만 아니라, 근대적 저항과 사회운동에 대해서도 근대가 시작된 후인 18~19세기 유럽에서 기원하여 19~20세기에 걸쳐 전 세계로 퍼져 나갔다는 식으로 단선적인 진보의 맥락에서 이해하였다. 근대 중심주의에 대한 근원적 비판은 바로 그와 같이 특권적 근대가 왜곡한 전근대와 근대의 역사상을 바로잡는데서 시작해야 한다.

4. 한국사와 동아시아사 연구의 방향

앞서 살펴본 바와 같이 최근 국내외에서 제시된 동아시아사와 세계사에 대한 새로운 이해와 접근방식은 한국사와 동아시아사 연구의 방향과 관련하여 시사점을 많이 준다. 여기서는 목적론적 설명이나 결과를 전제로 한 접근이 아니라, 무엇보다 '서구의 충격' 이전 시기 동아시아 각국의 정치·경제·사회·문화적 여러 현상을 상호연관성 속에서 이해하고, 그를 토대로 국가나 사회가 구성·작동하는 개성적 원리를 해명하는 것, 그리고 그것이 '서구의 충격' 이후의 역사 전개 과정에 어떤 영향을 미치는지를 내재적으로 분석하는 것이 관건이라는 점을 강조하고자 한다.

이와 관련하여 아시아에 비해 유럽이 우월하다는 전통적인 주장을 반박하는 글을 꾸준히 발표해온 구디(Jack Goody)의 최근 연구가 주목된다.(Hart, 199~220) 그는 서구에 근원을 둔 민주주의, 자유, 휴머니즘, 개인주의, 낭만적 사랑 등의 키워드에 근거하여 근대 세계에 대한 서구의 독자적인 권위를 주장하는 서구 학자들을 반박하고 있다. 특히 그는 유럽 역사가들의 시기 구분, 곧 역사적 시간을 고대, 봉건제, 자본주의가 뒤따르는 르네상스로 구분하는 방식을 문제 삼았다. "고대는 반드시 봉건제에 선행하고, 봉건제는 유럽의 자본주의에 불가결하였"으며 이러한 유럽의 역사 발전 경로는 독자적인 것이라고 주장하였지만, 이는 "시간(주로 기독교의)과 공간에 대한 유럽의 버전" 임을 강조하였다. 그럼에도 그동안 서구의 역사학자들은 역사적 시간에 대한 자신들의 카테고리와 순서들을 바람직하고 '진보적'인 것으로서 비서구에 강요함으로써 비서구의 역사를 도둑질했다는 것이다. 따라서 그는 정당하게 비교하기 위해 고대, 봉건제, 자본주의 등 미리 결정된 카테고리를 사용하지 말아야 할 뿐만 아니라, 비교의 다양한 가능성을 보여주는 사회학적 기준을 구성하기 위해서는 그러한 개념을 버려야 한다고 주장하였다.(Goody, 286, 293, 304)

구디의 주장을 수용할 경우 산업혁명이나 근대국가의 형성과 자본주의 발전이라는 면에 초점을 맞춘 캘리포니아학파의 접근방식은 문제가 있다. 그들이 분석도구로 삼는 키워드에는 구디가 지적한 바, 장기간에 걸친 '유럽의 우월성'이라는 의미가 내포되어 있기 때문이다. 특히 프랑크의 시각은 문제적이다. 그는 국가의 활동이나 제도, 문화가 세계경제의 흐름에 미치는 영향을 과소평가하거나 아예 부정한 반면, 경제적 과정을 다른 모든 것의 우위에 두는 경제주의적 편견을 보인다는 비판을 받는다(김경필, 146). 그는 월러스틴(Immanuel Maurice Wallerstein)이 근대 자본주의 세계체제로 규정했던 특징이 적어도 5,000년 이전의 '동일한' 체제에서도 발견된다고 하였다(프랑크, 40). 이러한 경제주의적·정태적 시각은 세계사를 인식하는 데 차이보다 유사성이 중요하다는 주장으로 이어진다.

프랑크는 "사회이론가들도 그렇지만 특히 역사가는 모든 '문명', '문화', '사회'의 특이하고 남다른 특성, 그리고 각각의 역사적 과정과 사건을 판별하고 강조하는 경향을 보인다"라고 비판하였다. 또 "사회적·경제적 지원이 따르고 '국가'의 이데올로기적·정치적 이유에서 '국민'의 역사나 지방의 역사를 연구하도록 자극받는 경우에는 그런 경향이 더욱 두드러진다"고 하였다(프랑크, 523~524). 연구자의 '도덕성'과도 관련되는 중요한 지적이라 생각한다. 그러나 이어지는 다음과 같은 주장은 그의 인식이 여전히 서구중심·근대중심적 인식이거나, 신자유주의와 연결될 가능성이 있음을 보여준다.

그러나 세계사는 이와는 정반대의 양상을 보인다. 차이를 강조하는 주장은 숱하게 많지만 그 대부분은 허구적인 차이이며, 설령 실재하는 차이라 하더라도 그보다는 공통성이 더 많고 또 중요하다. 동양은 동양이고 서양은 서양이며 이 둘은 영원히 만나지 않을 것이라는 키플링의 관점은 본질적으로 동일한 기능적 구조와 과정이 전혀 달라 보이는 제도나 '문화'로 표출되었을 뿐이라는 점을 간과한다. 최악의 경우 그것은 저열한 정치경제적 식민자의 이해관계를 가려주는 순전히 이데올로기적인 무화과 잎사귀에 불과하다. 근대 세계경제사를 논하면서 우리가 간과해서는 안 되는 것은 수많은 특수한 '차이'들이 실은 공통의 세계경제/세계체제 안에서 펼쳐지는 구조화된 상호작용의 산물이라는 사실이다.(프랑크, 523~524)

우선 이 인용문은 비서구와 식민지에 대한 서구의 차별을 우려하는 주장으로 보이지만, 제도나 문화를 경시하는 경제주의적 시각을 드러내고 있다. 또한 그의 말대로 서구나 서구의 발전은 오직 세계적 상호관계의 맥락 안에서만 현실적인 설명이 가능하다. 그러나 그의 시각에는, 비서구는 물론 서구의 역사 역시 서구 중심주의에 의해 왜곡되어 있다는 점에 대한 비판의식이 없다. 서구중심·근대중심적 인식을 불식하지 못했다. 그뿐만 아니라, 서구와 비서구 간의 차이를 경시하는 태도에서는 글로벌 스탠더드를 추구하는 신자유주의적 이데올로기와 공명할 수도 있는 발상이 읽힌다.

오히려 지금 필요한 것은 프랑크의 주장과는 반대로 "서구와 얼마나 유사했나?"라는 질문 대신 "얼마나 달랐나?"라는 질문이라고 생각한다. '자본주의맹아론'에서 보이듯이 분절화된 요소들 간의 유사성을 비대칭적으로 비교하는 방식, 그를 통해 서구와 동아시아의 비대칭적 차별성을 확인함과 동시에 서구 중심성을 강화하는 방식이 아니라, 차이를 발견해야 한다. 나아가 왜 그러한 차이가 발생했는지를 이념·체제·지리·지정학적·경제적 환경을 유기적으로 연결하여 해명함으로써 비서구 각 사회의 구성과 운영원리를 파악해야 한다. 또 그에 입각하여 '근대 이행'을 포함한 역사 전개 과정, 오늘의 모습과 미래에 대한 전망 등을 설득력 있게 제시해야 한다. 그를 전제로, 사회를 구성하고 운영하는 각 요소들 간의 유기적 관련성과 정합적 이

해, 그리고 그를 통한 역사 전개 과정의 유형적 파악과 대칭적 비교가 필요하다고 생각한다.[6]

이 점에서 동아시아는 특히 중요한 의미가 있다. 중국의 부상을 비롯하여 세계적으로 가장 역동적인 지역으로 대두하고 있기 때문만이 아니다. 근대 중심주의에 대한 비판이라는 점에서 볼 때, 무엇보다 서구와는 매우 대조될 뿐만 아니라, 중요한 체제나 제도 면에서 서구에서는 근대 이후에 나타나는 많은 것이 이미 오래전부터, 혹은 '서구의 충격'이나 '서구적 근대'를 수용하기 이전부터 서구 근대와 매우 흡사하게 성립해 있었기 때문이다. 우드사이드나 미야지마가 지적한 관료제나 과거제, 중앙집권적 정치체제만이 아니라, 토지소유구조 등에서도 그러하다. 모두 서구가 구성해 놓은 역사인식이나 설명틀로는 접근하기 어려운 문제들이다. 이런 요소들이 '전근대적'인 것들과 공존한 사정을 다른 역사적 조건들과 유기적으로 연결하여 설득력 있게 설명해야 한다. 그를 통해 서구의 경험이나 서구가 구성해 놓은 목적론적·발전론적 인식으로는 설명하기 어려운 현상을 확인함과 동시에, 새로운 가능성, 새로운 상상력을 만들어낼 수 있을 것이다.

우드사이드가 인용했듯이, 테일러(Charles Taylor)가 "유럽의 최근 역

---

6 중국과 유럽이 조세 부과의 평등성에 대해 매우 다르게 인식하고 있었음을 지적하거나(Wong, 236), 중앙집권적 정치시스템이라는 면에서의 차이를 18~19세기 유럽과 중국의 조세저항운동이 근대국가의 형성에 미친 영향이라는 면에서의 차이와 연결하여 파악한 웡(Wong, 251 참조), 그리고 초기 근대 중국의 저항운동에 보이는 전략과 저항 주체들의 정체성을 유교 정치사상이 상정하는 권력과 백성 사이의 관계, 곧 가부장적 부-자관계와 연결하여 파악하면서 그것이 중국의 저항운동이 유럽과 달리 주권재민의 이념을 형성하지 못한 핵심 요인이며, 그러한 특징은 현재까지도 이어지고 있다는 점을 지적한 홍호펑의 논의는(Hung, 14~18, 174~178) 서구의 경험과 중국의 경험을 대칭적으로 비교하려는 시도에서 나왔다. 하지만 서구가 경험한 근대국가나 주권재민사상을 기준으로 삼고 있기 때문에 중국적 경험의 또 다른 가능성에 대해서는 논의를 진행하지 못하고 있다.

사는 오히려 더욱 동아시아적으로 되어가고 있다. 사회와 정부가 아주 '얽혀 있어서' 그 구별의 중요성을 약화시키고 있기 때문에, 많은 국가의 노동조합과 고용자집단이 국가의 기획 속에 통합되어왔던 것이다"라고 한 것도(우드사이드, 159) 사실은 근대 중심주의가 구성해 놓은 전근대-근대라는 단선적 시간이 허구적이라는 점을 잘 보여준다. 동시에 근대 중심주의에서는 발견할 수 없었던 '전근대적인 것'과 '근대적인 것'의 조합도 얼마든지 가능하다는 점을 보여준다. 근대 중심주의를 극복하고 그를 통해 전근대-근대라는 단선적 시간관념을 재구성하는 것이 현재라는 의미에서의 '근대'와 미래를 새롭게 상상할 수 있는 가능성을 열어나갈 수 있음을 보여준다.

그러나 서구·근대중심주의는 특히 비서구의 역사 이해에서 전근대와 근대를 단절적으로만 이해하도록 함으로써 '전근대의 경험'을 근대 이후 역사 전개 과정과 적극적으로 연결하여 파악하는 시각을 봉쇄한다.[7] 근대 서구의 이론을 적극 수용하면서 그보다 심원한 역사적 경험을 지닌 동아시아 관료제를 백안시한 동아시아 근대 엘리트들의 태도에 대한 우드사이드의 지적은 그러한 사정을 잘 보여준다.(우드사이드, 63) 그동안 한국사학계에도 조선시대에서 서구의 근대에서나 발견되는 현상이 보이면 단지 그것이 '서구의 충격'과 서구를 수용하기 이전의 현상이라는 이유만으로 '전근대적인 것'으로 규정해버리고 마는 태도가 적지 않았다. 서구 중심주의와 근대 중심주의가 결합된 결과였다.

예컨대 조선 후기의 토지소유권은 서구의 중세와 달리 '근대적' 내

---

[7] 한국이 일본의 식민지가 되기 전후에 보이는 사회·문화적 현상을 '○○의 탄생' 등으로 표현하는 최근의 연구나 시각도 이러한 맥락에서 이해될 수 있다.

지 '일물일권적一物一權的·배타적' 성격을 가지고 있었다. 서구나 일본의 경우 지주제 역시 배타적 소유권이 확립된 '근대' 이후에 본격적으로 전개되었다. 이와 달리 조선에서는 이러한 현상이 자본주의적 질서와는 무관한 '전근대'에 발생하였다. 그러면서도 배타적 소유권이나 자유로운 매매가 자본주의적 질서를 창출해나가지도 않았고, 영국과 같이 농민층이 대토지소유자와 영세농, 무토민(無土民)으로 양극·분해되거나 이른바 '자본가적 차지농(借地農)'을 형성해나가지도 않았다. 이와 같은 현상이 인류사의 경험 속에서 어떤 의미가 있는지 이해하려면 서구 중심적·근대 중심적 역사인식을 넘어서는 새로운 인식틀이 요청된다.

그러나 지금까지 연구들은 "조선 사회가 비근대사회였기 때문에 그에 대응하여 소유권도 비근대성을 띠고 있었다"거나, 대한제국기를 포함하여 조선 왕조는 어디까지나 전근대국가였으며, 이 때문에 조선 시대의 사적 토지소유도 어디까지나 전근대적 범주에 속하였다고 단정함으로써 기껏 발견한 조선 사회의 주요한 특성을 서구 중심주의의 인식틀 속에 가두어버리고 말았다.(배항섭, 2010) 서구·근대중심적 역사인식이 토지소유권에서 보이는 특징이 다른 분야와 어떤 내적 연관이 있는지에 대한 이해를 처음부터 차단해버렸음을 전형적으로 보여준다.

동아시아 역사의 경험을 서양과의 거리나 차이에 의거하여 이해해서는 안 된다. 인간이 사회를 구성하고 사람과 사람이 관계를 맺는 방식, 세계와 우주, 인간사회와 인간의 삶을 사유하는 방식은 다양하다. 지금까지의 방식을 넘어서려면 먼저 서양의 경험과 대비해 그 거리나 차이에 기대어 비서구의 역사 과정을 이해해온 방식에서 벗어나야 한다. 중요한 것은 사회를 구성하고 사유하는 방식과 원리를 내재적으로 분석하는 것이다.

이 점에서 일찍이 코헨(Paul Cohen)이 제기한 중국사의 내재적 접근 방법은 여전히 중요한 의미가 있다. 코헨은 내재적 접근법의 특징으로 "비서구 사회의 역사를 서양 역사의 파생물로 보거나 서양사의 개념을 사용하여 분석하는 것이 아니라 어디까지나 그 사회 자체의 언어와 사물을 보는 시각에 입각하여 파악하려는 진지한 노력인 것", "대상에 입각한(other-centered) 역사 연구", "서양이 아니라 어디까지나 중국 자신의 역사적 체험에 기초를 두는 연구" 등으로 규정하였다(코헨, 63~64). 물론 코헨이 "내재적 접근법이 중국 바깥에서 가해진 요인을 무시하고 중국을 중국 외의 세계로부터 단절시켜 다루는 접근방법은 아니다"라고 지적한 것처럼(코헨, 355) 각국, 각 지역 사이에 교유와 교역이 있었음을 부정하는 것은 아니며, 그러한 교류와 교역이 미친 영향을 배제하자는 것도 아니다.

최근 '서구의 충격'을 일방적으로 강조해온 메이지유신의 연구와는 반대로, 도쿠가와 일본의 막부(幕府)체제가 '서구의 충격' 이전에 이미 '유교적 영향'으로 동요·변질되고 있었다는 점을 강조하면서, '사대부적 정치문화'의 출현이라는 관점에서 메이지유신을 바라본 박훈의 연구도 주목된다. 그 역시 유럽의 근대화 과정에 기반을 둔 설명틀이 아니라, '근세' 동아시아 정치 과정에 대한 면밀한 검토 위에서 만들어진 설명틀을 강조하고 있다. 코헨의 주장과 결을 같이하는 것이다. 특히 그동안 메이지유신이나 일본 근대화 과정을 '전통'과의 단절이라는 맥락에서 이해해온 것과 달리 연결하여 접근하고 있는 점이 매우 흥미롭다. 종래의 주류적 견해에 따르면 일본이 중국이나 한국과 달리 근대화에 성공할 수 있었던 요인으로, 일본은 유학의 영향력이 약해서 유학을 쉽게 버릴 수 있었다는 점, 곧 전통과 단절하기 쉬웠음이 강조되어왔다. 그러나 박훈은 오히려 유교라는 전통적 요소가 메이지유신의 성공에 중요한 요인이었음을 강조한 것이다. 전통과 근대를 단절이 아닌 연속이라는 맥락에서 접근하는 방식이 역사상을 새롭게 구성하는 데 얼마나 중요한지 보여주는 매우 주목되는 연구라고 생각된다.

마지막으로 중국 중심주의에 대해서 간단히 언급하고자 한다. 최근 미국에서 활동하는 한국사학자 던컨(John Duncan)은 "현재 더 많은 사람들이 한국의 중요성을 인식하고 있지만, 우리는 여전히 중국에 대한 연구가 한국에 대해 알아야 할 모든 것을 제공할 것이라는 견해, 특히 중국 연구자들의 이러한 견해를 때때로 접하게 된다"고 하였다. 중국 중심적 인식을 잘 보여준다. 실제로 동아시아와 관련한 최근의 연구는 대부분이 중국 중심이다. 물론 중국의 경제/정치적 부상이라는 현실을 반영한 것이지만, 이러한 인식은 결과적으로 한국의 역사적 경험이 가진 독자적 의미를 외면해버리는 것이다. 한국은 다른 나라에 비해 중국과 매우 밀접한 관계를 맺고 체제나 사상 면에서 많은 부분을 중국에서 수용하여 왔다. 그러나 밀접한 수수(授受)관계가 있다는 사실이 곧 수용하는 쪽의 독자성 부재를 의미하는 것은 아니다.

예를 들면 서구에서 형성된 근대성이라 하더라도 그것이 다른 나라나 지역으로 전파/수용되는 과정에서 많은 선택과 재해석, 재규정을 수반하였으며, 근대사의 전개 과정 역시 다양하게 전개되었기 때문이다.(아이젠스타트, 37~38, 48) 전근대는 더욱 그러하였다. 이러한 점은 중국과 한국 사이에서도 마찬가지이다. 예컨대 도이힐러(Martina Deuchler)의 선구적 연구에서 지적했듯이 조선이 중국과 마찬가지로 주자학을 지배이념으로 받아들였다 하더라도 조선에서는 중국과 달리 전통과 결부된 강한 귀족주의적 요소가 내포되어 있었다. 또 토지소유구조나 매매관습이라는 면에도 조선과 중국 간에는 적지 않은 차이가 확인된다.(배항섭, 2010) 토지는 가장 중요한 삶의 근거였을 뿐만 아니라, 사람들 대부분이 토지와 관련을 맺으며 살아갔던 전근대 사회에서 토지소유구조나 매매관습에서 보이는 특징은 사회적 관습이나 문화 형성에 커다란 영향을 미쳤고, 서구와 접촉한 이후 형성된 한국 '근대'의 형성 과정이나 성격에도 중요한 의미를 지닐 수밖에 없다. 유교를 지배이념으로 받아들이고 관료제에 입각한 중앙집권적 정치체제를 갖추고 있었다는 점 등 중국의 명청시대와 조선시대는 매우 중요한 공통점이 있지만, 서로 다른 점도 많았다. 이런 점을 고려할 때 오랫동안 상호교류하며 유사한 문화를 이루었던 동아시아 각국 간의 비교사와 그를 통한 각국, 각 사회의 기본적인 작동원리를 비교해 공통점과 차이점을 분명히 하는 것은 동아시아사를 유형적으로 파악하기 위한 전제가 되는 작업이라 생각한다.[8]

5. 동아시아사 연구와 근대중심주의라는 새로운 질문

역사상을 재구성하려면 무엇보다 새로운 질문을 던져야 한다. 특히 시간과 공간이 어떻게 인식되고 형성되어왔는가 하는 질문은 매우 중요하다. '근대'가 가져온 변화의 폭이나 깊이 그리고 그것이 현재의 삶에 미친 영향은 긍정적이든 부정적이든 결코 부정할 수도 없고, 부

---

8 또한 각국의 역사적 경험은 고유한 맥락 속에서 이루어졌지만, 그러한 고유성을 발견하기 위해서도 비교사적 방법이 요청된다.(三浦徹, 2004) 그 점에서 동아시아 각국 간, 나아가 서구와의 비교사적 접근이 반드시 필요하다. 물론 지금까지도 한국사 연구는 끊임없이 '비교'에 유념하면서 이루어졌다. 다만 그 비교가 기본적으로 서구 중심주의를 바탕으로 그려진, 그것도 매우 추상화된 서구의 경험을 준거로 한 비교였다는 점에 근본적인 문제가 있었다.

정되지도 않을 것이다. 그러나 그것과 승리자로서의 '근대'가 그 이전 시기에 대한 심판자의 위치에 서서 지나간 시대를 지배하는 역사인식을 용인하는 것은 전혀 다른 문제이다. '근대'에 특권성과 근대 이전의 역사적 시간에 대한 심판자의 위치를 부여하는 순간, 우리는 스스로 국민국가 같은 '근대' 권력의 수동적 대리인이 되어버릴 뿐만 아니라, 전근대의 모든 시간을 횡령하여 무화하고, 전근대의 경험으로부터 '근대'를 새롭게 바라볼 수 있는 가능성마저 폐쇄하게 된다.[9]

2011년 1월 17일자 『파이낸셜타임스』에 『역사의 종언』으로 유명한 후쿠야마(Francis Fukuyama)가 흥미로운 칼럼을 기고했다. 후쿠야마는 "미국 민주주의는 중국을 가르칠 만한 수준이 못 된다"(Democracy in America has less than ever to teach China)라는 제목의 칼럼에서 중국의 민주주의 부재와 이라크전쟁 등 미국의 군사적 침략을 동시에 비판하면서 다음과 같이 "민주적이고 시장 중심적인" 미국 모델의 현실에 대해 비관적 전망을 하고 있다.

　　미국식 모델에는 더 심각한 문제가 있으며 이는 풀릴 기미가 없다. 중국은 현안을 효율적으로 다뤘고 어려운 결정을 내리면서 변화에 빠르게 적응했다. 미국은 중앙집권화된 정부를 불신하는 정치문화에 기반을 둔 헌법적 견제와 균형의 원리에 따라 정부를 운영하고 있다. 이 시스템은 개인의 자유와 사적 활동의 영역을 보장하지만, 현재는 극단주의화되었으며(polarised) 이데올로기적으로 굳어

9　차르테지는 근대 시민사회 바깥 영역에 있는 나머지 사회를 현(근)대/전통의 이분법을 사용하여 개념화하는 것은 '전통'을 탈역사화하고 본질화하는 함정을 회피하기 어려우며, 전통 쪽으로 내몰리는 영역이 근대적 시민사회의 원칙에 부합하지 않는 방식으로 근대와 맞설 수 있는 가능성을 부정하는 것이라고 하였다.(차르테지, 143)

져 있다. 미국식 모델은 현재 이 나라가 직면한 장기간의 재정 문제를 다루는 데 별 소용이 없다. 미국 정치 시스템은 중국은 갖지 못한 민주적 정통성은 있지만 지금 분열되어 있고 통치할 능력이 없다. 1989년 중국의 천안문 사태에서 시위대는 자신들의 주장을 상징적으로 드러내기 위해 미국 뉴욕에 있는 '자유의 여신상'을 모방해 만들어 세웠다. 미래에도 이같이 미국이 중국 민주화의 모델이 될지는 미국이 지금 당면한 문제를 어떻게 처리할 것인가에 달려 있다.(『프레시안』, 2011년 1월 18일자)

서구·근대중심주의에 따르면 개인주의는 서구·근대가 비서구·전근대에 비해 뛰어나고 발전되었음을 보여주는 대표적 증좌였다. 그러던 개인주의가 이제는 '민주적이고 시장 중심적인' 미국식 '발전' 모델에 심각한 걸림돌이 되고 있다고 지적한 것이다. 변화된 '근대'가 새로운 질문을 요구하고 있음을 보여준 것이다. 이러한 평가는 단편적인 현상에 근거한 후쿠야마 개인의 견해이지만, 그가 미국의 시장경제, 민주정치제도, 개인주의 등을 지구공동체를 위한 보편적 프로그램으로 여기며 서구와 비서구라는 이분법적 이해를 보이던 연구자였다는 점에 비추어볼 때(두웨이밍, 45) 매우 흥미로운 '전향'이라 생각된다. 서구·근대중심주의가 내파되어가는 한 단면을 보여주는 것으로 받아들일 수는 없을까? 어쨌든 근대 중심주의가 규정했던 어제의 '효자'가 오늘에는 '불효자'가 되어버리는 이러한 현실 속에서도 역사적 시간은 갈 길을 가고 있다. 다만 근대 중심주의만이 스스로 만들어 낸 역사적 시간 관념을 박제화한 채 고집하고 있을 뿐이다. 근대 중심주의를 비판해야 할 이유를 여기서도 볼 수 있다.

이 글이 시사하는 바는, 서구가 구성해 놓은 역사상과 역사인식에 주박(呪縛)된다는 것이 역사인식 면에서 비서구의 자율성 상실을 의미하는 것과 마찬가지로, 근대 중심주의에 따르는 시간관 역시 전근대를 근대에 종속시킴으로써 전근대로부터 근대의 너머를 볼 가능성을 봉쇄한다는 것이다. 서구가 구성해 놓은 특정한 '근대성'—예컨대 산업혁명이나 자본주의, 구디가 지적한 민주주의, 자유, 인문주의, 개인주의, 낭만적 사랑, 개인주의 등—을 기준으로 그것이 서구에서는 왜 가능했고, 비서구에서는 왜 불가능했느냐는 등의 질문은 이 점에서 근본적인 한계가 있다고 생각한다. 그것은 여전히 서구적 근대가 구성해 놓은 발전론적 인식을 전제로 현재까지의 역사 과정을 역추적하는 방식이기 때문에 그와 무관한 경험은 배제될 수밖에 없다. '미발(未發)의 계기'나 '다른 가능성들', 특히 서구 근대에 의해 압살되었지만 근대 극복이라는 점에서 소중한 의미를 가질 수 있는 경험 역시 묻힐 수밖에 없기 때문이다.

반대로 동아시아나 비서구에 서구의 근대와 같은 것이 일찍 나타났다거나 서구의 영향과는 무관하게 자생적으로 나타났다는 시각, 몇 가지 서구 근대의 요소나 서구에서 발견되는 요소를 동아시아에서 발견하고 그것을 '보편적' 역사 전개 과정으로 이해하는 방식 역시 여전히 근대 중심적이고 목적론적이다. 서구 중심주의를 극복하는 데는 유용한 고민이지만, 근대 중심주의라는 면에서는 근본적 비판이 되지 못한다. 동아시아의 경험에 비추어 볼 때 이미 오래전부터 서구에서는 '근대'에나 발견되는 요소가 나타났지만, 당시의 다른 분야에는 서구의 근대와 다른 요소도 적지 않았다. 따라서 동아시아와 비서구 각국의 역사 전개 과정, 곧 서구의 시각으로 보았을 때 근대적인 것과 전근대적인 것들이 뒤엉켜 있는 역사적 경험을 유기적·내재적으로 — 물론 각국, 각 지역 간에 교역과 문화교류가 있었음을 부정하는 것은 아니며, 그러한 교류와 교역이 미친 영향도 포함하여 — 이해하는 것이 필요하다.

서구 중심주의가 비서구는 물론 서구에 대해서도 왜곡된 이해를 초래하듯이, 근대 중심주의는 전근대는 물론 근대에 대해서도 왜곡된 이해를 초래한다. 또한, 그것은 식민주의와도 밀접한 관련 속에서 만들어졌다. 항상 심판자로서 특권만 누리는 근대는 그 속에서 살아가는 사람들로 하여금 근대를 제대로 이해하지 못하게 한다. 전근대로 근대를 심문하는 것은 그런 점에서 근대를 새롭게 이해하는 방법이 될 수도 있다. 서구 중심주의에 대한 비판이 비서구의 시선으로 서구를 새롭게 보기 위해서도 필요하듯이, 전근대로부터 근대를 심문할 수 있는 계기를 열어가고 근대를 새롭게 이해하기 위해서도 근대 중심주의와 그것이 구성한 일직선적인 시간관념에 대한 근원적 비판이 요청된다.

G. 풋지, 1995, 박상섭 옮김, 근대국가의 발전」, 민음사.

강성호, 2008a, 「'전지구적' 세계체제로 본 세계사와 동아시아—안드레 군더 프랑크」, 『역사비평』 제82호.

_____, 2008b, 「유럽 중심주의와 포스트모더니즘을 넘어」, 『역사비평』 제84호.

_____, 2010, 「유럽 중심주의 세계사에 대한 비판과 반비판을 넘어」, 호남사학회, 『역사학연구』 제39호.

강진아, 2004, 「16~19세기 중국 경제와 세계체제—'19세기 분기론'과 '중국중심론'」, 『이화사학연구』 31호.

_____, 2008, 「동아시아로 다시 쓴 세계사—포머란츠와 캘리포니아학파」, 『역사비평』 제82호.

_____, 2011, 「중국의 부상과 세계사의 재조명」, 『역사와 경계』 제80집.

김경필, 2013, 「침묵 속의 대결—'서양의 대두'에 관한 세 해석」, 『서양사연구』 제48집.

두웨이밍(杜維明), 2005, 「지역적 지식의 중요성」, 마인섭·김시업 편, 『동아시아학의 모색과 지향』, 성균관대출판부.

디페시 차크라바르티(Depesh Chakrabarty), 2001, 김은실·문금영 역, 「인도 역사의 한 문제로서 유럽」, 『흔적』 1호.

린 헌트 외, 2013, 김병화 옮김, 『역사가 사라져갈 때』, 산책자.

마르티나 도이힐러, 2013, 이훈상 옮김, 『한국의 유교화 과정』, 너머북스.

미야지마 히로시, 2013, 『나의 한국사 공부』, 너머북스.

_____, 2013, 『일본의 역사관을 비판한다』, 창비.

박훈, 2014, 『메이지 유신은 어떻게 가능했는가』, 민음사.

배영수, 2012, 「서양의 대두'와 인간의 본성」, 『역사학보』 제216호.

배항섭, 2009, 「근대를 상대화하는 방법—민중사에서 바라보는 근대」, 『역사비평』 제88호.

_____, 2010, 「조선 후기 토지소유 및 매매관습에 대한 비교사적 검토」, 『한국사연구』 제149호.

브뤼노 라투르, 2009, 홍철기 옮김, 『우리는 결코 근대인이었던 적이 없다』, 갈무리.

쉬무엘 N. 아이젠스타트, 2009, 『다중적 근대성의 탐구』, 나남.

안드레 군더 프랑크, 2003, 이희재 옮김, 『리오리엔트』, 이산.

알렉산더 우드사이드, 2012, 민병희 옮김, 『잃어버린 근대성들』, 너머북스.

에드워드 사이드, 2007, 박홍규 옮김, 『오리엔탈리즘』, 교보문고.

유재건, 2009, 「유럽 중심주의와 자본주의」, 한국서양사학회 엮음, 『유럽 중심주의 세계사를 넘어 세계사들로』, 푸른역사.

조반니 아리기, 2009, 강진아 옮김, 『베이징의 애덤 스미스—21세기의 계보』, 길.

존 던컨, 2014, 「한국사 연구자의 딜레마」, 『동아시아에서 21세기 패러다임을 모색한다(2014년 성균관대학교 동아시아학술원 국제학술회의 발표문, 2014년 8월 21~22일 개최).

_____, 2015, 「한국사 연구자의 딜레마」, 미야지마 히로시·배항섭 엮음, 『동아시아는 몇 시인가?』, 너머북스.

파르타 차테르지, 2001, 「탈식민지 민주국가들에서의 시민사회와 정치사회」, 『문화과학』 통권25호.

폴 A. 코헨, 2003, 이남희 옮김, 『학문의 제국주의』, 산해.

安本美緒, 2011, 「東アジア史の「パラダイム轉換」, 『韓國併合'100年を問う』, 岩波書店.

三浦徹, 2004, 「原理的比較の試み」, 三浦徹·岸本美緒·関本照夫 編, 『比較史のアジア: 所有·契約·市場·公正』, 東京大学出版会..

Bentley, Jerry H., 2006, "Beyond Modernocentrism: Toward Fresh Visions of the Global Past," in Victor H. Mair, ed., *Contact and Exchange in the Ancient World*, Honolulu.

Bruno Latour., 2014, "the recall modernity", *Cultural Studies Review* 20: 1.

Chakrabarty, Dipesh., 2002, *Habitations of Modernity*, Univ. of Chicago Press.

Davis, Kathleen, 2008, *Periodization and Sovereignty: How Ideas of Feudalism and Secularization Govern the Politics of Time*, Philadelphia, University of Pennsylvania Press.

Goody, Jack., 2006, *The Theft of History*, Cambridge.

Hart, Keith., 2014, "Jack Goody: The Anthropology of Unequal Society," *Reviews in Anthropology* Vol. 43, Routledge London.

Huang, Philip C. C., 1998, "Theory and the Study of Modern Chinese History: Four Traps and a Question," *Modern China* Vol. 24, No. 2.

_____, 2003, "Further Thoughts on Eighteenth-Century Britain and China: Rejoinder to Pomeranz's Response to My Critiqu," *The Journal of Asian Studies* Vol. 62, No. 1.

Hung, Ho-fung., 2011, *Protest with Chinese characteristics: demonstrations, riots, and petitions in the Mid-Qing Dynasty*, Columbia University Press.

Lauzon, Matthew J., 2011, "modernity" in *The Oxford Handbook of World History*, New

York, Oxford University Press.

Peter Osborne., 2002, 「別の時間」, 『近代世界の形成: 19世紀世界 1』, 岩波書店.

Pomeranz, Kenneth., 2003, "Facts are Stubborn Things: A Response to Philip Huang," *The Journal of Asian Studies* Vol.62, No1. 1.

Volker, H. Schmidt, 2006, "Multiple Modernities or Varieties of Modernity?" *Current Sociology* Vol.54.

Wong, R. Bin., 1997, *China transformed: historical change and the limits of European experience*, Cornell University Press.

4장

법률과
동아시아 사회, 문화, 역사

박소현

1. 법률은 동아시아 사회를 이해하는 데 유효한 관점인가?

동아시아 사회가 경험한 최초의 근대화 과정은 전통법의 폐기와 서구 법제도의 수용이었다. 근대화를 표방한 서구 법제도 및 근대 법학의 수용은 결과적으로 동아시아 사회의 반식민화에 기여했을 뿐만 아니라, 우리로 하여금 동아시아의 유구한 법률 전통 전체를 부정하게 만들었다. 그러나 동아시아 사회는 고대 중국에서 기원하여 고도로 발달한 성문법과 사법 전통을 오랫동안 공유해왔다. 따라서 동아시아 법률과 문화를 역사적으로 살펴보는 것은 서구 근대성 담론을 극복하고 동아시아의 고유한 역사적 경험을 비교하는 데 매우 유효한 틀이 될 수 있다. 필자는 이러한 관점에서 동아시아 법문화사 연구의 다양한 스펙트럼을 소개하고자 한다.

이 글은 법률이 과연 동아시아 사회를 이해하는 데 유효한 관점인가 하는 질문으로부터 출발한다. 이미 이 글 첫머리에 법률이 '동아시아 사회 비교의 유효한 틀'이라는 결론을 내리고서 다시 이 질문으로 돌아가는 까닭은 무엇인가? 사실 법률은 동아시아 사회의 본질을 이해하는 데 가장 부적절한 개념으로 여겨졌기 때문이다. 그리하여 중국법사학자 윌리엄 앨포드(William P. Alford)는 서구학자들의 무관심을 비판하기 위해 "법이라고? 도대체 무슨 법? (law, law, what law?)"이라는 냉소적인 제목의 글을 쓰기도 했다. 그러나 이런 현상은 단지 서구 학계에만 해당되는 것은 아니다. 동아시아 학자들 자신도 그들의 과거를 바라볼 때 이런 관념을 무비판적으로 수용해왔기에 동아시아학계의 상황을 설명하는 것이기도 하다.

막스 베버(Max Weber, 1864~1920)의 동양법 연구 이래 서구학자들 사이에서 동아시아 사회는 '비법적(非法的) 사회구조'를 가진 것으로 여겨졌다. 비법적 사회구조란 무법은 아니더라도 법률 이외의 요소 ― 이를테면, 의례나 관습 ― 가 지배적인 사회구조를 가리킨다. 베버는 또한 이런 사회구조가 동양적 전제주의(Oriental despotism)의 가장 보편적 특징이라고 보았다. 형벌 위주의 강압적인 통치가 만연한 전근대 동아시아 사회에서는 법은 통치수단일 뿐 이성적이고 합리적이며 보편적인 법치(rule of law)라는 것은 존재하지 않았다는 것이다. 베버는 또한 동양법을 가리켜 카디법(kadi justice)이라고도 불렀다. 법이 곧 형벌을 의미하는 전근대 동아시아 사회에서 동아시아 민중은 법에 무지하거나 법을 무조건 두려워하기만 했다는 것이다. 따라서 법정은 정의의 이름으로 잔혹한 형벌을 시행함으로써 '권력의 스펙터클'을 과시하는 극장에 지나지 않았다. 이런 사회에서 힘없는 서민이 소송을 위해 법정에 들어선다는 것은 섶을 지고 불속으로 뛰어드는 것이나 매한가지였다고 할 수 있다. 베버 이후로도 중요한 동아시아 법률 및 법사학 연구가 없었던 것은 아니지만, 베버의 관점을 벗어나려는 시도는 거의 없었다. 따라서 법학계에는 오리엔탈리즘의 한 형태인 법률 오리엔탈리즘(legal Orientalism) 경향이 지배적이었다고 할 수 있다.

그런데 이런 상황이 크게 변화하기 시작한 것은 1990년대 중반에 들어서면서 부터이다. 필립 황(Philip C. C. Huang)은 그의 저서『중국의 민사재판: 청대 법률의 재현과 실제*Civil Justice in China: Representation* *and Practice in the Qing*』에서 베버의 '카디법'에 정면으로 도전장을 내걸고 전근대 중국에도 '민법(civil justice)' 전통이 있었으며 형식적 이성주의가 아닌 실질적 합리주의에 근거한 법치를 시행했다고 주장했다. 필립 황 이후 오랫동안 정설로 여겨진 베버적 관념은 전형적인 오리엔탈리즘이자 서구 중심주의로 비판받으면서 이를 반박하는 연구들이 잇달아 나왔다. 필립 황을 비롯한 새로운 연구 경향을 뒷받침했던 것은 단순히 오리엔탈리즘에 대한 이론적 반격뿐만 아니라 문서보관소, 즉 아카이브(archive)의 개방이었다. 먼지 쌓인 고문서들로 가득한 아카이브는 역사학자에게는 보물창고나 다름없다. 아카이브 문서들 중 상당수가 법문서, 범죄 및 재판 기록들이었고, 이 기록들을 바탕으로 미셸 푸코(Michel Foucault), 카를로 긴즈부르그(Carlo Ginzburg), 로버트 단턴(Robert Darnton), 나탈리 지먼 데이비스(Natalie Zemon Davis)에 이르기까지 포스트모더니즘 역사학의 가장 흥미진진한 연구들이 완성되었던 것이다.

　중국의 경우는 당안관(檔案館)에 보관되어 있던 어마어마한 양의 법문서와 소송기록들이 기존의 연구를 완전히 뒤엎는 새로운 연구를 가능하게 했다. 문서보관소의 발견은 역사학자로 하여금 전근대 중국사회가 '무송(無訟)', 즉 소송이 없는 사회가 아닌 소송사회(litigious society)였다는 완전히 정반대의 주장을 제기하도록 만들었다. 시민의 권리의식이 극도로 발달한 현대 미국사회를 가리켜 소송사회라고 부르는 것을 생각한다면, 이는 '비법적 사회구조'를 갖고 있다던 전근대 동아시아 사회에 대한 기존의 분석을 완전히 뒤엎을 만한 획기적인 주장이라고 할 수 있다. 한국의 경우도 규장각 아카이브 등에 방치되어 있다시피 했던 검안(檢案)을 비롯한 온갖 법문서 자료들이 빛을 보기 시작했고, 이를 바탕으로 중국에 뒤지지 않을 만큼 소송이 많았다는 새로운 주장이 제기되었다. 이제 동아시아의 법정은 권력의 스펙터클을 과시하는 극장이 아니라 서민들이 자신의 권리를 주장하고 불만을 토로하며 정의를 촉구하는 장소가 되었다. 이렇게 본다면 전근대 동아시아의 법정은 현대 법정과 크게 다르지 않았다고 할 수 있다.

그런데 서구 중심주의적 법관념에 대응하는 '아시아적 법관념'을 찾으려는 노력이 전혀 없었던 것은 아니다. 예를 들면, 야스다 노부유키(安田信之)는 아시아에 전통적으로, '개인주의원리'에 기초한 서구 근대법과는 이질적인 '공동원리'에 기초한 '고유법'이 있다고 하면서 이것이 바로 '아시아법' 개념의 핵심이라고 주장했다.[1] 그의 주장에 따르면 아시아법은 역사적으로 원국가법체제(原國家法體制) → 식민지 국가법체제 → 개발국가법체제의 단계를 거쳐 현재 시장의 전지구화(globalization) 단계로 진입했다는 것이다. 이와 같은 발전 모델은 아시아 법문화의 역사적 진화 과정을 전통과의 단절이 아니라 전통의 계승으로 이해한다는 점에서 주목할 만하다.

이 모델에서 원국가법체제란 근대화 이전의 고유법에 기초한 법제도를 말한다. 야스다 노부유키에 따르면 아시아의 고유법 체계는 전제군주를 정점으로 한 국가법 ─ 전근대 동아시아의 경우 중국의 율령체제 ─ 과 자치적인 촌락공동체질서의 이중구조가 그 주요 특징이다. 서구 중심주의적 법관념 극복의 새로운 가능성을 제시했다는 점에서 야스다 노부유키의 '아시아법' 개념은 긍정적 의미를 지니지만, 이 모델이 과연 아시아의 상이한 법문화를 포괄할 수 있는지에 대해서는 비판적 평가가 많은 것 같다. 특히 중국과 한국의 경우에는 국가

---

1 야스다 노부유키의 이론과 그 문제점에 관해서는 미즈바야시 타케시(水林彪), 「アジアの傳統的法文化に關する硏究の現狀と問題點─日本の場合」, 『東アジア法硏究の現狀と將來』, 121~153 참조.

법에 대응할 만한 공동체질서를 찾을 수 없다는 것이 가장 큰 문제점이며, 이는 중국의 한자와 유교, 율령을 모두 받아들여 동일한 '동아시아 법문화권'에 속하는 것처럼 보이는 일본과도 가장 큰 차이점으로 드러난다. 따라서 야스다 노부유키의 '아시아법' 모델의 두 중심축이라고 할 수 있는 동아시아와 동남아시아 중 동남아시아를 제외한다 하더라도, 그의 논리에 근거하여 '동아시아 법문화'를 설명하려면 전면적인 수정이 불가피할 수밖에 없을 듯하다. 즉, 공통적으로 유교적 법문화를 형성한 중국·한국과, 중국법의 영향을 수용했으면서도 독자적인 사회 발전을 이룬 일본과의 격차를 어느 정도는 인정해야 한다. 이 글에서는 동아시아 법문화권에서 일본이 갖는 독자적 위치를 인정하면서, 유교적 법문화를 형성한 중국과 한국을 중심으로 논의를 전개해나가고자 한다. 일본을 포괄하는 동아시아 법문화에 관한 논의는 앞으로 수행해야 할 과제로 남겨둔다.

요컨대 1990년대 이후 동아시아 법사학은 서구 중심주의를 벗어나 새로운 방향으로 나아가고 있지만, 아직도 갈 길은 멀다. 비교법이나 비교법사학은 그 중요성에 대한 인식은 크게 강화되었음에도 불구하고, 아직도 모험을 두려워하지 않는 개척자를 기다리는 분야이다. 게다가 동아시아 사회는 여전히 권위주의적인 법문화가 우세한 사회라는 인식이 일반적이며, 특히 중국의 경우는 국제사회에서 법을 존중하지 않는 '무법자'로 매도되고 있다. 우리 스스로도 우리 사회의 부정적인 법문화가 전근대 사법전통에서 비롯된 것처럼 생각하는 경향이 있다. 그러나 이러한 법문화가 정말 전근대 사법전통에서 기원한 것인지, 아니면 근대화 과정에서 왜곡된 것인지는 시대를 통찰하는 역사 연구를 통해서만 밝혀낼 수 있을 것이다. 이 글에서는 앞으로 동아시아 법사학의 방법론과 연구성과를 두루 소개한다기보다는 새로운 논의를 중심으로 동아시아 법사학의 가능성을 가늠해보고자 한다.

2. 법률, 법학, 법문화: 유효한 개념의 정립

법학을 법을 연구하는 학문이라고 정의한다면, 법학은 세계 어느 나라의 법이든 객관적 연구 대상으로 삼는 것이 마땅할 것이다. 그러나 근대 법학은 어떤 다른 학문분야보다도 서구 중심주의에 집착하면서 다원주의적 시각을 거부해왔다. 근대 형식주의적 법학이 과학으로서의 법을 제창하고 법적 권위가 객관적, 연역적, 추상적, 몰역사적인(ahistorical) 것이며 법이 객관적이고 보편적인 진실을 추구한다고 주장할 때의 법은 서구법과 법제도를 의미한다. 비서구법에 대한 관심과 연구는 서구제국주의의 식민지 지배라는 역사적 사실에서 기원한다. 식민지 지배를 용이하게 만들기 위해 비서구사회의 법과 관습을 연구하기 시작했고, 이때부터 비서구법은 보편적이고 문명화된 '세계법(global law)'인 서구법의 타자로서 원시적이거나 토속적인 특수한 '지방법(local law)'으로 간주되었다. 따라서 비서구법 연구로 말하자면 애초부터 객관적이고 중립적인 기준이란 존재하지 않았다고 할 수 있다.

법 또한 문화적 산물임을 인정할 때 비로소 서구 중심주의적 시각을 벗어나 다원주의적 시각이 적용될 여지가 생긴다. 여기에서 '법문화'라는 새로운 개념이 필요함을 알 수 있다. 법문화라고 하면 법과 문화라는 상충되는 개념을 결합시킨 것처럼 보이지만, 법률에 대한 연구가 단순히 법조항의 분석을 의미하는 것이 아니라 좀 더 폭넓은 사회문화적 맥락을 포함하는 것이라면 법문화는 유효한 개념임이 분명하다. 따라서 법문화는 '법률 그 자체와 그것이 시행된 방식뿐만 아니라 법의 본질과 사법체계에 관하여 역사적으로 정의된, 오랜 근원을 가진 사고방식과 태도들'을 모두 포괄하는 개념이다. 법문화는 특히 최근에 법이 대중문화의 일부로 확장되면서 더욱 활성화된 개념이다. 법사학은 바로 법문화의 역사적 연원과 변동을 연구하는 학문이라고 할 수 있다.

법문화적 관점에서 볼 때 동아시아의 법률이 서구법과 완전히 별개의 의미를 갖고 있었다는 사실은 여러 학자들이 지적한 바이다. 유럽에서는 법이라는 개념 — 즉, 라틴어의 'ius', 프랑스어의 'droit', 독일어의 'recht' — 이 권리와 동의어로 쓰였다. 서로 자신의 권리를 주장하는 당사자들끼리 공개적으로 논쟁을 벌이고 이를 중재할 제삼자와 원칙이 필요하다보니 재판과 법관, 법률이 만들어졌다는 것이다. 유럽에서 민법의 전통은 법의 기원으로서 매우 자연스럽게 받아들여졌으며, 강력한 권리의식에 기초한 자연법사상이 발달할 수 있었다.

그런데 동아시아 법률의 기원이라고 할 수 있는 중국의 법률은 권리의식에 바탕을 두었다기보다는 오히려 권리의식의 억제와 연관성이 있었다. '법률'의 법은 대개 법전 또는 일반법을 가리키는 반면, 율은 법령이나 조례를 가리킬 때 자주 사용되었다. 고대 중국의 법률의 기원을 살펴보면 법이 곧 형(刑)을 의미했음을 알 수 있다. 형은 형벌을 의미하는데, 초기 법조문에서 가장 빈번하게 사용된 말이었으며 후에 형법 전체를 가리키는 것으로 확장되었다. 고대 중국에서는 이미 기원전 6세기경에 이미 일종의 성문화된 법전이 출현했다. 『좌전(左傳)』에 따르면 노(魯) 소공(昭公) 6년(기원전 536년) 정(鄭)나라 재상 자산(子産)이 형서(刑書)를 삼족정(三足鼎)에 새기게 했다고 한다. 이후 법전 및 법문서가 급격히 확산되었는데, 이는 왕조사인 정사(正史) 형법지(刑法志)에도 기록되었다. 이처럼 그 기원을 살펴보면 동아시아 법률과 사법제도에서 형법이 중심적 위치를 차지했음을 이해할 수 있다.

그러나 형법 위주의 사법제도가 발달했다고 해서 민법이나 민사소송이 없었던 것은 아니다. 비교적 가벼운 분쟁을 일컫는 '세사(細事)'는 주로 '청송(聽訟)'의 대상이 되었는데, 이 청송이 바로 오늘날의 민사재판을 일컫는 말이다. 조선(朝鮮, 1392–1910)시대에도 '옥송(獄訟)'과 '사송(詞訟)'의 구분이 있었는데, 전자는 형사재판을, 후자는 민사재판을 일컫는다. 이렇게 본다면 동아시아 사법전통에서도 어느 정도 공법(公法)과 사법(私法), 형법과 민법, 형사와 민사 소송의 구분이 존재했다고 볼 수 있겠다.

다만 제도적으로 형사소송과 민사소송이 명확하게 분리되지 않은 까닭에 민사소송을 포함한 모든 소송의 판결이 처벌의 가능성을 배제하지 않았다는 것이 오늘날 사법제도와의 큰 차이점이다. 이는 또한 소송에 대한 인식이 서구의 그것과 근본적으로 달랐음을 가리킨다. 즉, 서구에서는 당사자들 사이의 분쟁을 지극히 자연스러운 것으로 인식한 반면, 동아시아에서는 모든 분쟁 행위는 사회질서를 위협하는 행위로 간주해 처벌의 잠재적 대상으로 인식했던 것이다. 결국 개인의 권리 보장보다는 사회질서의 유지에 더 큰 가치를 부여했다고 볼 수 있겠다. 이런 특징이 전근대 동아시아의 법관이 형벌을 남발했고 이로 인해 서민은 법정에 나서기 두려워했다는 오해를 불러일으켰다고 할 수 있다. 그러나 전근대 동아시아의 지배이념이었던 유교가 극도로 혐오하고 엄단했던 것이 '남형', 즉 형벌의 남용이었던 것을 생각한다면 쉽게 그런 오해를 믿기는 어려울 것이다. 사실 동아시아 법문화를 이야기할 때 유교의 영향을 빼놓을 수 없다. 전근대 동아시아의 정의(正義)는 '유교적 정의'였다고 해도 과언이 아니다. 그렇다면 유교적 정의란 무엇을 말하는 것인가? 다음으로는 중국과 한국에서 지배적이었던 유교적 법문화에 관해 살펴보고자 한다.

3. 유교적 정의를 찾아서: 정·리·법(情·理·法)과 유교적 법문화

엄격한 법 적용을 통해서 백성을 통제한다는 생각은 초기 유가(儒家)사상과는 거리가 먼 것이었다. 공자(孔子)를 비롯한 유가는 처음부터 법치 또는 엄형주의에 대한 명백한 혐오감을 표시하면서 법을 말단의 통치도구로 여겼다. 여기에서 말하는 법치란 서구의 법치, 즉 'rule of law'를 가리키는 것이 아니라, 유교적 예치(禮治)에 반대되는 의미로서의 법치 — 영어로 말하면 'rule by law', 즉 법의 독단적 지배 — 를 가리킨다.

『논어(論語)』에 "법으로 백성을 인도하고 형벌로 다스리면 백성은 형벌을 면해도 부끄러움을 모를 뿐(道之以政, 齊之以刑, 民免而無恥)"이라는 공자의 말씀은 법치에 대한 부정적 인식을 단적으로 보여준다. 공자가 제시한 이상적 국가는 형정(刑政)에 의존하는 것이 아니라, 인정(仁政) 또는 예치에 의존한다. 강대국이 되기 위해서는 예외 없는 보편적인 법의 시행이 필수적이라는 주장은 대체로 법가(法家)가 제기한 것이다. 법가사상의 영향만을 고려한다면, 고대 중국법의 특징은 전체주의와 보편주의, 그리고 획일적 평등주의로 요약되었을 것이다. 사회질서 유지를 위해서는 사회신분이나 개인이 처한 정황에 관계없이 객관적이고 절대적인 기준을 적용해야 한다고 법가는 주장했다. 그러나 실제 법제도 시행에 있어서는 그들은 경범죄에도 중벌을 적용한 것으로 비난받았다.

동아시아 사법전통에서 형법이 갖는 우월성을 고려할 때, 법가사상이 그 기원을 제공했다고 볼 수도 있지만, 한대(漢代, 기원전 206-기원후 220) 이후로는 유교원리와 규범들이 지속적으로 법전에 편입되었다. 이처럼 유가는 유교적 이상의 실현과 사회질서 유지에 법률이 필요악임을 인정하는 대신, 법규범에 좀 더 구체적으로 유교원리를 반영하고자 했다. 중국법사학자 취통주(Ch'ü T'ung-tsu; 瞿同祖)는 이런 현상을 두고 '법률의 유교화(Confucianization of law)'라고 정의했다. 법률의 유교화 현상은 유교적 예를 보편적 법규범에 적용한 것을 의미한다. 법률의 유교화는 대개 유교적 친족제도인 종법(宗法)의 법률화와 형벌의 차등화, 인도주의를 반영한 관형주의(寬刑主義)로 나타났다.

예를 들면, 패륜 등의 강상범죄(綱常犯罪)를 엄벌한다든가, 존비(尊卑)에 차등을 두어 가족 간의 범죄 및 소송사건을 처벌한다든가, 초범과 효자에게 관형을 베푼다든가, 범죄의 고의성 여부를 고려해 과실인 경우 감형하고 고의적인 경우 중형을 부과한다든가, 범죄의 윤리적 동기를 중시해 복수—특히, 부모를 위한 복수—를 인정한다든가 하는 것이다. 다시 말해서 법률의 유교화는 법의 '윤리적 해석'을 필수불가결한 것으로 만들었다.

일본의 저명한 중국법사학자 시가 슈조(滋賀秀三)는 예를 유럽의 자연법사상과 비교하면서 예가 법에 결여된 문화적 전통을 보충하는 역할을 한 것으로 보았다. 예는 자연법과 달리 권리의 관념은 없는 대신 '명분(名分)'의 관념이 있으며, 이 명분에 의거하여 인간관계를 규정한다. 사회질서를 유지하기 위해서는 지배자와 피지배자, 상급자와 하급자, 이 밖에 나이, 성별에 따른 구분, 가족제도 내에서의 상하 구분 등의 사회적 차별성은 결코 침범할 수도 무시할 수도 없는 것임을 인정해야 한다. 따라서 사회적 차별성은 차별화된 행동규범, 즉 예에 의해 규범화된다. 이와 같은 유교적 상대주의의 영향 아래 법가적 보편주의는 상당 부분 폐기되었거나 수정되었다고 할 수 있다.

이처럼 예와 유교적 상대주의 원칙에 의거하여 법의 윤리적 해석이 필수적이었다면, 이는 법관의 재량권 행사를 어느 정도 인정했다는 의미로 볼 수도 있을 것이다. 이는 유교문화의 영향 아래 누누이 법치 대신 인치(人治)가 강조된 사실에서도 알 수 있다. 즉, 실제 소송사건에서 법관이 법조문을 글자 그대로 적용하는 것이 아니라, 사건의 사회적·윤리적 정황을 폭넓게 고려해 해석할 것을 권장했음을 의미한다. 이 사회적·윤리적 정황은 유교적 사법전통에서 '정리(情理)', 즉 '인정(人情)'과 '천리(天理)'로 정의되었다. 시가 슈조에 따르면, 정리란 관습이나 선례, 혹은 앞에서 말한 예보다도 더 포괄적인, 실정성(實定性)이 없는 판단기준으로 법관은 법령과 함께 정리에 의거하여 '실용적 도덕주의(practical moralism)'를 추구하는 경향이 있었다.

정리와 법의 관계를 어떻게 설정하고 해석하느냐, 다시 말해서 성문화된 법규범과 이를 운용하는 법사실의 괴리를 어떻게 극복하느냐, 필립 황의 표현을 빌리자면 법률의 공식적 재현과 실질적 운용 사이의 괴리를 어떻게 극복하느냐는 매우 중요한 문제인데, 안타깝게도 딱히 어떤 공식이 있는 것은 아니다. 개별 사건마다 정리와 법의 관계를 다르게 해석하고 적용한다면, 결국 자의적 법 적용의 한계를 드러낼 수 있고, 이는 또한 막스 베버가 말한 '카디법'과 크게 다르지 않은 것이다. 정리와 법의 균형을 어떻게 유지하느냐가 전제군주가 좌지우지하는 카디법과 유교적 정의를 구분할 관건이라 할 것인데, 전근대 동아시아에서 생산된 수많은 법서(法書)들은 바로 '정리의 책(情理之書)'라고 불릴 정도로 이 문제를 고심해왔다. 이 책들에 한 가지 공식이나 정답만 제시되어 있는 것은 아니지만, 나름대로 '유교적 정의'로 가는 길을 체계적으로 제시했다고 할 수 있다. '체계적'으로 제시했다는 것은 유교적 법관이 정리와 법의 균형을 유지하기 위해 단순히 직관에만 의존한 것은 아니라는 의미이다. 현대에도 판사가 어떤 사건의 판결을 내려야 할 때 이성적이고 합리적인 법적 추론(legal reasoning)의 과정이 매우 중요한데, 유교적 법관 또한 이 과정을 중시했다. 바로 합리적인 법적 추론을 통해서 정리와 법의 관계를 고심했으며, 이는 또한 자의적 법 적용의 가능성을 없애기 위한 노력이다.

한 가지 사례를 들어 '유교적 정의'가 어떻게 구현되었는지, 현대의 사법적 정의와는 어떻게 다른 것인지 구체적으로 살펴보자. 1,112건의 살옥(殺獄) — 즉, 살인 등 중대한 범죄사건 — 에 대한 정조(正祖, 재위 1776-1800)의 판부(判付)를 수록한 『심리록(審理錄)』에는 강진(康津) 김조이(金召史) 옥사가 기록되어 있다. 소위 김은애(金銀愛) 사건으로 알려진 이 충격적인 살인사건은 정조가 큰 관심을 표명할 만큼 당시에도 엄청난 사회적 반향을 불러일으켰다.

사건의 전말은 음란하다는 말로 자신을 무고(誣告)한 안여인(安女人)을 분노한 김은애가 칼로 찔러 죽였다는 것이다. 이 사건은 정조 13년(1789) 윤5월에 옥사가 이루어졌다. 관찰사(觀察使)와 형조(刑曹)에서 올린 보고서에는 김은애의 원수 갚음은 원통함에서 나온 일이나 살인죄를 용서할 수는 없다고 주장했다. 특히, 좌의정(左議政) 채제공(蔡濟恭, 1720-1799)은 남을 무고한 죄 — 즉, 안여인의 죄 — 는 율문(律文)이 사형에 이르지 않지만, 독심(毒心)으로 보복한 것은 살인죄에 해당한다고 주장했다. 이 사건에 대한 정조의 판결은 김은애를 방면하라는 것이었다. 연약한 여인으로서 원수를 직접 죽인 것은 자살행위에 비할 바가 아니며, 그 기절(氣節)을 숭상한 행위는 『사기·유협전

(史記·游俠傳)』에 실릴 만하다. 이처럼 인륜과 기절을 중시하는 행위는 풍속의 교화에 일조할 것이므로 사면할 만하다는 것이다. 정조는 이처럼 풍교(風敎), 즉 풍속의 교화를 위해서라면 법을 굽히는 일(屈法)도 마다하지 않았다. 정조처럼 공공연히 '굴법'을 말하며 정리와 법의 불균형을 공언하는 일이 모든 유교적 법관에게 허용된 것처럼 여겨서는 안 된다. 그랬다면 유교적 법문화에서 합리적인 법적 추론 따위는 불필요했을 것이다. 여기에서 잠시 유교적 사법체계의 메커니즘을 훑어보자.

전근대 동아시아에서는 독립적인 사법기구가 따로 존재하지 않았다. 최고법정이 위치한 중앙정부에는 중국의 경우 형부(刑部)·삼법사(三法司)·도찰원(都察院)과 같은 전문적 사법기관이 있었고 조선에도 형조(刑曹)·의금부(義禁府)·사헌부(司憲府) 등의 사법기관이 있었지만, 지방에서는 지방 관아의 수령이 최하위 법정의 법관 역할을 맡았다. 지방 수령은 경미한 형사사건이나 민사사건에 대해서만 판결과 처벌 등의 사법권을 행사했을 뿐 심각한 사건들은 재심을 위해 상위 법정으로 이첩해야 했으며, 경미한 사건들에 대해서조차 정기적으로 상부기관에 보고할 의무가 있었다. 사법기관은 중앙집권적 행정기관과 일치함으로써 행정적 지위체계에 정확하게 대응되는 '사법체계의 사다리'도 더불어 확립되었다. 이 사다리의 제일 아래쪽에는 지방 수령이 있었고, 사다리 꼭대기에는 다름 아닌 황제나 국왕이 있었던 것이다. 황제나 국왕은 최고법정의 법관으로서 형부나 형조의 전문적 조언을 경청하고 수용했지만, 최종적인 판결을 내릴 수 있는 이는 황제나 국왕뿐이었다. 사법권과 함께 입법권도 갖고 있었던 이 '대법관'이야말로 무한한 재량권을 행사할 수 있는 법 위의 존재라고 할 수 있다. 그런데 유일하게 '굴법'을 주장할 수 있는 그는 과연 법 위의 존재였을까?

유교적 사법체계의 대법관이 굴법을 공언할 수 있는 것은 오로지 풍교 또는 '돈속(敦俗)', 즉 풍속을 돈독하게 만들기 위해서이다. 다시 말해서 유교적 대법관의 굴법은 권력을 과시하기 위해서가 아니라, 인정과 예치의 실현을 위해서만이 정당화될 수 있었다. 관형주의도 이와 같은 맥락에서 생각해볼 수 있다. 정조의 관형주의는 주목할 만한데, 『심리록』에 기록된 살옥 사건들 중 피고가 실제로 사형당한 경우는 손에 꼽을 정도로 많지 않았다. 정조처럼 유교적 이상을 진지하게 받아들인 대법관이라면, 윤리적 판단에 의거하여 스스로 재량권의 한계를 인식했을 것이다.

따라서 '사법체계의 사다리'를 염두에 둔다면, 앞에서 언급한 법관의 재량권이 어느 정도로 허용되었는지 가늠하기는 어렵다. 법서나 지방 수령들을 위한 행정지침서인 '목민서(牧民書)'에 그토록 정리라는 말이 많이 나옴에도 불구하고, 감히 법관이 황제나 국왕처럼 해석적 권한을 마음대로 사용하는 일은 드물었던 같다. 모든 판결은 반드시 관련 법령 및 조항에 근거해야만 한다는 것이 절대적 요구사항이었다. 게다가 '형벌의 경중이 범죄의 경중과 반드시 일치'해야 한다는 원칙에 따라 형률도 세분화되는 경향을 보이게 되는데, 결국 세분화된 법 규정은 판관의 해석적 권한과 자유를 제한하는 결과를 가져왔다고 할 수 있다. 그리하여 청대(淸代, 1644-1912)의 『형안회람(刑案匯覽)』 일부를 영역하고 해설한 더크 보드(Derk Bodde)와 클라렌스 모리스(Clarence Morris)는 당시의 중국법을 "도덕성을 정확한 수치로 계량화하는 복잡한 장치"이거나 "어떤 위법행위도 가장 사소한 것에서부터 가장 중대한 것에 이르기까지 절대적 정확성을 가지고 처벌하고자 하는 일종의 누진적 연속체의 구성"으로 이해했다. 또한 "가벼운 곤봉 — 태(笞) — 으로 때리는 곤장 열 대의 가장 가벼운 형벌로부터 사형 중에서도 가장 무거운 형벌인 능지처사(陵遲處死)에 이르기까지 단계적으로 증가하는 일종의 형벌 사다리"에 비유했다. 사법체계의 사다리에 형벌 사다리까지, 당시의 법관이 정리법의 균형을 고려하면서 정의를 추구할 여지가 있기는 한 것인지 의문이 아닐 수 없다.

여기에서 다시 우리가 상기해야 할 것은 법의 공식적 재현과 실제적 운용, 법규범과 법사실 사이에는 간극이 존재한다는 사실이다. 법전과 사법제도가 법문화 전체를 규정하고 완벽하게 통제할 수 있다고 믿는 것은 어리석은 환상에 불과하다. 국가와 민의 관계에서 지극히 관료주의적이고 형법중심적인 사법체계가 어떻게 운용되었는지, 지배층의 관점뿐만 아니라 피지배층의 관점에서도 살펴볼 필요가 있다. 이러한 고찰을 통해서만이 유교적 법문화 전반을 재구성하는 것이 가능할 것이기 때문이다.

4. 동아시아 소송사회: 소송을 통해 본 동아시아 사회와 문화

공자가 사회적 조화를 위해 '무송(無訟)'을 내세운 이래 소송에 대한 부정적 인식은 오랫동안 동아시아 사회를 지배해왔다. 지배층은 백성들의 '호송지풍(好訟之風)'을 근절해야 할 사회악으로 여기고 '단송(斷訟)' 또는 '식송(息訟)'을 부단히 추구했다. 그러나 이러한 노력에도 불구하고 동아시아 사회는 무송사회와는 거리가 멀었다.

어떤 세 사람이 동헌에 소송하여, 섬돌 앞에 나란히 꿇어앉았다. 그들이 소송하는 것은 삼백 전짜리 송아지 한 마리였다. 원이 책망하기를 "그대들은 이 고을 양반이 아닌가? 또한 노인인데, 송아지한 마리가 무슨 대단한 것이라고 세 사람씩이나 와서 이렇게 하는가?"라고 하자, 그들은 사과하면서 "부끄럽습니다. 그렇지만 소송할 일은 반드시 해야지요" 하고는, 말을 마치고 돌아갔다.

또 읍에서 북쪽으로 육십 리나 떨어진 곳에 사는 어떤 이는, 열두 푼 때문에 동헌에 와서 소송하였다. 원이 말하기를 "네가 말을 타고 육십 리를 왔으니 필시 경비가 들었을 것이고, 그 경비는 필시 열두 푼이 넘었을 텐데, 소송을 안 하는 것이 이익이 되는 줄 왜 모르느냐?" 하니, 소송한 사람이 "비록 열두 꿰미를 쓸지라도 어찌 소송을 안 할 수 있겠습니까?"라고 말하였다.

그들의 풍속이 매우 억세고 융통성이 없어 무슨 다툴 일이 있기만 하면 꼭 소송을 하는 것이다.

이 이야기는 이옥(李鈺, 1760-1815)의 『봉성문여(鳳城文餘)』에 실린 이야기이다. 이 이야기를 통해서 우리는 당시 민중이 소송을 꺼리고 법정에 들어서길 두려워했다는 기존의 통념이 매우 잘못된 것임을 알 수 있다. 또한 당시 소송을 통해서 법적으로 분쟁을 해결하는 것이 일상화되었고 이러한 과정을 통해서 민의 '법의식'이 크게 향상되었음을 알 수 있다. 다시 말해서 민의 관점에서도 법을 강압적인 통치수단으로 이해하는 것이 아니라 자신의 이해관계를 유리하게 반영할 수 있는 도구로 보는 현상이 나타났다고 할 수 있는데, 조선 후기에 빈번했던 산송(山訟; 묘지 소송)이 그 대표적 예일 것이다. 이옥의 이야기가 과장이 아님은 당시 소송 건수가 실제로 상당히 많았다는 데서도 증명된다.

명청(明淸) 시기 중국사회를 가리켜 소송사회라는 주장을 제기한 것은 일본의 중국사학자 후마 스스무(夫馬進)이다. 여기에서 소송사회란

'litigious society'의 번역어로 현대 미국사회가 바로 소송사회의 대표적 예라고 할 수 있다. 소송사회는 '이 정도로는 소송이 되리라고 생각할 수 없는 사소한 문제에 대해 한 시민이 재판에 이르는 것이 사례로 자주 나오는' 사회이다. 소송건수와 변호사 수가 많은 것도 소송사회를 가리키는 증거가 된다. "왜냐하면 변호사가 사람들의 몸 가까운 일상적 존재라는 것이 소송과 재판에의 액세스(access)를 용이하게 한다고 생각할 수 있기 때문이다. 그것은 '법에 의한 지배'가 이루어지는 사회이다. 사람들은 '구제를 받을 권리가 있다'고 주장하고, 그 권리는 법이 보장한다고 주장한다. (…) 또한 그것은 민주사회이며 적어도 이론상으로는 누구나 소송하는 것이 가능한 사회이다." 후마 스스무 교수의 주장이다.

대표적인 소송사회인 현대 미국사회는 예전의 공동체가 붕괴되고 권리의식이 발달한 '법화사회(法化社會)'로 소송이 빈발하는 사회이다. 그런데 최근까지도 이 현대 미국사회의 대극에 위치한 사회가 구중국(舊中國)사회라는 인식이 학계에서는 일반적이었다. 좀 더 자세히 설명하자면, 전근대 중국사회는 민주사회라기보다는 전제지배(專制支配)가 행해지는 사회였고, 권리의식보다는 유교윤리에 의거하여 '무송'의 이념이 강요되는 사회였다. 따라서 형법이 발달한 반면, 민법의 존재는 미미하거나 아예 없었다는 것이다. 그러나 현대 변호사에 비교할 만한 명청시기 '송사(訟師)'의 존재에 주목한 후마 교수의 연구를 비롯한 일련의 연구를 통해서 전근대 중국사회의 실상이 무송사회와는 거리가 멀었고, 오히려 현대 미국사회와 비교할 만큼 소송이 빈발한 사회였다는 주장이 제기되었다. 『파현당안(巴縣檔案)』을 비롯한 방대한 양의 아카이브 자료의 발굴과 조사를 거쳐 현재는 이를 거의 정설로 받아들일 정도가 되었다.

후마 교수는 전근대 중국사회를 소송사회로 볼 수 있는 근거를 다음과 같이 제시했다. 첫째, 송대(宋代) 이후, 즉 10세기에서 11세기경부터 '건송(健訟)' 또는 '호송'이라는 단어가 문헌에 자주 나타났다는 점이다. 둘째, 권리의식의 문제 또한 재고해야 한다는 점이다. 전근대 중국사회에서는 확실히 권리라는 개념을 찾아보기 어렵지만, 권리의식 대신 정리에 호소하면서 소송에 의존한 사례는 많았다. 이런 점에서 볼 때 정리의식은 권리의식과 유사한 역할을 하면서 소송을 정당화했으며, 전제권력조차 이를 억압하기 어려웠다는 점에 주목해야한다. 셋째로는 증거 조작, 공갈, 무고 등의 수법을 써서 허위로 소송을 일으켜 남에게 죄를 뒤집어씌우는 도뢰(圖賴)사건이 자주 발생했다는 점을 지적했다. 이처럼 법질서를 위태롭게 하는 심각한 도뢰사건은 전통시기 중국뿐만 아니라 조선에서도 빈번하게 발생했다. 다산 정약용(茶山 丁若鏞, 1762-1836)도『흠흠신서(欽欽新書)』에서 "살인사건의 절반이 도뢰사건"인데 이에 대한 인식과 처벌 규정이 미흡함을 날카롭게 지적했다. 이처럼 도뢰사건의 존재 자체는 과연 전제지배체제가 소송을 억제하는 역할을 했는지, 소송과 전제권력의 상관관계를 재고할 필요가 있음을 가리킨다. 17세기 초 중국에서 출판된『두편신서(杜騙新書)』에 실린 다음 이야기는 법을 조금도 두려워하지 않는 서민들에 관한 것이다.

마을에 용가성(龍家姓)을 가진 무뢰배가 살았는데, 법률을 넘나들며 백성을 속이고 압박했다. 그가 간교하다는 말을 듣고 두려워하지 않는 사람이 없었고 멀리서도 그를 피해 갔다. 어느 날 그는 부(府)에 가려고 배를 탔다. 그가 먼저 타고 자리를 잡았는데, 나중에 배를 탄 사람들이 많았다. 그들은 서로 모르는 사이였지만, 배 안에서 이런저런 수다를 떨기 시작했다. 누군가 갑자기 최근에 안원(按院; 提刑按察使)이 무뢰배를 체포한 일을 이야기했다. 그중에 성이 구씨(丘氏)인 젊은이가 있었는데, 그는 용씨가 배에 탄 줄 모르고 말했다. "듣자니 우리 현에는 용오(龍五)라는 자가 최고 악당인데, 그를 알고 지낸 사람들 중에 그에게 사기당하지 않은 사람이 없다고 합니다. 만일 안원이 이 인간을 제거할 수 있다면 우리 백성들은 편안히 살 수 있을 것이오." 용오는 이 말을 듣고 속으로 냉소했다. '네가 나와 무슨 관계가 있다고 내가 악당이라느니, 안원이 나를 잡아갔으면 좋겠다느니 하며 떠드느냐? 내가 만일 그에게 속임수를 쓰지 않는다면 나는 억울하게 악당이라는 말을 듣는 것이리라.' 그는 구씨가 상당히 좋은 침구를 갖고 있는 것을 보았다. 그는 목도장을 꺼내어 침구 안쪽 흰 천에 몰래 도장을 찍었다.

황혼 무렵 배가 도착하자 각자 짐을 챙겨 떠났다. 악당 용오는 몰래 구씨 뒤를 따라가다가 부의 관아에 다다르자, 하인이 멘 짐 위에 있던 침구를 낚아채며 말했다. "짐을 지느라 수고했소. 이제부터는 내가 직접 갖고 가리다." 구씨가 그를 제지했다. "이것은 내 침구인데 어디로 가져가는 거요?" 두 사람이 서로 옥신각신 다투며 멱살잡이를 한 채 관아의 공당으로 들어갔다. 용오가 말했다. "이것은 제 침구인데 그가 자기 거라며 다투었습니다." 구씨 또한 말했다. "이것은 제 물건입니다." 지부가 말했다. "너희들이 서로 다투는데 무슨 표식이라도 있느냐?" 용오가 말했다. "제 침구에는 도장이 찍혀 있습니다." 침구를 펴 확인해보니 용씨가 갖고 있던 도장과 같았다. 지부가 말했다. "이것은 용오의 물건이 맞다. 구씨는 어째서 감히 남의 물건을 네 것으로 사칭하는가?" 구씨는 곤장 열 대를 맞았고, 용오는 침구를 차지했다. 구씨가 욕을 했다. "이 도둑놈아, 넌 누구냐?

감히 날 속여? 반드시 네게 보복하리라.” 용오가 말했다. “방금 배에서 네가 말했던 악당이 바로 나다. 네가 나와 무슨 관계가 있다고 온종일 나를 악당이라 부르느냐? 그래서 내가 널 한 수 가르친 것이다. 악당이 이런 일을 한다는 걸!” 구씨는 후회했다. “내가 함부로 남에게 악담을 했다가 이런 화를 입게 되었구나.”

  이 이야기에서 주목할 만한 것은 사소한 시비를 해결하기 위해 서민들이 서슴없이 관아에 들어설 만큼 관아의 문턱이 낮았다는 것이다. 관아 이외에 그들을 중재할 사람이 없었다는 것도 그들이 결국 관아에 간 주요 원인이기도 하다. 이처럼 전제권력이 소송을 억제하기보다는 오히려 소송을 부추기는 요인이 될 수 있다는 사실은 현대 소송사회에 대한 분석과는 완전히 상반되는 전제이다. 그러나 이는 비단 전통시기 중국에만 해당되는 사실은 아니었다. 『대명률』을 받아들여 운용한 조선에서도 18, 19세기에 와서 민간의 ‘호송’ 경향을 우려하는 목소리가 부쩍 높아졌고, 『민장치부책(民狀置符冊)』과 같은 자료를 통해 실제로 민간의 소송이 일상화되었음을 확인할 수 있다는 것은 소송과 전제권력의 관계에 대한 기존의 관점을 전면 수정해야 할 필요성을 제기한다. 이는 또한 동아시아 소송사회에 대한 비교사적 연구가 절실한 이유이기도 하다. 즉, 유사한 사법제도를 바탕으로 ‘무송’을 추구하던 전통시기 중국과 조선사회에서 ‘소송사회’의 양상이 나타났다면, 과연 그 공통의 원인은 무엇인지, 혹은 그 유사점과 차이점은 무엇인지를 비교 분석함으로써, 동아시아 법문화에 대한 새로운 이해가 가능하리라 생각한다.

  한편으로 후마 교수를 중심으로 한 광범위한 공동 연구에도 불구하고, 과연 동아시아 법문화를 이해할 때 ‘소송사회론’을 정설로 받아들일 수 있는가 하는 문제도 신중하게 고려해볼 필요가 있다. 소송사회론이 전근대 동아시아 사회를 '非소송사회'로 보던 기존의 관점을 대폭 수정하게 만든 것은 사실이나, 여전히 현대 소송사회와 비교해볼 때 차이를 발견할 수 있다. 변호사를 내세운 대심제도(對審制度)가 법적으로 금지되었다는 것은 전근대 동아시아사회를 소송사회로 간주하는 데 결정적인 장애가 된다.

그러나 중요한 것은 전제권력이 법률을 독점하는 한편 민간의 소송을 최대한 억제하는 제도적 장치를 운용했음에도 불구하고 소송율이 꾸준히 증가했다는 사실이다. 빈약하기는 하지만 남아 있는 소송기록을 통해서, 무송의 이상을 강요한 유교적 전통사회에서 무시할 수 없는 윤리적 부담과 사회적 불이익에도 불구하고 소송을 해야만 했던 사람들은 어떤 사람들이며, 그들이 목표로 한 것은 무엇이었는가, 그들에게 법률은 과연 어떻게 인식되었는가 등의 문제를 밝혀내는 것이 아주 불가능한 것만은 아니다. 이런 분석을 통해서 전근대 동아시아의 소송사회적 특성을 전체적으로 조망하는 것이 가능할 것이다.

5. 동아시아의 법률과 문학

법률의 기원이 유구한 전근대 동아시아에서는 역사적으로 다양한 법서가 유통되었다. 법서 장르는 다양한 종류의 법률 관련 텍스트들을 포괄한다. 유교문화의 맥락에서 본다면 법서의 출판과 유통에 대해서 과소평가하기 쉽지만, 실상은 그렇지 않았다.

우선 중국의 경우를 보자면, 『사고전서(四庫全書)』의 사부(史部) 정서류(政書類)에는 『당률소의(唐律疏議)』, 『대명률(大明律)』, 『대청율례(大淸

律例)』와 같은 형전(刑典)이 수록되었고, 자부(子部) 법가류(法家類)에는 고대 법가 텍스트인 『관자(管子)』, 『상자(商子)』, 『한자(韓子)』를 비롯해 법의학서인 『세원록(洗寃錄)』과 『무원록(無寃錄)』, 역사적 판례 또는 '판례사(判例史)'라 할 수 있는 『의옥집(疑獄集)』, 『절옥귀감(折獄龜鑑)』, 『당음비사(棠陰比事)』, 『명공서판청명집(名公書判淸明集)』 등이 수록되었다.

그러나 실제로 명청 시기에 간행되고 유통된 법서류에는 훨씬 더 광범위하고 다양한 텍스트들이 포함되었다. 형전 외에도 수많은 판례집과 형정서(刑政書)들 — 즉, 법률사무 관련 지침서 — 이 독자의 요구에 부응해 출판되었는데, 장용린(Jiang Yonglin)에 따르면 대체로 다섯 가지로 분류해볼 수 있다. 첫째, 중앙의 형부와 지방 관아에서 처리한 사건기록을 정리, 편찬한 형안(刑案), 둘째, 주로 아전이나 송사 전문가들 — 즉, 송사(訟師) 또는 송곤(訟棍)으로 불렸던 오늘날의 변호사와 유사한 존재들 — 이 참고했던 문서 격식을 모아 놓은 송사비본(訟師秘本), 셋째, 오늘날의 범죄소설과 유사한 일반 대중을 겨냥한 공안소설(公案小說), 넷째, 역사기록으로부터 수집한 판례들을 모아놓은 『의옥집』, 『절옥귀감』, 『당음비사』 등 '절옥류(折獄類)'라 불렸던 판례집, 마지막으로 실제 법관으로 재직한 저자가 심의한 사건들에 대한 판결문 및 사건보고서 — 심어(審語), 언어(讞語), 판어(判語) 또는 판독(判牘) — 를 모아 편찬한 책 등이 있다.

장용린과 같은 법사학자가 그동안 문학사 연구 및 문학적 분석의 대상으로만 여겼던 공안소설을 법서 장르에 포함시켰다는 것은 학계의 중요한 인식의 변화 — 주로 영미학계가 중심이기는 하지만 — 를 보여준다는 점에서 주목할 만하다. 실제로 지금까지 공안소설에 관심을 갖고 연구한 사람들은 대부분 루쉰(魯迅, 1881-1936)을 비롯해 문학사 연구자들이었다. 그러나 이 장르에 대한 전형적인 문학사적 접근은 공안소설 수용의 사회적 맥락이나 기능을 이해하는 데 오히려 방해가 될 수도 있다.

공안소설을 법서의 하위 장르로 간주한다면, 왜 공안소설이 송사비본처럼 법조항이나 장식(狀式) 등을 제공할 뿐만 아니라 송사비본 사례를 모방 혹은 상호참조(intertextualization)했는지 그 까닭을 명확하게 이해할 수 있을 것이다. 중요한 것은 당시에는 법학과 문학, 혹은 사례(case)와 소설(fiction)의 경계가 지금처럼 분명하지 않았으며, 당시의 작자와 독자는 장르의 서사구조적 특성보다는 법률지식과 함께 도덕적 교훈을 전달하는 장르의 기능적 특성에 더 주목했다는 사실이다. 정약용도 별다른 거부감 없이 공안소설과 같은 허구적 텍스트를 『흠흠신서』에 인용한 예에서 볼 수 있듯이, 당대의 독자에게 허구냐 사실이냐, 혹은 문학적이냐 비문학적이냐는 그리 중요한 문제가 아니었을 가능성이 크다. 그보다 더 중요한 것은 이야기의 기능, 궁극적으로 이야기가 전달하고자 하는 것이 무엇이냐 하는 문제였다.

명청시기 중국이나 조선 사회에서 광범위하게 법서 장르가 생산되고 유통되었다는 사실은, 베버 이후로 전근대 동아시아 사회가 법과 소송에 대한 부정적 인식으로 말미암아 서민들은 법에 무지했다는 평가에 매우 중요한 이의를 제기할 수 있다. 더구나 '대중적 법서'로서의 중국 공안소설과 조선후기 송사소설(訟事小說)의 생산과 유통은 전근대 사회에서도 법과 소송에 대한 대중적 관심이 분명히 존재했고 이를 충족시킬 수 있는 방편이 '출판시장'을 통해서 사회적으로 열려 있었음을 증명한다.

조선후기 송사소설 가운데 「와사옥안(蛙蛇獄案)」과 최근에 발굴되어 번역된 『요람(要覽)』과 같은 작품들은 중국 공안소설의 영향으로부터도 자유로운 독자적인 '우화소설'의 형식으로 법률문서 작성의 교본 역할을 한다. 이를테면 전자는 살인사건의 검험(檢驗)을 기록한 검안(檢案) 작성법을 개구리와 뱀의 옥사라는 우화를 통해서 해학적으로 보여준 반면, 후자는 고양이나 개 등의 소지(所志)를 통해서 관아에 제출하는 소지장 작성법을 보여준다. 이러한 우화적 송사소설의 저자는 어떤 사람들이었고 또 어떤 사람들을 대상으로 이런 소설을 창작했는지, 이러한 작품들이 겨냥한 출판시장이 어떤 형태로 그리고 얼마나 큰 규모로 존재했는지는 사실 미지수다. 다만 저자는 검안이나 소지 등 법률문서 작성에 익숙한 서리 계층으로 추측해볼 수 있다. 독자층으로 말하자면, 우리의 예상과는 달리 서리 계층뿐만 아니라 중인, 평민, 노비 등 상당히 광범위한 계층의 독자층이 존재했을 가능성이 있다. 이옥의 『봉성문여』에 따르면, 형정이나 소송 실무를 익히고자 하는 서당 학동들을 대상으로 법률교육을 위한 교본으로서 이런 소설이 널리 읽혔을 가능성을 보여준다. 19세기 말 조선사회는 평민들도 스스로 서당을 꾸려 글공부를 했을 만큼 교육의 기회도 확대되었고, 교육열도 높았다고 한다. 훈장으로부터 소지 작성법 같은 실질적 글쓰기를 배우고자 한 이들에게 법률은 경외나 회피의 대상이 아니라, 오히려 '밥벌이'의 대상이었던 것은 충분히 이해할 만한 일이다. 법이 당시 서민의 일상생활을 구성한 필수요소가 아니었다면, 법률교과서로서의 송사소설도 창작될 수 없었음은 당연하다 할 것이다.

이처럼 명청시기 공안소설과 조선후기 송사소설은 기존의 법서 장르와 달리 사법제도의 실질적 운용과 모순에 대한 피지배층의 시각이나 그들의 법적 대응 — 그들이 자신의 권리와 이익을 보호하기 위해 소송 등 적극적인 사법적 해결방안을 모색했다면 — 을 살펴볼 수 있는 거의 유일한 자료라는 사실을 간과해서는 안 된다. 따라서 필자는 명청시기 공안소설과 조선후기 송사소설을 고찰할 때 기존의 문학적 방법론을 보완할 수 있는 '법문학적' 관점을 제안해본다.

법문학(legal literature)이란 기존의 문학적 연구와 법학적 연구를 융합한 방법론이다. 법문학은 문학 속의 법률(law in literature), 즉 법률의 문학적 재현과, 문학으로서의 법률(law as literature) 즉 법전, 판례집과 같은 전문적 법서를 포괄한다. 법문학적 방법론은 1970년대 이후로 영미 법학계에서 활발하게 벌어진 '법과 문학(law and literature)' 운동으로부터 비롯되었다. 궁극적으로 현대의 법문학운동은 현대 법학의 실증주의적, 보편주의적 관점을 보완하여 인문주의적 전통으로 회귀하는 것을 목적으로 한다. 전근대 동아시아 사회의 법문화를 연구할 때, 법문학적 관점은 '유교적 사법전통'이 본질적으로 통합적 관점을 존중하고 이를 사법제도의 실질적 운용 측면에서 널리 권장했다는 사실을 긍정적으로 바라보게 한다. 따라서 법문학적 관점에서 공안소설이나 송사소설을 읽는다면 당시의 사법전통의 맥락에서 이 장르의 사회문화적 의미를 좀 더 폭넓게 이해할 수 있을 것이다.

6. 맺음말

이 글의 첫머리에서 필자는 법률이 동아시아 사회를 이해하는 데 유효한 관점인가를 자문했었다. 동아시아 법문화사(history of East Asian legal culture)는 법사학(legal history)의 아류라기보다는 아직도 미개척지가 많은 분야임에도 불구하고, 법률이 사회에 미치는 영향을 고려할 때 법률을 통해서 동아시아 사회 전체를 조망하는 것은 유효할 뿐만 아니라 필수불가결한 일이라고 생각한다. 애초에 필자는 관점으로서의 법률의 유효성에 관해 물을 것이 아니라, 법률 및 법문화에 대한 인문학자들의 무관심에 관해 문제를 제기했어야 할지도 모른다. 그동안 법률은 소수의 법학자들만이 이해할 수 있는 지극히 전문적인 분야로 인식되어 왔다. 그러나 최근에 법학은 단순히 법조문의 해석에 그치는 것이 아니라, 법률이 미치는 사회문화적 영향을 폭넓게 고려해야 한다는 요구가 법학계에서 먼저 제기되었다. 이러한 요구를 반영해 최근에는 법경제학, 법사회학, 법문학 등의 새로운 융복합적 방법론을 활용한 법률 및 법문화 분석이 활발히 전개되고 있다. 이와 같은 변화를 고려할 때 인문학자들도 법률에 대한 문화적, 역사적 접근과 폭넓은 이해에 좀 더 적극적인 관심을 기울여야 할 것이다. 이 글에서 다룬 '유교적 법문화', '동아시아 소송사회', '동아시아의 법률과 문학'과 같은 주제들은 동아시아 법문화사에서 다룰 수 있는 연구 스펙트럼의 극히 일부에 불과하며, 앞으로는 좀 더 정교하고 분석적인 융복합적 방법론을 활용함으로써 더욱 다양하고 포괄적인 영역으로 확장되어야 할 것이다. 이런 점에서 동아시아 법문화사는 아직도 확장할 여지가 많은 분야이다.

더욱이 동아시아 법문화사는 동아시아의 역사적 특수성을 고려함으로써 동아시아 사법전통은 어떻게 형성되었고 근대화 과정에서 어떻게 계승·변형되고 현대 법문화 형성에 어떤 영향을 미쳤는지를 통시적으로 고찰해야 할 과제를 안고 있다. 이는 식민지화 혹은 반식민지화 과정에서 전통법과 근대법의 단절이라는 부정적 역사적 경험을 공유한 동아시아 혹은 아시아 사회라면 반드시 극복해야 할 과제이기도 하다. 이런 측면에서 볼 때 야스다 노부유키가 제안한 '아시아 법'은 서구 근대법과는 이질적인 아시아의 특수한 역사·문화적 경험에 의거한 모델이라는 점에서 주목할 만하다. 그러나 한편으로 야스다 노부유키의 모델은 아시아 사회의 다양성을 충분히 고려하지 않은 채 법률이라는 잣대를 일률적으로 적용할 때 발생할 수 있는 문제점들을 보여주기도 한다. 이 글에서도 동아시아 사회 중 중국, 한국과는 이질적인 법문화가 발달한 일본을 거의 다루지 못한 까닭은 일본의 경우 동일한 잣대를 적용할 수 없었기 때문이다. 그럼에도 불구하고 동아시아 사회, 더 나아가 아시아 사회가 공유하는 어떤 사회원리나 윤리적 가치가 서구 법문화와 이질적인 아시아 법문화를 형성하는 데 주요한 역할을 했다면, 그 원리나 가치를 밝히는 작업은 앞으로 아시아 법문화사 연구의 핵심과제가 되어야 할 것이다. 이는 또한 앞으로 서구 근대법을 수용하면서도 이에 의존하지 않는 독자적인 아시아법 모델의 개발에 기여할 수 있다는 점에서 의미 있는 연구라 할 것이다.

| 참고문헌 |

김호, 2013, 『정약용, 조선의 정의를 말하다』, 책문.

박소현, 2010, 「그들이 범죄소설을 읽은 까닭은?: 공안소설과 명청시기 중국의 법률문화」, 『중국소설논총』 제31집, 한국중국소설학회.

_____, 2012, 「법률 속의 이야기, 이야기 속의 법률 - 『흠흠신서』와 중국 판례」, 『대동문화연구』 제77집, 대동문화연구원.

_____, 2014, 「『杜騙新書』를 통해 본 명말 소송사회의 실상」, 『정신문화연구』 37호, 한국학중앙연구원.

_____, 2014, 「법문학적 관점에서 바라본 유교적 사법전통」, 『대동문화연구』 제87집, 대동문화연구원.

范忠信·鄭定·詹學農, 이인철 역, 1996, 『중국법률문화탐구』, 일조각.

브룩, 티모시(Timothy Brook) 외, 2010, 박소현 역, 『능지처참 - 중국의 잔혹성과 서구의 시선』, 너머북스.

심재우, 2009, 『조선후기 국가권력과 범죄 통제』, 태학사.

_____, 2013, 「조선후기 소송을 통해 본 법과 사회」, 『동양사학연구』 제123집, 동양사학회.

심희기, 1997, 『한국법제사강의』, 삼영사 .

이대형, 이미라, 박상석, 유춘동 역, 2012, 『要覽』, 보고사.

이헌홍, 1997, 『한국송사소설연구』, 삼지원.

임상혁, 2010, 『나는 노비로소이다』, 너머북스 .

전경목, 2016, 「조선후기에 서당 학동들이 읽은 탄원서」, 『고문서연구』 제48집, 한국고문서학회.

丁若鏞, 정해렴, 1999, 박석무 역주, , 『국역 흠흠신서』 1-4, 현대실학사.

조윤선, 2002, 『조선후기 소송 연구』, 국학자료원.

조지만, 2007, 『조선시대의 형사법』, 경인문화사.

최종고, 1981, 「막스 베버가 본 동양법−비교법사의 기초를 위하여」, 『법사학연구』 6권, 법사학회.

한국고문서학회, 2013, 『조선의 일상, 법정에 서다』, 역사비평사.

水林彪, 2009, 「アジアの傳統的法文化に關する研究の現狀と問題點-日本の場合」, 『東アジア法研究の現狀と將來』, 国際書院.

水林彪 編, 2009, 『東アジア法研究の現狀と將來: 傳統的法文化と近代法の繼受』, 東京: 國際書院.

滋賀秀三, 1984, 『清代中國の法と裁判』, 東京: 創文社.

夫馬進 編, 2011, 『中國訴訟社會史の研究』, 京都: 京都大學學術出版社.

Alford, William P, 2000, "Law, Law, What Law?: Why Western Scholars of China Have Not Had More to Say about Its Law," *The Limits of the Rule of Law in China*

Bodde, Derk and Clarence Morris, 1967, *Law in Imperial China*, Philadelphia: University of Pennsylvania Press.

Bussani, Mauro and Ugo Mattei, 2012. *The Cambridge Companion to Comparative Law*, Cambridge: Cambridge University Press.

Ch'ü, T'ung-tsu, 1965, *Law and Society in Traditional China*, Paris: Mouton & Co

Furth, Charlotte, Judith T. Zeitlin, and Ping-chen Hsiung eds., 2007, *Thinking with Cases: Specialist Knowledge in Chinese Cultural History*, Honolulu: University of Hawai'i Press.

Hegel, Robert E and Katherine Carlitz eds., 2007, *Writing and Law in Late Imperial China*, Seattle: University of Washington Press.

Huang, Philip C. C., 1996, *Civil Justice in China: Representation and Practice in the Qing*, Stanford: Stanford University Press.

Shaw, William, 1981, *Legal Norms in a Confucian State*, Berkeley: Institute of East Asian Studies, University of California.

Turner, Karen G, James V. Feinerman, and R. Kent Guy, 2000, *The Limits of the Rule of Law in China*, Seattle: Washington University Press.

You Chenjun, 2013, "How a 'New Legal History' Might Be Possible: Recent Trends in Chinese Legal History Studies in the United States and Their Implications," *Modern China* Vol.39 No.2.

2부

동아시아 담론의
현재와 전망

5장

동아시아공동체 담론의 현황과 새로운 이론의 모색

김비환

1. 동아시아공동체 담론의 현실적 기반

1990년대부터 한국 학계에서는 동아시아 지역의 평화와 협력에 관한 연구를 활발히 수행해왔다.(최원식, 1993; 고은·백낙청, 1993; 고미숙, 1997)[1] 지구화 및 지역화로 인한 기회와 위기는 동아시아 역내 국가들의 공동 대응을 불러온 동시에 그것을 설명하거나 뒷받침할 수 있는 동아시아공동체 담론의 형성을 촉진시켰기 때문이다. 하지만 동아시아는 유럽과 같은 타 지역에 비해 종교·문화적 이질성이 높고 역사 인식과 지정학적 이해관계가 매우 복잡하게 얽혀 있는 곳이다.(최장집, 2004: 105; 김광억, 2005: 273; 배긍찬, 2005: 87~88; 이승철, 2005: 417~423) 그래서 동아시아공동체 형성이라는 공동목표와 엄존하는 현실적 이해관계의 간극으로 인해 동아시아공동체 담론은 일진일퇴의 양상을 보여 왔다.(박승우, 2011: 6~7) 이런 정황은 동아시아공동체 담론이 동아시아 역내 국가들의 군사안보·정치·경제적 이해관계의 변화에 의해 큰 제약을 받고 있다는 것을 의미한다.

하지만 복잡한 현실적 위기가 동아시아공동체 담론의 진전을 가로

---

1   이 시기 이전의 동아시아담론에 관한 간략한 소개로는 김교빈(2006, 116~117), 조재욱(2009, 45~47), 함동주(2006)를 참조하라. 그리고 한국, 일본, 중국에서 동아시아공동체 담론의 등장 배경과 특징에 관해서는 백영서(2007)를 참조하라.

막고 있는 현실은 역설적으로 동아시아공동체 건설의 필요성을 절박하게 부각시키고 있다.(조윤영, 2005: 293~294; 박제훈, 2011: 7; 박사명, 2009: 11) 동아시아 역내 국가들 사이의 다양한 갈등과 군사안보적 긴장상태는 모든 역내 국가의 장기적인 이익과 번영에 부합하지 않기 때문에. 그런 갈등과 긴장을 근본적으로 통제하기 위한 가장 확실한 방법으로 동아시아공동체 건설에 관심을 갖도록 유인하기 때문이다.

이 장은 바로 이와 같은 문제인식에서 출발한다. 다시 말해 동아시아공동체 건설에 관한 이론적 논의는 순전히 유토피아적인 희망사항을 반영한 것이 아니라, 매우 절실한 현실적 필요를 반영하고 있다는 인식에서 시작한다. 만일 동아시아공동체를 건설해도 좋고 안 해도 그만이라면 (동아시아 역내 국가들 사이의 협력을 철벽처럼 가로막고 있는 중요한 긴장요인들을 두고 볼 때) 동아시아공동체에 대한 논의를 지속시키는 것은 탁상공론이거나 시간 낭비에 불과할 것이다. 하지만 동아시아공동체의 평화와 안정은 동아시아 역내 국가와 국민들의 공동번영을 위한 절대적인 조건이라는 명제를 받아들이면 동아시아공동체 담론의 지속적 발전은 매우 절실한 현실적 기반을 갖게 된다. 이 경우 엄존하고 있는 현실적 장애들은 동아시아공동체에 대한 이론적 논의를 무의미하게 만들어버리는 요인이 아니라, 동아시아공동체에 대한 새로운 발상과 접근방법을 모색하도록 자극하는 도전 요인이 된다.

이와 같은 문제의식을 가지고 이 장에서는 동아시아공동체 담론의 현황을 반성해보고, 답보상태에 빠져 있는 동아시아공동체 논의에 활력을 불어넣을 수 있는 새로운 이론적 시도들을 소개한다.[2] 먼저 2장

---

2   이 글은 지면관계상 동아시아담론을 구성하는 다양한 이론들을 세세히 다루지는 않고, 주요한 흐름들과 새로운 연구 경향들만을 개괄적으로 다룰 것이다.

에서는 1990년대 이후 한국 학계에서 진행되어온 동아시아공동체 담론이 대두하게 된 배경을 살펴보고, 주요한 접근방법들의 내용과 문제점을 간략히 정리해본다. 3장에서는 최근에 대두하고 있는 동아시아공동체 담론의 새로운 흐름으로 다문화주의와 동아시아시민주의를 소개한다. 마지막 4장에서는 한국의 입장에서 앞으로의 이론적·현실적 과제가 무엇인지를 살펴본다.

2. 동아시아공동체 담론의 현황

(1) 동아시아공동체 담론의 등장 배경

1990년대에 동아시아공동체 담론이 새롭게 대두하게 된 배경에는 (부분적으로 서로 중복되는) 많은 요인들이 있었다.(한상일, 2005: 7~8, 19~20; 조재호, 2009: 45~53; 이철호, 2012; 박민철, 2015: 133)[3] 첫째는 가장 일반적인 배경으로, 지구화와 지역화로 인한 동아시아 역내의 실질적 통합이 진전된 현상을 들 수 있다. 지구화와 지역화 현상은 활발한 인적·물적·문화적 교류를 수반함으로써 국가들 사이의 관계를 좀 더 통합적으로 인식하도록 유인한다. 하지만 지구화와 지역화는

3　동아시아공동체 담론의 역사적 뿌리는 멀리는 중화주의 사상의 형성시기까지 거슬러 올라갈 수 있을 것이다. 하지만 메이지 유신 시대에 일본이 서구 열강들에 대응하기 위한 전략의 일환으로 제시한 아시아연대론 및 20세기 초 아시아대륙으로 진출하기 위해 제시한 대동아공영권이 그 단초가 되었다고 볼 수 있다. 하지만, 이런 개념들은 일본이 패권을 장악하는 제국주의 질서를 의미했던 만큼 현재 진행되고 있는 동아시아공동체 담론과는 질적인 차이가 있다. 이에 관해서는 한상일(2005: 9~17)을 참조하라.

세계체제와 지역체제에서 각국이 처한 위치에 따라 새로운 기회를 제공해주기도 하지만 예측하기 어려운 위험성도 증대시킨다. 따라서 이런 인식을 공유하고 있는 역내 국가들은 지구화와 지역화가 제공하는 기회를 향유하면서도 그 위험성을 최소화할 수 있는 방법으로 동아시아공동체 건설에 주목하게 된다.

둘째는, 변화된 경제적 환경에서 일본과 중국이 동아시아를 바라보는 시각이 변했다는 사실을 들 수 있다. 일본은 1985년의 플라자합의 이후 당면하게 된 경제적 위기에 대처하기 위해 동아시아 지역에 관심을 돌렸다.(이철호, 2012: 99~101) AESAN과의 협력을 확대함은 물론, 당시 급속한 경제성장을 기록하고 있었던 중국과의 새로운 관계 설정을 통해 잃어버린 10년을 되찾고자 했다. 그리고 중국은 중국대로 1980년대부터 본격화되기 시작한 고도성장을 지속시키는 한편으로, 크게 신장된 국력을 바탕으로 동아시아의 패권을 되찾기 위해 동아시아에 관심을 갖게 되었다. 이런 변화 속에서 한국은 일본과 중국 사이의 틈새에서 국가의 존속과 번영을 꾀하기 위한 전략의 일환으로 동아시아공동체에 주목하게 되었다.

셋째는, 1997년 동아시아를 덮친 외환위기가 전반적인 경제적 위기로 확산되자, 동아시아 역내 국가들이 경제적 위기에 효과적으로 대응하기 위한 방법의 일환으로 동아시아공동체 담론에 관심을 갖게 되었다.(최영종, 2005: 52; 배긍찬, 2005: 423; 마코토, 2007: 39~43; 박사명, 2009: 13~14, 20) 지구화 시대에는 (금융)자본이 국경을 건너 자유롭게 활보하면서 세계체제의 약한 고리를 형성하고 있는 국가들의 자본·금융시장을 교란시키며 예측할 수 없는 위기를 조성한다. 그러므로 아직 독자적으로는 경제적 생존을 담보하기 어려운 다수 동아시아 국가들—특히 동남아시아 국가들—이 동아시아공동체에 관심을 갖게 된 것은 매우 자연스러운 현상이다. 특히 EU와 NAFTA와 같은 다른 지역공동체의 존재는 동아시아가 절박한 공동의 위기에 대응할 수 있는 가장 효과적인 방법으로 지역공동체 구성에 관심을 갖도록 유인했다.(이남주, 2005: 398)

넷째는, 한반도의 비핵화문제를 포함하여 동아시아 역내의 갈등과 반목을 효과적으로 관리할 수 있는 집단안보체제에 대한 요구가 동아시아공동체에 관심을 갖도록 자극했다. 동아시아에서는 아직 국가주권과 내정불간섭이라는 웨스트팔리아 체제의 특징이 강력히 살아 있을 뿐만 아니라(이삼성, 2006: 18~19), 정치지도자들이 국민국가 완성과 국익증대 프로젝트를 뒷받침하기 위해 민족주의 정서에 호소하고 있어서 돌발적인 충돌과 전쟁의 소지가 매우 높다. 더구나 냉전 시대의 소련을 대체한 중국과 러시아 그리고 북한으로 이어지는 북방세력과 미국과 일본 그리고 남한으로 이어지는 남방세력 사이에 형성된 대분단체제는 신냉전을 조성하며 역내의 긴장을 더욱 높이고 있다.(이삼성, 2006: 7~11) 그런데 역설적으로 이런 불안정한 긴장상태가 역내의 전쟁과 갈등을 관리할 수 있는 최선의 방법으로 (다자간 안보협력체로서의) 동아시아(안보)공동체에 관심을 갖도록 유인했다.

다섯째는, 20세기 말 동아시아를 엄습한 외환위기에서 또 다른 서구의 충격을 목도한 동아시아 국가들의 지식인들은 서구가 주도해 온 현대문명의 해악과 병폐들— 생태환경 파괴, 인간관계의 원자화와 빈부격차, 국제 금융자본의 횡포 등 —을 근본적으로 극복할 수 있는 대안적인 문명 창달을 꿈꾸게 되었다. 이에 따라 유교민주주의론, 유교자본주의론 및 아시아적 가치논쟁을 비판적으로 조명하는 한편, 대안적인 문명 모델로 동아시아공동체 비전을 제시하게 되었다. 탈근대·탈식민·탈국가·탈냉전은 그들이 지향하는 동아시아공동체의 윤곽을 개략적으로 나타내준다.(김광억, 1998; 백영서, 2005; 최우영, 2006; 고성빈, 2012)

여섯째, 동아시아 차원의 시민사회에서 급격히 확산되고 있는 인적·문화적 교류 및 새로운 초국적·지역적 (청년)문화의 형성을 들 수 있다. 지구화가 야기하고 있는 자본과 노동시장의 개방화, 국제결혼과 이주의 증대, 그리고 각국을 하나의 지역으로 엮고 있는 방송망과 정보통신망의 급속한 보급은 역내 국가들의 인적·문화적 교류를 급격히 증대시켰다. 그리고 이런 추세는 동아시아 지역에서 동질적인 (청년)문화를 조성해내는 한편으로, 역내 국가들의 다문화주의적인 대응을 유인함으로써 동아시아(다문화)공동체 형성에 대한 기대를 불러일으키고 있다.

그런데, 동아시아공동체 담론 형성에 기여한 이와 같은 조건들 중에는 동아시아의 지리적 정체성에 의문을 불러일으키는 것들도 있다. 예컨대, 동아시아의 경제와 안보는 미국의 사활적 이해관계가 걸려있기 때문에, 동아시아공동체 담론의 대상을 오직 동아시아 역내 국가들로 제한하는 것이 타당한가에 대한 의문을 제기한다.(배긍찬, 2005: 106~108) 또한, 중국의 지역 패권주의를 우려한 일본이 ASEAN+3에 호주, 뉴질랜드 그리고 인도를 끌어들이려고 노력하고 있다는 사실은 동아시아공동체를 지리적으로 제한시켜 이해하려는 입장에 큰 도전이 되고 있다.(마코토, 2007: 51~58; 조재욱, 2009: 139~142; 신윤환, 2010: 7, 11; 박승우, 2011: 607) 이런 도전들은 교류와 협력의 긴밀성 정도에 따라, 그리고 안보공동체 구성을 위한 전략적 필요성에 따라, 동아시아의 지리적 정체성을 다르게 이해할 수 있음을 보여준다. 동시에 동아시아의 지리적 정체성을 고정불변적인 것이 아니라 유동적인 것으로 볼 필요가 있다는 것을 시사한다. 다시 말해, 동아시아공동체의 정체성을 미래의 프로젝트로 보도록 고무한다.(Guy Sorman, 2009; 이철호, 2012: 122) 이처럼 동아시아공동체의 정체성을 어디서 찾아야 할 것인가에 대한 논의는 동아시아담론의 또 다른 일부를 이루고 있다.(동북아역사재단, 2009)

(2) 동아시아공동체 담론의 유형

지난 20여 년 동안 매우 다양한 동아시아공동체 이론이 제시되었다.(박민철, 2015: 142~144; 김교빈, 2006: 116~120; 나종석·권용혁·이진원, 2009: 188~269) 이 중 가장 두드러진 것은 경제나 안보 등 특정 분야의 공동체를 실리적 입장에서 추구해야 한다고 주장하는 이론적 경향이다. 이런 이론들은 각 연구자들의 전공분야와 관련된 요인들의 중요성을 강조하는 특징이 있다. 예컨대, 무역·화폐 등 경제적인 요인들을 강조하는 경제학자들은 자본주의의 지구화 및 유럽연합이나 NAFTA와 같은 다른 경제공동체들의 존재가 한국경제에 잠재적 위협요소가 된다고 인식하고, 이에 대한 대응의 일환으로 동아시아 경제공동체 건설을 모색한다.(이창재, 2005; 정인교, 2009) 반면에 안보·정치분야를 전공하는 학자들은 전후에 형성된 냉전체제의 와해에 따른 새로운 안보환경에 대응하기 위해 동아시아 안보공동체에 주목한다.(조윤영, 2005; 남궁곤, 2006; 김영작, 2006)

하지만 이런 이론들은 국가 간 협약, 조약, 기구 등을 중심으로 한 상호적인 이익의 증진이나 집단안보 형성에 치중함으로써, 지구화 및 지역화가 초래하고 있는 사회문화적 변화의 중요성을 상대적으로 도외시하는 문제점이 있다. 또한 동아시아 역내 국가들이 보여주고 있는 복잡한 이해관계에서 발생하는 난점은 차치하고서라도, 이들의 이익 중심의 논의가 어느 정도까지 통합의 추동력을 발휘할 수 있을지도 알 길이 없다. 예를 들어, 이와 같은 기능주의적인 접근에 기반을 둘 경우, (역내의 활발한 이주 현상을 토대로) 새로운 동아시아정체성 형성이라는 미래지향적 프로젝트를 어떻게 추진할 수 있을지 의심스럽다.

이런 연구들이 보여주는 공통적인 한계는 환원주의적 접근법이다. 각 전공자들이 각자의 전공 영역에 속하는 요인들과 현상들에 치중하는 것은 불가피한 측면이 있다. 하지만 환원주의적 접근방법은 동아시아공동체의 내용이 복합적인 차원을 갖고 있기 때문에 명백한 한계가 있다. 예컨대, 동아시아공동체를 경제적 기능주의 시각으로 접근할 경우, 경제협력이 장기적으로 관세동맹과 경제통합을 거쳐 EU와 같은 지역공동체로 발전하게 될 것이라고 보는 시각은, 역내 국가들이 경제교류를 통해 매우 불균등한 이익(또는 손실)을 얻게 됨으로써 발생할 수 있는 갈등과 마찰의 개연성을 너무 낮게 평가한다. 뿐만 아니라 경제적인 교류가 자연스럽게 다른 영역들에서의 협력과 조정을 유도할 것이라고 다소 막연한 기대를 건다. 그 결과 다른 요인들이 동아시아공동체의 건설에 얼마나 큰 장애가 될 수 있는지를 현실감 있게 평가하지 못한다.

반면에, (한반도 핵문제를 둘러싸고) 미국과 일본의 협력을 한편으로 하고 중국과 러시아의 연대를 다른 한편으로 하는 새로운 냉전질서 혹은 대분단체제가 형성·강화되고 있다고 진단하는 입장은 어떤 경제적·문화적 교류도 이런 근본적인 위기가 해소되지 않는 한 동아시아공동체 건설이 의미 있는 진전을 이루기 어렵다고 본다. 하지만 이 입장은 현실적으로 이 지역에서 경제·문화적인 교류 및 열린 노동시장을 통한 이주노동자의 상호 증가가 증진시키고 있는 실질적인 관계 개선 및 긴장완화 효과를 과소평가하는 경향이 있다. 이처럼 환원주의적 연구들은 각 전공분야가 다루는 요인의 상대적 중요성을 지나치게 강조하거나 과장한 나머지 다른 영역에서 진전되고 있는 통합추세를 경시하는 경향이 있다.

이와 같은 관점에서 볼 때, 동아시아공동체에 대한 앞으로의 연구는 과거의 연구들이 보여 온 환원주의적 경향을 경계하고, 다양한 연구들이 지닌 장점들을 포섭하면서 좀 더 중층적이고 포괄적인 접근을 시도할 필요가 있다. 그와 함께 실익 중심의 기능주의적 접근방법은 장기적으로 더욱 포괄적인 이익 개념 — 단편적인 경제적·군사적 이익이 아니라, 공존공영의 가치와 그로부터 파생되는 다양한 이익들 — 에 기반한 동아시아공동체 비전으로 흡수되어야 한다(이런 이유로 동아시아공동체의 정체성 확립은 매우 중요하다). 또한, 그러기 위해서는 동아시아공동체 건설에 반드시 필요함에도 불구하고 그 동안의 연구들이 부각시키기 못했거나 간과해버린 측면들을 부각시켜 동아시아공동체 담론의 정당한 주제로 삼을 수 있어야 한다.

둘째, 연구 경향은 동아시아 정체성에 주목하는 특징을 갖고 있다. 특히 최근에 주목받고 있는 논의들 중에는 기존의 국가중심적인 동아시아 정체성 형성 논의를 비판하고, 국가를 뛰어넘는 지역 정체성을 구성하고자 하는 입장에서 자본주의와 서구적 근대성의 대안으로 동아시아공동체를 규정하는 연구들이 있다.(최원식, 1995; 백낙청, 1996; 백영서, 2000; 조성환, 2005; 김교빈, 2006; 나종석·권용혁·이진원, 2009) 이들이 등장하게 된 배경은 동아시아 지식인들의 교류 증가와 공동작업의 활성화, 그리고 20세기 말부터 활발하게 진행되어온 서구 중심주의에 대한 비판적 검토 작업의 수행 등 학문 내적인 이유를 들 수 있다.(강정인, 2004)

동아시아의 고유한 정체성에 관심을 갖는 연구는 1990년대에 주류를 이루었던 흐름과 최근에 형성되고 있는 흐름 사이에 중요한 차이가 있다. 1990년대에 등장했던 연구들은 유교자본주의론, 유교민주주의론 그리고 아시아적 가치론 등과 유사하게 동아시아 전통에는 자체의 고정 불변적인 특성이 있다고 보는 경향이 강했다.(국민호, 1997; 유석춘, 1998; 함재봉, 1998 & 1999; 강정인, 2002) 이런 입장에서 보면 동아시아의 정체성은 새로 구성할 필요가 없고 발견해내기만 하면 된다. 하지만 이런 입장은 서구와 구분되는 '아시아'라는 문화적 실체를 선험적으로 전제하거나, 문화에 대한 오해에 입각하여 문화를 고정불변의 요소 혹은 실체로 간주하는 경향이 있다.(나종석·권용혁·이진원, 2009: 230; 박승우, 2008 참조) 때때로 이들은 동북아 국가들이 공유했던 유교문화에서 공동의 정체성을 찾고자 하기도 한다. 하지만 이런 입장을 견지하면, 동아시아 국가들 사이에 엄존하는 문화적 이질성을 백안시할 개연성이 높고, 따라서 다양한 이질적 문화들을 배경으로 하여 공동의 정체성을 도출하거나 구성할 가능성은 매우 낮게 된다.

　이런 결함을 인식한 일단의 연구자들은 2000년대에 들어 새로운 이론을 제시했다. 이들의 출발점은 동아시아의 정체성을 강조하는 입장과 유사하다. 하지만 이들은 동아시아의 정체성을 고정되고 불변적인 것으로 파악하지 않는다. 이들은 정체성이 내외부의 사회적 변화에 따라 끊임없이 변할 수 있은 유동적인 것으로 파악한다.(백승우, 2000; 박승우, 2008; 조재욱, 2009: 12; 조희연·박은홍, 2007: 294; 민병원, 2008; 나종석·권용혁·이진원, 2009) 따라서 이들의 이론은 미래지향적이며 실천적인 경향이 강하다. 특히 이 입장은 동아시아의 문화적 정체성을 창출하는 데 있어서 국가 간의 협력 이상으로 시민사회의 교류와 협력도 중요한 역할을 할 수 있다고 강조한다. 이런 경향은 동아시아공동체에 대한 과거의 연구들이 전공 분야라는 폐쇄된 논의의 장에서 진행되어온 것과는 큰 차이가 있다. 다시 말해 다양한 전공분야의 연구들이 학제적으로 이뤄질 수 있는 가능성을 열어 놓는다.

하지만 이런 이론은 지향 목표로서의 정체성에 관한 명확한 비전을 제시하지 못하는 문제점이 있다.(나종석·권용혁·이진원, 2009: 232~239 참조) 동아시아공동체의 문화적 정체성이 실천적인 노력을 통해 구성될 수 있는 개방성을 갖고 있다고 해고, 그 정체성이 의도한 바에 따라 마음대로 구성될 수 있는 것은 아니기 때문이다. 문화적인 정체성이 고정 불변의 것이 아니라는 점에는 동의할 수 있지만, 새로 구성될 정체성이 과거의 문화전통과 현존하는 문화적 자원들 그리고 역내의 크고 작은 행위자들의 합의와 무관하게 구성될 수는 없다. 그것은 반드시 오랫동안 존재해온 문화적 전통에 대한 깊은 성찰과 비판적 재구성 작업에 토대를 두어야 한다. 뿐만 아니라, 전통적 자원들과 조화를 이룸으로써 보다 높은 문화적 정체성을 구성할 수 있는 새로운 문화적 자원들을 수용할 수 있는 개방성을 지녀야 한다. 다시 말해 인지적 측면에서 개방적인 국제주의와 세계주의를 지향해야 한다.(쑨거, 2009: 49~52; 천광싱, 2009: 77) 이런 관점에서 보면, 동아시아 국가들이 공통적으로 지니고 있는 강력한 배타적 민족주의는 커다란 장애가 아닐 수 없는바 새로 창출될 동아시아의 정체성은 역내 국가들이 각자의 민족주의를 개방적으로 수정하도록 유인할 수 있는 매력을 갖춰야 한다. 예컨대, '순화된 민족주의'나 '개방된 민족주의'는 그 한 가지 예라고 할 수 있다.(나종석·권용혁·이진원, 2009; 한상일, 2005; 박제훈, 2011)

마지막으로 거론할 필요가 있는 연구 동향은 동아시아 각국의 동아시아공동체 접근 배경과 전략에 대한 것이다.(이런 연구들은 위에서 설명한 다른 연구들과 함께 수행되는 경우가 많다) 특히 한국, 일본 중국이 동아시아공동체를 어떤 의도로 그리고 어떤 방법으로 접근하고 있는가를 분석하고, 그런 목표와 전략들이 동아시아공동체를 구성함에 있어서 어떤 긍정적·부정적 결과를 초래할 수 있는지, 그리고 어떤 변화가 필요한지를 비판적으로 분석한다.(김재철, 2003; 배긍찬, 2005; 이승철, 2005; 김호섭, 2006; 마코토, 2007; 김기석, 2007; 이철호, 2012; 동북아역사재단, 2009; 이정남·김병국, 2010) 예를 들어, 한국의 경우에는 일본과 중국 사이의 특정한 지정학적·지경학적 위치를 활용하고 상대적으로 유리한 도덕적 입장에 의거하여 ASEAN과의 연대를 통해 동아시아공동체 형성을 주도할 필요가 있다는 분석 등이 그런 것이다.(한상일, 2005; 이승철, 2005)

3. 새로운 연구 동향: 다문화주의와 동아시아시민주의

동아시아공동체 담론과 관련하여 최근 새롭게 대두하고 있는 이론은 다문화주의(multiculturalism)이다. 국제관계에서 다문화주의는 지구화로 인한 인적·물적·문화적 교류의 확대로 인해 국민국가의 경계가 실질적으로 허물어지고 각국의 문화적 구성이 다양화되는 상황을 배경으로 등장한 규범적 정치이론으로, 역내에서 여러 국가들의 문화가 공존·공명하는 가운데 누구나가 다양성의 혜택을 누릴 수 있는 질서를 모색하기 위한 규범적 토대를 제공한다.

현재 동아시아는 국가 간 활발한 이주를 통해 다문화 사회가 확산되고 있다. 동아시아 역내에서 이주의 증가는 갈등을 유발하기도 하지만 상호 협력을 증진시키는 기회가 되기도 한다. 이런 인식이 점차 확산됨에 따라 2000년 이후 경제적·정치적 협력 이외에 사회문화적 협력에 대한 실질적 관심이 증대하고 있다. 이와 같은 변화를 배경으로 이정남과 김병국은 현대 국제정치영역에서 소프트파워의 영향력이 날로 증대하고 있다는 조세프 나이의 주장의 연장선상에서 다문화주의 접근이 동아시아공동체 모색의 이론적·규범적 토대가 되어야 한다고 주장한다.(이정남·김병국, 2010) 이들은 1990년대 이후 중국이 문화에 기반 한 동아시아공동체 건설을 시도해온 사실에 주목하면서, 중국이 서구 문화와 중국문화의 이분법적 대립 틀을 바탕으로 자기 문화를 동아시아공동체의 문화적 기초로 삼으려는 패권주의적 관점을 드러내고 있다고 진단한다. 그리고 그것에 대한 대안으로 다문화주의를 부각시킨다.

소프트파워 이론에 입각한 중국의 패권주의적인 문화적 발상과 달리, 다문화주의는 한 국가 내부의 약소 문화들이나 지역적 차원에서에서의 약소 문화들이 그들의 문화적 정체성을 유지할 수 있도록 관용하거나 보호해주되, 상이한 문화들이 자유로운 교류를 통해 서로 간의 발전을 꾀함과 동시에 공존을 위한 한 차원 높은 공동문화를 창출할 수 있는 가능성을 제공한다. 그런 점에서 패권문화가 여타의 다른 문화들을 제압하고 하나의 동질적인 문화를 형성해가는 동화주의적인 접근방법과는 근본적인 차이가 있다. 하지만, 이정남·이병국은 동아시아공동체 건설을 위한 중국의 문화적 접근방법이 소프트파워 이론에 근거한 문화적 패권주의에 기초해 있다는 점을 분석하고 그 대안적인 시각으로 다문화주의를 제시할 뿐, 다문화주의적인 접근의 구체적인 내용에 대해서는 상술하지 않는다.

심승우는 이에 대한 좋은 보완적 논의를 제공한다. 그는 일단 다문화주의가 미완성의 논쟁적인 담론임을 인정한다. 이런 전제하에 동아시아 역내 국가들에 거주하는 이주민들의 존재와 인간으로서의 공통성은 인간과 시민의 권리를 탈국가적 관점에서 이해하도록 유인한다고 본다. 그리하여 동아시아에서 다문화주의 공동체의 구상이 매우 폭넓은 현실적·규범적 토대를 갖고 있다고 강조한다. 그는 한반도에서의 다문화공동체 건설이 우리 사회로 유입하는 이주민 송출국과의 정치·사회·문화적 연계를 기반으로 동아시아 공동체를 구성하는 선도적인 역할을 할 수 있을 것으로 기대하며, 동아시아 역내 국가들이 각각 다문화주의를 성공적으로 추진할 경우 동아시아 지역 차원의 다문화공동체 건설이 탄력을 받을 수 있을 것으로 전망한다. 다시 말해, 만약 대한민국 및 다른 역내 국가들이 순혈주의에 입각한 국민관념을 극복하고 (이주노동자를 포함한) 이방인들을 배제하지 않으며 그들의 문화적 정체성과 주체성을 인정하면서 새로운 '우리'를 구성해낼 수 있다면, 대한민국은 동아시아 '시민'들의 지지와 연대를 바탕으로 동아시아 공동체를 만들어나가는 선도적인 역할을 수행할 수 있을 것으로 기대한다.(심승우 2013)[4] 그리고 이런 장기적 구상을 가지고 각국이 이주의 급증이라는 세계적 추세에 맞게 시민권 제도 및 국적제도를 정비함으로써 다문화 시대의 도전에 적극 대응할 것을 주문한다. 이를 위해 결혼 이민자들이나 이주 노동자들을 위해 보다 적극적인 다문화주의 정책을 추진하는 것이 바람직하며, 특히 미래지향적인 시민권 논의가 절실하고 본다. 보다 구체적으로 국적과 시민권을 구분하여, 국적을 소유하지 않으면서도 실질적으로 이입국의 시민권을 행사하는 예외적인 상황을 예로 들면서, 동아시아 이주민들에게 (국적이 아닌) 그들이 속해 있는 역내 국가들의 시민권을 누릴 수 있는 권리를 확대해야 한다고 강조한다.

---

4 다양한 문화가 공존하는 상황에서도 모든 역내의 구성원들이 공유할 수 있는 엷은 공동체의식(연대의식) 혹은 시민의식의 형성은 반드시 필요하다. 다문화주의적 접근은 이런 측면에서 좀 더 발전시킬 여지가 있다.

이런 관점에서 특히 소이살(Soysal)의 탈국가적 시민권(postnational citizenship) 개념은 매우 중요한 개념적 토대를 제공한다.(Soysal 1994: 2~3) 소이살에 의하면, 이주노동자들의 권리 문제는 전통적인 시민권 담론에 있어 변종적인 경험이다. 정치적·사회적·경제적 행위자로서 이들이 광범위하게 참여하는 것은 국적에 기반하여 배타적 경계를 규정히는 전통적인 국민국가적 시민권 개념과 배치되는 것이기 때문이다. 소이살은 시민권을 국적과 별도로 간주하여 국적과 상관없이 인간지위(personhood)라는 사실에 기초하여 모든 이주민들에게도 시민권을 부여해야 한다고 주장한다. 물론 상당히 이상적이고 급진적인 논의이기는 하지만, 국적법의 개선 못지않게 주민이자 시민으로서 이주민의 권리 담론을 발전시키는 노력도 중요한 과제라고 볼 수 있다. 좁은 의미의 국적에 기반 한 국민의 지위보다도 정주외국인의 지위를 강화하고(denizenship) 준시민(quasi-citizen)의 지위를 개발하여 국적에 대한 대안으로 삼을 수 있다고 본 것이다.[5]

다문화주의와 더불어 소개할 필요가 있는 접근방법은 동아시아시민주의이다. 이 접근방법은 다문화주의와 마찬가지로 (국적에 따라 결정되는) 국민 개념과 시민 개념을 구분하고 시민 개념의 신축적 이해와 제도화를 통해 동아시아공동체를 구성해갈 것을 제안하는 이론으로,

---

5 심승우는 소이살의 이론을 제도화하고 이주노동자들에게까지 확대 적용한다면 사실상 이주노동자의 시민권을 인정하게 되는 결과를 가져올 것이라고 본다. 이것은 하나의 정치공동체에서 함께 살아가고 있는 정주 외국인의 이해관계자지위(stakeholdership) 존중의 원칙과 유연한 시민권의 원리를 적용한다는 것을 의미한다. 이런 입장은 구체적으로 각국이 혈통주의를 철회하고, 이중국적을 허용하며, 귀화절차를 간소화하고 영주권의 조건을 완화하며, 이주민들 사이의 네트워크와 초국적 연대를 모색·강화시켜야 한다는 주장으로 나타난다. 이런 시도들은 각국이 견지해온 강한 민족주의를 완화시키는 압력으로 작용할 것인바, 동아시아에서 새로운 연대와 유대의 공동체를 만들어가는 규범적 토대가 될 것으로 본다.

(유럽연합의 형성 과정에서 유추해볼 때) 앞으로 동아시아공동체 담론의 새로운 경향으로 떠오를 개연성이 높다.[6]

먼저 나종석과 공동연구자들의 시도는 동아시아시민주의와 맥을 같이 하고 있다는 점에서 거론할 필요가 있다.(나종석·권용혁·이진원 2009) 나종석과 공동 연구자들은 동아시아 정체성 인식에 대한 실증적인 연구를 바탕으로 동아시아 국가들 간의 문화적 이질성을 지적하고, 이를 해소하기 위해 보편적 가치가 필요하다는 주장을 제기했다. 이 주장은 공통의 정체성 형성을 위해서는 공동체 구성원들이 공감할 수 있는 미래지향적인 정체성이 필요하다는 점을 출발점으로 한다. 동아시아 국가들 간의 상이한 정치·경제 체제는 지역공동체 형성의 장애가 되고 있으며, 19세기 후반 침략과 지배라는 상이한 경험에서 발생한 과거사 문제는 이들 국가 간의 거리감과 불신을 확대시키고 있다. 이처럼 국가 간 차이가 큰 동아시아 지역 내에서 공통의 정체성을 형성하기 위해서는 상호간의 거리감을 줄이고 상호이해와 소통의 능력을 배양하려는 노력이 요구되며, 이를 위해서는 동아시아 공동체가 지향해야 하는 보편적 이념이나 가치를 제시할 필요가 있기 때문에 세계시민주의에 관심을 가질 필요가 있다는 것이다(이런 측면에서 보면, 동아시아시민주의는 다양한 문화의 상호존중과 공존을 강조하는 다문화주의와 차별성이 있다).

다음으로는 동아시아의 정체성 문제를 결합하여 동아시아의 '규범적 지역주의'를 모색하려는 시도가 있다.(He, 2008) 규범적 지역주의는

---

6 다문화주의가 '다문화시민권(multicultural citizenship)'에 관한 논의를 핵심 요소로 포함하고 있다는 사실은 다문화주의와 유로시민주의가 현대 정치이론의 핵심 이슈인 (일국적·지역적·지구적 차원에서의) 시민권 문제를 공통적 토대로 삼고 있다는 사실을 보여준다.

지역 내 갈등해소 메커니즘을 제공하는 데 초점을 맞추고, 지역공동체를 조직하고 형성하는 원칙을 세우며, 비전과 방향을 제시하는 데 목표를 둔다. 그와 동시에 국가적 규범들을 조정하고 지역적 정체성과 가치를 확립함으로써 규범적 사고와 행동에 있어서 실질적인 변화를 유도하고자 한다.(He, 2008: 64) 이런 접근방법이야말로 경제협력 중심의 기능적·도구적 지역주의가 지니는 한계를 극복하고, 보편적인 공유가치에 기반 한 지역 정체성 형성에 도움이 될 수 있다는 본다.

동아시아공동체의 이념적 토대를 모종의 보편적 가치에서 찾고자 하는 시도는 양 방향에서 진행되어왔다. 하나는 동양사상에 내재하는 보편적 가치에서 출발하여 서양의 보편적 가치와 접목시키는 것이며, 다른 하나는 서양의 보편주의적 사고에서 출발하여 동양의 보편적 사상과 접목시키는 것이다.

먼저 장현근 등은 일찍이 동아시아시민주의의 이론적 자원으로 중국의 천하사상, 유교의 대동사상, 그리고 군자로서의 시민 개념이 갖는 중요성을 강조한바 있다.(장현근, 1995 & 1997 & 2012; 황경식·정인재, 1995) 장현근은 동양의 세계주의적 이상과 기획은 누구나 공감하고 수용할 수 있는 기본적인 도덕과 윤리원칙에 대한 공유를 전제로 출발해야 한다는 점을 강조하고, 그 단초를 사해일가, 천하관념이 전제하고 있는 왕도(王道)와 인정(仁政) 사상에서 찾는다. 그리고 보다 구체적으로는, 인의와 화이부동이라는 유교적 가치에 입각하여, 동아시아공동체에 대한 (상호이익에 기초한) 기능주의적 접근의 근본적 한계를 부각시키고, 유교적 군자(君子)론에 대한 재해석을 통해 세계시민의 가능성을 모색하고 그 속에서 새로운 동아시아공동체의 시민상과 인권사상을 도출한다. 그리하여 모든 사람이 군자가 되는 이상사회는 못되더라도, 최소한 "공적영역에서는 시민윤리를 확립하고 사적영역에서는 유교적 덕의 윤리를 수용하는 대안, 아니면 사회 전반적인 시민윤리의 기초 위에 이념을 함께하는 유교적 부분공동체(commune)를 용납하는 대안, 더 나아가 시민윤리를 시민 각자가 체득하되 그것이 덕 윤리적 양식으로 발선시킴으로써 군자적 시민상(citizen as moral gentleman)을 개발하는 대안 등을 구체적으로 제시한다. 나아가서 『예기』 「예운」 편의 대동(大同)론을 중심으로 대동과 소강 개념을 재해석하여 중화주의적 문화우월주의를 배제하고 동아시아의 새로운 시민주의를 구성할 수 있는 이념적 토대를 찾고자 한다. 그러면서도 그는 서양이 우위를 보여온 인권사상과 민주주의 사상의 가치를 긍정·수용하면서 동아시아공동체의 미래가 전통과 현대의 조화, 동양과 서양의 융합이 바탕이 되는 새로운 인권의 공동체여야 함을 강조한다.

서양의 사상전통에 깊이 뿌리박은 세계시민주의에 착안한 접근방법은 동아시아시민주의를 지향한다. 이 접근방법은 지금까지 진행된 동아시아 정체성과 연대성 관련 연구들의 성과를 수용하고 기존연구가 지닌 한계를 극복하기 위해 동아시아 시민으로서의 정체성, 즉 동아시아 시민주의의 이념적·제도적 근거를 마련하는 데 초점을 맞춘다. 그리고 중요한 이론적 자원으로 (유럽연합 건설 과정에서 중요한 역할을 해온) 유럽시민주의에 주목한다.

주지하듯이 유럽통합이 장기간에 걸친 민족국가들 사이의 전쟁과 갈등을 종식시키고, 공산주의 국가 소련의 점증하는 안보 위협에 대응하는 한편 역내 국가들의 전후 경제재건과 성장을 위한 현실주의적인 필요 때문에 추진되었다고 하는 분석은, 반드시 유럽통합이 그 시작에서 오늘에 이르기까지 순전히 현실주의적이고 실용주의적인 동기만을 갖는다는 것을 의미하지는 않는다. 유럽통합이 비록 절체

절명의 현실적인 필요로부터 촉발되긴 했지만, 그 통합 과정에서 새로운 가치와 비전을 발전시키며 통합의 목적을 높여왔을 수 있기 때문이다.

이것은 마치 인간 문명의 첫 단계가 생명을 부지하기 위한 도구적 활동에 치중하다가 생존이 확보되면 보다 고차적인 활동과 목표를 지향하게 되는 과정과 유사하다. 일찍이 아리스토텔레스는 정치공동체가 자연적으로 형성되는 과정과, 일단 형성된 정치공동체가 애초의 기본적인 필요를 넘어선 새로운 지적·도덕적·정치적 목표를 지향하게 되는 단계를 구분한 바 있다. 유럽통합 역시 애초의 출발선에서 표방한 목표가 어느 정도 성취되면서, 추가적으로 지향해야 할 고차적인 가치 또는 목표를 발전시켰다고 볼 수 있다. 그리고 유럽시민권에 관한 논의는 바로 그런 가치와 이념을 반영·실현하긴 위한 방법이었다.[7] 이와 같은 관점에서 보면, 동아시아시민주의는 세계시민주의의 규범적 보편주의와 유럽에서의 시민권 전통을 원용하여 동아시아공동체의 이념적·제도적 토대를 확립하는 데 응용하고자 하는바, 동아시아공동체의 실질적인 추진을 위해서는 반드시 병행할 필요가 있는 접근법이다.

---

[7] 유럽시민권 논의의 진화 과정에서 보면, 유럽연합이 결성되기 이전까지는 공동시장을 지원하는 제한된 시민권 모색 단계로, 그리고 유럽연합 결성이 가시화되는 1980년대 중반 혹은 마스트리히트 조약 이후부터는 초국가적인(supranational) 정치적 결사체를 지원하는 포괄적인 시민권 모색 단계로 특징화할 수 있다.

4. 맺음말

현재의 동아시아는 양면적인 상황에 처해 있다. 한편으로는 일본 제국주의 침탈의 청산을 둘러싼 역사적 문제, 영토분쟁 문제 등으로 인해 복합적 긴장 상태에 놓여 있고, 다른 한편으로는 경제적 공동 번영과 공동의 안보환경 그리고 환경문제로 인해 통합의 개연성이 높아지고 있다. 이와 같은 동북아의 양면적인 상황은 모든 구성원들이 기본적인 인권의 향유와 더불어 경제적 번영 및 문화적·사회적·예술적 교류의 혜택을 함께 누릴 수 있는 기회를 제공하면서도, 파국적인 적대와 상호공멸의 위험성을 효과적으로 관리할 수 있는 협력의 정신 및 제도적 장치들의 모색을 절실히 요구하고 있다.

이 장은 바로 이와 같은 문제의식을 가지고 동아시아공동체에 관한 그동안의 연구 성과들을 비판적으로 개관하고, 다문화주의와 동아시아시민주의를 새로운 연구 경향들로 소개했다. 그런데 새로운 연구 경향들은 기존의 연구들이 환원주의나 규범적 모호성 문제를 안고 있다고 진단하고, 동아시아공동체 건설을 견인할 수 있는 보다 명확한 규범적 근거가 필요하다는 인식에 기초하여, 다문화주의와 동아시아시민주의를 제시했다고 볼 수 있다. 그런데 새로운 연구 경향들의 규범적 경향은 기존의 연구들과 달리 지나치게 당위론적 편향성을 지니고 있다고 비판할 수도 있다. 하지만 새로운 접근방법들의 의의는 기존의 연구 성과들이 갖는 중요성을 부정하는 데 있는 것이 아니라, 그런 연구들이 좀 더 통일성을 갖고 계속 추진될 수 있는 규범적·제도적 기초를 강조하는 데 있다. 이것은 유럽통합 과정에서 수행된 유럽 시민권에 관한 논의가 통합의 규범적·제도적 토대로 작용한 것과 일맥상통하는 것이다.

동아시아는 21세기를 맞아 새로운 가능성과 미래를 맞이하고 있다. ASEAN 및 한국과 중국 그리고 일본을 포함한 동아시아 국가들이 함께 개척하게 될 새로운 시대에 즈음하여 한국도 더 이상 의미 없는 변방이 아니라 주도적 역할을 담당할 때가 왔다. 과거 중국과 일본이 아시아의 주역들이었다면 이제는 한국도 피동적인 자세에서 벗어나서 함께 참여할 때가 온 것이다.

역사적으로 볼 때 한국은 동아시아 국가들의 정치, 경제, 사회, 문화적 차이를 넘어 지역공동체 담론을 주도할 수 있는 유리한 위치에 있다.(배긍찬, 2005: 108~111) 즉, 보편적 인권 개념을 담보하지 못하고 대국주의적 성향을 나타내고 있는 중국이나 지속적인 역사분쟁 등 호전적인 제국주의 이미지를 완전히 탈각시키지 못하고 있는 일본과 비교해볼 때, 이러한 호전성과 대국주의로부터 자유로운 한국은 역내 국가들의 소통과 협력을 매개하면서 동아시아공동체 건설을 선도할 수 있는 유리한 조건을 갖고 있다.(조재욱, 2009: 10~12; 백영서, 2007: 113) 이것은 단순히 한국이 국가적 패권을 추구해야 한다는 것이 아니라 동아시아 시민주의를 활성화시켜 동아시아 역내의 평화와 번영을 이룩할 수 있는 역사적인 역할을 수행해야 한다는 것을 의미한다. 그리고 한국이 이와 같은 역사적 역할을 효과적으로 수행하기 위해서는 남북한 분단 상황을 극복하고 한반도에 평화체제를 구축하는 것이 급선무라 할 수 있다.(박민철, 2015: 157~158)

| 참고문헌 |

강정인, 2004, 『서구 중심주의를 넘어서』, 아카넷.

고미숙, 1997, 「동아시아담론, 그 혼돈 속의 길찾기」, 『월간 말』 통권129호, 월간말.

고성빈, 2012, 「동아시아담론: 이론화를 향한 시론」, 『국제지역연구』 제21권 제4호, 국제학연구소.

고은 · 백낙청, 1993, 「미래를 여는 우리의 시각을 찾아」, 『창작과비평』 통권79호.

김광억, 1998, 「동아시아 담론의 문화적 의미」, 『창작과 비평』 통권79호.

_____, 2005, 「문화공동체로서의 동아시아의 필요성과 가능성」, 최영종 외, 『동아시아공동체: 비전과 전망』, 한양대학교출판부.

김교빈, 2006, 「한국의 동아시아공동체론: 동양철학의 관점으로 본 동아시아공동체론」, 『오늘의 동양사상』, 제15권.

김기석, 2007, 「일본의 동아시아 지역주의 정책: 동아시아공동체」, 『국가전략』 제9권 제4호.

김비환, 2007, 「한국사회의 문화적 다양화와 사회통합: 다문화주의의 한국적 변용과 시민권 문제」, 『법철학연구』 제10권 2호, 한국법철학회.

김성국, 2006, 「동아시아의 근대와 탈근대적 대안: 동아시아 공동체론의 심화를 위하여」, 『사회와 이론』 제9집.

김재철, 2003, 「중국의 동아시아 정책」, 『국가전략』 제9권 제4호.

김혜순, 2010, 「이민자 사회통합정책 기초연구: 결혼이민자와 다문화가족을 중심으로」, IOM-MRTC(이민정책연구원) Working Paper No. 2010(05).

김호섭, 2006, 「일본의 동아시아 지역주의 정책: 동아시아공동체를 중심으로」, 『동아시아브리프』 제1권 제4호.

나종석 · 권용혁 · 이진원, 2009, 「동아시아공동체의 정체성 형성의 문제」, 동북아역사재단 편, 『동아시아공동체 논의의 현상과 전망』, 서울: 동북아역사재단.

다구니치 마코토, 김종걸 · 김문정 옮김, 2007, 『동아시아공동체』, 울력.

동북아역사재단 편, 2009, 『동아시아공동체: 논의의 현황과 전망』, 동북아역사재단.

라종일, 1995, 「세계시민의 이상」, 조영식編 『세계시민론』, 서울: 경희대학교출판국.

민병원, 2008, 「동아시아 공동체와 문화 네트워크」, 하영선 편, 『동아시아 공동체: 신화와 현실』, 동아시아연구원.

박사명, 2009, 「시장에서 광장으로: 동아시아의 발전주의적 경쟁을 넘어서」, 박사명 · 이한
우 외, 『동아시아공동체의 동향과 과제: 협력에서 공동체로』, 이매진.

박승우, 2008, 「동아시아 담론의 현황과 문제」, 동아시아공동체연구회 편, 『동아시아 공동
체와 한국의 미래』, 서울: 이매진.

_____, 2011, 「동아시아공동체와 동아시아 담론」, 『동아시아브리프』 제6권 제3호.

박제훈, 2011, 「동북아협력에서 아시아공동체로」, 『동아시아브리프』 제6권 제3호.

배긍찬, 2005, 「동아시아공동체의 발전과정」, 최영종 외, 『동아시아공동체: 비전과 전망』,
한양대학교 출판부.

백낙청, 1996, 「새로운 전지구적 문명을 향하여」, 『창작과 비평』 통권92호.

백영서, 2000, 『동아시아의 귀환: 중국의 근대성을 묻는다』, 서울: 창작과비평사.

_____, 2007, 「평화에 대한 상상력의 조건과 한계」, 『시민과 세계』 제10호.

백영서 외, 2005, 『동아시아의 지역질서: 제국을 넘어 공동체로』, 창비.

송병록, 2002, 「동아시아 공동체 형성을 위한 분야별 협력방안: 군사, 안보부분」, 『국제정
치논총』 제42집 3호.

송은희, 2006, 「ASEAN의 동아시아 공동체 구상에 관한 연구」, 『한국동북아논총』 제40권.

신윤환, 2010, 「중국의 부상과 "동아시아공동체"의 미래」, 『동아시아브리프』, 제5권 제1호.

심승우, 2013, 「이주민의 증가와 국적 제도의 개선 방향」, 『한국정치외교사논총』 제35집 1호.

쑨거(孫歌), 2009, 「동아시아시각의 인식론적 의의」, 『아세아연구』 통권135호.

양길현, 2005, 「동아시아 공동체의 가능성과 전략」, 『동아연구』 제48권.

이남주, 2005, 「동아시아 경제공동체와 지속가능한 개방전략: FTA 논의를 중심으로」, 『동
향과 전망』 제64호.

이동윤, 2007, 「아세안(ASEAN)의 형성과 진화: 동아시아 공동체로의 합의」, 『21세기정치
학회보』 제17권 제1호.

이승철, 2005, 「동아시아 공동체 형성을 위한 비전과 우리의 전략」, 최영종 외, 『동아시아
공동체: 비전과 전망』, 한양대학교 출판부.

이정남 · 김병국, 2010, 「중국의 동아시아 문화공동체 구상에 대한 비판적 고찰」, 『국제관
계연구』 제15권 제1호.

이한구, 2006, 「동아시아 공동체를 위한 역사적 과제: 동아시아 역사전쟁의 종결을 위한
해법」, 『철학과 현실』 겨울호.

임성학, 2005, 「동아시아 경제공동체 형성의 조건과 전략」, 『동아연구』 제49권.

임현진 · 임혜란 편저, 2013, 『동아시아협력과 공동체』, 나남.

장현근, 1995, 「동양사상과 세계시민: 중국 天下思想과 儒家의 大同論」, 『유럽연구』 통권
3호.

_____, 1997, 「동양사상과 세계시민2: 君子와 世界市民」, 『유럽연구』 통권 5호.

_____, 2012, 「초기 유가 '화동(和同)'논의의 정치철학적 의미」, 『동양정치사상사』 제11권

1호.

조윤영, 2005, 「안보공동체 담론과 동아시아 안보공동체 형성의 조건과 발전가능성」, 최영종 외, 『동아시아공동체: 비전과 전망』, 한양대학교 출판부.

조희연 · 박은홍, 2007, 「사회적 아시아(social Asia)를 향하여」, 『동아시아와 한국-민주화와 민주주의의 위기를 넘어서』, 도서출판 선인.

채수홍, 2008, 「동아시아 지역협력의 현황과 과제: 사회문화 부문을 중심으로」, 동아시아공동체연구회 지음, 『동아시아 공동체와 한국의 미래』, 서울: 이매진.

천광싱(陳光興), 2009, 「세계화와 탈제국」, 『아세아연구』 통권135호.

최영종, 2005, 「동아시아공동체에 대한 이론적 검토」, 최영종 외, 『동아시아공동체: 비전과 전망』, 한양대학교 출판부.

최우영, 2006, 「동아시아 담론에서의 공동체주의」, 『오늘의 동양사상』 제14호, 예문동양사상연구원.

최원식, 1993, 「탈냉전 시대와 동아시아적 시각의 모색」, 『창작과 비평』 통권79호.

최장집, 2004, 「동아시아공동체의 이념적 기초: 공존과 평화를 위한 이념적 의미 지평」, 『아세아 연구』 제47권 4호.

최현, 2008, 「탈근대적 시민권 제도와 초국민적 정치공동체의 모색」, 『경제와 사회』 79호.

한상일, 2004, 「일본의 동아시아 인식의 과거, 현재, 그리고 미래: '동아시아공동체' 담론을 중심으로」, 세종연구소 주최 제12차 세종 국가전략 포럼, 『일본의 동아시아 전략』, 10월 14일 한국프레스센터 국제회의실.

_____, 2005, 「동아시아공동체론」, 『동양정치사상사』 제4권 제1호.

황경식 · 정인재, 1995, 「군자와 시민」, 철학연구회 1995년 가을 발표회 논문집 『동서철학의 융합(1)-더 나은 삶과 바람직한 사회』.

한국유럽학회 편, 2004, 『통합유럽과 유럽시민권 I』, 높이깊이.

함동주, 2006, 「동북아공동체 구상으로서의 '동아협동체론': 그 가능성과 한계」, 김영작 · 김기석 엮음, 『21세기 동복아공동체 형성의 과제와 전망』, 한울아카데미.

Guy Sorman, 2009, "Towards Asia's Century," Keynote Speech for the first Conference of Asia Economic Community Forum, No. 11, Incheon, Korea.

6장

비판적 지역주의로서 한국 동아시아론의 형성

임우경

1990년대는 한국에서 동아시아론이 급작스레, 그것도 활짝 꽃핀 시대였다. 세계적 탈냉전은 바로 동아시아론이 만개할 수 있었던 결정적 계기였다. 1990년대 중반 다양한 맥락의 논의들이 등장하여 경합하고 논쟁하며 고조되던 동아시아론은 2000년대 중반, 특히 노무현 정부 시절 절정에 이른 후 점차 열기가 식기 시작했다. 그러나 그것이 동아시아론의 유효성이 폐기되었음을 뜻하는 것은 결코 아니다. 오히려 그것은 동아시아론이 이미 한국사회 각 방면에서 주류화되고 체계화되기 시작했음을 알리는 표징이었다고 볼 수 있다. 2000년대 중반 이래 동아시아에 관한 담론 자체는 눈에 띄게 줄었으나 동아시아를 표방하는 연구기관과 학과, 각종 교류 프로젝트, 전문연구 성과는 조용히, 그러나 폭발적으로 증가하기 시작했다. 1990년대 형성기의 동아시아론이 주로 성립의 당위성과 유효성을 둘러싸고 이루어졌다면 2000년대 중반 이후 동아시아론의 유효성에 대한 질문은 거의 찾아보기 어려워졌다. 대신 실질적으로 동아시아를 하나의 단위로 구체화하며 각각의 영역에서 심화된 전문적 연구성과들이 착착 축적되기 시작했고, 그러는 사이 동아시아론은 아무도 그 의미를 묻지 않는 주류가 되어버렸다.

　　이 글은 1990년대부터 2000년대 중반까지 한국발 동아시아론의 형성과 전개 과정을 소개하고 있다. 초고는 동아시아론이 절정에 이르렀던 2000년대 중반, 노무현 정부 시절에 쓰여졌다. 당시 중국에 있던 필자는 청화대 문과대 교수들이 주축이 된 정례 '동아시아포럼'에 참여하면서 한국의 동아시아론을 소개할 필요성을 절실히 느꼈다. 당시만 해도 이른바 비판적 지식인들조차 여전히 '중국'만을 절실한 문제로 여기는 중국의 지적 풍토에서 청화대의 '동아시아포럼'은 상당히 예외적인 지적 실험이었다. 한편에서는 동아시아 지역 지식인들 간의 교류가 폭증하고 그 결과 동아시아론이 더욱 풍성해지며 이미 일국을 초월한 공동의 지식장이 되어 가고 있었음에도, 필자 주변에 있던 중국의 친구들은 그것에 무지했고 무엇보다 무관심했다. 특히 왜 한국에서 동아시아론이 그처럼 관심의 대상이 되는지 의아해했다. 사실 2000년대의 동아시아론은 이미 어느 일국의 것이 아니라 한중일 지식인들이 서로 교류하며 공동으로 만들어낸 실천적 지식이라 할 수 있지만, 이 글이 굳이 '한국발 동아시아론'을 소개하는 데 더 중점을 둔 것도 그 때문이다.[1]

그로부터 어느새 10여 년이 또 훌쩍 지난 지금 이 책『동아시아 연구, 어떻게 할 것인가』에 이 글을 수록하자는 제안을 받고 망설이지 않을 수 없었다. 이 글을 한국 동아시아론에 대한 소개라고 보기에는 상당히 편면적이고 무엇보다 최근 10여 년간 동아시아담론의 변용을 반영하고 있지 못하기 때문이다. 하지만 한국에서 동아시아론이 개화한 지 이미 20여 년이 훌쩍 지났으니 적어도 그 형성 과정 자체는 역사적 분석의 대상이 되어 버린 것도 사실이다. 미래의 독자들에게 이

---

1 이 글의 한글본 〈비판적 지역주의로서 한국 동아시아론의 전개〉는 『중국현대문학』 제 38호(2007)에 실렸으며, 중국어본 〈1990年代以來韓國东亚論の演變〉은 『臺灣社會 研究季刊』第57期(2009)에 실려 있다. 단행본으로 묶으면서 분량상 각주를 대폭 생략 했는데(특히 제5절), 이에 대해서는 두 논문을 참고하시오.

글이 다루는 1990년대 이래 한국의 동아시아론은 이미 미지의 세계에 불과할 가능성이 크다. 2000년대 초반의 중국 친구들처럼 어쩌면 지금의 젊은 친구들한테는 이 글이 여전히 유용할지도 모른다는 기대감이 결국 오래된 이 글을 싣도록 용기를 내게 해주었다.

단행본에 수록될 때 보통은 얼마간의 수정을 하게 마련이지만 이 글은 수정 대신 프롤로그를 추가하는 것으로 대신하고자 한다. 10년을 격하고 다시 보니 이 글이 단지 소개 차원의 정리가 아니라 필자 나름대로 당시의 담론 현장에 적극적으로 개입하려는 시도였음을 확실히 알 수 있었다. 이 글 역시 2000년대 중반 동아시아담론의 일부로서, 이제는 그 현장성을 담보하는 역사적 텍스트가 된 것이다. 그렇다면 어설프게 고치는 것보다는 당시의 시대적 감각을 그대로 두는 것이 오히려 생생한 느낌을 살릴 수 있을 것이라는 생각이 들었다. 무엇보다 이 글은 정부 차원에서 동아시아 정책을 가장 적극적으로 펼쳤던 노무현 참여정부 시절에 쓰여졌다. 지금 돌이켜보니 그때야말로 학계와 정부의 상호추동 속에 동아시아담론이 가장 활발하게 모색되며 전 사회적으로 긍정적 에너지를 발산하던 때였다. 아쉽게도 그 시기는 오래 지속되지 못했다. 그런 점에서 제목은 '비판적 지역주의로서 한국 동아시아론의 형성'이라고 바꾸되 본문은 그 당시의 현장감을 살리기 위해 시점조차 바꾸지 않고 그대로 두었다. 또 앞서 말한 것처럼 이 글은 애초 의도가 '한국발 동아시아론을 소개하는 데 있다보니 아무래도 분단체제에 주목하고 있는『창작과 비평』그룹의 논의를 소개하는 데 치우치게 되었고, 그에 대한 비판적 독해보다는 흐름을 정리하고 소개하는 데 많은 지면을 할애하게 되었다. 이런 배경과 한계를 염두에 두고 읽으면 이 글의 학술적 역사적 맥락이 좀 더 분명하게 그려질 터이다. 최근까지의 동아시아론 전개에 대해 좀더 체계적으로 이해하고 싶은 독자가 있다면 윤여일의 박사논문 「탈냉전기 동아시아담론의 형성과 이행에 관한 지식사회학적 연구」(2015)를 읽어보길 권한다.

1. 한국 동아시아론의 지형도

한국에서 동아시아론은 1990년대 들어 본격적으로 논의되기 시작한 이래 이제 거의 주류담론의 일부가 되었다고 해도 과언이 아니다. 그만큼 동아시아 담론은 인문사회과학의 거의 모든 분야가 개입되어 있으며 다양한 맥락과 인식의 충위에서 이루어지고 있다. 이들 동아시아론은 논자의 자본주의에 대한 태도, 전통에 대한 태도, 민족주의에 대한 태도 등에 따라, 혹은 진보와 보수, 학술과 운동, 인문과학과 사회과학, 정부와 민간, 중심과 주변에 대한 논자의 입지에 따라 서로 겹치기도 하고 확연히 갈라서기도 하면서 복잡하게 얽혀 있다. 그럼에도 불구하고 논의되는 영역에 따라 단순화시켜 보면 한국의 동아시아론은 크게 네 가지 갈래로 나누어 볼 수 있다. 첫째는 유교자본주의론, 둘째 정치경제적 지역통합론, 셋째 탈근대적 문명론, 넷째 비판적 지역주의가 그것이다.

우선 유교자본주의론은 주지하다시피 동아시아 지역의 기적적인 경제 성장의 원동력을 유교적 가치에서 찾는 데서 비롯되었다. 이들은 동아시아의 경제성장이 검약, 절제의식, 높은 교육열, 가족적 인간관계, 협동 및 근면과 같은 전통적 가치에 기반하고 있다고 보며, 현대 신유학은 이러한 관점의 사상적 근거를 제공했다. 일본의 전후 자본주의적 성장에 주목했던 서양학자들에 의해 처음 제기된 유교자본주의론은 1980년대 일본에서 이미 유행했으나 당시 한국에서는 자본주의에 대한 비판과 그 대안으로 사회주의운동이 활발하게 진행되었기 때문에 동아시아의 자본주의적 발전을 긍정적으로 논할 분위기가 못되었다. 그러나 1990년대에 이르러 소련의 해체와 탈냉전, 군사독재정권의 퇴진 및 김영삼 문민정권의 수립과 같은 대내외적 상황의 변화로 말미암아 한국에서도 유교자본주의론이 본격적으로 논의될 수 있는 사회적 맥락이 형성되었다.

그러던 중 1997년 아시아 금융위기는 유교자본주의를 비판적으로 성찰하게 된 중요한 계기가 되었다. 당시 유교는 오히려 아시아 경제위기의 주범으로 지목되었고 치명적인 문화적 결함으로 평가되었기 때문이다. 유교는 이제 오히려 동아시아의 정실인사, 부패, 뇌물, 기업운영의 불투명성, 연고주의, 정경유착과 같은 문제의 원흉으로 비판받게 되었다. 재밌는 것은 그 결과 유교자본주의론을 둘러싼 한국 내 논의가 수그러들기는커녕 오히려 증가했다는 점이다.(고재광, 2000) 유교자본주의론과 '아시아적 가치'론의 허구성(이승환, 1999)[2] 및 그 안에 깔린 서구적 시각에 대한 전면적 재검토가 진행되었기 때문이다. 어쨌든 유교자본주의론에 대한 비판적 논의가 대세를 이룬다고 해도 동아시아 사회의 주된 특성으로서 유교에 주목하는 일은 앞으로도 당분간은 지속될 듯하다.

---

2 이승환은 1)아시아는 지리적으로 광범위하기 때문에 이것을 하나로 묶는 사고방식이나 가치관은 존재하지 않는다, 2)문화는 고정적인 실체가 아니라 지속적인 과정이다, 3)'아시아적 가치'는 특정한 맥락과 의도 하에 만들어진 고안물로서, 개발독재시기의 한국, 싱가포르, 말레이시아 같은 국가에서 국민통합과 정체성을 확보하기 위하여 정치적으로 문화적 특수성을 강조해왔다, 4)사회현상에 대한 문화론적 접근은 피상적이다, 5)권위주의나 공동체주의와 같은 아시아적 가치의 내용은 아시아의 전유물이 아니라 근대화가 성숙되지 못한 사회라면 어디서나 발견할 수 있는 '부면가치'라는 점을 들어 '아시아적 가치'론은 하루 빨리 종식되어야 한다고 주장했다.

두 번째, 동아시아 지역통합론은 대개 전지구화와 지역주의라는 모순적인 세계적 흐름에 대한 대응 차원에서 이루어진다.(박제훈, 2004) 지금 세계는 시장의 외연적 확대 및 시장논리의 심화라는 세계화 추세와, 일정한 지역적 범위 내에서 지리적 근접성, 문화적 동질성, 경제적 상호보완성 등에 기초하여 역내 국가 간 협력을 극대화하려는 지역주의(regionalism)적 추세가 동시에 진행되고 있다.(성원용, 2004) 유럽연합(EU), 북미자유무역지대(NAFTA), 아프리카연합(AU)의 성립이 그 대표적인 예인데, 이들에 대응하기 위해 동아시아 역시 유사한 네트워크가 필요하다는 것이다. 특히 1997년 아시아 금융위기는 동아시아 지역을 하나의 경제적 단위로 사고하는 시각을 촉진시켰다. "냉전종식 이후 미국이 주도하는 신자유주의적 세계화의 파고에 협애한 일국주의로 대응할 것인가, 아니면 보다 광역화된 지역공동체를 형성하여 이 압력을 완충하고 공동의 번영을 추구할 것인가"(조성환, 2004)라는 문제는 이미 동아시아가 당면한 지극히 현실적인 정치경제적 문제로 대두되고 있는 것이다. 지역통합론은 동아시아보다는 동북아시아라는 개념을 더 선호하는 경향이 있다. 이는 구체적인 정치경제적 사안을 놓고 볼 때 한중일 세 국가의 통합 가능성이 가장 현실적이라는 인식에서 비롯된다.

　특히 경제적인 차원에서 동아시아 지역통합론은 이미 아시아 통합 운송망, 아시아 횡단철도 건설, 동북아 천연가스 파이프라인 및 송유관 건설, IT공동체 건설, 환경레짐의 제도화와 같은 구체적 사안을 둘러싸고 이루어지고 있다. 한편 정치적으로는 정부 차원의 북핵 해결과 한반도 평화구축, 동북아 다자안보협력체 건설과 같은 동북아시아 국가 간 정치적 협력의 중요성이 제기되고 있다. 한국의 노무현 참여정부는 '동북아 시대'를 기치로 내걸고 이 같은 지역통합론에 적극

호응하는 편이다. 하지만 실제로 한중일 세 국가 사이의 민족주의적 갈등이 고조되고 있는 현 상황에서 다자간안보협력체제와 같은 동아시아의 정치적 통합은 지난할 것으로 보인다. 더 큰 문제는 정치경제적 동북아 지역통합론이 사실은 미국의 동북아전략과 크게 다르지 않고, 무엇보다 그것이 이 지역에서 신자유주의의 관철을 돕는 방향으로 가기 쉽다는 점에 있다.(백원담, 2003)

위와 같은 동아시아 지역통합론이 주로 사회과학적 범주에서 이루어진다면, 세 번째 대안문명에 대한 모색으로서의 동아시아론은 인문학적 논의가 주를 이룬다. 근대적 이성에 대한 후기구조주의의 비판을 배경으로 이들은 근대적 주체성의 양면성과 인문학의 위기를 근본적으로 성찰하고 문명론적 대안을 제시하고자 한다. 그리고 그 사상적 자원을 주로 동아시아적 전통, 혹은 동아시아적인 어떤 원형 속에서 찾고자 한다. 이같은 동아시아적 대안문명론은 크게 두 가지 점에서 중요한 의미를 지닌다. 첫째는 그것이 근대 이성중심주의에 대한 비판이라는 점에서 탈근대 기획이라는 것이고, 둘째는 서구 중심주의에 대한 비판이라는 점에서 탈식민적 모색이라는 점이다. 이 두 가지 점은 거의 모든 한국 내 동아시아론을 지탱하는 합법성의 근거로 작동한다고 해도 과언이 아니다. 유교자본주의론이나 비판적 지역주의로서의 동아시아론, 심지어 가장 실질적 접근인 지역통합론까지 모두 대안문명에 대한 모색으로서의 동아시아론에 한 발을 담그고 있는 것이다.

그리하여 대안문명을 모색하는 인문학적 논의로서 동아시아론은 그 기반이 가장 광범위할 뿐만 아니라, 그 논의 자체의 스펙트럼도 가장 넓다고 할 수 있다. 예를 들면 '아시아적 민주주의'의 가능성을 내다보면서 대안적 사회모델로 '유교적 가치를 기반으로 한 공동체'를 모색하려는 시도(고재광, 2000), 동양학의 서구중심적 오리엔탈리즘과 동양학 내부의 중화주의적 편견을 동시에 비판하면서 동양학을 다시 세우려는 작업(정재서, 1996), 동아시아 문학사의 양적인 부각을 통해 기존 세계문학사의 서구 중심성을 해체하고자 하는 작업(조동일, 1993; 1996; 1997; 2002)도 모두 여기에 포함된다. 하지만 이들 중 많은 논의가 궁극적으로 세계를 서양과 비서양, 좀 더 구체적으로 말하자면 서구적 근대와 동아시아 전통이라는 두 개의 대립으로 본다는 점에서 문화 결정론으로 흐르거나 아니면 문화적 상대주의, 자기 오리엔탈리즘(self-orientalism)과 같은 함정에 빠지기 쉽다. 그것이 스스로 아무리 비판적 입장을 천명한다고 해도, 이들 대안문명론으로서의 동아시아론은 그 같은 자기 딜레마를 어떻게 극복할 것인가라는 이론적 난제를 안고 있다.

네 번째는 비판적 지역주의로서의 동아시아론이다. 이것은 1990년대 초반『창작과 비평』그룹에 의해 한반도의 변혁이론으로서 제기되기 시작했다. 그 직접적 계기는 미·소 냉전체제의 와해였다. 물론 앞서 소개한 한국의 동아시아론 모두가 냉전체제 와해 이후 형성된 이데올로기적 공백을 배경으로 출현했다. 하지만 변혁이론으로서의 동아시아론이 여타 동아시아론과 다른 점은 탈냉전이 단지 담론의 출현 배경에 머무르지 않고 전체 사유의 출발점이자 대상이라는 점에 있다. 그것은 1970, 80년대 한국의 변혁운동에 대한 자기반성과 탈냉전 시대 변혁운동의 새로운 출로를 모색하는 과정에서 등장했다. 미·소 냉전체제의 와해가 동아시아 지역 전체에 불러일으킨 파장에 대한 진단을 바탕으로 한반도 변혁운동의 자기전망을 모색하는 과정에서 동아시아적 시각의 중요성이 제기된 것이다.

한반도 변혁이론으로서의 동아시아론 역시 대안적 문명의 창출에 지대한 관심을 갖지만, 그 가장 큰 현실적 관심은 역시 한반도의 분단을 어떻게 평화적으로 극복하는가에서 비롯되었다. 그리고 그것이 한반도 변혁이론에 그치지 않고 동아시아론으로 발전하게 된 것은 한반도 분단극복의 문제가 결코 한반도만의 문제가 아니라, 전체 동아시아 지역의 탈냉전 및 평화를 향한 도정과 불가분의 관계에 있다는 인식 때문이었다. 변혁이론으로서의 동아시아론이 앞서 세 가지 동아시아론에 비하여 보다 '한국적'인 문제의식을 보여주는 것도 바로 이 지점이다. 이처럼 한국의 변혁이론에서 출발한 동아시아론은 1990년대 후반 이래 동아시아 지역내 비판적 지식인들과의 활발한 소통 속에 부단히 자기사유를 갱신하면서 동아시아의 비판적 지역주의로 확대, 심화되어 왔다.

이들 동아시아론의 궁극적 관심은 대개 동아시아를 하나의 단위로 볼 수 있는 공동체적 속성을 찾거나 혹은 앞으로 지향해야 할 공동체적 당위를 모색하는 것이다. 그러나 역설적으로 이들 논의 과정에서 직면한 가장 큰 난제는 너무나 다른 동아시아 국가들 간의 현실, 즉 그것의 이질성이었다. 게다가 1990년대 이래 동아시아 지역 내의 실질적인 교류가 확대됨에 따라 민족국가를 경계로 그와 같은 이질성은 더욱 확연하게 가시화되고 있을 뿐 아니라, 민족주의적 갈등은 더욱 심화되고 있다. 평화적 공존을 위한 동아시아적 정체성을 논하기 위해서는 먼저 서로간의 '차이'를 어떻게 인정할 것인가, 그리고 그것을 어떻게 '함께' 이야기할 것인가가 중요해진 것이다.

그런 의미에서 이 글은 『창작과 비평』 논자들을 중심으로 한국의 변혁이론에서 출발한 비판적 동아시아론의 형성, 자기갱신 과정과 그 과제를 간략히 소개하고자 한다. 한국의 동아시아론 중에서도 비판적 지역주의로서의 동아시아론은 말 그대로 가장 '한국적'인 문제의식에서 발생했기 때문이다. 물론 최근 비판적 지역주의로서의 동아시아론이 사실은 전지구화라는 현실적 추세 및 동아시아 지역 지식인들의 의식적인 연대와 교류 속에서 형성된 공동의 산물임은 누구도 부인할 수 없다. 최근 중국에서 동아시아에 대한 관심이 증가하고 있는 것도 그와 밀접하게 관련된다. 하지만 그 관심의 정도나 교류의 양에 비해 한국에서 동아시아론이 왜 그처럼 활발하게 전개되었는지, 그 한국적 특수성에 대해서는 의외로 거의 소개된 바가 없는 실정이다. 따라서 이 글은 한국의 비판적 동아시아론을 비판하기보다는 우선 한국 논자들이 한국의 문제를 어떻게 동아시아론과 접목시키고자 하는지를 중심으로 그것을 소개하는 데 일차적인 목적이 있다.

2. 한반도 분단체제와 탈냉전, 그리고 동아시아

(1) 한국의 민족문학론과 동아시아론

한국에서 동아시아론이 처음 본격적으로 제기된 것은 1993년 『창작과 비평』 봄호에 실린 "세계 속의 동아시아, 새로운 연대의 모색"이라는 기획특집에서였다고 할 수 있다. 그중 특히 최원식의 논문 「탈냉전 시대와 동아시아적 시각의 모색」은 정식으로 동아시아를 하나의 분석단위 또는 사유단위로 묶어볼 것을 제안했다. 즉 그는 "북한을 의식적/무의식적으로 배제한 채, 남한의 문맥에서 접근하는 반국주의적 시각을 넘어 북한을 시야에 넣은 한반도 차원의 일국주의로 나아간 것"이 민족문학론이라면, 이제는 "민족주의든 사회주의든 종래의 일국주의를 넘어 한반도가 자리한 지역(region)을 숙고"하면서 "새로운 세계형성의 원리로서 동아시아적 시각의 가능성을 모색"하자고 제안했다.

사실 동아시아에 대한 최원식의 관심은 이 논문보다 10여 년 앞서 발표한 「민족문학론의 반성과 전망」[3]에서 이미 초보적으로 드러나고 있다. 그것이 어떤 맥락에서 제기된 것이었는지 이해하기 위해서는 먼저 한국의 민족문학론부터 간략하게 살펴볼 필요가 있다. 한국에서 '민족문학'이란, 주로 소수민족문학을 의미하는 중국의 '민족문학'과는 함의가 완전히 다르다. 또한, 1930,40년대 국민당 우파에 의해 제기된 보수적 민족문학론과도 다르다. 한국의 민족문학론은 1970년대 진보적 문학진영에서 제기되었으며, 1990년대 초반까지 논쟁을 거듭하며 한국의 진보적 문학운동을 이끌어온 핵심담론 중의 하나이다. 백낙청에 의하면 민족문학론은 "비록 1945년 해방을 맞기는 했으나 반식민·반봉건은 여전히 미완의 과제인데다 외세의 개입과 전쟁으로 초래된 남북분단의 극복은 절대절명의 민족과제로 남겨져 있고, 이러한 역사적 사명이 민중에게 있다는 민중의식"을 그 골자로 한다. 즉 "민중의식을 표현하고 일깨우는 문학만이 참다운 민족문학"이며 따라서 민족문학만이 "한국의 참된 근대문학"(백낙청, 1974)이라는 것이다.

이처럼 민족문학론은 비록 민중의식을 강조하긴 했으나 남북한 민족의 통일을 궁극적 과제로 여긴다는 점에서 자칫 폐쇄적 민족주의로 경사될 위험을 안고 있었다. 그러다가 1970년대 말 제3세계론이 한국에 수용되면서 민족문학론은 국수적 민족주의를 경계하면서 또 다른 형태의 보편적 세계를 상상할 수 있는 중요한 참조체계를 획득하게 되었다. 아랍·아프리카·라틴아메리카 제3세계의 역사와 문학은 한국의 민족문학론이 그처럼 새로운 세계를 상상하는 데 풍부한 자

---

3 이 글은 송건호·강만길이 편한 『한국민족주의론1』(창비, 1982)에 기고한 것이다. 최원식, 『민족문학의 논리』(창비, 1982)에 재수록.

원을 제공했던 것이다. 그러나 문제는 제3세계론을 수용한 후에 다시 서구문학을 전면적으로 부정하면서 아랍·아프리카·라틴아메리카 문학을 새로운 전범으로 설정하는 일종의 제3세계주의적 경향이 나타나기 시작했다는 점이다.

그와 같은 경향을 예리하게 지적한 것이 바로 앞서 말한 최원식의 「민족문학론의 반성과 전망」이었다. 그는 라틴아메리카의 현실과 그를 반영한 문학은 아무래도 한국적 현실과는 거리가 있으며, 그로 인해 제3세계주의가 "또 하나의 타자애"로 변질되어 우리 자신이 딛고 사는 "장소에 대한 감각을 부박화"시켰다고 성찰했다. 그리고 "라틴아메리카 문학이 그 '장소의 혼'에 훈습하여 마술적 리얼리즘을 창안했듯이, 한국문학은 한반도 또는 동아시아의 문맥에 충실해야 한다"(최원식, 2004)고 주장했다. 이것이 바로 최원식이 처음 동아시아에 주목하고 "제3세계론의 동아시아적 양식을 창조"할 것을 제안하게 된 계기였다. 그후 그는 의식적으로 한·중·일을 묶어서 사유하는 훈련을 시작했고 1985년에는 『전환기의 동아시아문학』이라는 책을 편집하기도 했다.

하지만 1980년대는 여전히 전체적으로 냉전적 사고가 지배하고 있었고, 진보진영에서는 국내의 변혁운동에 몰두하고 있었기 때문에 최원식의 동아시아론에 대한 호응은 크지 않았다. 당시 한국 내 변혁운동은 양적 질적으로 엄청나게 성장하고 있었고, 진보적 학술계는 변혁 토대에 대한 과학적 인식으로서의 남한사회구성체 논쟁을 비롯해 남한변혁의 방법 및 주체 등을 둘러싸고 계속되는 치열한 논쟁에 휩싸여 있었던 것이다. 그와 관련하여 민족문학론 역시 민중문학론, 노동해방문학론처럼 더욱 다양하고 정치적으로 급진적인 문학운동론에 의해 도전받으며 치열한 논쟁을 치루고 있었다. 남한 내부의 변혁운동을 둘러싼 논쟁이 이처럼 치열했던 상황에서 논자들의 시야가 동아시아 지역단위로 확대되기는 어려웠고, 최원식 자신도 동아시아에 대한 사고를 본격적으로 개진하기는 쉽지 않았을 것이다.

(2) 탈냉전과 동아시아론

그런데 한국에서 이처럼 사회주의적 변혁운동이 한창 무르익던 무렵, 바깥에서는 뜻밖에도 세계사적 변동이 일어나기 시작했다. 1989년 베를린장벽이 붕괴되고 1991년에는 사회주의 소련연방이 해체되었던 것이다. 예기치 못했던 세계사적 변화들이 당시 한창 가열됐던 한국의 변혁운동에 찬물을 끼얹었음은 물론이다. 세계가 급속한 탈냉전적 지각변동을 이루는 것을 지켜보며 한국의 변혁운동진영은 주춤할 수밖에 없었다. 너무나 뜻밖에 벌어진 현실의 변화는 많은 이들을 당혹스럽게 했다. 길을 밝혀 주던 별이 갑자기 사라져버린 것처럼 많은 이들이 이념의 혼란상태에 빠졌으며 심지어 운동을 포기한 사람도 있었다. 한편 발 빠른 이들은 이미 포스트모더니즘을 소개하기 시작했으나, 아직 대부분의 사람들은 그것의 현대성 비판이 지니는 의미를 비판적으로 이해하기보다 거부감을 더 많이 가지고 있었다.

1993년 『창작과 비평』 그룹이 기획특집을 내고 본격적으로 동아시아적 시각을 제기한 것이 바로 이즈음이었다. 논자들 중에서도 최원식은 당시 동아시아에서 벌어지고 있는 탈냉전적 합종연횡의 현실을 누구보다도 예민하게 인식했다. 탈냉전과 미·소의 후퇴 속에 중국과 일본이 부상하는 등 동아시아에도 바야흐로 새로운 관계들이 복잡다기하게 성립되기 시작했던 것이다. 1991년 소련연방이 해체된 이후, 1992년 소련해군이 베트남에서 철수하는가 하면 미국은 필리핀의 아시아 최대의 미국 해군 기지와 클라크 공군기지를 철수시켰다. 또 옐친의 중국 방문으로 중소분쟁이 종결되고, 몽골 및 베트남과 중국의 관계가 정상화되었을 뿐 아니라, 한국은 북방외교를 통해 적대국이었던 러시아, 중국과 잇달아 수교했다. 베트남 역시 중국은 물론이고 적대국인 한국과도 수교했다. 또 중국은 남순강화 이래 시장경제로의 전환을 가속화했고, 한국과 태국에서는 군사정권이 종결되었으며 일본에서는 55년 체제가 붕괴되었다. 그즈음 타이완에서는 통독논쟁이 시작되고, 중국과 수교를 맺은 한국은 그새 타이완을 거의 망각해 가고 있었다. 이처럼 냉전시대에는 상상도 할 수 없던 상황들이 바야흐로 눈앞에 벌어지고 있었던 것이다.

최원식은 누구보다도 먼저 바로 이 같은 동아시아의 지각변동을 예리하게 통찰했다. 그는 남한의 민족운동진영이 자기 속에 뿌리내린 냉전적 사고를 쇄신하지 않는 이상 탈냉전이 초래한 이 거대한 변화에 창조적으로 대응할 수 없다고 역설했다. 그리고 "사회주의도 자본주의도, 그리고 동아시아의 민족해방형 사회주의도 낡은 모델로 되어버린 이 시기에 협량한 민족주의를 넘어선 동아시아의 연대의 전진 속에서 진정한 동아시아 모델을 창조적으로 모색"(최원식, 1993)해야 한다고 주장했다. 많은 사람들이 위기와 패배감에 젖어 있을 때 그것을 오히려 하나의 기회로 포착하고 세계사적 변화에 대한 창조적 대안으로서 동아시아적 시각을 제기한 최원식의 통찰은 지금 돌이켜 보아도 탁월한 것이었다. 그는 동아시아의 탈냉전적 지각변동을 왜 절호의 기회로 포착해야 하는가를 다음과 같이 분석했다.

피압박 민족의 해방운동으로 대두된 제3세계가 비동맹을 하나의 구호로 내세웠음에도 이 지역 국가들 또한 냉전 시대의 구체적 맥락 속에 존재했기 때문에 실제로는 친소와 친미의 양극단 사이에 다양한 편차대로 도열해 있어서 진정한 통일성의 성취는 매우 어려웠다. 이 점에서 냉전체제가 붕괴된 지금이야말로 제3세계 민중의 시각은 오히려 절실하다. 동아시아적 시각의 모색이 자본주의 세계경제의 응집력을 어떤 의미에서는 절묘하게 보완하는 비사회주의권 반주변부의 발전모델을 그대로 승인하는 것이 결코 아니라면, 1917년의 시점에서 자본주의적 세계통합을 일단 저지했지만 대국적으로는 역사적 자본주의의 사회적 분업의 부분으로 존재할 수밖에 없었던 현존 사회주의의 붕괴야말로 국가와 민족의 경계를 넘어 세계적 차원의 민중세상을 여는 제3세계론의 진정성에 더욱 핍근할 수 있는 바탕으로 되기 때문이다.(최원식, 1993: 213)

탈냉전적 지각변동을 위기이자 기회로 포착하려는 최원식의 동아시아적 시각의 모색은 이처럼 제3세계론의 연장이자 극복이라는 이중의 의미를 지녔던 것이다. 그런 의미에서 그가 가장 우려했던 점은 바로 동아시아의 탈냉전적 합종연횡이 사실은 사회주의라는 견제장치가 사라지면서 미국의 일방주의가 고개를 들고 전지구화 속에 자본의 공세를 가중시키는 방향으로 진행된다는 점이었다. 그에 의하면 그러한 추세가 남한경제의 성공과 아시아 경제성장에 힘입어 북한을 포위하는 반북동맹으로 나아가고, 급기야 마지막 시장 북한에 대한 자본의 압박이 강화되면서 미·일 자본과 이에 하위 파트너로 합세한 남한 자본이 북한을 그대로 시장경제로 흡수통일하게 될 수도 있기 때문이다. 그는 그 같은 흡수통일은 비록 통일은 이뤘지만, 결코 자주적이거나 민주적일 수 없는 반민중적 억압구조의 확대가 될 가능성이 다분하다고 여겼다. 이러한 이유로 최원식은 동아시아론의 핵심적 문제의식은 바로 한반도의 통일운동과 불가분의 관계에 있을 수밖에 없다고 강조했다.

하지만 만약 동아시아론의 핵심이 한반도의 통일운동이라면 그것은 궁극적으로 중국과 일본을 이용하는 새로운 형태의 한국 민족주의의 표현은 아닐까? 최원식(1993)은 스스로 이 같은 문제를 던진 후 절대 그렇지 않다고 대답한다. 통일운동은 민족주의의 전형적 표출이지만, "협량한 민족주의로는 모순이 중첩된 한반도의 진보적인 평화통일이 이루어질 수 없다는 냉엄한 인식에 기초하고 있기에 민족주의를 넘어설 전망을 스스로 내포"하기 때문이다. 이같은 그의 판단은 근대 동아시아가 서구 자본주의와 격돌하는 최후의 전장으로 변모한 이래 한반도 문제가 "동아시아 모순의 결절점인 동시에 세계적인 제국주의 체제의 모순의 결절점으로 전화"했다는 인식에 기인한다. 그가 생각하는 한반도의 통일운동이 한반도 민족주의에 그치지 않고 동아시아의 문제로 확대되는 까닭이 여기에 있다.

이처럼 한반도 문제를 동아시아, 나아가 세계체제의 핵심고리로 파악하는 것은 최원식에 앞서 『창작과 비평』 핵심논자인 백낙청의 '분단체제론'에서 이미 구체화된 바 있다. 1990년대 초 제안된 백낙청의 분단체제론은 한반도 분단 상황을 세계체제의 하위체제로 인식한다. 우리 사회의 온갖 문제들은 세계체제의 모순이 분단체제를 통해 매개되는 방식으로 그 주된 규정력을 행사한 결과 발생한다는 것이다. 그가 이같은 분단체제론을 제기하게 된 목적은 1980년대 변혁이론이 한반도의 변혁과제를 자주·민주·통일로 설정하고 '선민주 후통일'(민중민주, 이른바 PD)인가 아니면 '선통일 후민주'(민족해방, 이른바 NL)인가를 둘러싸고 벌이던 논쟁의 폐단을 극복하는 데 있었다. 즉 그는 자주·민주·통일의 과제는 모순개념이나 이론의 정합성에 따라 무엇이 먼저고 무엇이 나중이라는 식의 관념적인 것이 아니라 복합적인 현실 자체임을 강조했다. 그리고 그 복합적 현실을 바로 분단체제로 규정하고 자주·민주·통일 과제에 대한 하나의 총체적 운동이 필요함을 제기했던 것이다.

> 제3세계에서의 레닌주의적 '민주변혁'이나 세계시장을 외면한 '자주적' 일국사회주의를 허용하지 않을 힘은 그 어느 때보다 커진 상태다. … 바로 그렇기 때문에 '민주변혁'을 내세운 선민주·후통일 노선도 아니고 '민족해방'의 이름으로 추진되는 선통일·후민주도 아닌 분단체제의 극복만이 현존 세계체제에 좀 더 실질적인 타격을 줄 수 있다. 말을 바꾸면 세계체제의 실상에 대한 올바른 이해를 가질 때 우리의 운동이 '자주'와 '민주'의 우선순위를 두고 분열할 이유가 없음이 뚜렷해진다. … 설혹 우리가 고도의 자주성과 민중주도성을 발휘한 통일을 이룩한다고 해도 자본주의 세계경제가 하루아침에 무너진다거나 우리만이 세계시장과 무관하게 살 수 있는 세상은 오지 않는 것이다. … 분단한국의 자체 개혁을 일차적인 과제로 삼되 이를 분단체제의 변혁으로 연결시키며 이런 변혁을 통해 세계체제 속에서 민족의 삶을 개량하고 나아가서는 세계체제 자체의 변혁에 이바지해야 한다.(백낙청, 1992: 35~36)

나아가 백낙청은 한반도의 분단체제야말로 진영모순과 민족모순이 복합적으로 엉켜 있어 세계체제의 모순이 가장 집중적으로 드러나며, 바로 이 때문에 한반도 분단체제의 극복이 "냉전 중에도 가능했던 베트남의 통일이나 냉전 종식과 더불어 가능해진 독일의 통일보다 더욱 큰 세계사적 의의를 가질 것"이라고 주장한다.(백낙청, 1992)[4] 그리고 효과적인 동력 형성을 위해서는 세계체제와 분단체제에 대한 인식의 구체화 과정에서 동아시아 내지 동북아시아라는 중간항에 대한 체계적 인식이 함께해야 한다고 덧붙였다.

최원식이 한반도 통일운동을 염두에 둔 동아시아론이 결코 한국 민족주의의 표현이 아니라고 장담하는 것도 백낙청과 같이 한반도의 분단을 세계체제의 중요한 고리로 파악했기 때문이다. 둘째로 최원식은 한반도 분단체제 극복을 중심으로 하는 동아시아론은 미국과 러시아를 포함한 사고를 요구한다는 점에서 일국주의는 물론이고 동아시아 지역주의로 한정될 수도 없다고 주장했다. 애초 한반도의 분단은 한반도에서 사회주의 혁명이 성공하는 것을 방지하고 자신의 패권을 방어해야 하는 미국의 필요성과 반대로 소비에트 기지를 보위하기 위한 광범한 친소적 외곽 건설이 필요했던 소련의 필요성에 의해 결정되었기 때문이다. 셋째, 최원식은 무엇보다도 분단체제의 극복을 동아시아론의 기초로 삼을 때 한중일 중심의 동아시아 연대가 반북동맹으로 미끄러지는 것을 제어할 수 있다고 주장했다. 왜냐하면 백낙청이 주장한 것처럼 분단체제론은 "남북에 걸쳐 상호대결 중에서도 묘하게 공생하는 양쪽의 기득권 세력들과, 기본적으로 반민주적이고 비자주적인 이 범한반도적 체제에 억눌리는 남북의 민중을 모순의 대립항으

---

4 백낙청은 분단체제를 단순하게 냉전체제와 동일시해선 안 된다고 한다. 2차대전 연합국들 사이의 냉전이 본격화된 것은 미국이 한반도의 분단을 실질적으로 결정한 1946년초보다 뒤의 일이기 때문이다. 그에 비해 독일 분단은 내부의 계급모순이나 민족모순과는 무관한 분단으로서 전후 냉전체제의 산물이 분명하다고 할 수 있다. 그 때문에 동서독은 진영모순이 '해결'되자마자 바로 통일될 수 있었던 것이다. 한편 베트남의 분단은 기본적으로 민족모순에서 비롯됐다는 점에서 한반도와 대비되지만, 또한 바로 냉전중에 그 분단 극복이 이루어졌다는 점에서 한반도의 분단체제와는 구별된다. 이런 점에서 그는 한반도의 분단체제가 자본주의 세계체제의 모순들을 훨씬 깊고 다양하게 체현한다고 본다.

로"(백낙청, 1992) 보기 때문이다. 즉 이 같은 민중 중심의 관점은 근본적으로 동아시아 지역의 민중연대를 지향하기 때문에 보수적 일국주의와 거리를 둘 수밖에 없다는 것이다.

이처럼 분단체제론에 근거하여 보면 탈냉전은 남한 진보진영의 위기가 아니라 오히려 그동안 한반도에서 강력하게 작동하던 분단체제를 해소시킬 수 있는 절호의 기회인 셈이다. 최원식의 말을 그대로 빌면, "동아시아는 특수한 지역사가 아니라 세계사의 향방에 관건으로 작용할 가능성을 풍부하게 내포한 세계사적 지역"(최원식, 1993)이므로 "분단체제의 극복 과정을 통해서 주변 4강과의 긴밀한 협의 아래 한반도 전체에 걸치는 평화체제를 구축하는 일은 동아시아론의 알파요 오메가"(최원식, 2004)가 아닐 수 없다. 또 "한반도에 작동하고 있는 분단체제를 푸는 작업은 풍부한 문명적 자산을 공유해 왔음에도 파행으로 점철되었던 동아시아가 새로운 연대 속에 거듭나는 계기로 되며, 미·소 냉전 체제 이후의 새로운 시대를 여는 중요로운 단서를 제공"(최원식, 1993)할 수 있다. 나아가 그것은 "서구적 근대의 진정한 대안을 모색하는 작업과 긴절히 맞물린 사업"이기도 한 것이다. 이처럼 1990년대 초 변혁이론으로서의 동아시아론은 탈냉전 시대 새로운 사회의 대안을 모색하려는 궁극적 관심과 한반도 분단체제의 극복이라는 절실한 구체적 현실인식 위에 제기되기 시작했다.

3. 발견으로서의 동아시아

(1) 동아시아 담론의 문제들

1993년 이후 『창작과 비평』의 연이은 동아시아 특집, 1995년 『상상』을 중심으로 한 동아시아적 글쓰기 논쟁이 벌어지고, 뒤이어 잇달아 창간된 『전통과 현대』, 『아시아적 가치』, 『동아시아 문화와 사상』, 『동아시아 비평』 등이 본격적으로 이 주제를 다루면서 동아시아론은 크게 확산되기 시작했다.(고재광, 2000) 그러나 동아시아론에 대한 회의적 시각도 적지 않았다. 특히 북한과 중국대륙을 적국으로 간주했던 냉전적 사고의 유산, 과거 제국주의 침략국이자 여전히 경제대국인 일본에 대한 정서적 거부감, 그리고 무섭게 부상하고 있는 중국에 대한 위기의식 등은 동아시아를 하나의 단위로 묶어보는 데 대한 회의적 시각을 부추겼다. 그로 인해 왜 동아시아를 논해야 하는가를 둘러싼 논쟁이 활발히 이루어졌으며 그중에서도 가장 핵심적인 쟁점은 역시 '무엇이 동아시아인가'라는 그 정체성에 관한 것이었다.

많은 사람들이 무엇이 동아시아인가를 말하기 위해 그것을 하나의 실체로 설명하고자 했다. 그리고 많은 사람들이 대개 다음과 같은 사실을 근거로 동아시아가 하나의 동질적 공동체임을 주장했다.

> 역사적으로 '동양'이라는 단어의 생성과 용법이 다양하고 의심스러운 반면 … , 동아시아라는 말은 뚜렷한 지리적 실체를 갖는다. … 동아시아 지역은 한자문화권이자 유교문화권(혹은 유불도 문화권)이라는 공통성을 가지며, 19세기 후반 서양 제국주의 열강의 침략에 의해 서구적 근대, 혹은 자본주의적 근대로 강제 편입된 역사적 경험을 공유하고, 오늘날은 상당 정도의 경제적 성공을 거두어(나라에 따라 차이는 있으나) 세계 자본주의 체제 내에서 주변부로부터 중심부로의 이동을 하고 있는 중이라는(혹은 그렇다고 얘기되는) 공통성을 갖는다.(전형준, 1997: 285~287)

하지만 이처럼 동아시아를 문화적으로 동질적인 공동체로 보려 하는 관점은 많은 허점을 가지고 있다. 고병익의 연구만 해도 한중일 세 나라가 唐 이후 엄격한 쇄국 정책을 실행함으로써 표면적인 통합에도 불구하고 실질적으로는 인적·물적 교류의 단절로 점철되어 왔음을 보여준다.(고병익, 1993) 그렇다면 한자문화나 유교문화권 운운하는 것은 말할 것도 없고 동아시아 각 국가들의 경제적 발전 정도와 그 사회 성격을 과연 동질적인 것으로 묶을 수 있을까? 동아시아 담론은 바로 이와 같은 질문과 회의적 시각에 대해 동아시아 역사의 연속성을 설명해야 한다. 즉 동아시아론은 동아시아 지역이 역사 속에서 끊임없이 관계의 단절을 경험해왔음에도 불구하고 여전히 문화적 동질성과 전통의 연속성을 지니고 있는가, 혹은 반대로 그러한 문화적 동질성이 있었음에도 불구하고 왜 끊임없이 단절이나 차이가 존재했는가를 설명해야 하는 것이다.

동아시아를 내용적으로 규정하는 것만큼이나 그 외연에 대한 규정 역시 매우 곤혹스런 문제다. 어디까지를 동아시아의 범주에 포함시키는가의 문제인데, 한국의 담론 속에서 동아시아는 동북아, 그중에서도 한중일 세 국가를 상정하는 경우가 많다. 이는 당연히 동북아중심주의, 특히 동아시아에서 동북지역보다 상대적으로 빈곤한 지역인 동남아시아에 대한 패권주의라는 비판을 면하기 어렵다. 유교나 한자문화권으로 동아시아를 상정한다면 베트남을 빼기 어렵다. 지리적으로만 보면 러시아 극동 역시 동아시아에 포함된다. 또 중국을 동아시아에 포함시키게 되면 자연히 중국의 또 다른 경계인 중앙아시아 서남아시아가 자연스럽게 딸려 들어온다. 더구나 최원식처럼 분단체제가 세계체제의 일부라면 동아시아에 깊게 영향력을 행사하는 미국의 존재 역시 무시해버릴 수는 없는 일이다.

이처럼 동아시아의 실체성을 규명하는 것도 어렵지만 더 큰 문제는 동아시아를 하나의 실체로 설명하려고 하면 할수록 동아시아 담론과 동아시아 현실 사이의 괴리는 더욱 커진다는 점이다. 현실 속에 엄연히 존재하는 차이와 이질성을 간과하면서 서구와 대립되는 어떤 본질적 공동체로 동아시아를 규정지으려는 시도는 곧 문화 결정론이나 문화적 상대주의 혹은 전도된 오리엔탈리즘과 자민족 중심주의에 빠지기 마련이다. 예컨대 세계문학사의 서구중심성을 비판하면서 동아시아문학사를 쓰고자 했던 조동일과 신화적 상상력의 복원을 통해 동아시아적 글쓰기를 주장한 정재서에 대해 전형준은 다음과 같이 그 방법론적 한계를 예리하게 지적한다.

조동일의 작업은 우선 서양문학에 대한 한국문학의 특수성에서 출발한다. 그 다음엔 동아시아 각국의 문학에서 한국문학의 특수성과의 최대공약수를 찾아내고 거기서 동아시아 문학의 보편성을 발견한다. 조동일의 같은 것 찾기는 다른 것 지워나가기이다. 여기에 유사성을 동일성으로 간주하는 경향이 작용할 수 있다. 동일시의 오류는 결국 출발점인 한국문학의 특수성이 세계문학의 보편성에 있어서 중심이 되도록 할 소지를 마련한다. …

정재서의 경우, 같은 것을 찾아가는 조동일의 행로와 좋은 대조를 이룬다. 그는 서양에 대한 동양의 복권으로, 다시 동양 내부에서 중화에 대한 주변의 복권으로, 다른 것을 찾아가는 행로를 만들어낸다. 정재서의 다른 것 찾기는 탈중심의 연속작업이다. 가령 동아시아 신화 해석에 있어서의 중화주의라는 중심주의를 해체하고 신화 시대의 다원적인 문화 상황을 복원하는 데서 빛나는 성과를 보인다. 그러나 문제는 보편성에 대한 상대적 경시가 나타난다는 점이다.(전

형준, 1997: 289~292)

전형준의 지적대로 많은 동아시아론이 차이를 지우거나 혹은 같은 것을 지움으로써 실체로서의 하나의 동아시아를 구성하고자 하는데, 이는 궁극적으로 동아시아를 정형화하는 데 빠지기 쉽다.(스튜어트 홀, 1998) 동아시아론의 대표적 담론인 유교자본주의론이 "세계사적 근현대와 동아시아적 근현대사의 전개에서 국가를 축으로 고유화되고 분화된 구체적인 요소를 문화나 가치의 총체로 획일화"(조성환, 2004)시키는 것도 동아시아를 정형화한 결과이다. 그것이 보편화이든 특수화이든, 동아시아를 어떤 하나의 실체로 전제하고 정형화하는 담론은 서구가 자신의 눈으로 동양이라는 재현체계를 만들어냈듯이 스스로 동아시아라는 재현체계를 만들어내게 된다. 그것은 '전도된 오리엔탈리즘' 혹은 '자기 오리엔탈리즘'에 다름 아니며 이는 중심과 주변의 논리를 극복하는 것이 아니라 재생산한다.

한편 조한혜정은 발화자의 욕망과 권력이라는 측면에서 동아시아론을 비판했다. 그녀는 탈식민적 지식인의 글쓰기를 주장함으로써 광의의 동아시아론자로 분류되기도 하지만(진형준, 1999)[5], 정작 그녀 자신은 동아시아론에 비판적이다. 그녀는 문화적 상대주의가 자신에게 맞는 새로운 라이프 스타일을 적극적으로 찾아보려는 근대적 인간

5　조한혜정은 "자신의 문제를 풀어 갈 언어를 가지지 못한 사회, 자신의 사회를 보는 이론을 자생적으로 만들어가지 못하는 사회"를 식민지적이라 본다. 여기서 식민지성이란 구체적인 역사적 사건과 관련된 현상이라기보다는 지식과 삶이 겉도는 현상을 뜻한다. 그녀는 삶에서 우러나온 자생적인 이론·지식이 부재한 현실에서 그 지식의 탐구방법론을 모색하면서 "불확실성의 시대에 일상적 삶의 장을 다지는 일"의 중요성을 강조하고 그러기 위해 "우리는 자신을 낯설게 바라보는 훈련을 해야 한다"고 말한다. 이처럼 서구적 논리를 거부하고 자기자리를 찾도록 주문한다는 점에서 진형준은 조한혜정의 논의를 광의의 동아시아론에 포함시킨다.

들에게, 또 문화적 우월주의에 빠져 있는 사람에게나 필요한 관점이며, 특히 여성처럼 봉건성의 부담 속에 숨막혀 하는 사람에게는 하나의 지적 허영으로나 작용할 것이라고 본다. 게다가 그녀가 볼 때 아시아를 새롭게 발견하려는 아시아주의자들은 대개 서구의 종속에서 벗어나고자 하는 반서구적 민족주의자이거나 아니면 새 시장을 더 원활하게 개척하려는 세계적 자본주의자일 가능성이 다분하다.(조한혜정, 1998) 애초 동아시아 지역학이 미국의 필요에서 시작되었으며, 다국적 자본의 동아시아 시장 공략의 필요성에 복무한다는 여러 논자들의 지적도 같은 맥락에서 이해될 수 있다.

발화자의 욕망 및 권력과 관련하여, 이미 주류화되고 있는 한국 동아시아론의 자민족중심주의와 국가주의도 점차 심각하게 인식되기 시작했다. 서양이라는 권력에 대하여 동아시아를 또 하나의 보편으로 부상시키려는 욕망과 더불어 그 동아시아의 중심으로 다시 한국을 부각시키려는 욕망이 일부 동아시아론과 밀접하게 결부되었던 것이다. 마침 1990년대 후반 한국학계에서는 점차 국가주의, 민족주의, 전체주의, 군사주의, 파시즘 등에 대한 성찰이 본격화되었으며, 동아시아론에 노정된 자민족중심주의와 국가주의 역시 그 비판의 대상이 되었다. 더불어 여성, 장애인, 동성애자처럼 민족국가 내부의 다양한 차이와 소수자 현실에 주목하고자 하는 움직임도 활발해졌다. 특히 국내에서 점차 사회문제로 부상한 동아시아 이주노동자들의 열악한 현실은 한국 중심의 동아시아론이 가져올 수 있는 폐해를 직접적으로 깨닫게 해주었다. 국가 단위의 사고로는 동아시아의 발전적 연대란 결코 성취될 수 없음을 일깨워준 것이다.

동아시아론에 내포된 위와 같은 문제들에 대해 변혁이론으로서의 동아시아론은 누구보다도 비판적인 태도를 견지해왔다. 하지만 1990

년대 후반 동아시아 지역 지식인들 간의 직접적 교류가 확대되면서 심지어 변혁이론으로서의 동아시아론 역시 다분히 자민족중심적일 수 있음을 절감하게 된다. 점증하는 교류 속에서, 각국의 역사적 경험과 기억의 차이 — 식민 대 피식민, 가해자와 피해자, 소국과 대국, 자본주의와 사회주의 등 — 로 인해 국민국가를 경계로 동아시아론에 대한 인식이나 태도가 크게 다를 수 있음을 몸소 절감하게 됐기 때문이다. 그로 인해 동아시아 각 지역의 구체적 현실과 그 상호 연동성에 대한 폭넓은 인식 없이 한반도 통일운동을 중심으로 한 동아시아론을 고집하는 것은 심지어 또 하나의 패권주의적 의식이 될 수도 있음을 깨닫게 되었다. 동아시아의 평화공존은 세계체제의 결절점이자 동아시아 모순의 결절점인 한반도 분단체제의 극복에만 달려 있는 것이 아니라 양안관계, 미일안보체제, 중일갈등, 동남아문제 등 각 지역의 다양한 현실문제들이 각각의 해결방안을 모색하면서 서로 연동될 때라야 가능하다는 것을 체득하게 된 것이다. 이처럼 동아시아 지역 지식인들과의 교류는 한국의 동아시아론자들이 동아시아의 현실을 몸소 체감하고, 한국의 자민족중심주의로부터 의식적으로 거리를 두게 만든 중요한 하나의 계기가 되었다.

(2) '지적 실험으로서의 동아시아'

그리하여 1990년대 후반에 이르러 점차 실체로서의 동아시아를 규정하는 것의 폐단과 딜레마, 그것의 자민족중심주의, 그리고 현실적으로 가시화되기 시작한 동아시아 내부의 '차이' 및 '주변'에 대한 성찰이 본격화되었다. 1999년 서남재단에서 '다시 동아시아를 묻는다'는 제목으로 주최한 국제학술대회는 그 대표적인 예라고 할 수 있다.

이 회의의 발표문들은 다음 해 『발견으로서의 동아시아』라는 단행본으로 출간되었는데, 기획자는 머리말에서 "정체성은 고정된 것이 아니라 변화 속에서 끊임없이 형성되는 것이며 그 형성은 다층적"임을 강조하고 있다. 또 동아시아론은 "전통에 대한 퇴영적 태도의 문제, 자본주의에의 순응의 문제, 전도된 오리엔탈리즘의 문제, 위장된 패권주의의 문제, 동아시아론의 이상과 현실 사이의 괴리 문제"(정문길, 2000) 등에 대한 날카로운 비판을 겸허히 수용하면서 열린 질문으로 남아 있다고 강조한다.

그중에서도 특히 중국사학자인 백영서(2000)는 위와 같은 문제의식을 체계적으로 개진한 사람으로 주목할 필요가 있다. 그는 '지적 실험으로서의 동아시아'라는 개념을 제안하고, 동아시아를 고정된 경계나 구조를 가진 실체가 아니라 지역을 구성하는 주체의 행위에 따라 유동하는 역사적 공간으로 파악해야 한다고 주장했다. 그에 의하면 '지적 실험으로서의 동아시아'란 "동아시아를 어떠한 고정된 실체로도 간주하지 않고 항상 자기 성찰 속에서 유동하는 것으로 파악하는 사고와 그에 입각한 실천의 과정"이다. 그는 "지금까지 어떤 힘과 의도에 의해 형성되어 왔고 또 지금도 형성 중인 것으로 동아시아라는 지역을 파악할 때 '동아시아란 무엇인가'라는 질문보다는 '어떤 동아시아인가'라는 질문이 더 중요"하다고 말한다. 즉 "당위적인 동아시아의 상을 그리기보다는 지금 현재 동아시아 지역 내부의 상호단절 혹은 상호의존의 진상을 겸허하게 파악하면서 실천적으로 개입하는 일이 훨씬 중요"하다는 것이다.

그런 맥락에서 백영서는 '지적 실험으로서의 동아시아' 개념이 다음과 같이 중요한 의의를 갖는다고 주장한다. 첫째, 그것은 "세계자본주의 체제와 그것의 작동을 원활하게 해주는 주요 단위인 국민국가의 중간매개항으로서 동아시아의 역할을 뚜렷이 인식하도록 촉구"한다. 그에 따르면 동아시아는 "지역적이면서도 전지구적 자본주의의 변혁에 개입하려는 지향을 내포"하기 때문에 단순히 동아시아를 특권화하거나 "개별 국민국가의 열망을 확대한 데 불과한 지역주의와는 구별"된다. 둘째, '지적 실험으로서의 동아시아'는 동아시아를 순수한 단일문명을 공유한 한 덩어리가 아니라 "동아시아권역을 구성하는 다양한 주체가 서로 경쟁하고 타협하면서 서로 연결되어 있는 장"으로 이해하는 것이다. 그렇게 보면 "일본과 중국이라는 '대국' 사이에 끼여 종종 소홀히 다뤄지는 '주변'적 주체들(각 국민국가 안의 소수민족을 당연히 포함한)인 여러 민족과 지역들의 역할"에 주목하는 일이 중요해진다. 셋째, '지적 실험으로서의 동아시아'는 부국강병을 추구하는 국민국가에 흡입당해버린 '20세기형 문명'을 넘어 새로운 문명론적 차원의 변화를 추구하며, 이를 위해 "동아시아인들이 국경 안팎의 서로 다른 거주지의 일상생활에서 자신의 삶의 자세를 반성하며 동아시아인의 삶의 문제에 마음 쓰는 감수성 계발이 시급"해지는 것이다.

특히 '지적 실험으로서의 동아시아' 개념을 통해 백영서는 동아시아론이 가장 쉽게 빠지는 함정 중의 하나인 자민족중심주의와 국가주의를 경계해야 한다고 강조하는데, 그가 하나의 대안으로 제시한 복합국가론은 주목할 만하다. 그는 국가주의에 대한 경계를 강조하는 동시에 국가주의에 대한 비판이 자칫 단순한 반국가주의에 빠져서는 안 된다면서, "국민국가를 감당하면서도 그것을 극복하는 이중과제를 동시에 수행하는 과정에서 그 모습이 구체화될 '복합국가'에 대한 사고가 절실한 시점"이라고 주장한다. 그가 말하는 복합국가란 "단일국가가 아닌 온갖 종류의 국가결합형태, 즉 각종 국가연합과 연방국가를 포용하는 가장 외연이 넓은 개념"을 말한다.

이 같은 백영서의 복합국가 구상은 백낙청의 복합국가 논의를 동아시아론에 끌어온 것이다. 백낙청은 1990년대 초반부터 분단체제 극복을 논하면서 한반도 통일 이후의 국가 형태가 '복합국가'가 아니고서는 곤란하다고 주장했다. 백낙청(1992)은 "'국민국가'의 중요성은 엄연하며 '민족'의 문제는 오히려 절실성을 더해가는 느낌조차" 있지만 또 한편 "다국적자본, 지역통합, 국제기구의 영향력 증대, 반체제운동들의 초국가적 연대"와 같은 현실적 흐름으로 볼 때 "국민국가 내지 민족국가를 사회구성의 기본단위이자 표본으로 삼는 발상이 당연시되던 시대는 확실히 지나갔다"고 본다.

> 오래전부터 단일한 국가조직 아래 동질성 높은 민족사회를 구성하고 있다가 타의로 분단된 주민집단의 통일 민족국가에 대한 열망은 특별한 것이다. 하지만 그럴수록 어떤 선험적인 1민족1국가 원칙보다 해당 분단 체제의 비자주성·반민주성에서 통일의 구체적인 당위성을 구해야 하며 이에 걸맞은 통일국가의 형태를 찾아야 한다.… 이제는 마치 분단시대가 없었던 것처럼 8·15 당시의 민족사적 목표로 되돌아갈 수도 없거니와, 분단체제 극복의 방편으로 채택되는 연방 또는 연합체제가 '국가' 개념 자체의 상당한 수정을 동반하는 새로운 복합국가 형태의 창출이 아니고도 곤란할 것이다. … 분단 극복을 가능케 하는 '1국가 2체제'가 현존하는 '2체제' 그대로일 수 없듯이, '1국가' 역시 기존의 '1국가'는 아니리라는 것이다.(백낙청, 1992: 38~40)

이처럼 분단체제의 비자주성·반민주성을 극복하는 통일이란 새로운 복합국가 형태가 아니고서는 불가능하다는 것이 백낙청의 복합국가론이라면, 백영서는 다음과 같이 이를 다시 동아시아로 확대시킴으로써 새로운 공동체의 상을 그리고자 한다.

> 이 발상을 중국에 적용할 경우, 홍콩을 통합하면서 적용한 1국가 2체제나 타이완에 대해 제안한 1국가3체제 구상에서부터 해외 민주화운동가들이 제기하는 연방제에 이르는, 복합적인 국가의 다양한 실험의 향방이—그 과정에서 거대한 영역을 통합한 공산당의 역할이 바뀌면서 통상적인 의미의 국민국가가 분해되는 위기로 비쳐질지도 모르겠지만—새로운 의미로 떠오른다. 이는 타이완·티벳·신장 등의 문제를 해결할 수 있는 방안인 동시에 동아시아에 대한 수평적 사고의 촉진제가 될 수 있다. 마찬가지로 한반도 남북주민의 서로 다른 경험이 융합되면서 분단체제를 극복하는 운동이 제대로 진행된다면 복합국가는 자연스럽게 요구될 것이고 그 과정에서 주변 국가나 민족과의 개방적인 연계도 가능하여 동아시아 지역공동체가 출현할 수도 있다.(백영서 2000: 63~64)

그의 복합국가론에서도 알 수 있듯이 이제 동아시아론은 과거 역사 속에 형성되어 온 실체로서의 동아시아의 정체성을 묻는 것이 아니라 오히려 앞으로 형성해 가야 할 것으로 기획하고자 한다. 아리프 딜릭 (2000)은 백영서(2000)의 '지적 실험으로서의 동아시아'를 '계획(project) 으로서의 동아시아'로 이해하고, 이 같은 인식이 아시아를 다른 각도에서 설명하려는 정치적 안건을 구별할 수 있게 한다고 주장했다[6].

---

6 아리프 딜릭에 의하면, "아시아에 대한 미·유럽의 인식만이 아니라, 더 중요하게 아시아 내부에서 어떻게 이에 접근할 것인가의 문제"가 특히 중요하다. 또 "담론은 아무 근거 없이 만들어지는 것이 아니라 '아시아' 또는 '동아시아'에 기존과 다른 역사적 의

그리고 이같은 이해 방식은 최근 아시아지역 지식인들 사이에 상당한 공감대를 형성하고 있다(백영서, 2004)[7]. 아리프의 말대로 아시아 또는 동아시아가 존재하는가의 여부보다는 이들이 대표하는 것이 무엇인지를 누가 정의할 것인가가 중요하다면, 이들 지식인들 사이의 비판적 지역 이해와 상호 교류 속에서 새로운 동아시아는 이미 형성되고 있는 중이라고 할 것이다.

4. 동아시아의 탈중심과 한국

(1) 이중적 주변의 눈

실천 과정으로서 동아시아를 발견하려고 하는 관점은 분명 동아시아에 대한 고정관념을 해체할 뿐만 아니라, 반패권과 비국가적 사유를 추구한다는 점에서 기존의 동아시아론이 노정했던 한계를 훌쩍 뛰어 넘었다고 할 수 있다. 그러나 그 같은 관점은 또 한편으로 왜 동아시아를 말해야만 하는지 그 역사적 맥락과 상황을 간과하기 쉽다. 또

미를 부여함으로써 이루어지는 것이다. 유산으로서와 계획으로서의 동아시아를 혼동하는 것은 '아시아적 가치'에 대한 오늘날의 논의에 있어 많은 잘못된 해석을 낳는 원인이 되고 있다. 유산으로서의 동아시아는 그 지역의 주민들을 상상된 문화 속에 가두어 버린다. 동아시아를 계획('지적 실험'이나 담론)으로 인식하는 것은 아시아를 다른 각도에서 설명하려는 정치적 안건을 구별할 수 있게 할 뿐만 아니라 그 지역을 변하지 않는 문화적 통일체가 아니라 역사적 존재로서 규정할 수 있게 한다."

7 고야스 노부쿠니(子安宣邦)도 '방법으로서의 동아시아', 즉 "동아시아를 국가간 관계로서 실체화하지 않고 생활자의 상호적 교류를 가능하게 하는 관계 틀로서의 지역개념"을 강조한다. 타이완 천꽝싱(陳光興)의 '방법으로서의 아시아' 구상이나 쑨거(孫歌)의 '기능으로서의 동아시아' 역시 비판적 지역 이해의 대표적인 예이다.

민족국가경계와 그 역사를 지나치게 단순하게 부정하는 것은 엄연히 존재하는 지역 내 불균형한 힘의 대비관계를 은폐할 수도 있다. 이것이야말로 민족주의를 경계하며 새로운 동아시아 공동체를 상상하고 구성해가고자 하는 비판적 지식인들의 노력을 가장 곤혹스럽게 만드는 문제가 아닐 수 없다.

예컨대 중국의 쑨거(孫歌)는 각국의 민족주의를 넘어 비판적 지역공동체를 구성하자는 당위성에는 동의하면서도, 민족국가경계를 지나치게 쉽게 부정하는 것에는 반대한다. 즉 중국인의 대국감각이나 한국의 저항감각, 지리적 실체성, 일본 제국주의 침략과 같은 근대 민족국가 역사의 경험과 기억들은 버리고 싶다고 해서 마음대로 버려지는 것이 아니라면서 동아시아의 실체성을 강조하는 것이다. 나아가 그녀는 다국적 자본에 의해 세계화의 이름으로 불평등한 경제관계가 추진되는 한편 민족국가는 오늘날에도 여전히 세계패권에 대항하는 기능을 가지고 있는 상황에서 반패권·비국가를 지향하는 동아시아 시각이 과연 실질적으로 어떤 견제 역할을 할 수 있을지 진지하게 묻는다.(쑨거, 2000)

그런가 하면 한국의 최장집은 근대적 국민국가의 형성이 지체되고 있는 상황에서 "국가 간 경계를 넘어 어떤 지역통합을 이룬다는 것은 그 자체가 어려우며" 새로운 지역질서의 발전은 "동아시아 각국이 특수한 이익과 가치를 갖는다는 전제로부터 논의를 전개"할 필요가 있다고 본다.(이남주, 2005) 중국의 왕휘이(汪暉)나 일본의 와다 하루끼(和田春樹) 역시 국민국가들 사이의 공동의 이해를 추구하면서 다양한 문화적 정체성 사이의 평화적 공존을 실현시키는 것이 중요하다고 주장한다. 이들은 "국민국가의 극복보다는 국민국가에 대한 존중에 기초한 국민국가들의 관계를 지향"(이남주, 2005)하는 것이다. 이처럼 각각의 민족국가의 역사적 경험과 전지구화 시대 민족국가의 역할에 대한 해석의 문제는 최근 몇 년 동안 동아시아론의 가장 중요한 쟁점으로 떠올랐다고 할 수 있다.

이들 논의를 거치며 백영서(2004) 역시 좀 더 현실적으로 보완된 동아시아론을 제기하게 된다. 그는 동아시아를 단순한 문화적 구성물로만 보는 것은 동아시아를 말하지 않을 수 없게 만드는 역사적 맥락과 상황을 간과할 수 있다고 지적하고, 그와 같은 오류에 빠지지 않기 위해 동아시아 "공통의 문화유산이나 역사적으로 지속되어온 일정한 지역적 교류 등 그 실체에 대해 주목"할 필요가 있다고 말한다. 물론 그렇다고 해서 이때 그가 말하는 동아시아의 실체가 '변하지 않는 문화적 통일체'를 의미하는 것은 결코 아니다. 그는 동아시아를 역사적 실체로서 작동하게 하는 가장 중요한 기반으로 "근대에 들어와 제국주의와 냉전이 조성한 역사적 상황 속에서 서로 긴밀히 연결된 경험 세계"를 꼽는다.

이런 맥락에서 나아가 그는 지역현실이 요구하는 실천적 과제에 한층 더 적극적으로 대응하기 위해 "주변에서 동아시아 다시 보기"를 주장한다. '지적 실험으로서의 동아시아'를 제안할 때 동아시아 내부의 중심과 주변에 대해서는 이미 거론했으나 그것만으로는 부족하며 세계지도에서 차지하는 동아시아의 주변적 위치를 그것과 함께 고려해야 한다는 것이다. 그리고 세계적으로는 주변적 위치에 있으면서 동시에 자기 내부에도 다양한 중심–주변관계를 내포하고 있는 동아시아의 복합적 현실을 분석하기 위해서는 필연적으로 "이중적 주변의 눈"이 요구된다고 강조한다.

쉽게 짐작할 수 있듯이 여기서 그가 말하고자 하는 주변이란 단순한 지리적 결정론과는 무관하다. 동아시아 역사적 실체의 복잡성을 설명하기 위해 끌어온 만큼 그는 '주변'의 방법론적 의미를 분명하게 짚고 넘어간다. 그에 의하면 주변이란 어디까지나 관찰자의 시각과 관련된 것이기 때문에 어디가 중앙이고 어디가 주변인가는 어디까지나 상대적이다. 가치론적 차원에서 중앙과 주변은 무한한 연쇄관계 또는 억압이양(抑壓移讓)의 관계를 갖는다. 그렇게 보면 중앙의 중앙에 있는 측은 극히 소수이고, 대부분은 주변에 있으면서도 한층 더 주변적인 부분에 대해서는 중앙의 위치에 있게 되는 식으로 양자의 관계는 무한한 연쇄고리를 만들어간다.

특히 그는 중심과 주변을 무한 연쇄고리로 파악할 때 중요한 것은 중앙의 사고방식을 의심없이 받아들여 자신보다 한층 더 주변적인 부분을 차별하고 억압하며 그러한 억압 이양을 의식하지 않는 '중앙으로부터의' 시각을 접수하는가, 아니면 자신이 주변에 있고 중앙으로부터 차별당함을 문제 삼고 동시에 자신이 한층 더 주변적 부분을 차별하고 억압한다는 사실을 자각하여 중앙의 문제됨을 다시 묻는 자세를 취하는가의 선택임을 강조한다. 중앙과 주변의 관계에서 차별과 억압이 무한연쇄를 이루고 있고, 그 속에서 자신의 위치를 발견하고 중앙과 주변의 시각을 확립하는 것은 그 연쇄가 무한인 이상 무한의 노력을 필요로 한다. 그런 의미에서 그는 주변의 시각을 갖는다는 것은 곧 지배관계에 대한 영원한 도전이요 투쟁이라고 단언한다.

그런데 탈중심을 지향하고 주변의 시각을 갖는다는 것이 곧 주변의 특권화로 빠지는 경우도 많다. 백영서는 주변의 특권화가 대개 주변과 중심의 관계를 탈역사화하는 데서 비롯되기 때문에 동아시아론 역시 동아시아 혹은 그 안의 특정한 집단이나 국가를 주변의 이름으로 특권화하는 오류에 빠지지 않으려면 동아시아의 역사적 맥락에 대한 구체적 분석이 반드시 필요하다고 주장한다. 그가 동아시아의 역사세계를 1) 중국이 중심이었던 중화세계 시기, 2) 중심이 되고자 했으나 좌절된 '유사 중심'이었던 일본 제국 시기, 3) 2차대전 이후 동아시아 속의 중심인 미국의 시기라는 세 개의 '중심'의 역사로 구성하고자 시도하는 것도 그 때문이다. 그는 정치·경제·군사적 힘의 원천과 더불어 주변에 막강한 영향력을 가졌던 중국, 일본, 미국과 그 주변국들 사이의 관계가 주변—소중심—중심이라는 억압 이양의 중층적 구조로서의 동아시아 지역질서를 형성해왔다고 보는 것이다[8].

(2) 동아시아의 중심: 미국

과거 동아시아의 중화질서와 일본 제국 시기에 대한 논의는 그 동안 한·중·일 학자들에 의해 많은 연구가 이루어져 왔고, 또 앞으로도 좀 더 심화된 연구가 계속될 것이라 생각된다. 다만 백영서의 분석에서 주목할 필요가 있는 것은 바로 미국을 냉전 이래 동아시아의 중심으로 지목했다는 점이다. 동아시아를 단순히 개별 국가들의 합이 아니라 억압 이양의 연쇄관계로 보고 그 관계의 심급에 미국이 존재하고 있음을 분명히 한 것이다. 사실 한반도의 분단이 미소 세력관계의 결과라는 점에서 동아시아와 미국의 관계에 주목해야 한다는 점은 1990년대 초 최원식이 처음 동아시아론을 제기한 이래 줄곧 많은 논자들이 주목해온 문제이다. 하지만 최근 백영서를 비롯한 동아시아 지식인들 사이에 벌어지고 있는 미국 관련 논의는 미국의 패권을 비판적 동아시아론의 주된 비판 대상으로 명확하게 규정짓는다는 점에

---

8 나중에 그는 여기서의 '중심'을 '제국'으로 대체했다. 그리고 3단계 제국에 대한 역사 분석은 해당 분야 전공자들과의 공동연구를 통해 일정부분 구체화했는데, 그 결과물이 『동아시아의 지역질서: 제국을 넘어 공동체로』(창비, 2005)로 출판되었다.

서 각별하다[9].

그와 같은 맥락에서 최원식은 다음과 같이 동아시아 국가들과 미국의 문제적 관계를 생동하게 묘사한다.

> 미국이 동아시아에서 일종의 최종 심급으로 존재하는 조건으로 밀미암아 한국에서 동아시아론을 발신해도 역내에서는 대체로 쇠귀에 경 읽기이다. 중국은 중심부를 꿈꾸는 반주변부이고, 일본은 중심부이면서 또한 반주변부적 성격을 공유하고 있으며, 미일동맹으로부터의 이탈을 결코 용납하지 않는 미국에 고삐가 쥐여 동아시아로의 복귀가 연장되고 있다. 탈냉전 시대 주변부로 추락한 북한은 줄곧 안전보장에 관심이 쏠려 있다. 가장 격렬한 반미국가이면서도 미국과의 교섭에 매달린다. 미국에 대한 종속이 가장 심한 남한은 물론이고 이 지역 전체가 미국이라는 강력한 자석을 향해 도열한 형국이다.(최원식 편, 2004: 318)

미국과 동아시아 국가들 사이의 이 같은 관계는 이 지역에서의 탈식민과 냉전이라는 복합적 현실이 빚어낸 필연적 결과라고 할 수 있다. 전후 세계질서를 주도하게 된 미국은 동아시아에서도 일본을 파트너로 삼아 중심적인 위치를 차지했다. 중국과 대만, 남한과 북한, 그리고 일본의 재무장화 같은 아시아 내부의 불안정성에 주목한 미국은 아시아 역내 국가들끼리 협력체제를 이루는 것보다는 미국이 개별

---

9 "포스트 냉전 구조 속에서 동아시아인들은 긴급히 연대하지 않으면 미국에 대항할 수 없다는 엄중한 현실에 직면해 있다"는 쑨거의 말에서도 알 수 있듯이 미국에 대한 경계심은 한국뿐만 아니라 비판적 지역주의를 추구하는 동아시아 지식인 사이에서는 공통적인 감각이다.

적 사안에 대해 개별국가를 관리해야 한다는 입장에서 접근했다.(배긍찬, 2005) 그로 인해 냉전질서 하에서 동아시아 각국은 서로의 횡적 연계를 상실하고 미국과의 양자주의에 매달리게 되었던 것이다.

탈냉전이 시작된 이래 동아시아 지역질서도 유동하기 시작했으나 미국과 대립축을 형성했던 소련이 몰락함에 따라 오히려 동아시아에서 미국의 구심력은 더 강화되었다고 할 수 있다. 그런 가운데 유럽의 강한 제도적 지역주의와 비교하여 동아시아의 지역주의는 여전히 낮은 단계의 제도화 수준에 머무르고 있는 상황이다. 성원용은 그 이유가 "동아시아에 대한 절대적인 영향력과 발언권 상실을 두려워한 미국의 공공연한 반대 때문"이었다면서 다음과 같이 분석한다.

> 전후 국제정치의 헤게모니 국가로 등장한 미국은 유럽과는 달리 아시아지역에서 국가 간 쌍무관계에 기초하여 외교 및 안보관계를 추구했다. 미국은 아시아의 독자적인 외교를 허용하지 않으려 했으며 아시아 국가들 역시 미국의 영향권에서 벗어나 독자적 입장을 취하는 것이 국익에 전혀 도움이 되지 않는다고 판단하였다. 결국 동아시아에서 미국을 중심으로 진행된 역내 국가들간의 쌍무적 지역관계의 발전은 지역주의 제도화를 저해하는 요인이 되었다.(성원용, 2004: 169)… 만일 동아시아나 동북아가 미국을 배제하는 지역주의를 전면에 내걸 경우 미국은 이에 대한 반대 의사를 명확히 할 것이며, 사실상 미국의 동아시아 안보의 한 축을 담당하고 있는 한국과 일본이 미국의 영향력 하에 있는 한 미국을 배제한 지역주의는 효과적으로 차단되고 말 것이다.(김기수, 「동아시아지역주의의 주요 변수 분석: 지영주의의 전략적 의미를 중심으로」(세종연구소); 성원용, 2004: 170에서 재인용)

그렇게 보면 최원식이 "동아시아론의 핵심적 대당(對當)은 미국"일 수밖에 없다고 말한 것은 결코 과장된 것이 아니다. 그리고 이제 그의 말대로 "증오 또는 경배 속에 미국을 향해 줄지어선 동아시아가 아니라, 미국을 포함하여 역내의 국가와 국민들이 화이부동(和而不同)으로 마주 보는 동아시아의 출현을 어떻게 실현시킬 것인가?"(최원식, 2004)라는 문제는 동아시아론의 가장 중요한 화두가 아닐 수 없게 된다. 백영서는 이 과제를 좀 더 구체적으로 이렇게 제시한다.

> 미국이 패권국인 이유는 군사적 · 경제적 · 기술적 · 문화적 요인이 결합되어 있으므로 그에 대한 비판도 구조적이어야겠지만, 여기서는 미국 패권이 동아시아에서 저지른 왜곡의 역사 뒤집기인 탈식민과 탈냉전의 과제, 즉 식민주의 위계질서가 낳은 후유증이 냉전 체제에 의해 더욱 악화된 결과인 동아시아인 상호 경시와 강자의 논리 추수 타파를 주요 과제로 강조하고 싶다. 구체적으로는 동아시아 각 사회가 미국을 최우선에 두는 2자간 관계라는 구조적 한계 안에서 자율성을 확보해나가면서 동아시아 주체간의 상호연대를 강화해 평화 정착을 확보하는 것이다. 동아시아 연대의 강화가 곧 미국 패권의 위축이요 평화의 신장(강조-인용자)이다.(백영서, 2003: 6)

동아시아에서 아직은 미국이 정치 · 경제 · 군사적인 면에서 중심일 수밖에 없는 상황에서 미국에 대한 위와 같은 경계심과 대항의식은 불가결한 것임이 분명하다. 그가 힘주어 말한 대로 동아시아 연대의 강화가 바로 미국 패권의 위축이고 동아시아 평화를 신장하는 길임은 분명해 보인다. 하지만 동아시아 평화체제 추진에 미국이 긍정적 역할을 할 것인가 부정적 역할을 할 것인가는 좀 더 구체적이고 전문적인 논의가 필요할 것이고, 현실적으로 미국의 패권을 제어할 수 있는 가, 있다면 어떻게 가능한가라는 점 역시 여전히 핵심적인 문제로 남아있다.

또 한편 그 같은 논의가 미국의 힘을 지나치게 과대평가하고 있지는 않은가도 반드시 생각해보아야 할 문제다. 백낙청이 노회하게 지적한 대로, 미국이 전 세계적인 비난을 무릅쓰고 아프가니스탄과 이라크를 무력으로 짓밟은 것은 되려 미국 경제가 쇠퇴하여 옛날 같은 패권적 우위를 회복할 가망이 없다는 사실의 반어적 표현(백낙청, 2003)일 수도 있기 때문이다. 따라서 여기에 대한 냉철한 분석 없이 미국을 '제국'으로만 강조하다 보면 일종의 패배주의에 빠지기 쉬울 뿐더러 친미나 반미라는 양극화를 넘어서는 실천의 영역을 발견하기 어렵다는 지적(백영서, 2003)도 눈여겨볼 대목이다. 미국이 자신의 동북아정책의 핵심이라 할 수 있는 패권주의, 일방적 양자주의, 그리고 일본중심주의(혹은 중국견제주의)를 각각 호혜주의, 다자주의, 중국포용주의 또는 중일균형주의(박명림, 2005)로 바꿀 수 있도록 당사자인 동아시아 국가들이 유도할 수 있기 위해서는 바로 미국 패권의 위와 같은 이중성을 예리하게 읽어내는 실천적 자세가 필요하다 할 것이다.

(3) 탈중심과 한국의 기대 역할

현재 동아시아, 특히 동북아시아는 경제는 통합으로 나가는 반면 군비경쟁은 세계 최고 수준이고, 역사전쟁, 영토분쟁, 민족주의는 더욱 강화되고 있는 상황이다. 미국, 일본, 중국은 과거 동아시아의 중심이었고 현재도 가장 핵심적인 행위자라 할 수 있지만, 동아시아의 이처럼 불안한 균형상태를 안정적인 평화체제로 전환하는 데 이 대국들이 얼마나 긍정적인 역할을 할 것인지에 대해서는 회의적인 시각이 많다.

이 지역에서 현실적인 장악력을 점점 상실하고 있는 미국은 그만큼 자신의 이해를 관철시키기 위한 패권주의를 더욱 노골화하고 있고, 일본은 미국과의 파트너쉽을 강화하는 가운데 우익 보수세력이 득세하며 군국주의를 향한 욕망을 드러내고 있다. 급부상하고 있는 중국에 대해서는 아직 단언하기 이르지만, 지금까지 분명한 것은 중국이 민족주의를 바탕으로 발전주의를 추구하는 한 미국이 주도하는 세계체제의 구조를 변혁하고 동아시아 평화체제를 앞당기는 주체로서의 역할을 수행할 수 있을 것이라 낙관하기 어렵다는 점이다.(백영서, 2005)

이러한 판단 아래 최근 한국의 비판적 동아시아 논의는 '탈중심'의 동아시아질서, '주변'으로부터 확산되는 지역통합에 관심을 기울이고 있다. 지금까지처럼 하나의 중심이 또 다른 중심에 의해 교체되는 것이 아니라, 다양한 주변들이 자기목소리를 내며 중심을 견제하는 과정을 통해 상호협력적인 평화체제를 구축할 필요가 있다는 것이다. 이남주는 이 같은 탈중심의 동아시아 질서를 국민국가 이외의 행위자들이 다양한 차원에서 협력관계를 발전시키고 각각의 협력 네트워크가 지역적 차원에서 나름의 중심적 역할을 하는, 다양한 행위자가 참여하는 다중심적인 질서라고 규정한다.(이남주 외, 2005)

그렇다면 탈중심의 동아시아질서를 만들어가는 데 한국은 어떤 역할을 할 수 있을 것인가? 많은 논자들이 동아시아의 탈중심과 평화체제 구축에 한국이 긍정적인 역할을 해야 한다고 여기며 또 그것이 가능할 것이라 기대한다. 물론 최근 '문화강국'이나 '동아시아의 거점'을 운운하는 한국의 담론들 속에는 여전히 발전주의와 국가주의적 색채가 진하게 배어 있다. 그럼에도 불구하고 동아시아의 지역통합과 평화체제 구축에 한국이 주도적으로 나서야 하며 또 실제로 긍정적 역할을 할 수 있다고 강조하는 데는 다음 몇 가지 배경 및 근거가 존재한다.

무엇보다 우선 중요한 사실은 한반도의 평화가 동북아시아 전체의 지역안보 문제와 밀접하게 연관되어 있다는 점이다. 따라서 누구보다도 당사자인 한국이 분단체제의 창의적인 극복을 통해 동아시아 평화 정착에 이바지해야 함은 지극히 당연한 일이 아닐 수 없다. 고무적인 것은 김대중 전 대통령이 '햇볕정책'을 시행하고 미국의 TMD(전역미사일방어체제) 구축 참여에 반대하는가 하면, 노무현 정부는 미국의 대북 무력행사 반대원칙과 한국의 동북아균형자론을 제기하고 지난 6자회담에서 주도적 역할을 수행하는 등 한국정부가 점차 자주적 외교를 시도하고 있다는 점이다.

비판적 동아시아론자들은 최근 노무현 정부가 제시한 '동북아균형자론' 속에 내포되어 있는 국가주의적 욕망에 대해 비판하면서도, 정부의 자주적 외교 노력이 야기한 일련의 변화 속에서 동아시아 탈중심의 가능성을 발견하고자 노력한다. 왜냐하면 그것은 한국정부가 한미일 삼각동맹에서 벗어나 동북아 정세에 능동적으로 대응하겠다는 의지를 보여준 것일 뿐만 아니라, 미국의 일방적인 정책결정 과정에 변화를 촉구하며 이를 토대로 동북아시아의 평화구축과 평화적 수단에 의한 남북문제 해결의 새로운 기회를 창출했다고 보기 때문이다.

이 같은 견해는 한국 이외의 일부 지식인들에 의해 지지되면서 더욱 힘을 얻고 있다. 예를 들어 타이완의 난팡쒀(南方朔, 2005)는 한반도와 양안 평화정착의 연동성에 대해 논하면서, 냉전체제를 벗어나려는 한국의 자주의식이 한국의 동아시아 시각 및 의식의 성장과 불가분의 관계에 있으며 이는 전체 동북아시아의 새로운 정치 변동을 초래했다고 평가했다. 재일 한국인 학자 서승이나 강상중 역시 한반도가 동북아시아 전쟁 위기의 진원지이자 지정학적 교량이라는 당사자성을 강조하고(백지운, 2005), '동북아균형자'를 표방하며 나선 한국정부의 최근 행보는 "한국이 동북아시아 평화와 번영의 선구자적 역할을 해낼 가능성을 보여준 것"이라고 평가했다.

최근 한국 정부의 일련의 자주외교 행보가 얼마나 성공적으로 지속될지는 앞으로 더 지켜봐야 할 테지만, 적어도 그것이 동아시아 세력 균형에 균열을 내고 평화체제를 정착시키는 데 한국이 담당할 수 있는 하나의 역할모델을 제시했다는 점은 주목할 만하다. 1990년대 이래 끊임없이 제기되어온 동아시아론이 정부의 이 같은 동아시아 정책을 끌어내는 원동력이 되었다면, 그 일련의 성과는 이제 다시 한국의 논자들로 하여금 정부의 행보를 독려하고 동시에 견제하면서 동아시아 평화 정착을 위한 한국의 역할에 대한 전망을 모색하도록 촉구하고 있는 것이다.

두 번째, 그간 축적된 한국의 민주주의와 시민사회 역량도 동아시아 탈중심과 평화체제 정착에 한국이 긍정적 역할을 할 수 있을 것이라 기대하게 만드는 중요한 요인이다. 왜냐하면 동아시아 평화 정착에 정부가 아닌 민간 차원의 연대는 가장 중요한 동력이라고 판단되기 때문이다. 박세일(2004)은 동아시아 민간연대가 만들어내는 시민사회가 정부와 시장의 실패를 보완하고 동아시아 가치공동체를 창출하며 심지어 국가와 시장의 일정 부분을 대체할 수 있을 것이라 본다. 이희옥(2004) 역시 민족주의, 쇼비니즘적 유혹을 방지하기 위해서는 시민사회의 성숙, 다원적 가치를 지닌 시민사회를 공고화하는 것이 불가피하다고 본다. 즉 시민사회를 중심으로 한 다양한 네트워크를 통해 각국의 국가주의적 기획을 중층적으로 견인해가야 한다는 것이다.

이들의 주장처럼 주변으로부터 확산되는 지역통합을 추구하기 위해 성숙한 시민사회 간의 연대활동은 관건이 아닐 수 없다. 동아시아 지역공동안보나 국가 간 경제협력 방면에서는 정부가 주도적 역할을 할 수밖에 없다 해도 그것은 궁극적으로 국가중심적 사고를 벗어나기 어렵다. 또 환경·인권·역사문제와 같은 초국적이고 지역적인 의제에 대해서는 정부보다 시민사회 간 지역협력과 연대가 필수적이다[10]. 특히 경제의 역내 불균등발전과 통합에 따른 일종의 노동시장 통합과 인구유동 — 이주 노동자, 생산비절감을 위한 국제적 공장이전, 국제결혼, 인신매매 등 — 은 앞으로도 가속화될 전망인데, 이에 대응하기 위해서는 그야말로 주변의 관점에서 다양한 차원의 민간연대활동이 활발히 이루어지지 않으면 안 된다. 이처럼 동아시아 내외부의 주변적 관점에서 민간연대와 시민사회 확장의 중요성이 강조되는 가운데, 장기간 남북의 군사적 대치 국면과 독재체제에 저항하며 축적해온 한국의 민주화 역량 및 민간 활동의 인프라는 동아시아 지역에서 정치적 경제적 패권에 저항하는 다양한 민간연대활동을 끌어낼 수 있는 소중한 자원으로 주목되고 있는 것이다.

세 번째, 한국은 중심도 주변도 아닌 중견국가라는 점에서 동아시아 평화체제 구축에 불가결한 '교량 역할'을 할 수 있을 것이라 기대

---

10 그런 점에서 박명림이 제안한 이중적 지역거버넌스(governance)형태의 동아시아 통합은 상당히 설득력 있다. 지역거버넌스란, 먼저 경제나 안보, 역사, 인권, 환경, 무역, 노동, 시민단체 등의 분야에서 영역별로 개별 국민국가들이 참여하는 지역 연대기구나 다자기구를 만들고, 다음으로 이들 영역별 연대기구들과 역내 국민국가들이 '함께' 통합적 지역연합기구 혹은 정상조직(頂上組織)을 만드는 것이다. 이는 국민국가(nation state)와 지역연합(regional union) 사이의 새로운 형태로서, 국민국가의 역할도 일정 정도 인정하면서 축소하는 한편, 동북아의 특성에 따라 유럽연합보다는 단계가 낮지만 국민국가를 뛰어넘는 공동체를 지향한다.

한다. 한국은 역사적으로 줄곧 주변국이자 기껏해야 소중심에 불과했기 때문에 이웃국가에 대한 역사적 부채가 많지 않고, 지정학적으로도 대국인 중국과 일본 사이에 있으며, 현재는 경제적으로 상당히 성장해서 이미 소국이라고 할 수도 없지만, 그렇다고 대국이 되기도 어려운 규모의 국가이다. 이처럼 지리적·경제적·정치적·역사적으로 중간적 위치에 존재하는 한국이야말로 이 지역의 불균형한 세력들 사이의 관계를 조절하고 연대를 이끌어내는 매개 역할을 하기에 적절하다는 것이다.

요컨대 정치적으로는 제한적이나마 이미 정부가 동북아의 균형자 역할을 담임할 뜻을 천명했고, 경제적으로는 중견국가로서 동아시아의 경제통합이나 민간연대활동을 추진할 수 있는 상당한 토대를 갖추었으며, 시민사회 연대를 위한 민간조직이나 인력 면에서의 인프라 역시 상당히 탄탄하다는 점 등에 비추어볼 때 한국은 동아시아 역내 국가들의 연대를 앞장서 추진하기에 상당한 호조건을 갖추고 있다고 보는 것이다. 교량, 중재, 조절, 촉진, 균형, 거점 등등, 각자가 사용하는 개념이나 강조점이 조금씩 다르긴 하지만, 한국이 동아시아에서 또 하나의 중심이 아닌 매개자로서 그 위상을 정립할 필요가 있다는 데에는 상당부분 공감대가 이루어지고 있는 것으로 보인다.

물론 한국의 긍정적 역할에 대한 기대가 전적으로 낙관적인 것만은 아니다. 특히 한국의 역할에 대한 기대에서 가장 견제되어야 할 것이 바로 국가주의일 것이다. 백영서의 말대로 국가주의적 발상을 넘어서지 못한다면 민간 차원의 연대를 제대로 추동시킬 수도 없지만, 추동한다 해도 그것이 자본주의적 전지구화와 군사적 패권으로 야기된 지역내 중심-주변의 구도를 뒤바꾸기도 어렵기 때문이다. 또 설령 민간·학술·기업·정부 각 차원의 동아시아 담론과 연대운동이 활발히 이루어진다 해도 그것이 지구적 자본주의의 논리에 순응하는 것이라면 문제가 아닐 수 없다. 왜냐하면 "그 경우 자국중심주의로 환류될 가능성이 높고, 지역경제공동체가 설립되더라도 '초대형 공룡'이 되어 다른 지역의 민중과 지구환경에 재앙이 될 가능성도 배제할 수 없기 때문"(백영서, 2003)이다.

그런 점에서 또 하나 강조되어야 할 문제는 바로 '내부 민주화'이다. 박명림(2005)은 동아시아의 평화적 통합을 위해 한국이 책임 있는 교량국가로서 중재의 역량을 쌓아가는 데 있어 가장 중요한 일 중의 하나가 바로 내부 민주화라고 역설한다. 예컨대 향후 한국에 반북친미정권이 들어선다면 모처럼 시작된 자주평화외교의 노력이 수포로 돌아갈 것임은 불을 보듯 뻔한 것이다. 물론 이 같은 내부 민주화가 비단 한국사회에만 요청되는 것은 아니다. 개별 국가의 민주화가 내부를 변화시키면서 대외적으로 지역문제에 협력할 수 있게 만들기 때문에 지역협력은 무엇보다 각 국민국가 내부의 민주화가 필수조건이 아닐 수 없다. 재일한인학자 강상중이 '동북아시아 공동의 집'(강상중, 2002)[11]을 제안하면서 그것을 일본의 개혁과 연결시킨 것이나, 백영서(2005)가 각 사회의 개혁과 민주화의 과제를 동아시아 평화구축과 연결시킴으로써 각자의 삶의 현장에서 추진되는 개혁에 동아시아 담론이 비판적으로 개입할 수 있어야 한다고 강조하는 것도 바로 그런 맥락에서 이해될 수 있다.

---

11 강상중은 한반도를 축으로 일본과 한국에서 시작해 중국과 타이완 및 러시아까지 포함된 '동북아 공동의 집'을 건설하자고 주장한다. 그는 동북아 공동의 집 건설의 핵심이 남북 조선의 화해 및 평화공존과 통일이라고 보고, 일본이 '한국에 대한 일종의 햇빛정책'을 실행하여 조선반도의 영세중립화를 추진해야 한다고 강조한다. 그리고 일본이 남북한 공존체제 수립에 적극적인 역할을 하기 위해서는 일본의 국내개혁이 단행되어야 한다고 주장한다.

따라서 여기서 내부 민주화란 협의의 정치적 영역에 그치지 않는다. 한국 정부의 동북아 전략이 지구화된 자본주의 논리에 순응한 채 위계적인 동아시아 질서의 '중심'으로 진입하려고 힘쓰는 자민족 중심주의의 확장이 되지 않도록 견제하는 일, 북한을 포용하는 평화적 대북정책이 실현될 수 있도록 한국 내외의 보수주의자들을 설득하는 일, 여성·동성애자·이주노동자·비정규지·장애인 등 내부의 소수자 현실에 주목하고 그 삶의 개선에 노력을 경주하는 일, 그리고 자기 안의 파시즘과 군사주의를 성찰하고 비판하는 일이 모두 그 속에 포함될 것이다.

그런 의미에서 비판적 지역주의로서 동아시아론은 최근의 평화운동에도 관심을 기울이고 있다. 최근의 평화운동은 평화의 의미를 '전쟁이 없는 상태'가 아니라 모든 '폭력이 없는 상태'로 확장시키고 근본적으로 정신 없이 달려온 근대화 과정을 전반적으로 성찰하는 일까지를 모두 평화운동에 포함시킨다. 그에 따르면 반전운동은 물론이고 "위기와 위험을 확대재생산하는 속도주의, 이기적인 심성을 심화시키는 무자비한 경쟁구조, 출세의 도구로만 간주되는 교육, 환경파괴에 둔감해진 개발지상주의"(박명규, 2003)와 같은 우리 사회의 갖가지 문제를 극복할 수 있는 대안적 삶의 양식을 모색하는 것까지 모두 평화운동의 일환이 된다. 이 같은 국내 평화운동이 곧 동아시아의 평화와 번영을 촉진하는 바탕이 될 것임은 의심의 여지가 없다.

5. 담론과 현실

한반도 변혁이론에서 출발했던 동아시아론은 이처럼 부단히 자기

갱신을 추구하며 비판적 지역주의로 자리 잡아가고 있다. 그러나 앞서 살펴본 많은 문제들은 동아시아 담론의 갱신 과정에서 모두 해결되었다기보다는 극복의 대상으로서 분명히 인식되었을 뿐이며 여전히 심화된 토론을 기다리고 있다. 또한, 앞으로도 현실 및 인식의 변화에 따라 새로운 문제들이 부단히 제기될 것이다. 여기서는 본문에서 언급된 문제 외에 비판적 지역주의로서의 동아시아 담론이 숙고해야 할 당면현실로서 동아시아 지역 민간연대활동과 대중의 동아시아 상상에 관한 문제를 언급하는 것으로 결론을 대신하려 한다.

1999년 김은실은 "최원식 등이 말하는 '동아시아'는 특정한 방식으로 담론화되어 있는 동아시아"이며 그 때문에 그들의 "동아시아론은 실제로 동아시아에서 일어나는 구체적인 많은 사건들을 동아시아의 문제로서 주목하지 않는다"(김은실, 2000)고 날카롭게 비판한 바 있다. 그녀가 잘 지적한 대로, 1990년대 초반부터 동아시아 지역에서는 이미 국경을 초월한 민간연대활동이 나름대로 활발하게 진행되어왔음에도 불구하고 동아시아 담론에서는 이들에 관한 논의가 이루어진 적이 거의 없었다. 여타 동아시아 담론이 서구와는 다른 동아시아만의 고유성, 혹은 문화적 원형을 찾느라 각 지역에 엄연히 존재하는 이질적 현실을 간과함으로써 담론과 현실의 괴리를 초래했다면, 비판적 지역주의를 지향하는 동아시아론은 현실 속에서 이미 형성되고 있는 동아시아 지역 연대의 가능성과 추동력을 간과했다는 점에서 역시 현실과 괴리되어 있었던 것이다.

예컨대 1992년 이래 일본군 '위안부' 문제를 해결하기 위한 아시아여성연대회의가 꾸준히 개최되었는데, 2000년 12월 동경 국제전범재판에서 일본천황을 유죄판결하게 된 것은 그 중요한 성과였다. 일본군 '위안부' 문제 해결을 위한 동아시아 여성들의 연대활동은 소수자로서 동아시아 지역의 여성들이 왜 협력해야 하는지, 이들이 민족국가의 경계를 넘어 어떻게 협력할 수 있는지, 혹은 그것이 얼마나 지난한지를 너무나 구체적으로 보여준 생생한 사례였다고 할 수 있다. 또 이 과정에서 '페미니즘이 민족주의를 초월할 수 있는가'라는 이론적 문제를 둘러싸고 벌어진 일련의 논쟁들은 첫째, 우파 민족주의는 말힐 것도 없고 민족해방투쟁과 민족민주운동을 거치며 이미 불가침의 신성한 범주가 되어버린 한국 민족주의에 대한 본격적인 비판의 포문을 열었다는 점, 둘째, 그동안 서구 페미니즘 이론에 전적으로 기대던 국내 여성주의 풍토를 비판하고 탈식민주의의 동아시아적 특수성의 문제를 제기했다는 점에서 동아시아 담론에 시사하는 바가 크다. 이처럼 동아시아여성운동은 실천적, 이론적 영역 모두에서 동아시아 연대의 추진에 중요한 의미를 지니고 있음에도 불구하고 비판적 지역주의가 그동안 그에 주목하지 못했던 것은 그것의 남성 중심적 편향에서 기인한 것일 가능성이 크다.

이처럼 동아시아 국가 간 새로운 역사적 가능성을 시사하는 민간 연대활동은 여성연대 외에도 각 방면에서 활발하게 이루어지고 있다. 일제시대의 구체적인 피해현장들을 견학하고 식민지문제를 현장연구 하는 한·일 청년들의 교류, 냉전의 피해경험을 증언하고 평화의 연대를 모색하는 동아시아 평화와 인권 국제심포지움이 전개되어 왔으며, 동아시아 지역의 환경오염에 대처하기 위한 환경연대운동, 피스보트(peace boat)의 반전평화운동, 한중일 역사교과서의 공동집필, 아시아 성노동자 조직 연대와 같은 민간연대운동도 전개되고 있다. 또 문화 방면에서도 동아시아지역 문화창작과 학술의 소통을 지향하는 동아시아문화공동체포럼이 개최되고, 한국의 현실비판적 뮤지컬인 김민기의 〈지하철1호선〉이 중국과 일본의 무대에 올려졌으며, 최근에는 민중연극을 지향하는 한중일 연극인들의 연대활동도 활발하게 이루어지고 있다.

그와 동시에 한국 내부의 시민운동 중에서도 동아시아적 시각을 갖지 않고서는 활동이 불가능한 영역들이 생기기 시작했다. 1990년대 이래 동남아 및 중국조선족 교포들의 이주가 급증하면서 이들의 인권문제 해결을 위해 시작된 이주노동자인권운동이나, 최근 한국의 농촌 남성과 결혼한 아시아 여성들이 급증하면서 그녀들의 한국 적응을 돕고 곤란을 해결해주기 위해 여성단체들에서 벌이는 각종 지원활동이 그 대표적인 예이다. 이는 한국 내 소수자운동 차원에서 출발했지만 그 대상과 주체가 대부분 동아시아인이라는 점에서 운동의 시야와 전망이 동아시아로 확대될 수밖에 없는 구조를 안고 있다.

이 같은 일련의 국내 소수자운동은 동아시아에서 더 이상 주변만은 아닌, 심지어 어떤 면에서는 중심이라고까지 할 수 있는 한국의 위치를 한국 시민운동이 심각하게 성찰하도록 만들었다는 점에서 의미가 깊다. 특히 베트남전쟁 당시 한국군의 양민학살 진상을 폭로하고 역사적 반성을 촉구하며 양국 민중 간의 새로운 연대방식을 모색하고 있는 시민단체 '나와 우리'의 활동은 심지어 '가해자'일 수도 있는 현실 한국의 복합적이고 모순적인 정체성을 강력하게 환기시켰다. 이들 시민운동에서 동아시아적 시야는 자연스럽게 한국의 시민운동이 '피해자의식'에서 벗어나 좀 더 성숙한 운동의 내용과 양식을 고민하도록 만드는 중요한 추동력이 되고 있는 것이다.

위와 같은 일련의 국내 소수자운동 및 동아시아 국가 간 민간연대 활동은 운동 자체의 필요성에 따라 점점 더 동아시아적 시각과 이론적 방향성을 확립하도록 요구받고 있는 상황이다. 비판적 지역주의가 주변으로부터 확산되는 탈중심의 동아시아 질서를 구축하려고 한다면, 바로 위와 같은 국내외의 민간운동 속에서 그 주변적 가능성을 발견하고 담론과 운동 간의 소통을 본격적으로 추진해야만 할 것이다(최원식, 2004). 그런 의미에서 최근 비판적 동아시아 담론과 동아시아 지역 민간연대운동 사이의 괴리를 의식적으로 극복하려는 움직임이 시작된 것은 퍽 다행한 일이다. 서남포럼이 2005년 12월, 〈동아시아 연대운동의 현황과 전망〉이라는 제목으로 개최한 공개토론모임은 현실운동과 담론 쌍방의 필요를 의식적으로 결합하는 첫 단추를 끼운 셈이며, 앞으로 매년 같은 회의를 기획하고 있다는 점에서 긍정적 전망을 기대해 볼 만 하다.

두 번째로 동아시아 담론이 숙고해야 하는 당면문제는 대중문화 속에 형성되는 대중의 동아시아 상상에 지식인 담론이 어떻게 개입해야 하는가라는 점이다. 앞서 국내 시민운동이나 동아시아 민간연대가 일부 지식인과 NGO 활동가들 사이에 이루어지는 현실이라면, 대중문화 속에 자리 잡아가는 동아시아 상은 지식인이 아닌 대중의 문화활동 결과라는 점에서 다르다. 1990년대에는 동아시아에 관한 지식인의 담론이 동아시아에 대한 일반적 관심을 유도하고 동아시아 국가 간의 연대를 위한 의식적 노력을 추동시켰다고 할 수 있다면, 지금은 일반인들의 생활 속에 현실로 자리 잡아가는 동아시아가 이미 지식인들의 담론을 훨씬 앞질러 나가고 있음에 유의할 필요가 있다.

구체적으로 1990년대 후반 이후 급증하기 시작한 동아시아 국가 간 해외여행 및 유학, 그리고 '일류', '한류'로 대표되는 대중문화의 파급, 급증하는 국제이주노동과 국내 기업의 해외 이전, 하층 남성의 국제결혼, 인터넷문화의 확산 등으로 인해 사람들은 동아시아를 막연한 것이 아닌 가까운 실체로서 느끼게 되었다. 이제 지식인들의 동아시아 담론과는 상관없이 대중 스스로 동아시아를 직접 체험하고 상상할 수 있는 다양한 통로가 형성된 것이다.

특히 지난 세기말 이래 불기 시작한 아시아 지역의 '한류'는 한국 대중의 동아시아 상상을 촉발시킨 가장 큰 계기였다고 해도 과언이 아니다. '한류'는 동아시아 지역인들이 한국을 발견하고 이해하게 된 계기가 되었다는 점에서도 의미 있지만, 반대로 한국 대중이 아시아를 발견하게 된 결정적 계기가 되었다는 점에서도 주목할 필요가 있다. 한국의 대중은 낯선 중국, 일본, 타이완, 홍콩, 베트남, 몽고, 태국 같은 아시아 지역에서 왜 '한류'가 생겨나는지 신기해했고 이로부터 이들 지역을 이해하고자 하는 초보적 욕구를 갖게 됐다고 할 수 있다. '한류'를 통해 이제 아시아는 지식인뿐만 아니라 한국의 대중에게도 좀 더 구체적인 관심의 대상으로 떠오른 것이다.

대중의 동아시아 상상과 관련하여 인터넷 문화의 확산도 예사롭게 넘길 수 없는 대목이다. 중국정부가 한국 드라마의 방영을 제한하건 말건, 이제 중국의 젊은이들은 인터넷을 통해 한국의 대중문화를 한국과 동시적으로 소비한다. 한국의 연예문화계 소식이 거의 실시간으로 중국에 소개되는가 하면 반대로 중국의 핫이슈나 삶의 면면들이 인터넷을 통해 생생하게 한국의 네티즌들에게 소개된다. 이처럼 네티즌들은 인터넷 안에서 동아시아에 관한 정보를 직접 검색하거나 선별하고 심지어 직접 만들어내며 또 이것을 빠른 속도로 유포시킨다. 더욱이 즉각적인 댓글 달기를 통해서 각국의 네티즌들은 이들 정보에 대한 나름의 평가를 내리며 때로는 서로 첨예한 논쟁을 벌이기도 한다. 이제 대중은 국가나 공공매체 혹은 지식인들의 담론이라는 필터를 거치지 않고 인터넷을 통해 직접 동아시아에 관한 정보를 생산하고 소비하면서 동아시아 상상을 이끌어가는 주체로 급부상하고 있는 것이다.

동아시아 담론이 이들 대중의 동아시아 상상에 개입해야 하는 이유는 대중문화의 교차와 그를 통해 확산되는 동아시아 상상이 평화적인 동아시아의 공존을 지향하기보다는 오히려 자민족 중심의 민족주의를 증폭시키는 방향으로 발전한다는 점 때문이다. 더구나 최근 각국 정부가 문화를 국력으로 이해하고 문화산업을 적극 지원하는 상황에서 대중문화는 더욱 자연스럽게 민족주의를 교육하고 재생산하며 대중적으로 유포하는 중요한 기제가 되고 있다. 특히 인터넷은 각국의 민족주의를 양산하고 심지어 민족국가 간 상징적 전쟁의 장으로 기능한다. 이처럼 유아적 민족주의가 난무하는 사이버 공간 및 여기서 유통되는 대중문화 속에서 '한류'는 더 이상 동아시아지역 문화 소통을 위한 가능성으로 탐색되기는커녕 자민족 우월주의와 여타 국가에 대한 타자화를 합리화하는 '제국의 눈'으로 전락하기 십상이다.

민족주의는 다른 믿음이나 가치들을 구조화하고 위계를 만드는 대중독재의 '메타 신앙'(임지현, 2005)으로 작동한다. 게다가 더 문제인 것은 대중문화를 생산하고 소비하는 대중, 특히 네티즌의 여론은 어느새 정부정책과 공공매체에 영향을 미칠 만큼 상당한 위력을 지니게 되었다는 점이다. 이런 상황에서 지식인 담론이 대중을 계몽의 대상으로 타자화하는 것도 문제지만 대중 독재에 편승하거나 대중 민주주의(임지현, 2005)에 안주하는 것도 문제가 아닐 수 없다. 그런 점에서 대중문화 속에서 동아시아가 어떻게 상상되고 있는가, 그것은 어떻게 '실체'로서 가시화되고 있는가, 대중문화 속의 동아시아 상상은 국가신화를 해체할 만한 대항적 서사의 가능성을 보여 주는가, 혹은 그것이 국가신화를 오히려 더 강화한다면 비판적 동아시아 담론은 이에 어떻게 개입할 수 있는가를 묻고, 나아가 '계획'으로서 지향해야 할 동아시아 대중문화의 상을 그려가는 일은 더 이상 미룰 수 없는 동아시아론의 중요한 과제가 아닐 수 없다.

동아시아 여성연대운동과의 성실한 대면이 동아시아 담론의 남성중심주의를 극복할 수 있게 해준다면 대중의 동아시아 상상과의 치열한 대면은 동아시아 담론의 엘리트 중심주의를 비추어줄 수 있는 계기가 될 것이다. "주변의 시각을 갖는다는 것은 곧 지배관계에 대한 영원한 도전이고 투쟁"이기 때문이다. 더구나 고도의 과학기술 및 그 산업화 속에서 날로 혁신되는 문화생산과 유통의 방식, 그리고 그 안에서 동아시아 상상의 주체이자 문화의 생산자로 부상하고 있는 대중의 힘은─그것이 부정적이든 긍정적이든─지식인과 대중의 관계를 더 이상 담론의 생산과 수용이라는 측면에서 단순한 중심과 주변의 관계로 보는 것을 허락하지 않는다. 그 때문에 동아시아 담론은 훨씬 더 복잡한 방정식에 대면해야 하겠지만 뜻하지 않은 출로를 찾게 될 가능성도 기대해볼 만하다.

| 참고문헌 |

강상중, 2002, 『동북아시아 공동의 집을 향하여』 뿌리와이파리.

고재광, 2000, 「'동아시아 담론'에 관한 비판적 고찰: 역사적 전개과정 및 서구 담론과의 조응을 중심으로」, 서강대 정치학과 석사논문.

고병익, 1993, 「동아시아 나라들의 상호 소원과 통합」, 『창작과 비평』 봄호.

김은실, 2000, 『발견으로서의 동아시아』, 문학과지성사.

박명규, 2003, 「이제는 평화체제를 이룰 때」, 『창작과 비평』 가을호.

박명림 · 배긍찬 · 이남주 외, 2005, 「탈중심의 동북아와 한국의 '균형자' 역할」, 『창작과 비평』 가을호.

박세일 · 박제훈 외, 2004, 『동북아공동체를 향하여』 동아일보사.

백낙청, 1974, 「민족문학 개념의 정립을 위해」 『월간중앙』 7월호.

_____, 1992, 「분단체제의 인식을 위하여」, 『창작과 비평』 겨울호.

_____, 2003, 「동북아와 한반도의 평화체제는 가능한가」, 제주평화회의, 2003. 8.

백영서, 2003, 「현장에서 다시 보는 동아시아: 담론과 연대운동」, 『제2차지식인연대발표논문집』

_____, 2000, 『동아시아의 귀환: 중국의 근대성을 묻는다』, 창작과비평사.

_____, 2005, 『동아시아의 지역질서: 제국을 넘어 공동체로』, 창비.

백원담, 2003, 「동북아담론과 문화교류」, 한국문화관광정책연구원, 동북아문화광관교류와 문화산업 협력 심포지엄 발표문.

백지운, 2005, 「동아시아 지역질서 구상과 '민간연대'의 역할」, 『동아시아의 지역질서』, 창비.

성원용, 2004, 『동북아공동체를 향하여』 동아일보사.

이남주, 2005, 『동아시아의 지역질서-제국을 넘어 공동체로』 창비.

이승환, 1999, 「아시아적 가치 논쟁과 한국의 유교문화」, 『새천년을 향한 한국사회의 비전』, 아태평화재단 23차학술회의자료집.

이희옥, 2004, 『동북아 공동체를 향하여』 한국동북아지식인연대편.

임지현, 2005, 『적대적 공범자들』, 소나무.

전형준, 1997, 『동아시아인의 '동양'인식, 19-20세기』 문학과지성사.

정문길 · 최원식 · 백영서 · 전형준 편, 1995, 『동아시아, 문제와 시각』, 문학과지성사.

_____, 2000, 『발견으로서의 동아시아』, 문학과지성사.

_____, 2004, 『주변에서 본 동아시아』, 문학과지성사.

정재서 엮음, 1999, 『동아시아연구-글쓰기에서 담론까지』, 살림.

진형준, 1999, 『동아시아 연구-글쓰기에서 담론까지』 살림.

조동일, 1993, 『동아시아문학사비교론』 서울대출판부.

_____, 1996, 『세계문학사의 허실』 지식산업사.

_____, 1997, 『동아시아 구비서사시의 양상과 변천』 문학과지성사.

_____, 2002, 『세계문학사의 전개』 지식산업사.

조성환, 2004, 「동아시아주의의 정치사상」, 『동북아공동체를 향하여』 동아일보사.

조한혜정, 1998, 『성찰적 근대성과 페미니즘』 또하나의문화.

최원식, 1993, 「탈냉전시대와 동아시아적 시각의 모색」 『창작과 비평』 봄호.

_____, 1996, 「비서구 식민지 경험과 아시아주의의 망령」, 『창작과 비평』 겨울호.

_____, 1998, 「지식인 사회의 복원을 위한 단상」, 『문학과 사회』 봄호.

_____, 1998, 「세계체제의 바깥은 없다」, 『창작과 비평』 여름호.

_____, 2004, 「天下三分之計로서의 동아시아론」, 『동북아공동체를 향하여』 동아일보사.

南方朔, 2005, 「중국-타이완과 한국, 평화의 연동구조」, 『창작과 비평』 가을호.

쑨거(孫歌), 2000, 『발견으로서의 동아시아』 문학과지성사.

아리프 딜릭, 2000, 『발견으로서의 동아시아』 문학과지성사.

스튜어트 홀, 1998, 『현대성과 현대문화』 현실문화연구

7장

글로벌 히스토리와
동아시아론

;

일본의 연구성과를 중심으로

고은미

주로 특정 공간의 과거로부터 현재에 이르는 시간적 연속성에 주목해온 기존 역사학에 반해, 글로벌 히스토리는 동시대적 공간의 연속성을 강조한다. 여기서는 사회 변화의 원인으로 특정 사회 내부보다는 외부의 영향력이 강조된다. 이는 해당 사회가 내부적인 요인에 의해 변화하는 측면을 부정하는 것이 아니라, 공통된 변화의 양상이 확인되는 사회들 간의 특정한 연결고리를 찾으려는 시도가 중심이 되기 때문이다. 즉 해당 사회의 내부에서 변화의 원인을 찾으려는 시도만으로는 사회 변화의 중요한 요인을 간과하게 된다는 인식에 기반해 있는 것이다.

　이러한 글로벌 히스토리는 서구나 근대중심적인 관점에서 진행되어온 기존의 세계사에 대한 반발로 시작되었고 그 본고장은 미국이라고 할 수 있다. 그런데 본고에서는 글로벌 히스토리의 연구성과를 일본의 연구를 중심으로 정리하고자 한다. 그렇다면 글로벌 히스토리를 중심으로 역사 연구 동향을 살펴보려는 본고가 미국이 아니라 일본의 연구를 중점적으로 다루는 이유는 무엇인가? 그것은 본고가 글로벌 히스토리의 시각이나 방법론을 통해서 지역세계 그중에서도 동아시아를 어떤 시각에서 파악하고 분석할 수 있는지에 중점을 두고 검토하고자 하기 때문이다. 그런 의미에서 동아시아라는 시각을 주도적으로 제시하였던 일본의 연구성과를 글로벌 히스토리의 관점에서 정리하는 일도 의미 있는 작업이라고 생각된다.

글로벌 히스토리는 국가를 단위로 하는 역사에서 지구 규모의 역사로의 이행을 목표로 하지만, 그 과정에서 국가와 지구 사이에 있는 공간인 지역세계에도 주목한다. 이는 글로벌 히스토리가 형성되는 데 중요한 영향을 미친 것이 지역사나 지역 시스템에 관한 연구들이기 때문이다. 구체적으로는 지중해·인도양·대서양·태평양과 그 주변 지역을 대상으로 한 해역세계에 관한 연구나 중국을 중심으로 한 조공시스템론 등을 들 수 있다.(水島司, 2008: 15)

따라서 이러한 지역 연구들을 기반으로 형성된 글로벌 히스토리가 이번에는 반대로 지역 연구에 어떤 영향을 미치는지를 분석할 필요가 있다고 판단된다. 다만 본고에서는 글로벌 히스토리가 동아시아론의 전개와 어떤 연관을 가지는지를 필자의 개인적인 관심사항에 기반하여 정리하였다. 글로벌 히스토리에 대한 종합적인 소개를 목적으로 하는 글이 아니므로, 당연히 글로벌 히스토리가 가진 다양한 내용을 전부 포괄하지 못하는 한계를 가지고 있다.[1]

또한 본고가 분석한 내용 중에는 글로벌 히스토리가 등장하기 이전이나 거의 동시기에 등장한 논의도 포함되어 있다. 특히 5·6장이 그러하다. 그러나 모든 역사이론은 기존 연구의 영향하에서 탄생하여 어떤 측면은 부정하고 어떤 측면은 계승하면서 만들어진다. 특히 글로벌 히스토리처럼 우주의 탄생부터 현재에 이르는 긴 시간을 지구 공간이라는 넓은 범위에서 다루는 경우, 글로벌 히스토리라는 개념이 등장하기 이전부터 이루어진 수많은 연구들을 종합하거나 재해

---

* 본고는 『대동문화연구』 제94집(2016년 6월호)에 실린 논문을 재수록한 것임.
1 글로벌 히스토리에 대한 전반적인 설명에 대해서는 남철호(2012), 배한극(2011), 조지형·강선주 외(2008), 파멜라 카일 크로슬리(2010) 등을 참조하기 바란다.

석하는 작업이 요구된다. 문제는 이들 연구를 어떤 시각, 어떤 방법으로 재구성할 것인가이다. 그런데 현재 글로벌 히스토리는 기존 연구의 문제점에 대해서는 어느 정도 의견 일치가 이루어진데 반해, 어떤 시각과 방법으로 역사를 재구성할 것인가에 대해서는 여전히 모색 중인 것으로 보인다. 그래서 다양한 제안이 등장하고 심지어는 상호 모순적인 시각이 글로벌 히스토리의 이름으로 제시되고 있는 것이다. 따라서 글로벌 히스토리 내에서 기존의 논의가 어떻게 수용되고 있는 지 재검토해보는 작업도 필요하다고 판단하였다.

한편 본고에서는 특정 연구가 명시적으로 글로벌 히스토리를 표방하고 있지는 않더라도, 글로벌 히스토리의 연구시각을 공유하고 있다고 판단되는 경우에는 해당 연구를 검토하였다. 이는 본고의 목표가 다양한 연구시각을 활용하여 동아시아를 보다 잘 이해하기 위한 이론적 틀을 검토하는 것이기 때문이다. 현재 새로운 시각을 제시하고 있는 글로벌 히스토리와 기존의 연구성과를 접목하여 역사 연구에 어떤 방향성을 제시할 수 있는지 살펴보려는 것이다.

이러한 작업은 당연히 동아시아를 전 지구적인 역사 속에 위치 지으려는 시도이다. 즉 동아시아를 다른 지역세계와는 다른 독자적인 성격을 가진 지역세계로 특화시키는 것이 아니라, 지역세계를 구성하는 원리를 분석하여 동아시아 역시 그러한 지역세계 중 하나라는 점을 분명히 하고자 하는 것이다. 이것이 특정한 지역을 중심으로 역사 전개를 파악해온 데 대한 반성에서 출발한 글로벌 히스토리의 이념과도 일치한다고 판단된다. 이러한 시도가 앞으로의 역사 연구에 작은 시사점이라도 줄 수 있기를 바란다.

1. 글로벌 히스토리

19세기에 독일에서 시작된 일국사학(一國史學)은 역사가가 자신이 속한 국가에 공헌하는 것을 목표로 탄생하였고, 그 결과 연구 대상이 되는 공간 역시 현재 존재하는 국가에서 거슬러 올라가 설정되었다. 즉 현존하는 국가가 자명한 존재라는 점을 증명하기 위해 그것이 과거로부터 현재로 이어지는 과정을 규명하는 데 초점을 맞추었던 것이다. 이러한 연구방식은 기본적으로 특정 국가가 주변 지역과는 다른 독자적인 특징을 가지고 있다는 점을 강조하기 쉽다.

이처럼 현존 국가의 존재를 증명하기 위해 탄생한 근대 역사학에서는 당연히 해당국가의 경계를 어떤 근거를 가지고 설정하고, 어떻게 공간의 내부와 외부를 구분할 것인가가 중요한 문제가 되었다. 즉 일국사학에서는 분류가 중요한 구성요소이고 그 배경에는 서열화하고자 하는 욕망이 자리 잡고 있는 것이다.(小田中直樹, 2013: 3~4)

이에 반해 글로벌 히스토리는 공간적 경계가 아니라 네트워크를 중시하여, 네트워크가 국가나 국민을 넘어 지구적 규모로 전개된 점을 강조하여 일국사학이 가진 분류라는 요소를 폐기하고 결과적으로는 서열화하고자 하는 욕망을 부정하는 시도를 하고 있다.(小田中直樹, 2013: 5~6) 그 배경에는 인간집단의 공통점은 영역성(領域性)을 기반으로 하는 경우도 있지만 관계성(關係性)에 기반한 경우도 존재하는데, 역사적으로 보면 영역성에 의해 관계성을 차단하여 성립된 측면이 존재하는 국민국가는 여러 가지 왜곡된 요소을 내포하지 않을 수 없다는 사고가 자리 잡고 있다.(水島司, 2010: 7~8)

그러나 글로벌 히스토리가 등장하기 이전부터 국민국가론이 가진 한계를 비판하여 그를 극복하려는 시도가 없었던 것은 아니다. 예를 들어 니시지마 사다오(西嶋定生)는 패전 이전의 일본의 역사인식에 대한 반성으로 동아시아세계라는 관점을 제시하였다. 그는 메이지유신(明治維新) 이후의 일본이 조선 및 중국에 진출하여 결국에는 제2차 세계대전에 양 지역을 끌어들인 후 자멸한 과정을 강하게 비판하면서, 일본의 역사 전개를 고립시켜서 파악하는 것이 아니라, 항상 중국이나 조선의 역사 발전과 관련시켜서 파악하는 것이 중요하다는 관점에서 동아시아세계를 주창했다.(니시지마 사다오, 2008: 267~278) 그는 국민국가론이 가진 자국중심주의적 사고를 비판하는 시각에서 국민국가를 넘어선 지역세계를 설정했던 것이다.

이러한 시도는 특정 국가가 주변 지역과 무관하게 현재의 사회를 형성했다고 설명하려는 시도 자체가 불가능하다는 반성에서 출발한 것이다. 즉 일본을 올바로 이해하기 위해서는 주변 지역과의 관계를 고려할 필요가 있다는 것이다. 그러나 이러한 인식하에서는 설령 특정 국가를 넘어 공간적 범위를 확대한다고 하더라도, 해당 공간은 여러 국가들의 총합에 지나지 않고 거기서 주체는 특정 국가가 된다.

이처럼 분해불가능하고 상호독립적인 개체가 먼저 존재하고 그것이 합쳐져서 전체가 된다는 존재론에 반해, 글로벌 히스토리의 세계관은 처음부터 소립자가 존재하는 '장(場)'이나 거기에 작용하는 '힘'을 중시하는 양자역학적 인식을 전제로 하고 있다.(秋田茂·桃木至朗, 2013: 10) 즉 인간 혹은 인간집단은 사회적 관계망 속에서만 존재할 수 있는 것으로, 먼저 개인 혹은 개별 인간집단이 존재하고 그를 기반으로 네트워크가 발생한다는 사고방식을 부정하는 것이다.

특정 인간집단의 성격은 그들이 교류하는 다른 인간집단과의 관계를 통해서만 발현된다. 예를 들어 글로벌라이제이션(globalization)의 영향으로 서구의 보편성에 압력을 받은 비서구의 민족·에스닉집단이나 지역은 자신들을 보호하기 위해 각자의 정체성을 재확립하는 방식으로 대응하였다.(宇野重昭, 2014: 6) 현재 우리가 인식하고 있는 한국이나 중국·일본의 전통이라든가 동아시아의 특징으로 거론되는 여러 문화적 요소들은 서구의 압력에서 재발견되어 강화된 정체성이라는 성격을 가지는 것이다.[2]

이처럼 민족이라는 동질적인 문화를 가진 인간집단이 일정한 영역에서 역사적으로 지속된다는 환상을 버릴 필요성이 대두되면서, 앞으로는 일정한 지역 내에서 복수의 민족 상호 간의 동태적인 관계를 명확히 하는 연구방향을 설정할 필요가 제기되었다.(川田順造, 1997: 246) 따라서 현재는 국민국가가 자명한 존재라는 전제에서 해당 국가를 보다 잘 이해하기 위한 틀로서의 지역연구에서, 국민국가를 상대화하기 위한 틀로서의 지역연구로 전환이 이루어지고 있는 셈이다.

2. 역사적 시간의 다양성

시간을 다루는 연구 분야인 역사가 말하는 지역은 시간과 밀접한 관련을 가진다. 즉 시간을 공유하는 범위, 나아가 시간으로 상징되는 생활공간을 공유하는 범위를 지역으로 상정하는 것이다. 여기서 시간을 공유하는 공간이란 결국 달력을 공유하는 지역, 혹은 달력으로 표현되는 시간 관리의 방식이나 시간의 구분 방식을 공유하는 공간을

---

2 예를 들어 '아세아(亞細亞)', '동아(東亞)', '대동아(大東亞)'를 비롯하여 전후의 '동아시아'에 이르는 광역의 지역 개념 자체가 해당 지역의 내재적 논리에 의해 자생적으로 탄생한 것이 아니라, 일본인이 서구에 대응하는 과정에서 서구의 시각과 논리를 적용하여 만들어낸 개념이었다.(中見立夫, 1993: 291~293)

지칭한다. 예를 들어 정삭(正朔)으로 상징되는 중국식 정치시간을 공유하는 지역을 상정할 수 있다.(濱下武志, 1997: 24)

따라서 일본정부가 1873년에 이전까지 사용하던 중국식 달력인 정삭을 서양력으로 바꾸었을 때, 이러한 시간의 전환은 정치공간의 전환을 의미했다.(濱下武志, 1997: 24) 근대는 시간을 구분하는 방식의 변화와 함께 시작되었던 것이다.

그러나 최근 역사학계는 시간과 그 시간을 구분하는 방식에 관한 보편적이고 객관적인 기준이 존재한다는 사고방식에 의문을 제기하는 방향으로 전환하고 있다. 즉 여러 사회가 각자 다른 시간관념을 가지고 있을 가능성은 물론, 특정 사회 내에서 층위에 따라 다양한 시간관념이 존재할 가능성을 인정하고 있는 것이다. 이러한 시각은 1958년에 페르낭 브로델이 역사적 시간을 시간 지속의 길이에 따라 단기지속·중기지속·장기지속으로 구별하면서 시작되었다.(이매뉴얼 월러스틴, 1994: 179) 이는 각각의 사회에 변화가 급속하게 진행되는 층위와 변화가 아주 서서히 진행되는 층위가 공존하여, 하나의 사회 안에는 다양한 역사적 시간이 존재한다는 점을 지적한 것이다.

그러나 특정 지역이 통합되는 양상을 파악하기 위해서는 그와는 다른 시간개념을 도입하는 것이 유용하기도 하다. 예를 들어 기시모토 미오(岸本美緒)는, 서아프리카의 모시왕국(Mossi王國; 현재의 부르키나 파소)에 대한 가와타 준조(川田順造)의 일련의 연구를 종합하여 해당 사회에 여러 가지 시간층이 있었다는 점을 지적하고 있다. 즉 장기간에 걸친 왕위 계승이 계보에서 확인되는 왕의 시간과, 계절적으로 순환하는 농경 사이클 속에서 몇 대의 선조까지만 거슬러 올라가는 농민의 시간, 그리고 이슬람력에 기반한 절대년도의 관념과 정확한 날짜표시법을 가진 이슬람 상인의 시간 등이 공존하고 있었다는 것이다.

여기서 이슬람 상인의 존재는 각각의 사회가 독자적인 개성을 가지면서도 고립되고 폐쇄된 우주로 존재하는 것이 아니라, 상업을 통한 교류나 문화의 접촉과 전파, 전쟁을 통한 인간의 이동 등, 여러 형태로 외부와 접촉하면서 존재하고 있었다는 점을 보여준다.(岸本美緒, 2002: 75~80)

이러한 외부와의 접촉은 접촉의 방식이나 밀도에 따라 특정 지역세계를 형성했고, 해당 지역세계는 어느 정도 공통된 성격을 가지게 된다. 이에 따라 일국사적 시대 구분도 아니고 그렇다고 세계사를 처음부터 하나로 파악하여 시대를 구분하는 것도 아닌, 다양한 지역이 충돌하는 곳에서 발생하는 공통의 리듬 속에서 시대 구분의 기초를 두고자 하는 움직임이 등장하였다.(岸本美緒, 2002: 80)[3] 이러한 시대 구분론은 역사의 변화 요인으로 다른 시스템과의 접촉 및 저항이라는 외부적 요인을 중시하는데, 기존의 시스템이 충격을 받아 흔들린 후에 새로운 시스템이 조직되어 가는 각각의 독자적인 과정에 관심을 갖는다.(岸本美緒, 2002: 85~86) 즉 각각의 사회는 외부의 충격에 고유의 반응을 보인다는 점에서 개성을 가진 사회이지만, 외부적 요인 자체가 일정한 방향성을 가지고 작용한다는 면에서 독자적인 반응에도 한계가 존재하기 마련이다. 이것이 해당 사회가 독자성을 가지면서도 동시에 해당 사회가 속한 지역이나 세계와 어느 정도 공통점을 가지게 되는 원인이다.

이처럼 외부세계에 열려 있으면서도 자체적인 조직과 재편을 거듭하는 사회를 상정하는 경우, 정착세계를 중심으로 하는 일국사적 관

---

3 기시모토 미오는 다양한 지역이 공통의 문제에 직면하여 만들어낸 다양한 해답이라는 측면에 주목하여 공통성과 다양성을 결합한 시대 구분론을 제안하고 있다(岸本美緒, 2015: 60).

점에서는 주목받지 못했던 유목민이나 해역상인 등 여러 시스템을 매개하는 이동민의 존재가 떠오르게 된다. 그래서 실제로 최근의 아시아사에서 시대 구분론의 초점은 중앙 유라시아의 유목민이나, 유라시아 동부·남부의 해역세계에 놓여지고 있는 것이다.(岸本美緒, 2002: 80)

그중에서 특히 해역세계의 연구는 육지의 정치권력을 중심으로 이루어지던 국가나 지역 간의 교류나 왕래에 대한 관심을, 특정 해역을 중심으로 그 안에 포함된 여러 인간집단 간의 교류에 대한 관심으로 확장하였다. 그에 따라 해당 교류 과정을 매개한 인간집단이나 물품에 주목한 연구가 등장하였다. 예를 들어 해상이나 화교(華僑)·인교(印僑), 향료나 차·도자기 등에 관한 연구들이다. 그 결과 각 인간집단 간의 정치적 관계와는 별도로 해역내의 교역이나 왕래의 실태를 파악하는 것이 가능해졌고, 지역세계의 교류방식에 주목하여 시대를 구분하는 시각도 등장하였다.

그러나 그러한 요소들의 움직임이 특정한 해역 내에 한정되는 경우도 존재하지만, 보다 많은 경우에는 해당 해역을 넘어 다른 해역으로까지 파급되게 된다. 그 결과 특정 해역에 한정하지 않고 해역과 해역 간의 연계에 주목하여 세계적인 연결고리에 주목하는 연구도 등장하게 되었다. 이러한 연구의 경향성이 글로벌 히스토리의 등장에 영향을 미쳤다는 점은 앞에서도 지적하였다.

3. 지역세계의 범위

2장에서 언급한 니시지마 사다오는 동아시아세계를 규정하면서 해당 세계를 형성하는 데 정치적 교류가 가지는 의미를 강조하였다. 그는 동아시아세계를 구성하는 문화적 지표로 한자, 유교, 율령제, 불교 등을 주장하면서도, 동아시아가 하나의 세계로 인정받으려면 거기에 공통문화가 존재했다는 사실 외에도 자기완결적인 정치구조가 존재했다는 것을 증명해야 한다고 주장했다. 왜냐하면 동아시아세계의 공통지표가 된 문화적 현상들은 문화로서 독자적으로 확장되지는 않으며, 그 배경에는 이 세계를 규제하는 정치구조가 존재해서 이 정치구조를 매개로 확장되기 때문이라는 것이다. 따라서 책봉체제가 동아시아 형성의 핵심을 이룬다고 파악했다.(니시지마 사다오, 2008: 22~27, 135~140)

이에 반해 글로벌 히스토리는 교류·이동·네트워크 등 관계성에 기반하여 각각의 지역세계를 정의하고, 해당 역사적 공간은 반복되는 이동을 통해 일정한 통합성을 가지게 되었다는 점에 주목한다. 예를 들어 이에지마 히코이치(家島彦一)는 특정 범위를 가진 역사 공간을 파악하는 경우 종래와 같은 군사적 통합이나 정치적 이념, 혹은 책봉체제나 유교 등의 공통성으로 지역적 통합을 논하는 것의 문제점을 지적하고, 그를 대신해 네트워크론이라고 부를 만한 지역론을 전개한다. 우선 원격지 간에는 다양한 생태환경에 따라 다양한 물자가 생산되는데, 각각의 지역에서 구하기 어려운 물자를 얻기 위해 광범위한 지역 간에는 교환의 필요성이 존재하게 된다. 이를 기반으로 하여 인간의 이동 및 정보·문화의 장기적인 흐름이 생겨나게 된다. 한편 이러한 광범위한 지역내에는 여러 단계의 사회가 중층적·복합적으로 병존하는 양상을 보인다. 그러다가 강력하고 세련된 정치·군사조직 및 종교·기술, 경제·생활문화 등을 포함한 제도나 체계를 가진 사회체제가 등장하면 해당 사회를 중심으로 광범위한 공통문명권을 형성하게 된다. 즉 기층부에 다양한 생태환경, 중간부에 인간의 이동, 최상부에 문명체계라는 중층적 구조를 가진 네트워크를 상정하는 것이다.(家島彦一, 1993: 10~11)

이는 특정 정치조직의 존재를 미리 상정하고 그들간의 관계를 중심으로 지역세계를 설정하는 시각과는 달리, 지역세계를 형성하는 기저에 교환 혹은 교역이 존재한다는 시각을 반영한 것이다. 그러나 인간의 이동과 그에 따른 인간집단 간의 관계의 지속성도 인정하여, 한번 형성된 네트워크가 가지는 규정성을 간과하지도 않는다. 즉 인간이 이동하고 반복되는 이동으로 거점이 형성되면 거점과 거점 간의 지속적인 교류가 형성되고 그것이 정치적으로 구조화하는 현상으로 발전되기도 하는 것이다. 따라서 네트워크를 강조하는 입장에서도 하나의 통합된 지역세계에 정치적·문화적 공통점이 존재한다는 점을 부정하는 것은 아니다.

다만 정치적·문화적 요소로만 지역세계를 규정하는 경우 지역세계가 완결된 구조를 이루어 지역 범위가 고정되는 경향을 보인다. 그러나 고정된 지역 범위로는 역사적으로 변화하는 지역의 범위나 그 변화의 원인을 설명하지 못한다. 그에 반해 네트워크에 주목하는 연구방식은 특정 지역을 넘어 다른 지역세계와의 연결방식에까지 연구의 영역을 확장하기 때문에, 지역의 유동성과 그 변화의 요인까지 탐구할 수 있는 가능성을 가지고 있다. 즉 시간의 경과 및 사회적·경제적 환경의 변화 속에서 네트워크는 통합·확대·이동·축소·절단·소멸·분기(分岐) 등의 운동을 반복하기 때문에 해당 네트워크가 포괄하는 지역세계 역시 끝임없이 변동하는 성격을 가지게 된다.(家島彦一, 1993: 38~39)

이러한 변동에는 네트워크의 기저를 이루고 있는 교환관계만이 아니라 상층부를 형성하는 정치구조 역시 영향을 미친다. 예를 들어 15~16세기를 시작으로 18~19세기에 이르는 300여 년간은 동아시아 및 동남아시아가 전체적으로 급격히 교역이 활성화되고 사회적 유동성이 강화되는 특성을 보이는데, 그 원인은 명(明)이 해금정책(海禁政策)을 실시하여 중국 상인의 해외 진출을 금지하고 조공무역만을 허용하면서 동남아시아의 소규모 교역국가들의 활동이 활발해진 결과였다.(岸本美緒, 1998a: 8~13) 이처럼 형태적으로는 중개무역을 포함하여 교역의 빈도가 상승하고 교류지역의 범위가 확대되는 양상을 보이더라도, 그 배경에는 다양한 물품의 거대 소비지이자 공급지 역할을 했던 명의 대외정책 변화가 있었던 것이다. 그에 대응하는 과정에서 주변의 소규모 교역국가들은 조공무역에 필요한 문자나 문서체계 및 예의범절을 받아들여야 했다.

특정 지역이 일정한 공통점을 가지게 되는 원인에 정치적인 요소가 강하게 작용하는 것은 국가를 넘어선 거대 지역만이 아니라 국가보다 작은 단위의 지역의 경우에도 확인된다. 일반적으로 남아시아에서 지역의 통합성이나 지역성이 형성되는 것은 통일제국이 존재하던 시기 사이에 존재했던 지방왕권의 시기였다고 한다.(中里成章, 1997: 64) 이러한 상황은 일본의 경우에도 확인되어, 현재 일본 각지의 지역적 정체성이 형성된 것은 전국적으로 무장들이 등장하여 각자의 영지를 지배하며 경쟁하던 센고쿠시대(戰国時代)였다. 그런 의미에서 지역이든 국가든 어떤 영역을 기반으로 정체성을 형성하려는 주체의 노력 없이 자연발생적으로 정체성이 형성된다는 시각 자체는 비역사적이라고 할 수 있다.

다만 그 주체를 국가로 상정할 필요는 없다. 가령 니시지마 사다오가 주장하는 것처럼 책봉체제라는 국가 간의 정치적 교류가 동아시아의 문화적 지표를 확산시키는 역할을 했다고 하더라도, 책봉체제라는 표면 아래에는 다양한 지역이나 인간집단 간의 교류가 그 저변을 형성하고 있었다. 따라서 국가가 존재하기 이전이나 국가 간의 공식적인 교류가 단절된 후에도 국가를 매개로 하지 않는 다양한 세력들이 해당 지역을 왕래하고 있었다. 이처럼 축적된 교류로 인해 통합된 지역세계가 독자적인 질서를 형성하는 과정에서 국가 간의 교섭도 발생하는 것이다. 따라서 해당 지역세계의 범위는 반복되는 교류를 통해 형성된 정치·경제·문화적 측면을 통해 표출된다고 할 수 있다.

그러나 축적된 교류를 통해 특정 지역세계가 자기 나름의 공통된 지표를 가지게 되었다고 하더라도, 19세기에 유럽이 주도하는 국제질서에 전 세계가 통합되었다는 사실은 여전히 핵심적인 중요성을 가진다. 유럽이 주도하는 세계 시스템에 편입되면서 개별 사회가 나아가야 할 방향성이 어느 정도 결정되어버렸기 때문이다. 다만 독립적으로 존재하던 각각의 사회가 개별적으로 세계 시스템에 편입된 것이 아니라, 일정한 지역세계에 통합되어 있던 사회들이 유럽의 개입으로 해당 지역세계가 해체 혹은 재편되면서 세계시스템으로 편입되었다.(濱下武志, 1990: 25~47) 즉 독립적인 개체들의 변화가 아니라, 그 개체들이 속해 있는 사회적 관계망 자체의 변화라는 측면에서 근대를 바라보아야 하는 것이다.

4. 중심과 주변

1970년대부터 일본에도 적극적으로 도입된 사회사학(社會史學)은 특정 지역 및 국가의 특수성을 강조하여 다른 지역 및 국가와 비교하는 것이 아니라, 인류 전체가 보이는 보편성을 탐구하는 방향을 지향하였다.(內田力, 2015: 367~368) 이는 사회사가 사회를 구성하는 여러 요소 중에서 특정 요소가 다른 요소를 발생시키는 원인이 된다는 결정론적 발상을 비판하고, 여러 현상이 맞물려 형성된 정적인 구조에 주목하여 인과관계보다는 상호관계를 중시하는 측면(遲塚忠躬, 2010: 55~56)을 반영한 것으로 보여진다.

그러나 사회적 결합관계에 주목하여 해당 사회의 장기적인 구조를 파악한다고 하더라도 그러한 구조가 전환하여 새로운 사회구조를 형성하는 시점이 존재하기 마련이고, 그러한 구조 전환을 이해하기 위해서는 인과관계를 도입하지 않을 수 없다.(遲塚忠躬, 2010: 68~69) 역사연구는 정적인 구조와 동적인 변화 모두를 포괄할 필요가 있는데, 사회사가 등장한 시기에는 역사적 변화만을 중시하는 맑시즘을 포함한 근대 역사학에 대한 반작용으로 사회의 정적구조가 특히 강조되던 것이다. 횡적인 네트워크를 중시하는 글로벌 히스토리 역시 이러한 측면이 엿보인다.

예를 들어 유럽중심사관에서 벗어난 '새로운 세계사'를 주장하는 하네다 마사시(羽田正)는 특정 시기에 존재하는 세계의 인간집단을 나란히 배열하고, 그들의 같은 점과 다른 점을 분석하여 세계의 전체상을 파악하는 방식을 제안하고 있다.(羽田正, 2011: 166~167) 그는 이러한 전체상을 시기별로 작성하여 현대세계과 비교할 것을 제안하면서, 그러한 과정에서 각 시기별의 전체상을 연속적으로 이해하여 현대와 연결시켜서는 안 된다고 강조하고 있다. 즉 세계사의 변화에 주목하는 순간 유럽중심사관이 고개를 든다는 것이다.

이러한 주장에는 중심과 주변의 문제 즉 특정 국가의 사회체제가 주변으로 전파되는 과정 혹은 일정 지역 내의 사회가 동일화되어가는 과정을 어떻게 설명할 것인가 하는 문제가 내포되어 있다. 따라서 여기서는 중심과 주변이라는 문제를 어떻게 볼 것인지에 대해서 생각해 보고자 한다.

글로벌 히스토리의 연구 중에는 기존의 서구 중심주의에 기반한 역사해석에 대한 반작용으로, 중심과 주변을 구별하지 말고 서로 간의 관련성에만 주목하자는 제안도 존재한다. 그러나 어떤 국가가 특정 사회체제를 형성하고 그 주변국이 해당 사회체제를 강제적이든 자발적이든 받아들여 일정한 지역 전체가 비슷한 유형의 사회체제를 형성했다고 했을 때, 그러한 체제를 형성하고 전파한 국가를 중심으로 해당 지역세계를 논하는 것을 중심주의라고 부르고 배제한다면 역사적으로 관찰되는 이러한 현상을 어떻게 설명하면 좋은가 하는 문제가 당연히 대두된다.

서구 중심주의적 이데올로기를 배제하고 과거의 현상을 파악하려고 노력하는 자세는 역사가의 당연한 책무이지만, 과거의 특정 시점에서 현재까지 존재하는 서구의 우위와 그것이 역사형성에 미친 영향력 자체를 부정할 수는 없다. 프랑크가 『리오리엔트』의 1장(안드레 군더 프랑크, 2003)에서 지적하고 있는 대로 유럽이 선진적이었고 그 외의 지역은 후진적이었다는 전제를 가지고, 그것을 역사에서 발견하려는 시도나 연구방법론을 경계해야 하는 것은 당연하다.

그러나 그러한 정당한 지적에도 불구하고, 프랑크의 비판은 유럽의 지식인이 유럽중심주의라는 이데올로기를 만들어내면서 유럽의 우위가 확립되었다는 식으로도 읽힌다. 그들이 해당 이데올로기를 만들어내기 전까지 유럽의 우위라는 사실은 존재하지도 않았는데 말이다. 이러한 그의 주장은 유럽의 우위를 주장하거나 유럽을 중심에 놓고 세계경제의 변화를 서술하거나 유럽이 우위에 선 이유를 외부가 아닌 유럽 내부에서 찾으려는 어떠한 시각도 유럽중심주의라는 주장과 맞닿아 있다.

그러나 16세기부터인지 18세기부터인지 혹은 19세기부터인지 그 시점을 언제로 삼느냐는 다르다고 하더라도, 유럽이 전 세계적으로 우위를 점하기 시작하면서 그에 대한 원인을 설명하는 다수의 논리가 등장하게 된 것은 사실이다. 그러한 논리를 받아들여 19세기에서 20세기에 걸쳐 세계의 다른 지역은 유럽적인 것이 문명화이자 근대화라는 자의식을 기반으로 적극적으로 유럽화를 추진하였고, 아시아의 근대화 역시 유럽적 요소·서양적 요소의 우위를 인정하고 그러한 요소를 기존 사회에 도입하는 방식으로 진행되었다.(光田剛, 2014: 135)

해당 요소의 주된 방향은 사회를 신분이나 지역에 따라 다른 원리로 통치하던 방식에서, 사회 전체를 통일된 하나의 원리로 통치하는 방식으로의 전환이었다.(光田剛, 2014: 149) 그런 의미에서 근대는 세계 각지에서 유사성이 확대되어 다양성을 능가해가는 시대(吉澤誠一郎, 2002: 6)[4]라고 상정할 수 있다. 인도아대륙의 벵갈지역의 경우에도, 다양성과 중층성이 공존하고 있던 지역의 성격이 행정조직의 개혁과 확충, 고등교육제도의 확립, 커뮤니케이션 수단의 발달, 대도시를 정점으로 한 유통시스템의 형성 등으로 인해 균질화·일원화하는 과정이 영국 식민지지배하에서 진행되었다.(中里成章, 1997: 87~88) 이처럼 각각의 사회의 상황에 따라 독자적으로 진행된 근대화는 특정 지표로 판단하기보다는 일정한 지향성을 가진 움직임으로 파악하는 것이 타

---

4 요시자와 세이치로(吉澤誠一郎)는 세계체제론이 가진 문제점으로 상당히 구조화된 단일체제를 상정하고 있는 점을 들고, 이러한 구조론에 맞서 세계적인 규모로 상호교섭이 긴밀화되는 경향 및 그러한 과정에 포함된 폭력성이라는 측면에서 근대를 파악하고 있다.(吉澤誠一郎, 2002: 28)

당하다고 보인다.

어떤 사회체제를 대안으로 판단하고 그와 비슷한 사회를 형성하려고 노력하는가 하는 문제는 현대인이 선택해야 할 문제이지만, 과거의 인간집단이 동경했던 사회체제가 존재했고 그것이 특정 이데올로기에 기반해 있었다는 점까지 부정하는 것은 합리적인 자세라고 할 수 없다. 특정 시기를 중심으로 많은 인간집단이 동일한 체제를 동경하여 그러한 동경이 실질적으로 사회를 형성하는 데 영향을 미쳤다는 사실을 인식하고 왜 그러한 동경이 발생하여 해당 사회를 변화시켰는지가 검토되어야 한다. 그래야 현재의 사회를 이해할 수 있는 역사적 사례를 제공할 수 있는 것이다.

따라서 과거에 다른 인간집단에게 지배적인 영향력을 행사했던 국가나 지역을 중심에 두고 역사를 서술하는 것 자체는 불가피하다고 판단된다. 동아시아에서 중국왕조의 영향력을 배제하고 고대국가의 형성을 논할 수 없는 것과 마찬가지이다. 다만 그러한 영향력이라는 것이 시기적으로 지역적으로 차이가 있고, 중국왕조 역시 주변 사회와의 관계 속에서 절대적인 우위를 점하지는 못했던 것이 사실이다.

그래서 현재는 주변에 있던 세력들이 중심과의 교류를 통해 세력을 키워 그 중심을 대체하거나 혹은 중심 자체가 주변으로 이동하는 현상에 관심이 집중되고 있다. 이것은 유럽의 성장을 설명하는 과정에도 적용되어 16세기에 처음 아시아 시장에 진출한 유럽이 거기서 얼마나 많은 이익과 기술을 흡수하여 19세기에는 아시아를 능가하기에 이르게 되었는가가 부각되었다.(안드레 군더 프랑크, 2003: 279~360)

이처럼 중심과 주변의 상호작용 속에서 지역질서 혹은 세계질서의 성격이 끊임없이 변화한다는 점, 그러한 변화가 중심의 이동을 비롯한 해당 질서의 구조변화를 가져오기도 한다는 점이 강조되고 있다.

즉 중심과 주변의 상호작용과 중심의 가변성을 전제로 논의가 전개되고 있는 것이다.

　물론 그러한 주장 가운데는 앞에서 지적한 대로 중심 자체를 부정하는 의견이나 모든 지역을 중심에 두고 사고하자는 주장도 대두되고 있다. 그러한 견해의 연장선상에서 다른 사회와의 공통점이 아니라 특정사회의 독자성만을 강조하는 의견도 전개되고 있다. 예를 들어 중국을 중심으로 동아시아세계를 파악한 니시지마 사다오에 대한 비판으로 등장한 동부유라시아론의 사례를 살펴보자. 동부유라시아론은 맹약(盟約)의 시대라는 관점을 도입하여 북쪽 및 서쪽의 유목왕조와 남쪽의 농경왕조 간의 긴장과 우호관계를 중심으로 역사 전개를 설명하고, 중국의 주변국에 대해서는 중국대륙의 대제국에 대비되는 소제국이라는 개념을 도입하고 있다. 또한 주변 세력들의 주체성 및 자율적인 역사 발전을 강조하기 위해 해당 지역 내 국가들 간의 유기적 관련성을 중시하지 않는 입장을 취하고 있다. 이제까지 법칙성을 중시해온 역사학의 흐름에서 벗어나 카오스(혼돈)에서 인류 역사를 재검토하자는 것이다.(廣瀬憲雄, 2014: 22~42)

　그러나 특정 사회가 주변 사회와의 관계를 배제한 채 존재할 수 있는 경우는 자연환경의 영향으로 고립되어 있었던 아주 예외적인 경우뿐이었다. 지리적으로 인접한 지역에 다른 인간집단이 존재하는 대부분의 경우는 주변 지역과의 관계 속에서 어떤 식으로든 영향을 주고받으며 살아왔다. 그러한 사회를 이해하는 데 외부의 영향을 배제하는 것 자체가 불가능하다.

　물론 3장에서 지적한 대로 하나의 사회 안에는 다양한 층위가 있어 외부의 영향에 즉각적으로 반응하는 부분과 외부의 영향에 아주 서서히 반응하는 부분 사이에 여러 스펙트럼이 존재한다. 그중에서 어떤 층위를 중심에 두고 논의를 진행할 것인가는 다루고자 하는 주제에 따라 달라지겠지만, 지역세계나 국제질서를 논의하는 경우에는 해당 세계가 일정한 공통점을 가지고 있다는 점에 착목한다. 그것이 정치체제일 수도 있고 경제체제일 수도 있고 세계관일 수도 있겠지만, 해당 지역이 그러한 공통점을 가지게 된 것은 기본적으로는 인간의 교류에서 비롯되었고, 그러한 교류 과정에서 특정 사회를 모델로 삼아 자신이 속한 사회에 일정 정도 변화를 가했다는 것을 의미한다. 그 모델이 된 사회가 특정 시기·특정 지역의 중심이 되는 것이다. 그런데 중심을 배제한다면 특정 시기에 특정 지역이 왜 일정한 공통점을 가지고 있는지가 설명되지 않는다. 그렇기 때문에 모든 중심을 배제하려는 시도가 하네다 마사시의 시도처럼 인과관계를 배제하는 데까지 나아가는 것이다.

중요한 것은 현재의 중심주의가 가지고 있는 절대성을 상대화시켜 중심 역시 시대나 지역에 따라 변화하는 측면을 부각시키는 것이다. 중심이 유동적이라는 사실은 특정 지역의 절대적 우위란 존재하지 않고, 현재의 권력구도 역시 일시적이라는 점을 시사할 것이기 때문이다. 또한 특정 지역이 중심이 되는 과정 역시 절대적인 법칙이나 원인에 따른 것이 아니라는 점 역시 중요한데 그에 대해서는 다음 장에서 살펴보고자 한다.

5. 역사의 법칙성에 대한 회의

인과관계 혹은 법칙성에 기반한 역사관의 도달점이라고 할 수 있는 맑시즘적 역사발전법칙이 현실사회와 맞지 않는다는 것이 결정적으로 확인된 1980년대 이후, 새로운 논리의 구축보다는 기존의 좌표를 상대화하는 연구 경향이 주류를 이루었다.(岸本美緒, 1998b: 15) 앞에서 언급한 히로세 노리오(廣瀬憲雄)의 카오스에서 인류 역사를 재검토해야 한다는 주장 역시 기존의 역사법칙성에 대한 비판에서 비롯되었다는 점은 분명하다. 이는 단순히 히로세 노리오만이 아니라 현재 새로운 역사 연구 방법을 제안하는 많은 사람들에게 공통된 의견으로 보인다.

앞에서 언급한 것처럼 '새로운 세계사'를 주창하는 하네다 마사시 역시 인과관계가 없는 역사 연구를 제안하고 있다. 이는 인과관계를 표방하는 모든 역사이론이 궁극적으로는 인간집단을 중심과 주변으로 나누고 인류의 역사 발전은 선진적인 중심 지역이 후진적인 주변 지역을 선도해나가는 방식으로 이루어졌다는 사고방식에 바탕해 있다고 보기 때문이다.

이처럼 인과관계 자체를 거부하는 시각과는 별도로 기존에는 변화의 원인으로 인정하지 않았던 요인을 역사 연구에 접목하는 방식도 등장하였다. 20세기 양자역학이나 분자생물학의 발전은 과학자들에게 우연이 사물에 미치는 역할을 인식시켜, 학문체계 속에 우연이라는 요소를 포함시키게 하였다. 즉 양자역학은 우연이 물질세계에서 본질적인 역할을 수행한다는 점을 인정하고 있고, 분자생물학 역시 DNA의 이중나선구조에서 돌연변이를 일으키는 유전정보의 변화는 전적으로 우연적인 요인에 기인한다고 보고 있다.(遲塚忠躬, 2010: 413~414)

이처럼 논리적으로 설명이 불가능한 우연이라는 요소를 학문적 대상으로 삼는 자연과학의 패러다임의 변화는 역사학에도 영향을 미치고 있다. 19세기의 유럽이 패권을 장악한 원인을 지리적으로 유리한

조건에 위치한 화석연료와 신대륙의 자원을 활용하여 종래의 성장의 한계를 돌파할 수 있었다고 하는 우연적인 요소에서 찾고 있는 포메란츠의 주장은 그 대표적인 예라고 할 수 있다.(K. ポメランツ(Kenneth Pomeranz), 2015: 84~85)

그러나 역사학에서는 이러한 우연적인 요소가 사회의 전반적인 추세와 결합했을 때만 의미를 가지는 것이 사실이다.(遲塚忠躬, 2010: 416~418) 앞에서 언급한 포메란츠를 예로 들면 기존의 사회가 자신이 보유하고 있던 물적자원을 거의 사용하여 성장의 한계에 봉착했을 때, 재생가능한 에너지(나무) 대신에 재생불가능한 에너지(화석연료)를 사용하고 식민지의 자원을 착취하는 형태의 유럽식 경제체제가 대안으로 대두되게 된 것이다.

18세기에 유럽과 중국에서는 자연자원을 가능한 한 전부 사용하여 조금의 빈 공간이나 어떠한 예비적 자원도 남기지 않으려는 노력, 즉 모든 자원을 효율적으로 사용하려는 노력이 경주되었다. 중국에서는 18세기 이후 벼를 재배할 수 없는 장소에 감자나 옥수수를 재배하게 되었는데, 이것이 급속한 인구 증가를 가능하게 했다. 당시의 유럽과 마찬가지로 중국정부는 그때까지 사람이 살지 않던 산간이나 변경지역에 식민정책을 실시했다. 그러나 이러한 정책이 한계에 부딪혀도 사람들은 상황에 맞춰서 출산을 제한하는 방향으로 전환하지 못했다. 그 결과 인구 과잉과 토지의 과다 사용이 위기를 불러오는 상황이 발생하여, 19세기에는 최악의 생태학적 위기가 초래되었다.(요아임 라트카우, 2012: 153~154) 이러한 상황에서 유럽은 해당 위기를 극복할 수단을 보유하고 있었던 데 반해, 중국은 가지고 있지 않았던 것이다. 이런 생태학적 추세와 해당 추세를 극복할 수단을 보유하고 있었다는 우연이 맞물리면서 유럽의 우위는 확립되었다는 것이다.

이처럼 역사 연구에 어떤 경향성과 그와는 다른 경향성이 특정 지점에서 교차하는 우연이라는 요소를 도입하는 방법론과 함께, 역사의 움직임을 구조적으로 파악하면서 간과하기 쉬웠던 인간의 의지에 주목하는 연구도 재등장하고 있다. 물론 여기서 주목하는 것은 특정 인물의 의지라기 보다는 사회 구성원 대다수에게 영향을 미치는 사고방식이 역사를 추동하는 데 어떤 역할을 하는지이다.

예를 들어 일본의 가마쿠라막부(鎌倉幕府)가 멸망한 원인에 대해 가마쿠라막부의 멸망은 필연적이었다는 암묵적인 전제를 바탕으로 당시 체제의 구조적인 모순을 찾으려는 시각을 비판하고, 가마쿠라막부가 일년반에 걸친 구스노키 마사시게(楠木正成)의 산악게릴라전을 진압하지 못하는 모습을 보고 당시의 사람들이 생각보다 막부의 지배가 공고하지 않고 붕괴시키는 것도 가능하다고 생각하게 된 점이 직접적인 계기가 되었다는 주장이 제기되었다.(呉座勇一, 2014: 100~102) 즉 사회 전체가 자명한 것으로 인식한 상태에 의문을 품고 그에 대한 저항이 지속되는 경우 그것이 기존 사회의 치명적인 약점으로 작용한 사례를 제시하고 있는 것이다.

환경에 관한 연구에서도 사람들이 자원에 대해 가지는 가치관이 역사에 영향을 미쳤다는 측면이 강조되고 있다. 환경에 대한 부담을 급속히 가중시킨 생활방식의 변화는 상당부분 1960년대와 1970년대에 발생했다. 이는 제2차 세계대전 이후 세계에서 유럽의 문화적 헤게모니가 해체되고 미국이 구체적인 유토피아로 등장하면서 생겨났는데, 어느 정도 절약의 전통을 가지고 있던 유럽과는 달리 미국은 공간과 자원을 낭비하는 생활방식에 익숙하여 대량생산·대량소비의 모델을 세계에 제시했기 때문이다.(요아임 라트카우, 2012: 322~323)

이처럼 사회 구성원 대다수가 가지는 가치관이 역사 전개 자체에 영향을 미치는 측면이 강조되면서, 인류 역사가 나아가야 할 방향성을 먼저 제시하고 그에 따른 역사연구방법론을 주장하는 의견도 등장하였다.(羽田正, 2011: 164~165) 즉 역사는 만들어나가야 한다는 명제를 명확히 제시하고 있는 셈이다. 이러한 주장은 기존의 역사 역시 특정한 정치적 의도하에 만들어진 것이고, 그러한 역사가 실제로 현재의 국민국가형성에 기여했다는 주장에 바탕하고 있다.

그러나 이러한 주장이 새로운 것은 아니고 역사 발전의 필연성에 대한 신념이 무너지면서 이미 대두되었다. 기시모토 미오는 역사 발전의 필연적인 단계를 상정하는 역사법칙주의가 증명할 수 없는 비과학적인 견해라는 점을 지적하고, 미래는 필연적인 발전의 결과로 예측가능한 것이 아니라 오히려 우리의 선택의 문제이며 역사는 상황에 대한 인간집단의 시행착오의 축적이라는 관점을 제시하였다.(岸本美緒, 1998: 29) 법칙성이 사라진 자리에 인간의 선택 혹은 의지가 자리잡게 된 것이다.

6. 맺음말

본문에서 검토한 것처럼 글로벌 히스토리 역시 과거나 현재를 설명하는 틀로서 완벽한 것은 아니다. 글로벌 히스토리는 국민국가로 상징되는 서구적 근대화에 대한 비판이론으로 등장하였으나, 국민국가를 당연시하는 가치관을 극복할 만한 대안을 가지고 있는 것도 아니다. 또한 현재 격화되고 있는 자본의 국제적 이동을 당연시하는 시각이 잠재되어 있는 반면, 그러한 현상이 가진 폭력성이나 불균형이라는 부정적인 면을 교류나 네트워크라는 용어로 은폐하는 측면이 있는 것도 사실이다.[5] 이는 글로벌 히스토리가 현실적인 세력관계를 추인하는 설명틀이라는 한계를 가지고 있다는 점을 의미하는 것이기도 하다.

따라서 서구 중심주의에 대한 비판이 중심의 분산이 아니라, 동아시아 특히 중국중심주의로 환원되는 양상마저 보이는 것이다. 이것은 서구와 근대를 중심으로 설명해온 기존의 논리에 대한 반발로, 아시아와 전근대에 주목하는 경향이 가진 당연한 결과인지도 모른다. 게다가 성장의 한계에 부딪힌 서구와는 달리 아시아는 여전히 경제성장의 잠재력을 가지고 있는 것처럼 보인다는 사실이 해당 논리의 타당성을 입증하는 근거가 되기도 한다. 이처럼 현실의 세력관계를 설명하려는 이론틀은 해당 세력관계를 공고하게 하는 데 기여하기도 한다. 그것이 지난 세기 동안 서구 중심주의가 해온 역할이다.

또한 글로벌 히스토리가 서구나 근대중심주의에서 벗어나고자 전개해온 여러가지 연구 중에는 그 내용에 전면적으로 동의할 수 없는 부분도 존재한다. 예를 들어 근대의 제국과는 달리 전근대 제국의 국제질서를 지나치게 목가적으로 묘사한다던가, 전근대의 세계가 중국을 중심으로 움직이고 있었다는 식의 과대평가가 그것이다. 기존의 논리를 비판하기 위해 기존의 연구가 간과하거나 무시했던 측면을 지나치게 이상화하는 경향을 가지는 것이다.

이러한 경향과 동전의 양면에 있는 것이 기존 논리가 가지고 있던 설명틀에 대한 무조건적 거부반응이다. 그것이 중심을 부정하는 논리나 카오스에서 역사를 다시 보자는 주장으로 이어지는 것이다. 그러

---

5 상호 간에 영향을 주고받은 측면을 강조하는 글로벌 히스토리의 논리가 과거나 현재에 발생한 문제의 책임 소재를 불분명하게 하거나 분산하는 측면에 대해서는 板垣雄三(2012, 10~11), 近江吉明(2012, 58~59)의 지적이 있다.

나 그러한 주장은 각각의 지역이나 국가를 분산화·개별화하는 측면이 강하여, 해당 사회가 다른 사회와 어떤 방식으로 연결되는지가 불분명해진다. 즉 관계성의 강조와 각각의 사회의 독자성이라는 일견 모순된 것처럼 보이는 요소가 결합되는 것이다.

이러한 상황을 극복하기 위해서는 기존의 논리 중에서 타당한 부분은 받아들이고, 글로벌 히스토리가 이상학시킨 부분은 현실화하는 작업이 필요하리라고 판단된다. 그럼에도 글로벌 히스토리는 기존의 이론이 가진 문제점을 비판하기 위해 관계성과 상대성이라는 중요한 요소를 역사 연구에 적극적으로 도입하였다. 이러한 연구 태도를 견지하는 것, 즉 서구는 물론 동아시아 역시 다양한 지역세계 중 하나일 뿐이고, 각각의 사회는 자신의 환경이나 관계망 속에서 독자적인 선택을 하며 살아가고 있다는 점을 끊임없이 인식하면서 연구하는 것이 중요하다고 판단된다.

특정 이론이 만들어낸 설명틀로는 모든 현실을 설명할 수 없다. 이론은 대상의 특정 단면을 부각시켜 일반화하는 성격을 가지고 있기 때문에, 모든 현실을 설명할 수 있는 이론틀은 존재하지도 않고 존재할 수도 없기 때문이다. 중요한 것은 그런 한계를 가지지 않는 설명틀을 만들어내는 것이 아니다. 현실을 바라보는 새로운 시각이나 방식, 즉 방법론을 수용하여 기존의 연구를 수정하고 보완하려는 노력을 지속하는 것이다. 글로벌 히스토리 역시 그러한 측면에서 평가되어야 한다.

| 참고문헌 |

남철호, 2012, 「글로벌 히스토리(Global History)'와 세계사」, 『역사교육논집』 49.

니시지마 사다오, 이성시 엮음, 2008, 『일본의 고대사 인식―'동아시아세계론'과 일본』, 역사비평사.

배한극, 2011, 「빅 히스토리(Big History)의 이론과 문제점」, 『역사교육논집』 46.

조지형·강선주 외, 2008, 『지구화시대의 새로운 세계사』, 혜안.

안드레 군더 프랑크, 이희재 역, 2003, 『리오리엔트』, 이산.

이매뉴얼 월러스틴, 성백용 역, 1994, 『사회과학으로부터의 탈피: 19세기 페러다임의 한계』, 창작과비평사.

요아임 라트카우, 이영희 역, 2012, 『자연과 권력―인간과 자연, 갈등과 개입 그리고 화해의 역사』, ㈜사이언스북스.

파멜라 카일 크로슬리, 강선주 역, 2010, 『글로벌 히스토리란 무엇인가』, 휴머니스트.

秋田茂·桃木至朗, 2013, 「グローバルヒストリーと帝国」, 秋田茂·桃木至朗編, 『グローバルヒストリーと帝国』, 大阪大学出版会.

家島彦一, 1993, 『海が創る文明―インド洋海域世界の歴史』, 朝日新聞社.

板垣雄三, 2012, 「人類が見た夜明けの虹―地域からの世界史·再論」, 『歴史評論』 741.

内田力, 2015, 「社会史にみる世界史の歴史研究と言説―国際的な史学史の叙述をめぐって」, 岡本充弘他編, 『歴史を射つ―言語論的転回, 文化史, パブリックヒストリー·ナショナルヒストリー』, お茶の水書房.

宇野重昭, 2014, 「<序論>アジアとヨーロッパの相互補完の時代へ―グローバルヒストリーの方法論に寄せて」, 湯山トミ子·宇野重昭編, 『アジアからの世界史像の構築―新しいアイデンティティを求めて』, 東方書店.

近江吉明, 2012, 「世界史論の歩みからみた「グローバル·ヒストリー論」」, 『歴史評論』 741.

小田中直樹, 2013, 「比較史の復活へ: 西洋中心主義的一国史学とグローバル史学の双方を超えて」, Discussion Papers (Tohoku Economics Research Group) 309.

K. ポメランツ(Kenneth Pomeranz), 2015, 川北稔, 監訳, 『大分岐(The Great Divergence)』, 名古屋大学出版会.

川田順造, 1997, 「文化と地域―歴史研究の新しい視座を求めて」, 濱下武志·辛島昇編, 『地域の世界史 1 地域史とは何か』, 山川出版社.

岸本美緒, 1998a, 「東アジア、東南アジアにおける伝統社会の形成」, 『岩波講座 世界歴史 13 東アジア、東南アジアにおける伝統社会の形成』, 岩波書店.

_____, 1998b, 「時代区分論」, 『岩波講座 世界歴史 1 世界史へのアプローチ』, 岩波書店.

_____, 2002, 「総論 時代区分論の現在」, 『現代歴史学の成果と課題 1980-2000年 Ⅰ 歴史学における方法的転回』, 青木書店.

_____, 2015, 「『近世化』論における中国の位置づけ」, 『『近世化』論と日本―「東アジア」の捉え方をめぐって』, 勉誠出版.

呉座勇一, 2014, 『戦争の日本中世史―「下剋上」は本当にあったのか―』, 新潮社.

遅塚忠躬, 2010, 『史学概論』, 東京大学出版会.

中里成章, 1997, 「地域の重層性―ベンガルの場合」, 濱下武志・辛島昇編, 『地域の世界史 1 地域史とは何か』, 山川出版社.

中見立夫, 1993, 「地域概念の政治性」, 溝口雄三他編, 『アジアから考える[1] 交錯するアジア』, 東京大学出版会.

羽田正, 2011, 『新しい世界史へ―地球市民のための構想』, 岩波書店.

濱下武志, 1990, 「朝貢貿易システムと近代アジア」, 『近代中国の国際的契機』, 東京大学出版会.

_____, 1997, 「歴史研究と地域研究―歴史にあらわれた地域空間」, 濱下武志・辛島昇編, 『地域の世界史 1 地域史とは何か』, 山川出版社.

廣瀬憲雄, 2014, 『古代日本外交史―東部ユーラシアの視点から読み直す―』, 講談社.

水島司, 2008, 「序章 グローバル・ヒストリー研究の挑戦」, 水島司編, 『グローバル・ヒストリーの挑戦』, 山川出版社.

_____, 2010, 『グローバル・ヒストリー入門』, 山川出版社.

光田剛, 2014, 「アジアの近代化と日本」, 湯山トミ子・宇野重昭編, 『アジアからの世界史像の構築―新しいアイデンティティを求めて』, 東方書店.

吉澤誠一郎, 2002, 『天津の近代―清末都市における政治文化と社会統合』, 名古屋大学出版会.

8장

탈냉전과
일본의 동아시아 담론

;

과제로서의 '대중의 동아시아'

박이진

1. 현대(패전 이후) 일본의 대아시아관

이 글은 최근 일본에서 제기되고 있는 동아시아 관련 언설을 다루고 있다. 특히 한국의 동아시아론이 냉전의 종식과 민주화의 달성을 원동력으로 삼아 급물살을 타기 시작했던 것처럼 일본에서도 냉전 종결이라는 요소가 대아시아관의 변화에 큰 변수로 작용한다. 따라서 '탈냉전' 이후 동아시아 관련 담론에 보다 집중해 보고자 한다. 아울러 일본인(대중)들이 인식하는 동아시아'상'에 대한 단면을 살펴 현재 일본의 귀환서사 연구가 갖는 의의와 문제점을 살펴보겠다.

현대(패전 이후) 일본에서 동아시아론은 어느 시기를 기점으로 대두되었을까. 냉전 종결 이전까지의 흐름을 대략적으로 소개해보면, 패전 이후 '동아시아'라는 말을 처음 사용한 것은 1960년대 초 우에하라 센로쿠(上原專祿, 중세 유럽사 전공), 니시지마 사다오(西嶋定生, 중국사 전공)와 같은 역사 연구자들로 지적된다. 이와 관련해서 이성시(2012)의 논문을 참고해보면, 니시지마 사다오는 문화권과 정치권이 일체가 된 자기완결적 세계를 동아시아세계로 규정하고 있다. 그런데 자기완결적이던 동아시아세계가 근대에 이르러서 일본의 이탈, 즉 일본의 근대세계로의 참여로 인해 해체가 촉진되었다. 이는 19세기 이후 지구상의 여러 지역이 단일한 세계로 편입되었다는 우에하라 센로쿠의 세계사 구상과도 일치한다. 1950~1960년대 동아시아의 현실은 중국, 한반도, 일본, 베트남 4개 지역이 세계정치의 문제 구조와 밀접한 연관 속에 존재했고, 여러 가지 모순을 안고 있는 지역세계로서의 동아시아는 미국의 제국주의적 지배에 대항하여 싸워야 했다는 점에서 공통성, 일체성을 지닌 지역으로 의식된 것이다.

반면, 아시아 개념의 수용과 변용을 연구해 놓은 미타니 히로시(2008)는 19세기 후반 아시아를 하나의 지역으로 파악하기 시작한 상황을 다르게 해석한다. 즉 일본에서 아시아는 이전까지 큰 의미개념을 갖지 않고 사용되어 오다가 19세기 후반에 독립과 문명화를 척도로 계층적으로 차별화하여 인식하게 되면서 정치화된다. 그리고 1877년을 전후해서 서양의 지배에 대항하는 아시아의 제휴, 연대를 주장하고 나아가 백인에 대한 대항이라는 인종주의적 틀이 적용되게 된다. 이후 1880년경 류큐 처분을 계기로 심각한 중일 대립이 일어나고 이후 '흥아회'라는 아시아주의 단체가 결성되어 한·중·일 사이에서 구체적인 연대를 창출하려는 시도가 시작된다.

1970년대에 들어서는 미야지마 히로시의 표현에 따르면 전전의 '아시아 정체성론'을 거꾸로 뒤집은 형태로 정치적 성격이 강해진다. 이시모다 다다시, 마루야마 마사오 등이 전전의 연구를 극복하지 못했고, 다케우치 요시미의 '방법으로서의 아시아'도 아시아 사회 현실과는 동떨어진 형태로 실패했다는 것이다. 여기서 현대 일본의 동아시아 담론과 관련해 근래 한국에서 많이 거론되고 있는 다케우치 요시미에 대해 살펴볼 필요가 있을 것이다.

1960년대에 일본에서 과거 일본 제국주의의 몰락을 설명하기 위해 제국주의 연구의 일환으로 아시아주의 연구가 진행되는 가운데, 다케우치는 아시아주의를 전쟁이데올로기(침략주의)와 동일시하는 입장을 거부하고 긍정적인 측면을 강조했다. 다케우치의 이러한 입장은 '근대'의 극복이라는 역사적 시점을 포함하고 있는데, 요컨대 기본적으로 근대를 긍정하고 있는 다케우치는 일본의 근대화가 기형적이었고 이러한 문제가 현대 일본 사회의 문제로 이어지고 있다고 본 것이다. 노예의식에 따른 주체성 상실, 그리고 아시아임을 거부(상실)한 일본이 서양 합리주의에 대한 재고=저항을 포기했다고 파악한 다케우치는 주체성 형성과 자주성 획득이라는 자아 회복을 위한 방편으로 아시아로의 복귀를 제안하고 있다. 그러나 이는 실체가 아닌 이상형으로서의 아시아에 지나지 않는 것으로, 다케우치는 전후 일본의 문제를 타개하기 위해 아시아론을 주장했던 것이고 그의 아시아론은 문화론, 정치론이라는 이중의 성격을 갖고 있으면서 서양 침략주의에 대한 저항으로서 아시아의 연대를 지향했다. 따라서 다케우치는 아시아주의를 서구적 근대의 대립개념으로 간주하여 비침략성을 강조하고 있다.

이렇게 근대화론이 부각되는 현상과 함께 우메자오 다다오(梅棹忠夫)의 문명의 생태사관이나 가와카쓰 헤이타(川勝平太)의 해양사관, 아다치 게이지(足立啓二)의 중국 전제국가론 등, 1970년대 이후는 '신 탈아론 연구' 사조가 등장하기도 한다. 이러한 추이를 니타니 사다오(2008)는 1960년대 이후 중앙 중심의 역사에서 벗어나 지역에서 바라보는 역사를 연구하고자 한 움직임으로 분석한다. 즉 일본 야마토 단일민족 국가관을 불식하고 바다를 매개로 한 교류권, 생활권을 중시한 시각이 제기되면서 기기사관(記紀史觀)에 대한 극복을 시도했다는 것이다. 그러나 아시아 네트워크론, 조공 체제론, 아시아 교역권론 등, 매개로서의 바다가 중시되면서 외부 세계와의 교류가 강조되는 현상은 일본형 화이질서의 주장처럼 일본의 민족주의적 경향을 강화하는 측면도 있다고 미야지마는 지적한다. 이 외에 중진 자본주의론도 이 시기 등장한다. 그리고 1980년대 말 이후가 되면 사회주의권 붕괴로 인해 연구가 급속하게 분산화, 개별화되게 된다.

2. 탈냉전과 아시아에 대한 새로운 모색

모리시마 미치오(森嶋通夫, 2001)의 '동아시아 공동체 제안'이나 하라 요노스케(原洋之介, 2002)의 '신동아론'은 두 저자가 모두 경제학자이며, 사색의 출발이 유럽 경제 통합이라는 현실과 동아시아라는 '현장'에 있다고 임태홍(2002)은 지적한다. 다시 말해서 현장성이 강한 것이 이들 담론의 특징이라 할 수 있는데, 이러한 경향은 1990년대 이후 제기되는 현대 일본 동아시아론의 커다란 특징이라 할 수 있다. 뿐만 아니라 한국과 중국, 일본에서의 동북아 만들기를 각각 소개하고 있는 최우길(2004)은, 와다 하루키(和田春樹)와 강상중(姜尙中)의 동북아시아 '공동의 집' 그리고 환일본해권(환동해권) 구상과 원코리아 페스티벌(재일동포 아시아공동체 운동) 등을 보면 일본의 동아시아 논의가 민주주의와 시민사회의 성숙 및 지방분권의 고도화 등을 통해 다양성을 띠고 전개되고 있다고 평가한다.

이렇듯 현대 일본의 대아시아관 변화는 앞서의 평가 요소들 외에도 냉전 해체 이후 초래된 아시아의 지각 변동이 가장 큰 영향을 미쳤다고 할 수 있다. 특히 일본에서의 냉전 해체는 이전까지 큰 틀로 작용하던 미국 중심의 대아시아 정책(인식)에 대한 변화를 뜻한다. 일본이 패전 이후 친미 중심의 냉전 체제를 살아 왔다는 점에 관해서는 대부분 인식을 공유하고 있다. 동남아시아 국가들을 비롯한 한국과의 배상 교섭과 국교 정상화가 실제 미국을 중심에 둔 자본 및 안보의 논리에 의해 좌우되었다고 볼 수 있기 때문이다. 그런데 냉전 해체 이후 주변 지역이 민주화의 노선에 주력하면서 일본의 일국주의적 평화주의나 경제성장주의에 대한 재인식도 촉구되었다. 이러한 요인들이 아시아에 대한 새로운 모색으로 이어져 가게 된다. 물론 탈냉전기 일본 식자들이 일본을 '신중세론'에 속한 대국으로 보는 관점과 여전히 '미들파워'의 반열에 속해 있다고 보는 관점이 분화되고 있다고 박영준(2011)은 분석하기도 한다. 그러나 무엇보다 1990년대 이후 제기된 일본의 동아시아론은 친미반공 노선에서 벗어나(미일동맹 체제로부터의 탈피) 일본의 외교적 자주성을 지향하되 동(북)아시아 국가와의 협력과 공존을 강화해야 한다는 일종의 아시아 중시 노선을 강조하고 있다.

와다 하루키(2004)나 강상중(2002)은 냉전 해체 이후 일본을 지역주의라는 틀 속에서 생각하게 되면서 동(북)아시아가 유럽만큼의 문화적 동질성이 높지 않고 그렇기 때문에 정치적, 전략적 개념으로서 '공동의 집'을 구상해야 한다고 주장한다. 그리고 '공동의 집' 구상의 실현은 한반도가 중심이 되어야 하고 이 과정에서 한국과 재외 한국인의 역할이 중요하다고 말한다. 그러나 이들의 주장은 동(북)아시아의 인간적 협력 관계라던가 내셔널리즘의 틀에서 벗어난 보편적인 시민권을 중요시하는 것처럼 보이지만, 보다 근본적으로는 탈냉전 시대의 도래와는 어긋나게 여전히 냉전적 구조가 유지되고 있는 중국과 대만, 한국과 북한의 관계에 무게를 두고 있어 보인다. 와다 하루키의 경우 특히 초기의 한국 동아시아론을 주도하던 창비 그룹에 의해 많은 소개가 이루어졌다. 분단체제의 극복이 현재 한국의 동아시아론이 갖는 근본적 과제이자 한계임을 생각할 때, 북한과의 직접적인 교류가 가능한 지원단체(예를 들어 원코리아 페스티벌)를 매개로 한 이러한 일본의 동아시아론은, 한반도를 허브로 하는 동아시아의 평화적 공존이라는 이론에 보완적 역할을 하고 있는 것 역시 사실일 것이다.

또한 미야다이 신지(宮台真司)의 '맹주 없는 아시아주의'(盟主なき亜細亜主義)도 탈냉전을 키워드로 하는 지역주의로서의 아시아 연대를 상정하고 있다. 미국 중심의 글로벌리즘에 대항하기 위해 국민국가를 상대화하고 아시아주의에 의한 연합이 필요하다는 주장이다. 그에 따르면 아시아주의는 원래 국수주의와 무관했으나 제국주의 일본의 대륙 진출과 대동아공영권을 정당화하는 데 이용되었고, 이 과정에서 일본을 중심(맹주)으로 하는 아시아주의가 자리를 잡았다고 한다. 이러한 이유로 현대 일본 사회에서 아시아주의는 일종의 '금기'였으며, 친미동맹 노선 속에서 경제 발전을 구가하던 일본에게 아시아란 철저히 경제적으로 타자화된 시장에 불과했음을 알 수 있는 부분이기도 하다. 그러나 냉전 해체 후 미국이 주도하는 글로벌리즘이 세계적으로 급물살을 타는 상황에서 이를 제어하려면 EU연합처럼 아시아도 약자 연합으로서의 '맹주 없는' 아시아주의를 진행시켜야 할 필요가 있다고 미야다이는 주장한다.

이러한 주장들은 아시아를 전통적 문화적 동질성을 지닌 공동체로 보고 있지 않으며 탈냉전 이후 한반도의 긴장 완화라는 흐름을 큰 '배경'으로 하고 있다.

그러나 이러한 '배경'을 위협적으로 인식하는 시각도 있다. 분열주의적인 동아시아론이라 할 수 있는 관점으로, 특히 최근의 동북아시아론을 중국 중심의 일본 때리기의 일환으로 해석하는 시각들이다(권혁태, 2010). 단순하게 도식화해서 말해 보자면 중국이나 북한과의 대립을 유지하면서 미국과의 동맹을 강화하자는 고립주의적 동아시아론(일본론) 노선이 그것이다. 대표적으로 이시하라 신타로(石原慎太郎)

의 '삼국인 발언'이나 '중국과 싸워서 이기자'(『週刊現代』, 2014. 8. 9.)는 발언 속에는 중국이 언제나 일본을 가상의 적으로 인식해왔다는 논리가 내포되어 있다. 이렇게 중국을 의식하는 이른바 '중국위협론'은 한국에서 제기하고 있는 동아시아론에 대한 왜곡된 시각에도 영향을 미치고 있는 것으로 보인다. 즉 한국 동아시아론의 배후에 중국이 있다는 관점으로, 나카니시 데루마사(中西輝政)는 한국의 동북아시아론을 유교적 중화질서사상에 있는 교린(交隣)의 현대판이며, 중국을 중심으로 하는 문자 그대로 제국 질서 속에 일본을 끌어당기는 대륙발 계절풍이라고 말한다. 또 후루타 히로시(古田博司)는 현대의 국가주의(민족주의)로 대두된 '반일'이 역사적이고 숙명론적이라고 말하면서 일본을 야만족으로 보는 멸시관이 담겨 있는 중화사상을 중국, 한국, 북한의 내셔널리즘의 구조적 원인으로 해석한다.(권혁태, 2010) 이러한 고립주의적이고 분열적인 동아시아론 관점에서 보면 아시아의 평화질서 구축과 유지의 핵심은 미국 중심의 반공동맹 강화라는 냉전시대로의 역행이라 할 수 있을 것이다.

3. 최근 일본의 동아시아 공동체론

'냉전'은 현대 일본에서 동아시아를 사유하는 하나의 큰 변곡점이자 틀로 존재함을 알 수 있는데, 상기에서 소개한 논의들은 일견 동아시아와 일본의 연대냐 고립이냐는 식의 분열된 주장으로 보이지만 실제 동아시아 지역 질서 속에 보이지 않는 미국의 영향력을 '의식'하고 있다는 점에서는 샴쌍둥이와 같다고 볼 수 있다. 반면 전면적으로 미국을 '버린' 동아시아만의 냉전 구조를 재검토해야 한다는 주장도 제기되고 있어 주목할 만하다.

2014년 7월호 『역사학연구』에서 가토 고이치(加藤公一)는 ─ 미국형이 아닌 냉전사연구를 주장한 아시아정경(政經)학회 주체 '아시아냉전사 재검토'나 역사학연구회의 '미국 중심적 관점 비판'에서 주체적인 입장에서 미국과 동아시아의 상호 침투적인 관계를 이해해야 한다고 주장한 논의들을 예로 들며 ─ 더 이상 미국 중심의 냉전구조만으로 전후 동아시아의 지역질서를 설명할 수 없다는 문제 제기를 하고 있다. 특히 제3세계를 비롯한 동아시아 지역 국가들은 냉전을 주체적으로 소비·이용했다는 주장으로, 이는 중국이나 한국의 냉전외교를 생각하면 비교적 이해가 쉬울 것이다. 가토는 영국, 프랑스와 같은 서양에서도 냉전을 제국주의의 전략으로서 소비했다고 하면서, 전후 동아시아의 지역 질서를 파악하기 위해 '탈식민지화'를 냉전과의 유기적 관계 속에서 다루어야 한다고 주장한다.

이러한 주장은 무엇보다도 현대 일본의 전쟁 책임, 전후책임론에 대한 비판적 검토라는 성격이 강해 보인다. 일본은 지금까지 탈식민지화를 냉전과 관계없이 사유해 왔고 그 결과 전후 일본 사회가 쉽게 제국을 망각하고 식민지주의와 탈식민지화의 유산과 대면하는 것을 기피하게 되었다. 다시 말해서 일본은 패전과 동시에 냉전 구도에 편입되면서 식민지주의를 반성할 수 있는 탈식민지화를 거치지 못한 채 민주주의와 경제성장을 진행했다는 말인데, 이를 가토는 '주입된 냉전 구도'라고도 표현한다. 특히 과거 제국일본이 식민지화의 목적과 수단을 말할 때 '군사성'이 우위의 개념을 차지했다고 설명하는 가토는, 그로 인해 일본의 비군사화, 민주화를 쉽게 탈식민지화로 오인하게 됐다고 설명한다 ─ 물론 전전의 제국의식이 전후에도 지속되고 있음도 문제로 지적하고 있다. 따라서 제도적인 식민지지배의 구체적인 현상인 식민지범죄(강제동원, 위안부문제 등)에 대한 세대를 넘어선 책임 의식을 공유하기 위해서는 일본에서의 탈식민지화에 대한 연구가 필수이며 향후의 역사학계의 연구가 이에 기여하기를 요청한다. 동아시아의 냉전 구도 속에 은폐되어 온 식민지주의의 잔존을 우려하며 이에 대한 재인식을 위해 동아시아형 냉전 구도를 연구하자는 시도라할 수 있다. 이러한 주장은 2005년 이후 식민지주의 '전시기'에 대한 청산을 문제시하던 '식민지주의의 연속으로서의 전후'에 대한 재검토가 본격적으로 담론화되고 있는 현상의 일단으로도 파악할 수 있다.

또한 2013년 설립된 동아시아공동체연구소의 자료에 의하면 현대일본 사회에서 '왜 지금 동아시아 공동체가 문제시 되는지' 그 단면을 엿볼 수 있다. 냉전 해체와 소련 붕괴 이후 중국의 경제적(군사적) 부상이라는 국제질서의 변화 속에서 일본이 어떠한 상상력을 갖고 대처해야 하는지, 그리고 구체적인 대안으로서 일본은 무엇을 해결하고 협력해야 하는지를 논의하고 있다.(東アジア共同体研究所, 2015) 물론 상기의 연구단체는 재야에서 활동하는 정치인들(이사장·하토야마 유키오)의 '정책제안'이라는 성격이 강하고 현 아베 신조 내각에 대한 비판과도 연동되어 있다. 하지만 동아시아 공동체의 실현을 위해 근린 아시아 국가들과 '열린 지역 통합'이라는 상상력을 발휘해야 한다는 주장은 '경제 질서 통합'을 현안적 과제로 인식하는 기존의 동아시아 연대론의 맥락에서 벗어나지 않는다. 정책적으로도 일본은 '동아시아 공동체' 구상을 주장해 왔다. 1967년 아세안(ASEAN) 결성을 첫걸음으로해서 이후 1997년 아시아 금융 위기 발생이 동아시아 공동체 결성을 위한 직접적인 계기가 되고, 2001년 아세안+3 정상회의 보고서에 동아시아 커뮤니티 결성이 표면화된다. 2004년 고이즈미 총리의 UN총회 연설에서 아세안+3을 바탕으로 '동아시아 공동체'(이 용어는 이때 처

음 사용됨) 구상을 제창, 이어서 동아시아 공동체 평의회가 결성되면서 이 조직을 중심으로 일본의 동아시아 공동체 문제가 다루어진다.

한편으로 1965년 교토대학의 동남아시아 연구센터를 시작으로 1989년 국제 동아시아 연구센터가 '동아시아'라는 명칭을 단 조직으로는 처음 등장하는데, 경제 문제에 치중된 경향을 보임은 물론이다. 또 경제학자 중심의 동아시아 종합 연구소가 1991년에 설립된다. 근대사 연구자들이 중심을 이룬 동아시아 근대사 연구회는 1995년에 등장하고 있다. 대학 기관으로는 1996년에 도호쿠대학 동북아시아 연구센터를 시작으로 2000년에 시마네현립대학 북동아시아지역 연구센터, 2003년에는 게이오대학 동아시아 연구소가 설립되었다. 동아시아에 관한 연구 조직과 연구 단체에서는 이미 '아시아'나 '동양'이라는 명칭을 사용하고 있었고, 여기에 '동아시아'를 내세운 조직이 최근에 들어 증가하고 있으나, 이들 역시 대부분 경제를 중심축으로 두고서 동아시아 지역을 여러 의미에서의 '경제논리'에 따라 편성하고 있음을 볼 수 있다. 이러한 경제 중심의 동아시아 공동체구상은 EU를 모델로 해서 아시아적 경제권을 형성하고자 함은 쉽게 알 수 있다.

예를 들어 2009년 12월에 설립된 재단법인 원아시아재단(ワンアジア財団)은 2003년부터 NPO법인으로 출발해 다양한 시민교류 활동을 지원하고 있다. 국가나 국민 개념을 넘어서 다문화, 다민족으로 구성된 시민사회를 목적으로 하는 이 단체는 '미래를 위한 아시아공동체 창성'을 목표로 근린 아시아 국가들을 상대로 제반 분야에 걸친 연구 지원도 하고 있다. 특히 최근의 성과로서 '종합강좌 아시아공동체와 일본'(2014~2015년) 프로젝트는 일본 대학에서 연합해서 중국, 한국, 대만 등지의 학자들을 초대해 진행한 대학 강좌인데, 동아시아의 교류활동을 정치적, 역사적, 사상적, 문화적으로 편성해 놓는 한편, 경

제적으로는 아시아의 자동차생산 구조가 갖는 세계적 견인 역할과 글로벌화하는 일본의 경제 상황을 함께 소개한다.(殷燕軍, 2015) EU 통합을 힌트로 아시아공동체의 가능성을 강조하는 설정이다. 물론 '평화와 공생'(이 단체의 모토)을 추구하는 아시아공동체를 상정해서, 예를 들어 '캠퍼스 아시아'와 같이 대학교육이라는 실천 현장에서 추구하고 있는 점은 높이 평가할 수 있을 것이다. '위안부문제'나 '북한', '일본의 전쟁 책임론', '오키나와 미군기지 문제' 등을 주요 강좌의 하나로 편성해서 '아시아의 공동 발전을 저해하는 요소'에 대한 인식을 공유시키고 있기도 하기 때문이다. 다만 동아시아의 분쟁 요소를 해결하고 평화적 공생을 이루어야 한다는 정언명제가 진정한 역사적, 문화적 화해가 아니라 경제 위기나 발전과 같은 경제논리 상에서의 현상적 이해(공유)를 통한 편의적 동아시아 연대론을 내포하고 있는 것은 아닌지 지켜볼 일이다.

4. 일본 동아시아론에 대한 비판

이상의 현대 일본 동아시아 담론에 대한 비판적 시각(연구)을 몇 가지로 특징지어 살펴보면 다음과 같다.

첫째, 동아시아 공동체 구상을 위한 새로운 성과들이 계속 등장하나 대부분이 일본 예외론 혹은 서구와의 동질론 같은 탈아론적인 해석과 쉽게 연결되는 구조를 갖고 있다. 그리고 이는 일본의 근대 학문 자체가 서구 따라잡기를 목표로 했으며, 오늘날까지 이를 극복하지 못했기에 문제라고 미야지마(2005)는 분석한다. 전전의 아시아주의, 탈아입구 논리가 전후에도 지속되고 있음을 단도직입적으로 비판하고 있는 박삼헌(2014)의 논의도 미야지마의 문제의식과 맥을 같이 한다고 볼 수 있다. 즉 이러한 문제는 연구 시각 자체가 근대화를 추진하는 중앙집권적 국가체제라는 관점을 공유하고 있기 때문인데, 근대(전전) 일본은 아시아 국가 중 근대화에 성공한 유일한 국가로, 현대(전후) 일본은 전쟁의 피해를 극복하고 세계 경제 2위로 성장한 국가로 규정함으로써, 성공한 일본이라는 관점이 근현대 일본의 대외정책을 분석하는 데 관여하고 있는 것이다. 이에 박삼헌은 '일본의 뒤쳐진 지역의 관점'을 도입해서 동아시아 담론을 재고할 필요가 있다고 주장하며 환태평양과 환일본해 중심의 검토에 힘을 싣고 있다. 그에 따르면 환태평양은 정부 주도의 일본 중심 지역주의적 가치 실현과 관련된 개념이고, 환일본해는 지방자치체가 주도한 일본 중심 지역주의와 거리를 둔 개념이다. 또한 양자 모두 미국을 시야에 둔 동아시아론이라는 특징에서 벗어나지는 않지만, 전자는 미국을 절대적 존재로 보는 반면 후자는 미국을 비교적 상대적 존재로 취급하고 있다.

둘째, 일본의 동아시아는 중국과 한국을 같이 또는 동시에 시야에 넣지 않고 있다고 미야지마는 문제시한다. 이와 관련해서는 고야스 노부쿠니(2005)나 박규태(2006)의 일본의 탈중화 논의를 주목해 볼 수 있다. 일본에서 탈중화는 이미 도쿠가와시대에 '일본=중화주의'의 형태로 등장했고 이것이 근대 일본에 와서 탈아와 아시아주의라는 상반된 형태로 변주되게 된다. 문명 대 비문명이라는 상정은 탈아론으로 발휘되고, 다양한 아시아주의 — 다루이 도키치, 오카쿠라 덴신, 미야자키 도텐, 이시와라 간지, 미키 기요시 등 — 는 동양 대 서양이라는 인식틀에 입각하면서 심정적인 아시아 연대를 통해 서양에 대항하자는 주정주의의 태도를 공유하게 된다. 침략하면서 연대하자는 식의 이율배반적 자기모순을 안게 되는 것으로, 정리하자면 일본발 아시아 담론은 탈중화의 연장선상에 있다는 분석이다. 나카오 히로시(2011)는 이러한 동아시아에 대한 일본인의 역사인식의 오류를 초래한 원인으로 일본의 근대가 '부(負)의 역사'를 걸머지고 있다는 사실을 가능한 한 희박하게 만들려고 노린 역사책의 예를 들어 비판한다.

또한 김현성(2009)은 일본의 아시아정책이 전통적으로 동남아 지향적인 반면 동북아 국가들에 대해서는 지역주의라는 공동체적 접근 보다는 양자주의에 근거한 접근이 주류를 차지한다고 그 특징을 분석한다. 그러면서 일본이 동남아를 중요시하는 것은 미국 패권 하에서 일분야에서만이라도 지역의 리더쉽을 발휘하겠다는 의도가 내재해 있기 때문이고, 한편으로는 동남아 지역이 반일 감정이 상대적으로 덜하기도 하고, 원조의 대상으로 그 가치를 중요하게 인식하는 일본의 자기중심적 경향도 내포되어 있다고 한다. 이와 함께 일본 동아시아 담론은 학계가 선험적으로 인식의 기초를 제공하고 정계가 이를 구체화하며 '탈구입아'로의 재구축을 시도하고 있다고 분석한다. 환태평양연대 구상은 국가 간 경쟁이 협력을 가져올 수 있다는 소위 기능주의적 접근을 공동체 구상의 접근법에 적용한 것이다. 또 1980년대부터 아시아를 중요한 시장으로 인식하면서 동아시아경제권역 구상(환일본해경제권 구상)과 같은 지역공동체 구상들이 연구되기 시작된다. 이는 환태평양연대 구상의 범주 안에서 신흥개도국을 주요 주체로 새롭게 인식한 한계를 지니기도 하지만, 국가단위 이하의 수준에서의 공동체 논의가 태동하고 있음을 보여주기도 한다. 아울러 1960~1970년대는 경제 분야에 한정된 공동체 논의가 활발했지만 이후 점차 사상과 문화 분야의 교류로의 확대 경향을 보인다고 보는 김현성은 1990년대 후반부터 모리시마 미치오(초국가적 이익 차원에서 하나의 정부로서의 동아시아공동체 구상), 다니구치 마코토(경제제휴협정을 네트워크화)

와 같은 정계의 동아시아공동체 구상이 국가 간 관계 관점에서 본 지역 범위는 한정되어가는 과정을 나타내는 데 반해, 교류 기제는 확대화 과정이라는 양면적 스펙트럼에서 전개되고 있다고 평가한다.

한편, 전후 동아시아론의 특징을 전전의 역사 상황 속에서 재검토해 그 유의미성을 검토하는 작업들이 제시되고 있다. 신동규(2014)는 1962년 니시지마 사다오의 제안으로 '일반화'된 동아시아 개념 ― 한자, 유교, 불교, 율령제 문화권을 공유하는 ― 을 전근대 일본사 속에서 검토할 필요성을 제안하고 있다. 대동아공영권과 동아시아 공동체론의 공통/차이점을 비교분석해 놓고 있는 조정원(2009)은, 제반의 역사적 상황의 차이에도 불구하고 이 두 담론은 일본이 새로운 지역질서를 주도하면서 중국의 편입과 견제, 동남아시아 등을 포함한다는 공통점을 가지며 민족주의가 주요한 방해요소로 작용하고 있다고 지적한다. 차이점은 대동아공원권이 반서양, 구미를 의식하며 일본중시의 위계질서를 내세운 데 반해, 동아시아 공동체론은 미국이 중요한 위치를 차지하며 일본이 중심이 되어 주도하되 위계질서는 없다고 본다. 또한 하시야 히로시(2005)는 일본과 아시아의 관계가 전전, 전후를 통해 연속하고 있으며 오히려 전후 냉전 속에서 새롭게 형성된 측면이 강하다고 주장한다. 냉전 시기 미국의 세계 전략 속에서 일본과 아시아의 공업화, 경제성장은 항상 연동되어 전개되었고, 냉전 종결 이후, 미국 주도 혹은 일본 주도의 경제권 구축이 아니라 역내의 수평적 분업을 기본으로 한 새로운 경제 관계가 형성되었다는 것이다.

정리해 보면, 니시지마 사다오의 '동아시아' 개념이나 아세안의 결성, 지식인 담론(사상)으로서의 다케우치 요시미의 아시아주의처럼, 전후(패전) 일본의 동아시아 담론은 1960년대에 촉발되고 있다. 내용상의 특징을 들자면, 학계는 세계사 속 지역 연구의 일환으로 일본,

동아시아를 구상하기 시작했다면 정책적으로는 경제협력 공동체 논리가 강함(대아시아 정책과 관련, 절대타자 미국)을 볼 수 있다. 사상적으로는 근대비판의 맥락에서 시작되어 진행되고 있다.

패전 직후부터 이른바 '소거'된 동아시아가 1960년대에 와서 복원되면서 굴절된 아시아인식을 초래하게 된 원인은 비교적 쉽게 추론 가능하다. 아시아에서 분리된 일종의 쇄국 상태로 패전 후 일본 사상계에 아시아론이 거의 없었다고 지적하는 윤건차(2000)는 이렇게 설명한다. 전전에는 드높았던 동양, 아시아에 대한 관심이 사라지고 아시아와의 단절, 아시아 망각이 전후 시대의 주류가 된다. 아시아에 대해 말하기를 주저하는 지식인의 자기규제가 강했고, 전후일본의 사상적 계보 특히 전쟁 책임론 자체가 이미 대내적, 폐쇄적 특질이 두드러져서 타민족과 아시아의 관련 속에서 일본인 내지 일본민족을 논하거나 타민족과 아시아에 대한 책임을 논하는 일이 극히 적었다는 것이다.

또한 지역의 편재에 있어서 동남아, 동북아, 환태평양, 환일본해와 같이 한정된 권역권을 설정하며 통일된 동아시아를 구상해내고 있지 못하다. 이는 이성시(2012)가 지적하는 것처럼 1인칭에서 구상된 역사관(역사의 틀)이 갖는 약점이자, 또는 어떤 강한 목적(경제이익)이나 절대적인 타자(미국)의 존재로 인해 기능주의적이고 편의주의적인 성향을 띨 수밖에 없는 사정을 노정하고 있어 보인다. 지리적 인접성 보다 지정학적 요소가 크게 작용하고 있기 때문이다. 그러나 이렇게 모호한 경계인식은 전후의 동아시아론이 탈중화, 탈아, 아시아주의, 19세기 말 지역주의, 대동아공영권과 같은 전전의 이데올로기적 언설과 연동되고 있는 듯한 인상에 영향을 주고 있음도 사실일 것이다. 그리고 이러한 점이 일본 동아시아 관련 언설이 갖는 한계라고 지적할 수 있다. 일본 동아시아 담론이 갖는 가장 큰 의구성은 어쩔 수 없이 과거 제국일본의 역사적 과오가 개입되는 상황을 극복하기 어렵다는 점이다. 현재 제기되고 있는 아시아주의가 갖는 분열구조는 물론이고 일본의 동아시아론(아시아주의)이 무엇보다 '방편으로서의 연대론'이라는 성격이 강하기 때문이다. 이는 동아시아론이라는 것이 실체를 갖지 못하고 주체적으로 자립해 존재할 수 없다는 원론적인 문제와도 관련이 있을 것이다. 지역 구성에 있어서의 편의성도 이러한 이유 때문일 것이다. 즉 동아시아론이라는 것이 어떠한 목표를 위해 상정되는 방법론으로서의 성격이 강함을 알 수 있는데, 일본은 주로 그 지향점이 경제논리로 수렴된다. 물론 한국의 경우도 EU통합을 모델로 한다거나 경제공황(IMF)이 큰 배경이 되기에 일본의 경제주의적 편향을 애써 탓할 수는 없을 것이다. 과거 쇼와공항과 경제자본 중심의 운영이라는 제국경영의 경험이 현재에도 '관방학적 차원의 연구 경향'에 영향을 미치고 있기에 이를 전적으로 경제논리로만 이해할 수 없다는 지적도 가능할 것이다. 하지만 그렇기에 한계(의구심)를 극복하고 보다 '보편적' 지향점을 위해 존재할 수 있는 동아시아론을 더 철저히 간구할 필요가 있지 않을까.

5. 귀환서사가 대중의 동아시아 인식에 미치는 영향

이항대립으로 설명할 수 없는 일본 내셔널리즘의 갈등 구도와 역사적 전개를 문제시하며, 특히 2010년 이후 영토분쟁이 격화되자 이전에 어느 정도 공통의 기반을 가졌던 '반미'도 '아시아주의'도 동아시아 각국의 내셔널리즘에 흡수되어버렸다고 조관자(2014)는 비판한다. 미국 패권이 쇠퇴했음에도 불구하고 동아시아 평화론이 '공동환상'으로 끝나려고 하는 이유는 무엇인가 하는 것으로, 담론에만 머물고 실체를 갖지 못하는 동아시아 담론을 문제시하고 있다. 특히 조관자는 일본의 정치적 무의식과 '주체 환상'에 미국이 따라붙고 있음을 논리로 반미주체화—아시아 연대론이 미국 부재의 아시아에서 독립과 평화 공존을 상상했으나 정작 일본과 아시아에서 '주체' 문제를 사유하지 못했다고 비판한다. 곧 동아시아에서 문제는 미국이 아니라 아시아, 즉 주체 부재의 아시아라는 것이다.

하지만 이러한 지적과는 다르게 '주체' 문제는 전후 일본의 사상계에서 큰 화두였다. 즉 패전 직후 일본의 지식인들이 고민했던 문제 중의 하나는 '주체성'을 중심으로 한 일본 근대화론 비판이었다. 당시 지식인들의 이념적 선택지로서 강하게 어필했던 일본 공산당을 중심으로 한 신일본문학회의 창립대회 선언문에는 '국내외의 인민 대중의 권리회복'이라는 민주주의적 요구에 문학을 통해 부응한다는 목적이 제시되고 있다. 전후문학 패러다임에 상당한 영향을 미치며 당시 전후사상의 테마 섹터(久野修, 1959)로 기능했던『근대문학』동인들도 '주체성론'을 논점화했다. 갑론을박하는 논고들 속에서 주목되는 것은 '현실' 감각을 둘러싼 대응들이다. 순수 인간성을 이상화하고 근대적 자아의 확립을 주장하는 이른바 근대문학파의 소시민적 관념주의나, 자유에 대한 환상을 갖고 혁명을 운운하는 신일본문학파의 담론 속에서 간과되고 있는 것이 여전히 과거의 억압과 생활고 등으로 위축되어 있는 '민중에 대한 인식'이었던 것이다. 이는 애초에 무엇에 대한 그리고 무엇을 위한 주체성 확립이었는가 라는 근본적인 사고의 결여로 인해 당시 (피)점령에 대한 스킴(scheme)의 부재 현상을 단적으로 보여준다.

필자가 현재 일본의 동아시아론에 대한 연구사적 동향을 살펴보면서 역시나 드는 생각은 이러한 민중, 대중의 시선의 부재이다. 물론 필자는 여기서 일본 대중이 갖고 있는 동아시아 인식을 입체적으로 조명해낼 수 있는 여력이 없다. 그러나 일본의 동아시아론이 갖는 문제점(특징)을 하나씩 극복하며 '진정한' 의미에서의 평화적 동아시아상을 설정하고 제안해가야 한다면, 무엇보다 담론과 대중의 눈높이를 어떻게 조절해나가야 할지 하는 의문만큼은 공유하고 싶다. 앞서 1960년대가 전후 동아시아 담론의 촉발 시기라고 했듯이 '소거'된 동아시아는 대중의 시선에서도 복원되기 시작한다. 여기서 유일하게 대중의 동아시아 인식을 문제시하고 있는 윤건차의 논의에 다시 주목해보자.

윤건차는 동아시아를 어떻게 전망하고 거기서 살고 있는 민중이 서로를 어떻게 이해하고 공존해나갈 것인가 하는 문제는 정치지도자의 문제이기도 하지만 현실적으로는 더 크게 동아시아 민중의 공통적 과제라고 주장한다. 일례로 앞서 동아시아 공동체론에서 언급되었던 '원코리아 페스티벌'은 조선/한인계 재외동포의 존재를 수동적이 아니라 적극적·능동적으로 인식하면서 한반도의 남북통일에 있어서 그들의 역할에 결정적인 의미를 부여하는 동시에 '자이니치(在日)'를 일본만이 아닌 동아시아, 나아가서는 세계로 연결되는 범위로 인식하고 있다. '아시아 공동체'는 바야흐로 원코리아 페스티벌이 지향해 나갈 미래상이 되었고, 1993년부터 아시아시민의 창출이라는 이상으로 연결되면서 아시아공동체가 단순한 경제적 통합만이 아니라 '아시아 시민'의 창출을 통하여 아시아에서 시민적 권리와 자유의 보편적 현실을 지향하고 있다. 한국과 북한, 일본을 등거리에서 볼 수 있는 위치로서의 재일의 실존에 바탕을 한 이 운동은, 윤건차도 재일의 대표적인 운동으로 평가하고 있듯이, '아시아적 시민정신'의 창출을 위한 중요한 시금석이기도 하다(최우길, 2004). 민중 측에서 공통의 동아시아 인식을 어떻게 쌓아나갈 것인가 하는 문제인 것이다. 따라서 일본의 민중, 시민운동이 앞으로 더 확대되어 한일 간의 연대를 비롯해서 동아시아 각국 민중과도 연대해야 한다고 윤건차는 제안한다. 물론 이러한 운동은 과거 일본의 아시아 침략, 식민지 지배를 시야에 넣고 추진되어야 하고, 과거 문제를 포함하여 한반도 정세, 특히 남북한 통일 문제와 미국을 포함한 안전보장체제를 시야에 넣은 운동으로 나아가야 한다고 그는 말한다. 그러나 윤건차도 지적하고 있듯이, 현상적으로 일본의 운동이 이러한 현실적 과제에 충분히 대응하고 있지 못하다. 그 이유는 무엇일까. 당연히 대중의 아시아에 대한 문제의식의 차이 때문일 것이다. 이러한 인식의 문제를 윤건차는 다음과 같은 데서 원인을 찾고 있다.

일본인이 전후 아시아를 본격적으로 다시 만나게 된 것이 1965년에 체결된 한일조약 반대투쟁을 통해서이다. 여기에는 경제 고도성장으로 시장 확대와 노동력 보충, 공해산업의 이전을 목적으로 아시아로 시선을 돌리게 된 배경이 있다. 즉 일본 민중의 입장에서 본다면 1960~1970년대 아시아를 중심으로 한 국제관계는 전후 경제부흥에 매진해온 자신들의 모습을 되돌아보게 하는 사건의 연속이었다. 1960년 미일안보조약 개정과 한일조약 체결, 베트남전쟁 격화, 1972년 미중 국교회복, 오키나와 반환, 중일 국교회복, 한국 민주화운동의 고양 등은 전전의 아시아 침략을 되돌아보지 않고 다시 아시아에 경제적으로 진출하려는 자신들의 모습에 의문을 불러일으키게 했다는 것이다. 그리고 많은 지식인, 학생, 민중 사이에서는 다시 아시아에 눈을 돌림으로써 전후 민주주의의 쇠퇴를 타개해가려는 움직임이 싹텄다. 이러한 분위기 속에서 한일조약 체결 반대투쟁은 전쟁 책임론이 민족적 책임론으로 전개된(특히 조선민족에 대해) 사상적 활동이라고 윤건차는 평가한다. 아시아 민족에 대한 민족적 책임론이 전개되면서 아시아에 대한 인식이 개선되게 된 것이다. 기존의 조선 멸시관을 반성했고 이것이 중국에 대한 시선의 변화로도 이어졌다. 이는 일본인의 눈에 아시아와 제3세계가 보이게 됨을 말한다.

하지만 아시아에 대한 일본인 전체의 인식은 크게 변하지 않는다. 윤건차의 논의에 따르자면 '중간층'에 의한 일본 경제 고도성장이 일반인에게 국수주의를 심어놓게 되면서 해외진출=국제화라는 인터내셔널리즘 속에 편협한 내셔널리즘을 내포하게 되었기 때문이다. 조선붐, 아시아붐 못지않게 일본인론, 일본문화론 붐도 크게 확산되던 것이다. 일본의 대아시아 관계는 한일, 중일 등 경제 중심의 양국 관계를 중심으로 한 것으로 일본인의 폐쇄적 사고를 극복하고 새로운 아시아관을 만들어가지는 못했다. 더욱이 냉전 종결 이후 전후체제 재편에 들어간 일본은 걸프전쟁을 직접적 계기로 비군사적 노선의 개편을 시작하며 상황은 더욱 착종되어 간다. 이로 인해 아시아에 대한 인식은 '개선'되지 않고 역으로 '대국의식'이 광범위하게 국민의식에 작용하게 된다.

이러한 점에서 일본 대중의 아시아 인식이 현상적으로 어느 정도의 층위에서 내셔널리즘과 연동하고 있는지 밝히는 작업은 앞으로의 동아시아 공동체 논의를 위해서도 중요할 것이다. 이러한 현실에서 일본 내의 재일조선인의 역할을 중시하는 윤건차의 제안은 시사하는 바가 많다. 일본 식민지 지배의 유산인 재일조선인은 일본의 과거 아시아 침략을 직접 체험한 존재이며 현실적으로 동아시아 역사와 현실이 안고 있는 모순을 집약적으로 표현하고 있기 때문이다.

그러나 여기서 필자가 주목하고 싶은 점은 일본 대중의 대국의식의 심층에 형성되어 있는 그들의 동아시아'상'이다. 윤건차의 말을 따르자면 1965년 이후 일본 대중은 아시아를 대면했다. 한일협정 체결이나 중일우호조약과 관련해 일본 대 한국, 일본 대 중국이라는 국가적, 정치적 차원의 대면이 이루어지는 것이다. 이러한 대면은 양국 간의 국교 회복을 우호적으로 표상하는 이산가족(육친) 찾기를 통해 극적 효과를 낳는다. 그리고 육친이 한국이나 중국에 살게 된 과거의 역사적 경위를 담은 스토리가 대중의 심금을 자극한다. 커밍아웃하기 시작하는 귀환자와 그들의 증언을 기록한 귀환체험 수기의 확산이다.

이처럼 전후 일본의 귀환자는 그 존재 자체가 역사적으로 의미심장하다. 재일조선인이 일본 아시아 침략의 역사를 상징하는 '외적 표상'이라면, 귀환자는 전전 일본의 아시아관(아시아주의)의 실패를 반증하는 '내적 표상'이라 하겠다. 이러한 귀환자들이 전후처리 종결과 함께 일본에서 실질적으로 망각된 것이 1961년의 일이다. 아이러니하게도 일본의 동아시아론은 귀환자의 존재를 망각하면서 대두되고 있다. 전후 일본의 '기억(망각)의 정치학' 프로세스 — 미완의 전후책임, 역사왜곡 등 — 와 일치한다는 비판을 뒷받침하는 구조를 귀환자는 상징하는 것이다.

그리고 1960년 중후반과 1970년대에 걸쳐 한국과 중국의 외교 회복을 계기로 또는 베트남전쟁을 계기로 식민지 귀환자들의 기록(수기)과 귀환자 출신 작가들의 활약(식민 2세들)으로 (구)식민지체험이 대중의 동아시아 인식에 영향을 미친다. 귀환자들의 기록, 기억의 '재구성'을 통해 복원되는 동아시아'상'에 다름 아니다.

다음의 지도는 패전 이후 진행된 귀환사업의 성과를 한 눈에 보여준다. 총12개의 귀환원호국(引揚援護局)으로 외지 일본인들이 유입되었고, 유출지는 시베리아(사할린, 지시마), 중국(만주), 대만, 한반도(북

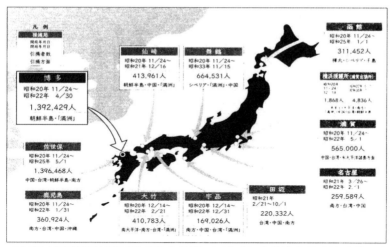

◆主要地方引揚援護局と引揚者数（厚生省『援護50年史』、福岡市『博多港引揚資料展』他より）

한. 한국), 남방(남양제도), 미태평양제도, 남태평양 등 아시아권을 총괄한다. 이처럼 귀환자의 기록들은 한정된 국가 간의 단선적 관계가 아니라 일본과 근린아시아의 관계를 입체적으로 재현하는 양상을 띠고 있음을 알 수 있다.

1970년 초반을 기점으로 이후 대량 발간되고 있는 귀환수기 중에서 현재 주목할 만한 간행물로서『평화의 초석(平和の礎)』시리즈를 한번 살펴보자. 1988년부터 현재까지 총무성(総務省) 소관으로 독립행정법인 평화기념사업특별기금(独立行政法人平和祈念事業特別基金)에서 주관하고 있는 이 간행물은 홈페이지를 통해 일반인들도 손쉽게 접할수 있다. 이 기금은 매해 중고등학교 학생을 대상으로 일본인들이 겪었던 귀환체험, 또는 전쟁에 대한 다큐멘터리 영상 제작 발표회를 콩쿨식으로 개최하고 있기도 하여 현재 기능하는 귀환수기의 교육적 영향을 엿볼 수 있기도 하다.『평화의 초석』은 병사편(군인군속 단기재직자가 말하는 고행담) 총19권, 억류편(시베리아 강제억류자가 말하는 고행담) 총

20권, 귀환편(해외 귀환자가 말하는 고행담) 총 20권, 그리고 선집(전쟁체험의 고행을 후세에 남기기 위한 선집으로 아동서 포함) 총 5권이 현재 공개되고 있다.

이 중에서 귀환편을 좀 더 자세히 살펴보면, 제1권에 실린 고행담은 66편으로 주로 만주 출신 귀환자들의 이야기이다. 그리고 제2권부터는 내용에 따라 카테고리화해 지역별로 편재되어 있는데 권별로 편재되고 있는 지역이 다소 차이를 보인다. 먼저 제2권에서 4권까지는 만주·사할린·조선·중국·대만 그리고 그 외—시베리아·남양·루방섬·남방·마닐라·필리핀—로 지역을 나누어 구성되어 있다. 제5권부터는 만주·사할린·조선·그 외 지역으로 분류되면서 대만이 그외에 포함되게 된다. 제8권부터는 만주·조선·그 외, 제11권에서는 만주·조선·중국·남방, 제12권은 만주·조선·중국·사할린·남방, 제13권부터는 만주·조선·중국·사할린으로 편성되어 있다. 전체적으로 공통해 등장하는 지역은 만주·조선으로 이때 조선은 내용으로 보아 한국과 북한을 포함한다. 또한 대련·북경·천진·상해·봉천 등이 만주와 중국에 중첩되어서 편재되어 있는 것을 볼 때, 대체적으로 만주를 제외한 중국대륙을 '중국'으로 간주하고 있어 보인다.

귀환서사(수기를 포함한 광의의 의미)는 양가성을 갖는다. 수기의 중심을 이루고 있는 내용이 '비극의 재현'이라는 특성상 어쩔 수 없이 일본의 내셔널 히스토리, 그중에서도 피해자 의식을 강하게 전달한다. 그러나 한편으로 쓰는 행위 자체는 전전의 대동아공영권 구상이 갖는 패권주의적 성격에 대한 비판적 행동으로 평가할 수 있다. 일례로, 지금은 역사에서 사라졌지만 '만주'나 '귀환(히키아게)사업'이라는 고유명사의 등장 자체로 설명해야 할, 그리고 이해해야 할 역사적 사실이 가시화되기 때문이다. 그러나 귀환서사는 과거에 대한 회상이라는 재현, 즉 기억의 재편이라는 형태로 재구성되면서 전전의 국경(경계)을 재현시키는 결과를 가져올 수밖에 없다. 앞서 『평화의 초석—귀환편』에 나타나 있는 지역적 편성은 근린 아시아와 일본의 관계를 단선적이 아니라 입체적으로 또 복합적으로 재현하는 반면, 전전이라는 과거의 지리적, 체험적 동아시아 형세를 재구성하는 역설구조를 띤다. 그리고 이러한 현상은 대중의 실감적 차원에서의 동아시아'상'에 영향을 준다. 예를 들어서 귀환편에 공통적으로 나타나고 있는 지역인 만주나 조선을 보자. 만주는 소련군의 침략으로 일본인이 대혼란을 겪게 된, 일상의 평화를 빼앗긴 전장지로 묘사된다. 조선 역시 수용소 생활처럼 생사를 건 피난 과정의 경유지로 등장하면서 가족 간의 이산 또는 사별처럼, 위험과 고초를 겪었던 곳으로 재현되고 있다.

이렇듯 대중의 동아시아에 대한 인식은 귀환서사를 통한 공유로 인해 전전의 동아시아 형세를 지리적, 심리적으로 계승하는 면모를 갖고 있다. 전후 국제적 관계개선, 평화주의(특히 반전사상)라는 틀에서 귀환서사가 재생산되기 시작했다고 볼 수도 있지만, 그 서술 내용과 표현법에 있어 일본 내셔널리즘은 차치하고서라도 아시아는 위험한 장소, 즉 '전장지로서의 아시아'라는 인상을 내재화하는 측면도 있기 때문이다. 그리고 바로 이 과정에서 일본이 전쟁의 피해자라는 폐쇄적인 전쟁관이 강하게 어필되게 된다. 이러한 대중의 시각을 어떻게 조율해나갈 수 있을까. 현실적으로 제안되는 다양한 동아시아 관련 담론이 일반 대중에게 미치는 영향이 크다고 가정해본다면 전장지로서의 아시아라는 인상이 수면에 내재화되어 있는 한 평화적 공동체의 실현은 한계가 있을 수밖에 없다.

6. 과제로서의 '대중의 동아시아'

전장지로서의 아시아라는 대중의 동아시아상이 국가적, 담론적 차원의 평화적 동아시아 공동체를 위한 구상들과 괴리되어 있음은 비단 앞서 소개한 귀환서사의 재생산(확산)의 영향만은 아니다. 대중의 전쟁관과 이와 함께 그들이 염원하는 평화에 대한 인식에서도 일본 대중이 갖고 있는 동아시아상은 전전의 아시아상을 기조로 한다. '8·15'를 중심으로 한 전쟁의 기억이 일본인의 평화인식과 어떤 상관성을 가지면서 변화해 왔는가를 일본 언론 3사와 독자투고란의 내용을 분석해 검토한 박진우(2014)의 연구가 이와 관련해 시사적이다. 특히 1980년대에 들어 독자투고란에서 눈에 띄는 특징은 주변 피해국에 대한 가해 책임을 외면한 채 자국의 희생자만을 기억하고 그들의 희생 위에 오늘날의 평화가 있다는 식의 '일국평화주의'이다. 예를 들어 전쟁에서 희생한 '영령'이 '동양 평화'를 위해 목숨을 바쳤다는 인식이다. 물론 이와 동시에 근린 아시아에 대한 가해 책임을 구체적으로 언급하면서 전쟁의 전승과 평화의 소중함을 강조하는 투고도 1980년대에 들어 두드러지고 있다. 일본의 피해자 의식에 대한 '전후 세대'의 비판이 등장하기 시작한 것이다. 이렇게 타자에 대한 가해 책임을 자각하고 일본의 전쟁 책임을 진지하게 반성하는 내용이 무엇보다 전쟁을 체험하지 않은 전후 세대에게서 나타나고 있음을 박진우는 '가해자와 피해자가 미래지향적인 역사인식을 공유할 수 있는 가능성과 희망적인 시사점을 제공해준다'고 평가한다.

그러나 한편으로 2005년 베이징 반일시위 사태 때만 해도 이러한 가능성과 희망은 다시금 전전의 아시아상으로 퇴화된다. 당시 인터넷 상의 우익적인 표현을 지적하며 우카이 사토시(2005)는 중국이나 한

❶ 교토 마이즈루시에 있는 마이즈루 귀환기념관(舞鶴引揚記念館) 내부. 마이즈루는 1945년 10월 7일에서 1958년 9월 7일까지 13년에 걸쳐 약 66만 명의 귀환자와 복원병이 입항한 대표적인 귀환항이다. 귀환의 역사와 과정 그리고 귀환자들의 사진과 기록 등을 상시 관람할 수 있다. (사진은 필자 촬영)

❷ 마이즈루 귀환기념관은 2015년 종전 70주년을 맞아 유네스코세계기억유산 등록을 목표로 기념관 관내의 자료 총 1만 2천 점 중 570점을 2014년 3월에 유네스코(본부 파리)에 신청하였다. 전쟁의 참사와 평화의 소중함을 세계를 향해 널리 전해 나아가자라는 취지를 담고 있다.(사진은 공식홈페이지http://m-hikiage-museum.jp 선전유인물)

국을 '전근대적'이라고 모멸하는 표현이 반복적으로 나타나는 것은 식민시기의 제국적 심성이 지속되고 있기 때문이라고 분석한다. 뿐만 아니라 이는 중국, 조선을 동시대적인 자신과 같은 근대적 존재로 볼 수 없다는 뿌리 깊은 '마음의 병'이며, 이렇게 중국과 조선에 대한 일본 특유의 경멸적인 차별 감정에는 서양이 일본에 대해 이야기하는 것이 다분히 투영되어 있다고 지적한다. 이러한 현상은 일견 서양식 국민국가론, 근대화론의 이식이 낳은 뿌리 깊은 몸살로 이해할 수도 있다. 그러나 평화적 공동체의 연대를 생각할 때 동아시아의 대중적 수준에서의 대화 공간이 더욱 적극적으로 제안되어야 함을 시사하기도 한다. 따라서 대중적 차원에서 실감되고 있는 동아시아상을 검토하고 이를 진단하여 현상을 바로잡을 수 있는 혹은 보충할 수 있는 실질적인 교감의 방법을 위해 연구 지평을 넓힐 필요가 있다.

동아시아의 인식과 관련해서 윤건차의 지적이 중요한 것은, 물론 그 논의가 한일 관계로 한정되었고 1965년 한일회담에 대한 대중인식의 변화에 초점을 맞추고 있기는 하지만, 대중·민중을 시야에 넣고 있다는 점 때문이다. 하지만 재일조선인을 매개로 한 일본 대중의 동아시아 인식을 고려한다면 '1950년대'도 주목해야 할 것이다. 왜냐하면 한국전쟁을 계기로 결성되었던 재일조선인조국방위대(조방대)나 재일조선통일민주전선(민전)이 일본공산당 산하에서 '반미, 반재군비' 투쟁의 첨병 역할을 했고, 특히 스이타(吹田)사건 등은 전후 일본 대중의 뇌리에 아시아 혹은 식민지를 대면케 한 일련의 사건이었기 때문이다. 시기적으로 일본 대중에게 아시아는 1950년대 초반에 '동지'로서 혹은 '위험분자'로서 인식되었다고 볼 수 있는 것이다. 이와 함께 강화이전인 1950년대 초반에 일본 좌파계열 지식인들이 일본을 아시아와 동일시하며 미국으로부터의 자립과 아시아와의 연대를 주장했던 상황도 앞서 살펴본 연구사 동향에서 공백으로 남아 있는 1950년대 일본의 아시아관을 살펴보는 데 있어 염두에 두어야 할 사건일 것이다.

그리고 1950년대 중반 이후 아시아작가회의(1956년) 및 아시아·아프리카작가회의(A.A.작가회의, 1958년)에 참여한 일본 문학자(비평가)들에 대한 대아시아관도 중요한 참조점이 될 것이다. 일본에서는 1961년에 도쿄에서 긴급집회를 열기도 했는데 당시 반제국주의나 반식민지주의, 오키나와반환 문제, 아시아와의 연대 등을 주장했다. 특이 이때 귀환 경험을 가진 작가들의 활동이 눈에 띄기도 하는데 오미정 (2013)의 연구에 따르면 일본에서의 회의가 안보투쟁이 배경으로 작용하면서 미제국주의에 대한 저항적 성격을 강하게 띠었고 도쿄집회 이후 소강상태에 빠지면서 식민지배나 전쟁 등의 일본 비판이라는 과 거사 인식이 진정한 참회나 반성이 아닌 콤플렉스로 연결되는 구도 를 갖게 된다. 이는 일본 문학이나 문학 비평 분야에서의 아시아론이 결여(부재)되고 있는 상황을 반증하기도 한다. 그 결과 문학 연구에 있 어서도 아시아관에 대한 연구가 주로 전전의 조선관이나 중국관과 같 은 식민지(제국)시대 연구 분야로 집중되어 있는지도 모른다. 그러나 여기서 앞서 가토 고이치가 전후 일본이 탈식민지화를 간과해 오면서 냉전과 탈식민지화를 분리해 사고해왔다는 비평을 다시 한 번 상기해 보면 A.A.작가회의는 냉전과 탈식민지화가 유기적으로 사유되고 있 는 한 전례로 평가할 수 있을지 모른다. 당시 일본의 문학자들이 미제 국주의를 빌미로 자신들의 과거사를 간과한 채 아시아 연대를 주장한 것은 무책임한 일이었다는 점에서 크게 동의하지만, 제2차대전 후 냉 전체제 속에서 등장한 신식민지적 상황이라는 대타자를 겨냥해 아시 아 연대를 반제, 탈식민지화와도 연동시키려 노력한 점을 너무 단순 화시켜서는 안 될 것이기 때문이다.

그리고 광의의 귀환서사(수기 포함) 연구가 필요한 이유가 바로 여기 에 있다. 귀환서사가 물론 과거사를 은폐하고 피해자상을 조성한다는 측면은 비판의 소지이지만 식민지지배, 제국 정책, 전쟁 등을 구체적 으로 표현하고 지적해 놓고 있는 자료임에 틀림이 없다. 오히려 이에 대한 비판이나 제대로 된 분석, 해석의 틀을 제시하지 못하고 있는 상 황에서 확산되고 있는 동아시아'상'에 대한 주의(경계)가 필요할 것이 다. 이를 위해 귀환서사의 비교문학적 분석은 현실적으로 중요한 문 제라고 본다. 이러한 연구를 통해서 동아시아 간의 기억의 낙차를 확 인함으로써 일본 귀환서사가 지닌 제국에 대한 망각은 자연히 '불투

명한 기억'에서 벗어날 수 있다. 한편 이와 함께 트랜스내셔널한 지평
에서의 문학 창작에 기여한 귀환자 출신 작가들의 원체험도 재평가될
수 있을 것이다.

| 참고문헌 |

강상중(姜尙中), 이경덕 역, 2002, 『동북아시아 공동의 집을 향하여』, 뿌리와이파리.

고야스 노부쿠니(子安宣邦), 이승연 역, 2005, 『동아 대동아 동아시아』, 역사비평사.

권혁태, 2010, 『일본의 불안을 읽는다』, 교양인.

김현성, 2009, 「전후 일본의 동아시아공동체 구상의 전개와 인식의 변용」, 『일본사상』 17호.

나카오 히로시, 2011, 「동아시아에 대한 일본인의 역사인식의 오류」, 『仙道文化』 제10집.

니타니 사다오, 2008, 「일본 세계사 교육의 동아시아사」, 『동북아역사논총』 19호.

미야지마 히로시, 2005, 「일본 동아시아 공동체론의 현주소」, 『역사비평』 72호.

미타니 히로시, 2008, 「'아시아'개념의 수용과 변용」, 『한일공동연구총서』 11.

박규태, 2006, 「근대 일본의 탈중화 · 탈아 · 아시아주의」, 『오늘의동양사상』 15호.

박삼헌, 2014, 「전후 일본의 동아시아 담론에 대한 비판적 고찰」, 『일본학보』 99집.

박영준, 2011, 「일본형 국제질서관의 전개와 아시아정책론의 변화」, 『국제정치논총』 51집.

박이진, 2014, 「'귀환체험담'과 '반전평화주의'」, 『전후 일본의 생활평화주의』, 박문사.

_____, 2015, 『아시아의 망령』, 성균관대학교출판부.

박진우, 2014, 「'8·15'를 통해서 본 전쟁관과 평화인식」, 『전후 일본의 생활평화주의』, 박문사.

신동규, 2014, 「전근대 일본사 연구 속의 '동아시아' 인식에 대한 고찰」, 『역사학보』 221집.

오미정, 2013, 「1960년대 일본의 〈아시아〉인식」, 『일어일문학연구』 제87집.

와다 하루키(和田春樹) 이원덕 역, 2004, 『동북아시아 공동의 집』, 일조각.

우카이 사토시(鵜飼哲) 외, '수유+너머' 번역네트워크 역, 2005, 『새로운 아시아적 대화를 위해, 반일과 동아시아』, 소명출판.

윤건차, 2000, 「일본의 동아시아 인식」, 『역사비평』 53호.

이성시, 2012, 「일본 역사학계의 동아시아세계론에 대한 재검토」, 『역사학보』 216집.

임태홍, 2002, 「새천년 벽두에 출간된 일본발 동아시아론」, 『동아시아문화와 사상』 9호.

조관자, 2014, 「반미주체화와 아시아주의의 이중변주」, 『아세아연구』 57권2호.

조정원, 2009, 「일본의 동아시아 지역공동체 구상」, 『동북아문화연구』 20집.

최우길, 2004, 「『동북아 공동체』를 위하여」, 『평화학연구』 3호.

하시야 히로시, 2005, 「전후 일본 경제와 아시아」, 『한일공동연구총서』 8.

함동주, 1993, 「전후 일본지식인의 아시아주의론」, 『이화사학연구』 20·21집.

殷燕軍/林博史編, 2015, 『アジア共同体と日本』, 花伝社.

加藤公一, 2014, 「戦後東アジアで「アメリカ」を学び捨てる：冷戦としての戦後と脱植民地化の記憶喪失」, 『歴史学研究』 920号.

久野修, 1959, 『戦後日本の思想』, 中央公論社.

竹内好, 1978, 『方法としてのアジア』, 創樹社.

_____, 1983, 『近代の超克』, 筑摩叢書.

_____, 1993, 『日本とアジア』, ちくま学芸文庫.

中野敏男 外, 2005, 『継続する植民地主義』, 青弓社.

宮台真司, 2004, 『亜細亜主義の顛末に学べ』, 実践社.

東アジア共同体研究所編, 2015, 『なぜいま東アジア共同体なのか』, 花伝社.

独立行政法人平和祈念事業特別基金 http://www.heiwakinen.jp/library/shiryokan/heiwa.html

舞鶴引揚記念館公式web http://m-hikiage-museum.jp

3부

동아시아의 과거와 현재
: 현상과 이해

9장

동아시아와
조선조 후기 한문학

;

연구방법론을 겸하여

진재교

1. 한국한문학에서 '동아시아'란?

한문학 연구의 창신(創新)과 연구 대상을 객관적으로 규명하기 위하여 동아시아 시각의 연구방법은 유의미하다. 특히 구체적인 역사적 실체를 통해 동아시아론과 결부시킬 때, 동아시아 시각의 연구 방법은 객관성을 지닌다. 이 점에서 기왕의 추상적 동아시아 담론과는 길을 달리하기 때문이다(진재교, 2012). 추상적 담론을 극복하기 위해 여기서는 조선조 후기 한문학의 몇 가지 문제를 동아시아 시각으로 확인할 필요가 있다. 동아시아 시각으로 보면 기왕의 해석과 달리 볼 여지가 많기 때문이다. 다른 시기에도 동아시아와 연결시킬 수 있지만, 자료와 논의의 편의를 위해 조선조 후기를 중심으로 분석하는 것이 유효하다.

특히 '동아시아'를 인식의 중심에 두에 두면, 조선조 후기의 역사적 이슈나 사례도 일국적 시각을 넘어 객관적으로 볼 수 있을 뿐만 아니라, 기왕의 연구도 재조명할 수 있다. 이를 위해 구체적인 방법으로 동아시아 각국이 교통(交通)하는 문화장(文化場)을 설정하고, 이를 통해 한문학을 바라보고자 한다. '문화장'은 학술과 문예의 입장이 서로 다른 사람들이 서로 다른 가치 지향을 가지고 함께 뒤얽혀 혼거하는 구조화된 공간을 의미한다. 또한 문화장은 복잡한 사회적 네트워크 속에서 상호 제약하는 동시에 일정한 효력을 발휘하는 하나의 복합적 사회현상에서 생성된 문화를 이해하는 데 기여함으로써 당대 사회의 전체상에 대한 더 깊은 이해에 다가설 수도 있다. 대체로 문화를 하나의 '장'으로서 이해할 경우, 기왕에 문학 바깥의 요소로 간과했던 많은 요소들도 장의 내부로 이동시켜 재조명할 수도 있음은 물론이다.

여기서 조선조 후기 한문학의 사례를 문화장의 구도로 주목한 것은 '문화장'이 일국을 넘어 인적·물적 교류는 물론 각국이 상호 교통하는 것을 말하기 때문이다. 이는 비교사의 관점에서 영향관계를 파악하는 것과 다르다. 무엇보다 동아시아를 인식의 중심에 두고 주체의 문제를 상대화시켜 바라보는 것을 말한다.

그렇다면 동아시아와 조선조 후기 한문학을 어떻게 연결시켜 고찰할 것인가? 이 문제는 '조선조 후기 지식인들은 동아시아 국제질서 전환기에 역사적 제 문제를 어떻게 인식하고 이해하고자 했던가?'라고 바꾸어 질문하는 것과도 통한다. 이 물음에 답하기 위해, '동아시아'를 방법으로 삼아 조선조 후기 한문학의 이슈를 들여다보고, 과거에 중시하지 못했던 대상과 주제를 새로운 관점으로 주목하거나, 일국적 시각에서 보지 못하던 문제도 새롭게 끄집어내어 재음미해보고자 한다.

2. 방법으로서 '동아시아'와 '문화장'

그간 동아시아 학계는 서구 중심의 연구 방법을 타개하고 그것과 구별되는 지식 생산 방식을 구축하기 위해, 지역 단위에 주목한 연구가 많았다. 기왕의 동아시아 각국에서 주목받고 있는 동아시아 담론도 그러한 연구 경향의 한 예다.

동아시아론에 관심이 적은 중국 학계조차 최근 학술과 문학을 동아시아와 결부시켜 논하는 연구가 늘어나는 추세다. 하지만 그들의 동아시아 연구는 자국 중심의 사유를 두드러지게 드러낸다. 표면적으로는 주변의 시선과 타자의 거울로 자신을 비춰봄으로써 자신을 재발견한다고 제기하고 있지만, 그러한 논리의 이면에는 자국 중심의 일국사 인식이 자리잡고 있다. 최근 중국 학계의 이러한 논의는 '중심-주변'의 위계질서를 상정하고 있다는 점에서 변형된 중화주의에 다름아니다.[1]

반면 일본은 중국의 동아시아 인식과 사뭇 다른 양상을 보여주고 있다. 식민 제국을 경험한 이후 일본 학계는 자국을 동아시아의 일원으로 사유한 경우는 드물다. 기본적으로 일본은 메이지유신(明治維新)

---

1 최근 동아시아 삼국이 '동아시아'를 기치로 문학과 사상, 문화와 연결시켜 논하고 있다. 대만과 중국 그리고 한국과 일본에서도 '동아시아'를 학술 담론으로 내세우면서 다양하게 논하고 있다. 대만의 경우 황쥔제(黃俊傑)가 대표적이다. 구체적인 성과는 黃俊傑, 정선모(鄭墡謨), 2012, 『동아시아학 연구방법론』, 심산 참조. 중국의 경우 갈조광(葛兆光)은 주변에서 본 중국의 시각으로 동아시아를 시야에 두고 일련의 자료를 간행하고 있다. 갈조광이 복단대학과 베트남의 한놈 연구소, 그리고 한국의 성균관대 대동문화연구원과 함께 연행록을 공동으로 간행한 것도 이러한 인식의 소산이다. 이러한 작업과 함께 연구의 방향은 동아시아를 시야에 두고 17~18세기 동아시아를 조망하고 있다. 여기에 대해서는 葛兆光, 「從'朝天'到'燕行'―17世紀中葉後東亞文化共同體的解體」, 2005, 『中華文史論叢』 總第81輯; 「明朝後無中國'―再談17世紀以來中國·朝鮮·日本的相互認識」, 2008, 『東亞文化交涉研究』 別冊 第1號; 2011, 「宅玆中國:重建有關'中國'的歷史論述」 中華書局 참조. 하지만 그의 연구 성향은 주변을 통해 중심을 보려는 새로운 중국 중심의 시각을 드러내고 있는 데 문제가 있다. 더욱이 최근 중국학자들의 일련의 연구는 '중국(중심)-주변(한국, 일본, 베트남 등)'의 위계질서를 구축하고 중심과 주변으로 재배치함으로써 배제와 차별의 시각을 드러내고 있다. 이는 지식체계의 불평등 재배치를 기획하는 한편, 중국 중심의 시각을 드러내고 있다는 점에서 동아시아를 객관적으로 보지 않는 방법론이다. 중국을 동아시아 내의 하나로 인식하지 않고, 예외적으로 파악하거나 차별적으로 자타를 구분한다는 점에서 상생의 동아시아 인식은 아니다.

이래 '탈아입구(脫亞入歐)'에 사로잡혀 자국을 동아시아 일부로 인식하지 않고 예외적으로 사유함으로써 주체적으로 동아시아를 인식하지 않는다. 일본 스스로 그 시선을 서구에 두고 아시아의 다른 국가에 상대적으로 우월적 사유를 가지는 한, 개관적인 동아시아인식과 생산적인 동아시아론은 불가능하다.

그럼에도 불구하고 일각에서는 '방법으로서 중국'을 제시하는 등 기존의 연구와 사뭇 다른 동아시아 인식을 보여 준 사례도 있다. 미조구치 유조(溝口雄三)가 대표적이다. 그는 근대 이래 서구의 시각에서 중국 내지 아시아를 바라보는 일반화된 사실을 적시한 다음, 이를 극복하기 위해 "중국을 방법으로" 삼아 중국을 고찰하여 서구 원리에 대응되는 중국원리를 발견하고자 하였다. 요컨대 미조구치 유조는 중국 연구를 통해 일본의 동아시아 인식을 성찰한 것이다.(溝口雄三, 1989)

이와 달리 한국의 동아시아론은 다양한 시각과 방향으로 제시된 바 있다.[2] 그간 적지 않은 성과에도 불구하고, 한국의 동아시아론은 담론의 성격을 보여줄 뿐만 아니라, 추상성이 강한 이념 지향적 시각

---

2 일본의 경우 자신을 동아시아의 일원으로 인식하고 동아시아론을 펼친 경우는 적지만, 자국 중심의 동아시아론은 일찍부터 있었다. 이미 일본의 제국의 논리로 동양학을 창안하고 이후 동아시아에 많은 관심을 가졌다. 하지만 최근에 일본이 보여주는 동아시아론과 동아시아공동체 논의 역시 매우 다양하게 제출되었다. 하지만 이 논의는 기본적으로 과거 '동양학'의 시각에서 크게 벗어나지 않는다. 대표적인 동아시아론으로는 '아시아 네트워크론'과 '중진국자본주의론'을 비롯하여 '왜구해역론(倭寇海域論)'과 '쇄국비판론', 그리고 '조공체제론(朝貢體制論)'과 '아시아 교역권론' 등을 들 수 있다. 대체로 이 논의들은 일본의 민족주의와 쉽게 이어지거나, 일본을 미화하는 경향이 강하며, 자신을 성찰하고 비판적으로 보려는 시각은 드물다. 기본적으로 이들 연구는 동아시아라는 공간에 일본 자신을 넣지 않거나 자신을 동아시아의 일원으로 고려하지 않고 예외적으로 파악하고 있다. 이는 탈아입구(脫亞入歐) 논리의 연장이거니와, 근대 일본의 학문 경향이 서구 따라잡기를 목표로 하고 이를 극복하지 못한 것과 관련이 깊다. 일본의 동아시아론과 동아시아공동체의 연구 경향을 비판적으로 바라보고 정리한 것으로는 미야지마 히로시 지음, 2013, 『일본의 역사관을 비판한다』 창비, 278~312면 참조.

을 보여주고 있다. 역사적 리얼리티가 있는 실제 사실을 근거로 동아시아론을 모색하지 못한 채, 대개 관념적 차원에서 논의한 경우가 많다. 이 점을 고려하여 여기서는 역사적 리얼리티가 있는 실제 사례를 근거로 동아시아 연구의 가능성을 제시함으로써 기왕의 동아시아론과는 방향을 달리하고자 한다. 하나의 사례로 방법으로서의 동아시아를 제기하고, 이를 한문학과 연결시켜 논의하고자 한다. 특히 조선조 후기 한문학의 중요 이슈와 연결시켜 논의할 것이다.

기실 방법으로서의 동아시아는 인식론의 문제다. '동아시아란 무엇인가?'라는 문제는 결국 '동아시아를 어떠한 시각으로 바라볼 것인가?'라는 것을 의미한다. 이를테면 '동아시아'를 인식의 틀로 삼아 일국 중심의 사고를 상대화시키고 자신의 문제를 타자에 비춰 재인식하는 것이다. 이미 임형택 교수가 제시한 바 있듯이, 인식론의 중심에 동아시아를 배치하고 시간을 종으로 설정하는 구도다.

특히 조선조 후기 한문학과 관련한 지식과 지식·정보를 둘러싼 문화적 양상은 동아시아 공간에서 그것과 관계 맺고 있는 상호 소통 공간인 문화장과 연결시켜 새로운 의미망을 포착할 수 있다. 무엇보다 동아시아 공간에서 생성된 문화장을 통해 일국 내부의 문제를 상대화시켜 견줌으로써 새로운 의미망을 확인할 수도 있기 때문이다. 그리고 여기서의 장은 각 입장들의 구조화된 공간을 의미한다. 이를테면 문화장은 적대적이거나 차이 나는 각국의 입장들이 뒤얽혀 있는 문화적 요인이 충돌하고 착종하는 공간이기도 하다. 그런 점에서 각국의 문화적 요인의 충돌하고 착종하는 것 자체가 문화적 공분모이자 문화장인 셈이다. 하지만 문화장은 단순한 공간만을 의미하지 않는다. 기억을 포함하는 역사적 시간의 장이기도 하고, 일국 너머와 관계 맺는 탈경계를 포함한다.

주지하듯이 전근대 동아시아 문화장에서의 공분모로 거론할 수 있는 것 중의 하나가 한문학이다. 한문학은 동아시아를 인식할 때 현실적 리얼리티를 가지는 역사적 실제이기 때문이다. 특히 동아시아와 한문학을 연결시킬 때, 동아시아라는 공간과 역사적 시간을 주목할 필요가 있다. 그것에 적합한 사례로 동아시아 공간에서 산생한 지식 생산과 지적 교류를 거론할 수 있다.

요컨대 방법으로서 동아시아를 제기하고 이를 문화장과 연결시켜 논하는 것은 기왕의 한문학 연구의 성찰과 관계가 있다. 조선조 후기 한문학은 일국 너머 타자와 관계 맺고 있는 문화장과의 관련 속에서 산생되는 경우가 많기 때문이다. 그간 연구는 이에 대한 고려가 적었다. 타자와의 관계 속에서 그 내부를 들여다보고 이를 객관화시켜 의미를 탐색하는 시각은 기존 한문학 연구가 포착하지 못한 방향이다. 여전히 한문학 연구는 일국의 시각에 갇혀 지나치게 세밀한 사실 문제를 주목하는 데 치중하고, 세분화한 사실 문제 너머에 그것이 일국 너머와 관계 맺고 있는 의미망을 시야에 두지는 않았다. 이러한 세분화와 사실에 대한 탐색은 당대의 현실 문제를 비판적으로 바라보는 문제의식을 약화시킨다. 이 경우, 세분화된 지식과 사실에 대한 확인만을 주목할 뿐이다. 제기한 문제의 근원을 시야에 두고 질문하거나, 그 역사적 맥락을 파고들어 음미하는 데까지 이르지 못함은 물론이다. 그 결과 추구하고자 한 지식 내부의 긴장감을 상실하거나, 기왕의 연구가 구축한 지식 틀 속에 갇히고 만다. 이는 지식을 위한 지식 추구의 지향에 지나지 않는다. 이 입장에 서면 기왕의 지식 체계가 구축한 틀에 충격을 가하지도 못한 채, 세분화된 기성의 지식체계 안으로 포섭되기 쉽다.

사실 연구자가 '어째서 문제적이어야 하는가?'라는 문제 제기는 연구자 자신과 당대 역사가 처한 현실적 맥락을 지닌다. 이는 연구자 주체의 시각과 존재 방식을 자문하는 것이기도 하다. 다시 말해 방법으로서의 '동아시아'를 문제 삼는 것은 연구자 자신이 처한 현실과 연구자 주체의 아이덴티티와도 관련이 깊다는 사실의 인식을 의미하는 것이다.

그런데 17~19세기의 동아시아 공간의 문화장에서 우선 거론할 수 있는 사례는 조선중화(朝鮮中華)와 사행(使行)과 관련한 지식인의 자타 인식, 그리고 동아시아 공간에서의 중간 계층의 역할이다. 조선중화는 타자와의 관련 속에서 탄생한 것이며, 사행과 관련한 문제 역시 마찬가지다. 사행과 관련한 자료는 연행록과 통신사 관련 기록을 주목할 수 있다. 이들 기록은 17~18세기 한·중·일 삼국의 문학 교통과 인적 교류 및 지식의 소통과 생산 과정을 소상하게 담고 있다. 사행기록에는 사행에 참여한 지식인이 남긴 작품은 물론 거기에 대응한 타자의 작품도 존재한다.

이 점에서 사행을 둘러싼 자료는 일국 너머의 시각이 필요하다. 이들 자료를 통해 동아시아 지식인들이 교통하면서 남긴 작품을 상호 병치·대조하거나 착종·충돌시켜봄으로써 고정된 문학사적 문맥으로부터 벗어나 문화사적 시야와 새로운 해석을 모색할 수도 있다. 뿐만 아니라 일국의 문화적 경험만을 끄집어내어 범주화한 연구방법의 반성의 계기로 삼을 수도 있다.

더욱이 문화장의 관점으로 사행 기록을 바라보면, 기존의 연구가 수렴하지 못했던 '주변적' 사실로부터 문학 내지 문화 현상의 새로운 의미망을 끄집어낼 수도 있으며, 경계를 가로지르는 종적 공통성도 그 내부에서 찾을 수 있다. 이러한 동아시아 시각은 단순 비교와 대조를 넘어 종횡의 충돌과 착종을 지향하는 방법의 밑자락을 제공할 뿐만 아니라 일국적 틀로 경계 지워진 기존의 문학과 문화적 관념을 흔들고, 이를 다시 사유하여 재구조화하는 데도 기여한다. 요컨대 기왕의 연구와 다른 방식으로 반성의 실마리를 찾는 과정에서 '동아시아'는 일견 '시각'이자 '방법'으로 작동한다. 문화장을 통한 동아시아 지식인의 상호 교통과 지식의 생성·유통의 이해 역시 이러한 연구 방법을 위한 구체적인 역사적 실체다.

전근대 동아시아에서 어떤 이슈는 언어, 국적, 영토 등의 경계를 넘나들기도 한다. 이 때문에 문화장에서 형성된 각국 지식·정보의 상호 동이(同異)를 비교 검토하는 것이야말로 일국을 넘어 통찰할 수 있다는 점에서 매우 유효한 방법이기도 한 것이다.

주지하듯이 조선조 후기 한문학 자체는 국내외의 공간 속에서 학술과 문예로 강하게 연결되어 있으며, 넓게는 문화와 직간접인 관련성을 지닌다. 이를 고려하면 방법으로서의 동아시아는 당대 문화를 독법 하는 데도 유효하다. 다양한 입장들이 뒤얽혀 있는 문화장에서 보면, 그간 단선적으로만 이해했던 것과 달리 새로운 문학사의 맥락도 이끌어낼 수 있기 때문이다.

3. 동아시아 '문화장'에서 본 사례

(1) '중화(中華)'와 '조선중화(朝鮮中華)'의 재인식

동아시아에서 문화장과 관련이 깊은 것은 사행과 사행기록이다. 이 점에서 연행록과 통신사의 기록은 문화장과 관련이 깊다. 사행기록은 지식인의 자기인식과 타자인식도 함께 보여주고 있어 주목할 만하다.

그런데 지식인의 자타인식은 궁극적으로 '중화(中華)'의 문제와 관련성이 많기 때문에 이를 일국적 시각 너머로 들여다볼 필요가 있다. 그러면 여기서 '중화'와 '조선중화'의 문제(계승범·허태용, 2010)를 재음미할 필요가 있다. 17세기 청제국의 등장과 함께 제기된 '조선중화(주의)'를 어떻게 인식하고 평가할 것인가는 조선조 후기를 바라보는 중요한 이슈다. 기왕의 연구는 '진정한 중화'는 중국에 있지 않고 조선에 있다는 사실을 주목하고 민족주의적 의미를 부여하여 평가한 바 있다. 하지만 '조선중화(주의)'는 숭명반청(崇明反淸)과 분리해서 생각할 수 없으며, 기본적으로 이것은 '정통의 명'을 높이기 위해 '중화'의 자격이 없는 만청(滿淸)을 부정하는 것이다. 이 점에서 '조선중화(주의)'는 탈중화주의라기보다, 오히려 중화주의의 관념적 허구에 철저히 포획된 정신상태를 의미한다. 이를 감안하면, '조선중화(주의)'는 전란 이후 국가를 재건하고 체제 유지를 위한 일국적 이데올로기를 지향한다.

본디 중화(주의)는 종족 및 지리적 공간과 문화적 요인을 중심에 놓고 타자를 배제하는 중화 중심의 논리다. 소중화(小中華)는 중화를 인정하고 사대(事大)를 통해 제국의 질서에 참여하는 것을 전제로 한다. 기본적으로 소중화는 중화의 호출로 성립하기 때문에 중화의 질서 안에서 의미를 갖는다. 그렇다면 기왕의 자료는 소중화를 어떻게 언급하고 있는지 보자.

> (1) 우리 국가가 경인·계사년 이전에는 通儒와 명사가 중국보다
> 도 많았기 때문에, 唐나라에서 '군자의 나라'라고 하였으며,
> 宋나라에서는 '문물·예악의 나라'라고 하여 본국의 사신이
> 유숙하는 곳에 쓰기를 '小中華之館'이라 하였습니다.(『고려
> 사절요』 권35)

(2) 나는 말했다. 우리나라는 중국을 사모하고 숭상하여 의관과 문물이 중화와 비슷하여 옛날부터 중국이 간혹 소중화로 칭하게 되었다.(『담헌서』, 〈燕記〉, '孫蓉洲')

(3) 신은 생각하건대, 우리나라가 산을 짊어지고 바다에 둘러싸였고, 지리는 險固한 면이 있으며, 중국 제도를 이용하여 오랑캐의 풍속을 변혁시켰으니, 문물은 찬란한 아름다움을 이루었으므로 小中華라는 칭호가 진정 당연한 것입니다.(『다산 시문집』 제8권, 〈對策〉)

제시한 인용문은 각각의 시기가 다르지만, 고려와 조선이 제국 중국의 호출로 소중화로 주목받은 역사적 사실의 적시다. 고려와 조선이 소중화로 주목받은 것 역시 제국의 질서 안에 포획된 결과로 읽힌다. 요컨대 소중화는 중국이 구축한 '중화'질서를 의식하고 창안한 화이관(華夷觀)이다. 중국 중심의 화이관을 통해 타자의 인물과 문물 및 예악을 거론하고, 그 화이의 질서 안에서 '중화적' 면모를 찾아내어 붙인 것이 다름 아닌 소중화다. 따라서 소중화는 타자를 배려하기보다 배제하는 논리며, 타자의 의지를 고려하지 않은 일방적 개념이다. 따라서 소중화는 진정한 의미의 중화도 아니다. 언제나 제국 질서 내에 위치하고, 위계화되어 존재하기 때문에 중화의 하위범주로 존재할 뿐이다. 이 점에서 소중화는 중화와 동등한 개념도 아닌 셈이다.

그러면 조선중화는 어떤가? 우리는 이 개념을 어떻게 이해해야 할까? 형식 논리로 보면 '조선중화'는 문화적 요소만을 중시한 '문화(중심)의 화이관'이다. '중국=중화'를 부정하고, 조선이 실제 문화적으로 유일한 '중화'라는 것이기 때문에 얼핏 반중화로 볼 수 있다. 형식상 소중화와 다른 논리구조를 보여주는 듯하다. 여기서 조선중화는 청 중심의 중화를 부정하고 있는 듯하지만, 기실 그렇지 않다. 17세기 이후 서구의 충격 전까지 조선은 청제국의 조공체제라는 동아시아 세계 질서 안에 놓여 있었기 때문에 청과 정치적으로 이탈하지 않았다. 18세기 북학의 대두가 보여주듯이 문화적으로도 청을 부정하지도 않았고, 일부 조선조 지식인들은 내면적으로 명 중심의 중화를 인정하고 있었다. 더구나 중화의 지배자가 누구인지 여부를 따지지 않고 중화를 상정한 점에서 반중화는 아니다. 또한 조선중화는 동아시아 역사 속에서 '중화'라는 거대한 타자의 외피를 뒤집어쓰고, 타자와 주체를 동일한 것처럼 인식하고 있는 것처럼 보인다. 또한 조선중화는 중화라는 거대한 타자와의 관계 속에서 성립하는 것이라는 점에서 조선중화는 중화의 존재를 인정하는 것을 전제로 한다.

한편 조선중화는 중화를 자처하고 있다는 점에서 그 주체성을 인정할 수 있지만, 17세기 이후 조선이 중화에 상응하는 정치·경제·문화적 여건을 갖추지 못한 것은 익히 알려진 역사적 사실이다. 여기서 조선중화의 관념적 허구성을 확인할 수 있다. 당시 조선조가 청 제국의 조공체제에 참여하고 그 질서를 받아들인 사실과 조선중화의 논리가 중화를 전제로 성립하는 것임을 고려하면, 결국 조선중화는 중화주의 안에 포섭되는 것이다. 당시 조선이 조선중화를 표방하면서 제국적 시각을 보여주거나, 자국 중심의 절대적 화이관을 보여주지도 않은 것은 이를 말해준다. 때문에 중화를 자처하는 조선중화의 관념적 화이관은 현실과 상충할 수밖에 없다.

더욱이 조선중화는 내부에서 중화의 문화(명의 문화)를 확인하고, 이를 지켜내려는 일국적 시각을 벗어나지 않는다는 점에서 일국 내부의 논리며 중화주의의 하위 범주인 것이다. 17~18세기 연행록에서 청조 지식인과의 만남에서 보여주는 조선조 지식인의 화이관 역시 여기서 크게 벗어나지 않는다. 홍대용의 '역외춘추(域外春秋)' 논리 역시 같은 맥락으로 이해할 수도 있다. 역외(域外)의 개념이 일국적 시각을 염두에 두고 나온 것을 고려하면, 역외는 논리적으로 중화의 상대적 개념이며 절대적 개념은 아니기 때문이다.

흔히 조선중화를 거론할 때 등장하는 '문화 중심의 화이관'는 종족적 요소와 무관하다. 이 논리를 따르면, 청조(淸朝) 치하의 중국도 당연히 '중화'가 될 수 있으니 청중화도 성립한다. 이 시각을 확대하면 조선중화, 일본중화[日本型 華夷意識](大石學, 2009)와 월남중화도 성립할 수 있으며, 종국에 만국중화(萬國中華)도 성립할 수 있다. 만국중화는 결국 중화와 이적의 구분이 없이 모든 나라가 중화가 되는 것인바, 이 논리 안에는 이미 화이관의 해체와 중화주의의 해체를 내장하고 있는 것이다.

널리 알려진 대로 18세기 초 청의 옹정제는 『대의각미록(大義覺迷錄)』을 저작하여 청조 지배의 정통성을 주장한 바 있다. 『대의각미록』은 호남성 주 명흥현(湖南省 洲 永興縣)의 한족(漢族) 선비인 증정(曾靜, 1679~1736)의 반청(反淸) 역모사건을 두고 옹정제의 한족 통치논리를 피력한 것이자, 중국 중심의 제국적 화이관의 변종을 드러낸 것이다. 이 책은 청조 통치의 정당성과 청조 시각의 화이론을 담고 있어 화이관의 하위범주로서 청(만주)중화와는 다르다. 이는 청 지배층이 '만한일가(滿漢一家)'의 논리로 청 통치의 정당성을 드러내기는 하지만 중화주의의 해체를 염두에 두고 있지는 않다.

이러한 문화 중심의 화이관에 기반을 둔 조선중화의 논리는 청의 문화를 염두에 두지 않는 것 같지만, 결국 그 이념 지향과 달리 점차 청제국의 문화에 포섭되어간다. 북학의 대두도 이러한 논리와 무관하지 않다. 이 점에서 조선중화는 관념성을 짙게 드러내고 있는 것이다. 따라서 『대의각미록』의 지향은 동아시아 현실에서 청 제국이 중화라는 것을 확인하고, 그 하위에 만국의 중화를 용인하는 것을 지향하고 있다. 이때 만국의 중화는 청 제국이 구현하는 국제질서의 시스템이자 이념체계 안에 포섭된다. 요컨대 당시 동아시아 국제질서를 고려하면, 조선중화는 일국적 사유에서 나온 중화의 하위범주이자 소중화의 변형태에 지나지 않는 것이다.[3] 조선중화를 통해 '민족'을 끄집어내어 사상과 문예의 자주성을 설명하고 거기에 역사적 의미를 부여하려는 것은 지나치게 일국적 발상이라는 점에서 근본적인 문제점을 보여주는 것이다.[4]

위에서 조선중화를 다분히 국내적 발상이라고 언급한 바 있다. 이제 이 문제를 구체적으로 따져보자. 청조 등장 이전 조선조는 존왕양이(尊王攘夷)와 중화를 표방하며 항상 자기를 비춰볼 하나의 타자를 상정하고 그것을 전범으로 삼았다. 거기에는 늘 '숭명(崇明)'과 명에 대한 의리를 내장하고 있었다. 그런데 17세기 초 청의 등장과 동아시아 국제 질서 재편과 함께 조선조 집권층은 전란 이후 붕괴된 국가의 개건을 위하여 스스로 중화를 전범으로 내세우고, 이를 국가의 통치

---

3 조선중화를 제기한 17세기 이후 조선은 조공체제 하에서 끊임없이 사대교린(事大交隣)을 하고 있는 점도 '조선중화'는 중화의 하위범주임을 확인시켜 주는 사례다. 더욱이 청조가 조선이 제국질서를 거부하고 반중화로 나아가 실질적으로 반청(북벌)을 했다면 조선중화를 용인하지도 않았을 것이다. 청의 입장에서는 조선중화나 북벌을 제국의 국제관계 질서 속에서 관리할 수 있고, 조선중화의 이념 지향도 조선만의 일국적 사안이기 때문에 묵인하였을 것이다.

4 조선중화(주의)를 잣대로 조선 후기 사상과 문화의 특징을 거론한 그간의 연구나, 진경산수를 조선중화사상과 연결시킨 일련의 연구 방법은 내부의 현상이 외부와 연결된 사실을 놓치고 있다. 이를테면 일국의 시각으로 문제를 본 점에서 자의적이며, 당대 동아시아와 연결시켜 이해하지 않는 점에서는 주관적이다.

이념에 결부시켜 현실에 작동시켰다. 어찌 보면 이는 주체를 비춰보지 않는 폐쇄성을 드러낸 것인데, 조선 내부를 이념으로 재구조화하는 것을 의미할 뿐만 아니라 '숭명=중화'이라는 이념적 전범의 기억을 끄집어내어 현실에 확대 적용한 것과 동일하다. 이처럼 조선중화(주의)는 동아시아 국제질서 재편 시기에 조선조 집권층이 거기에 대응하는 과정에서 나온 것으로, 문화적 우월에 기댄 화이관인 것이다.

그리고 조선중화(주의)의 탄생과 그것에 변화의 계기를 준 것은 사행과 타자(청조)에서의 체험이다. 사행에서의 체험은 조선중화(주의)의 탄생과 변화의 배후로 작동한 바 있다. 조선중화(주의)의 화이관이 타자와 그 문화를 인식하고, 그것과의 관계 속에서 탄생한 것임을 고려하면 알 수 있는 바다. 물론 이때의 타자는 청이며 타자의 문화란 청조 문화다. 청조의 문화를 긍정적으로 보았든 부정적으로 보았든, 조선중화(주의)가 그것을 전제로 나온 사실은 주목할 사안이다. 17세기 후반 '동아시아'의 국제질서의 전환 과정에서 청을 의식하고 탄생한 조선중화(주의)는 당초 청조의 선진문물을 배제하고 자국 안에서 중화의 흔적을 구하거니와, 이는 다분히 이념 지향이다. 이 점에서 현실의 실상과 괴리된 허구적 이념태이자 일국적 시각에서 나온 관념에 지나지 않는다.

더욱이 조선중화가 동아시아 국제 질서와 '동아시아'를 인식하고 나온 것임을 인식하면 기왕의 연구처럼 사상적 차원으로 조선중화주의를 설명하는 것은 너무 일면적이다. 조선중화는 17세기 이후 부가된 '숭명반청(崇明反淸)'이나 '북벌(北伐)'의 관념적 사유와 연결시키지 않으면, 정곡에 다가설 수 없다. 무엇보다 조선중화는 사상적 정치적 배경 외에도 연행에서의 체험과 견문지식과도 관련이 깊다. 17세기 후반 이후 연행은 동아시아 공간에서 지식인이 만나는 교류의 장이자, 문학과 문화, 지식·정보가 충돌하고 착종하는 문화장이다. 이러한 사행과 사행 공간에서의 문화장은 조선중화를 형성하는 데 일조한 바 있다. 예컨대 중국을 경험한 지식인의 사행기록은 타문화의 지식·정보를 습득하고 유통시키는 역할도 하지만, 한편으로 자문화의 지식정보를 중개하고 전달하는 역할도 한다. 연행 당사자가 전하는 인식(긍정과 부정적 인식 포함)과 지식·정보의 전파는 당대의 청조 상황과 다양한 지식·정보를 전해주기 때문에 중화의 재인식과 조선중화의 탄생에 일정한 기여를 한 것이다.

사실 17세기 중반 이후 호란의 참화와 상흔을 간직한 조선조는 청조를 쉽게 인정할 수 없었다. 17세기 중후반의 연행은 전란의 참화가 채 가시지 않은 상황에다 가족의 이산과 전후 복구를 비롯한 전란의 수습이 급선무였다. 집권층은 물론 전란을 겪은 모든 사람들은 전란으로부터 입은 상흔의 치유가 필요하였다. 당시 사대부 지식인들은 중화 문명의 종주국이자 재조지은(再造之恩)이 있는 명의 붕괴를 목도함으로써, 정신적 공황상태를 맞은 바 있다. 국왕이 오랑캐로 멸시하던 청조에 항복하고, 국가의 존립마저 유지하기 힘든 참혹한 현실도 인정하기 힘들었다. 하지만 전란의 후유증을 수습하고 나라를 재건하기 위하여 조선조 집권층은 민심의 이반을 다잡고 '북벌'을 기획하는 한편, '문화적 우월성'을 기댄 조선중화(주의)를 들고 나왔다. 여기서 '북벌'과 '조선중화'가 동일한 지반에서 탄생하고 있음을 확인할 필요가 있다. 이때 '문화적 우월성'이 조선중화주의로 이어지고, 이 문화적 우월성은 곧 북벌의 사유와 전란 수습의 심리적 근거로 작동하게 된다. 하지만 이 '문화적 우월성'이 조선의 자조의식(自存意識)과 결합하면서 조선중화주의가 탄생한 것은 아니다. '문화적 우월성'은 전란의 수습과정에서 나온 고육책의 하나이기 때문이다.

기왕의 연구는 '왜 조선이 문화의 중심이 되어야 하는가?'라는 조선 중화주의의 질문을 사상에서 그 답을 찾았다. 이를테면 조선조 후기 집권층이 문명과 비문명을 가르는 기준에 '예(禮)'를 두고, 이를 사상과 결부시킨 것이다. 기실 명의 멸망으로 이제 문명국은 조선뿐이라는 '조선중화주의'는 당대 현실의 실제와 다른 이념태(理念態)다. 이를 감안하면 '조선중화주의'는 사상 이외의 것과도 관련이 깊다. 조선조 후기 지식인들이 중화 문명을 계승하고 우월의식을 드러낸 것은 연행과 연행에서의 견문과도 관련이 있기 때문이다.

　17세기 중·후반 조선조 집권층은 연행 체험을 통해, 문화적 우월성의 근거를 발견한 바 있다. 청조 역시 건국 초기 건국 과정에서 정치적 혼란과 함께 변복과 변발과 같은 문화적 정체성의 혼란을 겪었다. 반면 조선조 집권층은 '예'를 문화의 중심으로 상정하고, 청조 문화의 핵심인 변복과 변발은 예의 상실이자 문명의 파괴로 여겼다. 사행에서 예의 상실을 목도한 조선조 집권층은 전란의 적대감에 더하여 문명의 파괴를 더욱 야만시하였다. 조선 집권층의 숭명의식과 존왕양이의 관념적 화이관을 비롯하여 문화적 우월감은 이러한 역사적 상황에서 탄생한 것이다.

　그런데 조선중화주의는 당시 역사적 공간에서 일정한 순기능의 역할을 한 것도 사실이다. 전란이 민에게 가한 상흔의 치유와 심리적 안정을 위한 내적 결속력을 다지는 이념태가 필요하였거니와, 조선중화는 이러한 심리적 처방의 정치적 기제로 작동한 바 있었다. 비록 조선중화는 관념적인 사유의 이념태지만, 사대부 지식인의 자의식의 형성과 정립에도 일정하게 기여하였다. 하지만 이러한 순기능과 달리 이후 조선중화는 자중심의 문화적 우월성이 역사적 현실과 무관하게 작동함으로써 당시 조선이 직면한 여러 가지 현실 문제를 도외시하고 만다. 이는 조선중화가 타자와의 관계 속에서 그 내부를 객관적으로 보는 데 기여하기보다 일국적 시각에 갇혀 현실의 모순에 무감각하도록 만든 정치적 역할을 하였기 때문이다. 17세기 후반과 18세기 초기의 연행록에 보이는 조선 집권층의 문화적 자의식은 이러한 두 가지 방향과 모두 연결되고 있다.

여기서 조선중화와 연행을 통해 형성된 북학과의 관련성을 언급할 필요가 있다. '북학'은 전란이 준 참화가 어느 정도 지난 시점에 나왔다. 전란의 참화에서 벗어나 정치·경제적 안정기에 등장하였다. 북학은 시기적으로 전란을 직·간접으로 체험한 사람의 사유에서 나온 것이 아니라, 전란의 참화가 기억으로만 존재하는 시기에 탄생한 것이다. 북학은 조선중화주의를 비판하며 형성되었지만, 타자의 문화와 관련을 맺고 타자를 의식하고 사유한 결과라는 점을 주목해야 한다. 타자의 문화에는 청조를 통해 수용된 서구 문물도 포함됨은 물론이다. 이를 감안하면, 조선중화와 북학은 타자를 전제로 성립한 것이며, 그 성립에 사행 체험 역시 기여한 바 있음을 함께 기억할 필요가 있다. 북학의 다양한 문제 제기와 구체적 내용은 연행록 속에 대개 담겨 있고, 북학의 구체적 내용은 연행 체험의 기록을 통해 대부분 드러나기 때문이다.

요컨대 조선중화(주의)와 북학은 동아시아를 시야에 두고 자아를 인식하는 과정을 거친 것은 동일하지만, 그 지향처는 다르다. 이처럼 다른 지향처는 북벌과 북학의 관계를 새롭게 볼 가능성도 환기시켜준다. 말하자면 그간 북벌을 부정적 시각으로 북학을 긍정적 시각으로 보았다. 이는 북벌과 북학을 대립적으로 본 관점이다. 하지만 북벌과 북학을 대립적 시각이 아닌 연속적 시각으로 바라볼 수 있다. 관념적 북벌이 아니라 실제 북벌을 제대로 하기 위한 북학도 성립할 수 있기 때문이다. 연암(燕巖)의 「허생전(許生傳)」에서 허생이 이완에게 구체적으로 제시한 한 북벌 관련 책략도 이러한 관점에서 그 맥락의 의미를 해석할 수도 있는 것이다.

(2) 문화장에서 중간 계층의 역할과 복수의 시선

조선조 후기 역관과 서얼 등의 중간 계층은 사행에 자주 참가한 바 있다. 이들은 사행에 참여하면서 이국의 지식·정보를 누구보다 빨리 접하고 많이 획득하였다. 이들 중간 계층은 동아시아 문화장에서 획득한 지식·정보를 국내의 사대부 지식인에게 전달하고 널리 유통시키지만, 자국에서는 항상 지식·정보의 소수자 내지 주변에 존재하였다. 중간 계층의 일부는 이국에서 획득한 서적과 지식·정보로 서울 학예계(學藝界)에 유통시킴으로써 큰 파장을 주었다. 더러 주류 지식인의 인식을 바꾸거나, 기성의 담론에 비판적 역할을 하는 등, 서울의 주류 학예계에 적지 않은 충격도 주었다. 특히 중간 계층은 국내에서 신분질서와 사회적 관습으로 인하여 지식·정보와 관련하여 제한적 역할을 하는 데 그치지만, 사행 과정에서는 지식·정보와 관련한 역할이 국내에서의 그것과 사뭇 달랐다. 사행 공간에서 지식·정보의 획득과 생산은 중간 계층이 주역을 담당하는 경우가 많다. 조선조 후기 연행과 통신사행에서 서얼과 역관, 그리고 서기와 제술관의 활동과 역할을 감안하면 알 수 있는 바다. 사대부 지식인과 달리 사행에서 이들 중간 계층은 지식·정보의 주체가 되거나, 지식·정보의 생성 및 유통의 주역으로 활동하였다. 우리는 이러한 사례를 사행기록에서 심심치 않게 확인할 수 있다.

그런데 중간 계층은 일국과 일국 밖에서 지식·정보의 생산·유통

과정에서의 역할이 다르고, 청조와 에도막부를 바라보던 인식도 단일하지 않다. 청조와 에도막부의 지식인들 역시 사행에 참여한 조선조 중간 계층을 바라보는 시선이 다양하다. 연행에 참여한 중간 계층 중에는 중국을 타자화하여 상대적 시선으로 바라보는가 하면, 지식·정보 생성의 주역이 되거나, 이국에서 자신의 시문을 간행하여 지식 정보의 발신자 역할도 하였다.[5] 뿐만 아니라 중간 계층은 타자의 지식·정보를 충실하게 국내에 전달한 경우는 물론, 이국에서 타자의 지식인과 만나 문예적 재능을 발산하며 지식 생산의 주역으로도 자임한 바 있다. 대표적인 사례가 역관이다. 이들 중에는 이국에서 지적 능력을 발산하고, 이국 공간을 거울로 삼아 자의식과 자기 정체성을 확인하는 경우도 있다. 이를테면 계미통신사행에 역관으로 참여한 이언진(李彦瑱, 174-1766)이 대표적이다. 이언진은 사행의 공간에서 에도막부 지식인들과 교류하며 자신의 시적 재능과 학술 토론을 통해 자신의 지식을 마음껏 발산하고 빼어난 시적 재능을 보여주었다.

통신사의 일원으로 참여한 제술관(製述官)과 서기(書記)도 마찬가지다. 이들 중간 계층은 탁월한 문재(文才)로 에도 지식인과 필담창화(筆

---

5 중간 계층이 실학의 형성에서 기여한 것과 그 사유 방식이 그러하다. 朴齊家나 柳得恭, 李德懋, 李喜經 등이 남긴 연행록에서 알 수 있다. 특히 박제가의 『北學議』나 李喜經의 『雪岫外史』가 대표적이다. 이를테면 吳省蘭이 『藝海珠塵』을 편찬하면서 『貞蕤稿略』을 수록함으로써 박제가라는 인물이 연경학예계에 널리 알려졌다. 李調元(1734 ~1803)이 1801년에 『續函海』를 편집 간행하면서 이덕무의 『淸脾錄』을 수록하고, 이상적의 『은송당집』이 연경에서 처음으로 간행된 것도 같은 경우다. 뿐만 아니라, 柳得恭의 『燕臺再遊錄』을 보면, 李調元은 『雨村詩話』를 편찬하면서 유득공과 이덕무의 저작을 수록하고 있음을 언급하고 있다. 이를 계기로 두 사람의 문학적 명성이 연경학예계에 널리 알려졌다. 羅聘이 기윤으로부터 유득공의 『二十一都懷古詩』를 구해 필사한 뒤 열독한 것도 같은 맥락으로 이해할 수 있다. 이는 중간 계층이 자신이 가공한 지식과 정보의 발신자로 역할을 할 뿐만 아니라, 이처럼 조선조의 일부 중간 계층의 인사들은 동아시아 지식 정보의 중심부였던 연경 학예계와 소통할 수 있을 만큼 지적 능력과 수준을 지니고 있었다는 사실을 알 수 있다.

談唱和)하며 지식·정보의 주역으로 떠올랐다. 구체적인 증거는 그들이 남긴 사행기록에서 확인할 수 있다. 이들 중간 계층은 가는 곳마다 그곳의 지식인과 필담수창(筆談酬唱)함으로써 문화사절의 역할은 물론 통신사행의 실질적인 주역의 역할을 한다. 그런데 당시 제술관과 서기의 일본 인식은 실상을 정확하게 꿰뚫기보다 관념적인 경우가 많다. 원중거(元重擧, 1719~1790)나 이언진(李彦瑱)과 남옥(南玉)처럼 객관적으로 일본을 인식한 경우는 드물고, 대부분 '중화'의 잣대와 자중심의 시각으로 일본을 열등한 타자로 보았다.

사행과 사행기록을 보면 중간 계층은 동아시아 문화장에서 복수의 시선을 보여주고, 타자로부터도 복수의 시선을 받은 바 있다. 여기서 복수의 시선이란 지식·정보 및 생산과 관련하여 국내외에서 중간 계층의 역할과 그들의 지적 역량을 바라보는 시선의 다양성을 말한다. 청조와 에도막부 지식인이 중간 계층을 보는 시선은 물론 중간 계층이 그들을 바라보는 시선과 중간 계층이 국내와 국외에서 지식·정보 및 생산과 관련한 역할의 이중성도 포함하는 개념이다.

대부분의 중간 계층은 국내에서 신분적 위계질서 때문에 지식·정보 및 문화에서 발신자나 생산자로 존재할 수 없다. 전달자나 조력자로 존재하거나, 늘 지식 생산의 주변에 위치하는 경우가 일반적이다. 반면 사행에서는 지식·정보 및 문화 생산의 주체자로 혹은 발신자의 역할을 자임하여 국내와 사뭇 다른 모습을 보여주기도 한다(진재교, 2011). 일국 밖에서 타자와 마주 대하여, 복수의 시선으로 지식·정보의 생산·유통에 가교를 하거나, 지식·정보 생산의 주역을 자임한 바도 있다. 이를 감안하면 중간 계층은 국내와 달리 동아시아 문화장에서는 복수의 시선과 역할을 보여주고, 지식 생산과 유통에서 복수로 존재하는 셈이다. 이러한 중간 계층의 역할은 일국적 시각에서는 볼 수 없던 사안이다.

일국 밖에서 지식·정보를 둘러싼 사대부 지식인과 중간 계층의 역전현상은 조선조 후기 문화의 새로운 모습으로 주목할 수 있거니와, 이러한 모습은 사대부 지식인에게 적지 않은 충격을 주었다. 이를테면 중간 계층이 연행에서 구입한 서적과 자신들이 체험한 견문지식이 서울 학예계에 널리 유통되고, 일본에서 견문한 지식과 기록도 서울 학예계에 큰 반향을 불러왔기 때문이다. 박제가의 『북학의(北學議)』를 비롯하여 유득공(柳得恭), 이덕무(李德懋)는 물론 이희경(李喜經), 조수삼(趙秀三), 이상적(李尙迪) 등의 연행기록과 견문 지식이 그 예다. 그리고 원중거의 『화국지(和國志)』를 비롯하여 신유한(申維翰), 남옥(南玉), 성대중(成大中) 등이 남긴 기록 역시 서울 학예계의 비상한 주목을 받았다. 이들이 남긴 생생한 이국 정보와 함께 이국에서 견문한 서구 지식과 정보는 조선조 후기에 적지 않은 파장을 몰고 온 것이다.

사실 사행 기록은 그 자체가 이국에서 교통한 문화장의 실상을 다루고 있는 점에서 이문화의 보고서이자, 정보의 창고다. 중간 계층의 사행기록을 들추어보면, 스스로 지식·정보의 주체가 된 것을 심심치 않게 볼 수 있다. 실제 사행의 공간에서 중간 계층의 견문은 새로운 지식·정보의 현장이자, 그들이 견문 체험한 기록은 일국 너머 지식·정보의 메신저 역할을 하기에 충분하였다.

특히 서얼 문사들은 연경의 유수한 인물들과 대등한 관계에서 지식·정보를 교통하고 지식·정보의 생산에 적극적으로 참여한 바 있다. 대체로 이들의 행동은 사대부들이 북경의 문화 동향에 촉각을 세워 지식·정보의 획득에 치중하고, 그곳의 지식·정보를 일방적으로 수용하거나, 문예적 성과를 '연경의 거울'에 비추고 싶어 하는 모습과는 사뭇 다르다. 이를테면 중국 서적을 수집하고 그곳의 지식·정보를 획득하고자 한 것이 사대부 문인들의 전형적 모습인데 반해, 서얼과 역관의 중간 계층은 자신들이 구축한 연경 지식인과의 인적 네트워크를 활용하여 지식·정보의 주체로 발신한 경우가 많기 때문이다. 자신의 저작을 연경에 소개하고, 연경의 지식인들로부터 문예적 역량을 적극 알려 인정받는가 하면, 심지어 연경 지식인들이 중간 계층의 시문을 간행해주기도 하였다. 여기서 중간 계층은 명실상부하게 지식과 창작의 주체로 부상하는 바, 이는 동아시아 문화장에서 주목할 사건의 하나인 셈이다.

이와 달리 통신사에 참여한 중간 계층의 역할과 시선은 연행의 그것과 사뭇 달랐다. 일부 중간 계층이 타자를 두고 객관적 시선을 보여주기도 하지만, 대부분의 중간 계층은 자국의 지식과 자신의 경험과 같은 정보를 전달하는 데 중점을 두기 때문에 타자를 제대로 보려는 시선은 적었다. 반면에 에도막부 문사들은 중간 계층과 교통하며 신지식을 획득하거나, 자신들의 학예적 수준을 가늠하는 기회로 삼으려는 욕망을 드러내었다. 중간 계층은 여기에 대응하느라 지적 역량을 소비했기 때문에, 객관적으로 타자를 보려는 노력은 적을 수밖에 없었다. 통신 사행이 가는 곳마다 에도막부 문사들과 다양한 인사들이 몰려들고, 제술관과 서기는 이들의 요구를 문예적 역량을 쏟아부어야 했다. 이 때문에 여유를 가지고 타자를 인식하거나 타자의 문화 속으로 파고들어 그 실상을 체험하기란 불가능하였다.

그렇기는 하나, 당시 일본 지식인의 조선 인식은 단일하지 않았다. 통신사를 동화(東華)의 빈객으로 인식하고 시문수창을 영예로 받아들이며, 이들 중에는 중간 계층의 시문과 서화의 획득을 영광으로 여기는 경우도 있었다. 반대로 일부 인사들은 조선통신사를 일본의 조공사절로 파악하기도 하는 바, 이러한 인식의 근저에는 일본 중화주의나 일본형 화이사상이 있었다. 심지어 통신사행을 도외시하고 반중국의 시각과 함께 서구문화를 긍정하는 인사들까지 존재하였다. 반중국의 시각과 함께 서구를 긍정적으로 인식한 대표적 인물은 모토오리 노리나가(本居宣長, 1730-1801)였다.

이처럼 에도막부 지식인들은 타자를 두고 복수의 시선을 보여주고 있다. 이런 상황 속에서 중간 계층은 에도막부의 일급 학자와 문사와 교류하기는 어려웠다. 그 결과 중간 계층은 사행의 문화장에서 다양한 에도 인사를 만나지만, 오직 자국 문화를 시혜한다는 시선을 가지거나 자국 문화의 전달자로 자임한 경우가 많았다. 타자를 인식하고 타자의 문화를 수용하는 데는 등한시하였다. 이는 연행에서 타자를 인식하고 바라보던 시선과는 사뭇 다르다. 앞서 애도막부의 지식인이 타자를 다양하게 바라보던 복수의 시선과도 다르다.

사실 중간 계층을 비롯한 조선조 지식인이 '중화'의 시선과 중국 중심의 기준으로 자국 학예를 우월한 것으로 인식하고, 이를 에도막부 지식인에게 전달하는 것을 임무로 여긴 것은, 타자의 문화와 내부를 제대로 파악하지 못한 데서 나온 오판이다. 무엇보다 에도막부를 향한 이러한 시선은 문화적 시혜라는 우월의 외피를 뒤집어쓴 관념의 극치를 보여준다. 중간 계층은 연행에서 지식·정보를 둘러싸고 복수의 시선을 드러내는 데 반해, 통신사행과정에서 단수의 시선을 드러내는 것은 청조와 에도막부라는 타자 인식의 이중적 모습이다. 중간 계층이 일본을 향한 단수의 시선은 우월적 자의식에 기댄 관념적 타자인식과 그 시선에 다름 아니다.

18세기 조선과 오랜 기간 외교적 실무를 담당하고, 1711년과 1719년에 두 번에 걸쳐 조선 통신사를 에도까지 수행한 바 있는 아메노모리 호슈(雨森芳州, 1668-1755)의 언급은 새겨둘 만하다.

조선은 오로지 中華를 배우려는 풍습이 있는데, 서적을 통해서
보더라도 특별히 중국의 것이라야 납득을 한다. 그러므로 서적을 읽
고서도 열에 여덟, 아홉까지는 조선의 풍습도 미루어 짐작할 수 있
는 것이다. 하여튼 학문이 없으면 이것도 불가능한 일이다.(한일관
계사학회, 2001)

아베노모리 호슈는 전형적인 지한파였다. 그는 조선의 사정을 정확
하게 꿰뚫고 있었다. 아베노모리 호슈는 누구보다 조선어를 능숙하게
구사하고, 조선 사정과 조선 지식을 누구보다 많이 알고 있었다. 그는
조선조 지식인들이 중화와의 관계에서 사대를 중시하고 이를 절대적
기준으로 삼은 것과 중국 문화를 전범으로 삼아 본받고자 했던 조선
학예계의 성향을 언급한 것은 의미심장하다. 아베노모리 호슈의 시선
은 통신사에 참여하면서 에도막부 지식인들에게 보여준 조선 지식인
과 중간 계층의 중국 편향성을 고려하면 정곡을 찌르고 있다. 이를테
면 조선의 풍속과 학문은 조선을 통해서가 아니라 중화의 서적을 통
해 충분히 알 수 있다고 한 아베노모리 호슈의 시각은 적확한 것이기
때문이다. 이 점에서 그의 발언은 객관적 타자의식에 다름 아니다.

결국 일본 사행에서 보여준 통신사행의 단일한 시선과 관념적 타자
인식은 통신사의 중단과 함께 일본의 동향과 일본 내부를 객관적으로
인식하지 못하게 만든 중요한 요인이 되고 말았다. 당시 서울의 사대
부 지식인들은 사행의 문화장에서 보여준 중간 계층의 문화적 감각과
학술적 발언을 전혀 주목하지 않았다. 이들 중간 계층이 보여준 타자
를 향한 시선과 지식 · 정보를 둘러싼 역할은 국내에서 제대로 인정받
지 못하고 만다. 조선조 후기 일국 밖에서 지식을 생성하고 유통시킨
중간 계층 중에는 에도막부의 내부를 들여다보고 견문한 지식을 객관

적으로 기록한 사례도 있다. 특히 신유한과 원중거를 비롯하여 이언진과 남옥 등은 비교적 객관적 시선으로 타자를 인식하고 견문한 것을 기록으로 남겼다. 이들의 견문지식과 기록들은 국내에서 신분질서에 따른 위계화된 지식체계로 인하여 학예계에 충격을 줄 수 없었다. 기존의 신분질서에 따른 위계화된 지식체계가 해체되거나 지식 본위의 지식체계가 성립하지 않는 한, 지식·생성과 타자를 향한 그들의 시선은 주목받지 못하고 제한될 수밖에 없기 때문이다.

4. 동아시아 한문학의 가능성

이제까지 방법으로서의 '동아시아'를 제시하고, 이를 조선조 후기 한문학과 연결시켜 논하였다. 동아시아 문화장에서 지식인들이 지식과 문화를 생성하는 사례와 그 역사적 맥락을 재음미해보았다. 이는 일국 안과 밖을 함께 시야를 두고 파악한 것이다. 동아시아 시각으로 기왕에 제기된 조선조 후기 한문학의 사례를 포착할 경우, 조선중화(주의)와 북학, 그리고 중간 계층의 존재 방식과 그 역할은 기왕의 의미와 달리 볼 수 있다. 북학은 조선중화주의를 비판하면서 등장하지만, 타자의 문화와 관련을 맺을 뿐만 아니라 타자를 강하게 의식한 결과로 독법할 수 있다. 조선중화와 북학은 타자를 전제로 성립하며, 사행 체험과 사행 공간에서의 문화장이 그 탄생에 기여한 것을 생각하면 더욱 그렇다.

그리고 중간 계층은 일국 안과 밖에서 지식·정보를 생산하거나 유통하는 역할이 다르고, 사행에서 청조와 에도막부를 바라보던 인식도 달랐다. 특히 청조와 에도막부 지식인들도 사행에 참여한 중간 계층을 바라본 시선 역시 다양하다. 이 점에서 중간 계층은 일국 안과 밖에서 복수의 시선을 보여주었을 뿐만 아니라, 일국 밖의 지식인들 역시 중간 계층을 복수의 시선으로 보았다. 이는 일국적 시각에서 그들을 바라보던 것과는 사뭇 다른 모습이다.

하지만 조선조 후기의 문제를 모두 동아시아 시각으로 바라볼 수는 없고, 그럴 필요도 없다. 동아시아의 시각으로 바라볼 때, 보다 객관적으로 파악할 수 있는가 하면, 그렇지 않는 경우도 많기 때문이다. 그럼에도 불구하고 조선조 후기 한문학을 비롯하여 다른 시기에서 동아시아 시각으로 바라볼 수 있는 사례를 지속적으로 발굴해야 한다. 사례 발굴의 축적과 제시는 향후 한문학 연구의 새로운 방향을 제공해줄 수 있기 때문이다. 이를테면 사행 공간의 문화장에서 동아시아 각국의 지식인들이 교통하고 남긴 기록을 지속적으로 발굴하거나, 교통한 지식·정보의 실상은 물론 자타인식이나 상호인식도 동아시아 시각으로 바라볼 때, 새로운 의미를 발견할 수도 있다.

앞서 제시한 사례에서 확인한 바 있듯이 동아시아 문화장에서의 지식·정보의 생성과 유통 과정은 '동아시아'의 시각으로 접근할 때보다 객관적 의미를 파악할 수 있다. 일국적 시각에서 중시하지 못한 연구 대상과 주제를 발견하고 거기에 새로운 의미를 부여할 수 있기 때문이다.

그간 한문학 연구는 역사주의 방법와 함께 일국사에 기댄 민족주의 관점이라는 비판을 받은 바 있다. 역사주의적 방법은 역사를 지나치게 의식하여 문학성을 소거하는 결과를 낳았다는 이유로, 민족주의 관점은 타자와의 관계를 무시하고 주체 안의 다양한 타자의 모습이 존재함에도 이를 주목하지 않음으로써 지나치게 주관적이라는 이유로 비판받았다. 실제 역사적 시각의 연구는 문학성을 고려하지 않은 경우가 많았고, 일국사적 관점은 타자를 고려하지 않음으로써 일국적 특수성을 지나치게 강조하고 말았다.

비판은 당연히 경청해야 하지만, 그간의 비판은 대안을 전제한 비판은 아니었다. 오히려 대안이 부재한 그 공간에 비판적 시각을 등에 업고 소재적 접근이나 소품적 시선의 방법이 그 공간을 메웠다. 더욱이 이러한 소재주의적 방법은 작품 자체에 주목하여 문학의 다양한 결이나 문학성을 탐색함으로써 작품 자체의 이해에 기여한 바 있다. 하지만 문제의식의 부재로 타자와 관련 맺는 양상과 그 역사적 의미를 간과하거나, 작품이 지니는 역사적 맥락과 그 시대적 의미를 망각하는 결과를 초래하였다. 어떤 경우는 문학과 역사의 상관관계를 질문하지 않음으로써 탈역사화를 추구하는 경향마저 있었다.

더러 아날학파를 무비판적으로 답습한 속류적 쇄말주의나, 전통을 현재적 의미로 되살린다는 명분을 기치로 대중에 영합하는 글쓰기로 나가는 경우마저 있었다. 이러한 연구 방법에 서면 학문은 사라지고 연구 대상 자료의 물질성만 남거나, 작품이 보여주는 역사성과 당대적 의미를 쉽게 망각하기 마련이다. 이러한 연구의 확산은 한문학 연구를 '골방'으로 밀어내거나, 대중 추수의 생활주의로 나아가게 만든다. 이는 현재 한문학 연구자가 실제 대면하고 있는 고민이기도 하다.

따라서 한문학 연구가 인문학에서 정당한 역할을 하기 위하여 무엇을 어떻게 연구할 것인가를 진지하게 고민하고 성찰하기 위해서는 동아시아 시각이 유효할 수 있다. 예컨대 작품의 문학성은 물론 일국적 시각 너머 작품과 관계 맺는 역사적 맥락과 지금의 문제의식을 견지하며 작품이 지닌 의미를 탐색할 때, 방법론으로서 동아시아는 의미 있게 다가올 수 있기 때문이다. 서두에서 한문학 연구의 창신을 위하여 방법으로서 동아시아를 제기하고 여기에 답하고자 했으나, 몇 가지 사례를 통해 문제를 제기하는 데 그치고 말았다. 하지만 제시한 사례 외에도 진경산수의 문제도 일국적 시각이 아닌 동아시아의 시각으로 보면 그 의미를 달리 생각할 수 있다(진재교, 2012). 향후 실제 더 많은 사례를 발굴하고 논의를 보완한다면, 새로운 연구 방법의 전환도 기대할 수 있을 것이다.

| 참고문헌 |

가쓰라시마 노부히로, 김정근·김태훈·심희찬 역, 2009, 『동아시아 자타 인식의 사상사』, 논형.

계승범, 2010, 「조선후기 중화론의 이면과 그 유산」, 『중국 없는 중화』, 인하대학교출판부.

김홍백, 2011, 「大義覺迷錄과 조선 후기 華夷論」, 『한국문화』 56.

미야지마 히로시, 2013, 『일본의 역사관을 비판한다』, 창작과비평사.

미조구치 유조, 서광덕 외 역, 2009, 『중국의 충격』, 소명출판.

이노구치 아츠시, 심경호·한예원 역, 2000, 『일본한문학사』, 소명출판.

진재교, 2011, 「18·19세기 동아시아와 知識·情報의 메신저, 譯官」, 『한국한문학연구』 제47집.

_____, 2012, 「眞景山水 연구의 虛에 대한 辨證」, 『한문교육연구』 38권.

_____, 2012, 「한국한문학 연구와 '동아시아'」, 『한문학보』 제27집.

임형택, 2005, 「19세기 말 20세기 초 동아시아, 세계관적 전환과 지식인의 동아시아 인식」, 『大東文化硏究』 제50집.

_____, 2009, 「17~19세기 동아시아, 한·중·일 간의 지식교류의 양상-'이성적 대화'의 열림을 주목해서」, 『大東文化硏究』 제68집.

_____, 2010, 「17~19세기 동아시아 상황과 燕行·燕行錄」, 『한국실학연구』 제20호.

_____, 2009, 『문명의식과 실학』, 돌베개.

한일관계사학회, 2001, 「조선과 일본의 풍습 차이에서 오는 오해」, 『譯註 交隣提醒』, 국학자료원.

허태용, 2010, 「조선후기 중화의식의 계승과 변용」, 『중국 없는 중화』, 인하대학교출판부.

黃俊傑, 鄭墡謨 역, 2012, 『동아시아학 연구방법론』, 심산.

葛兆光, 2005, 「從'朝天'到'燕行'—17世紀中葉後東亞文化共同體的解體」, 『中華文史論叢』 總第 81輯.

葛兆光, 2008, 「明朝後無中國'—再談17世紀以來中國·朝鮮·日本的相互認識」, 『東亞文化交涉硏究』 別冊 第1號.

葛兆光, 2011, 「宅兹中國:重建有關'中國'的歷史論述」, 中華書局.

溝口雄三, 1989, 『方法としての中國』, 東京大學出版會.

大石學, 2009, 『江戶の外交戰略』, 角川學藝出版.

桂島宣弘, 1999, 『思想史の十九世紀: '他者'としての德川日本』, ぺりかん社.

10장

전근대기 동아시아의 同文

;

지(知)와 권력의 공간

박영미

오카쿠라 텐신(岡倉天心, 1863-1913)은 1903년 런던에서 출판한 『동양의 이상The Ideals of the East』에서 '아시아는 하나다.'라고 선언하였다. 그가 아시아가 하나라고 생각한 이유는 무엇일까. 오카쿠라의 생각과는 별개로 이 '아시아는 하나'라는 이 말은 현재도 '동아시아' 담론 속에 살아있다. 한국, 일본, 중국 등에서 행해지고 있는 '동아시아의 ○○에 관한 ○○'식의 연구와 이벤트는 아시아가 하나의 공동체라는 것을 전제로 한 것이다.

이렇듯이 동아시아를 하나로 사유하는 방식에는 과거의 문명권을 재현하는, 사실 과거에 그러하였는지 의문이 들기도 하지만, 과거에 생성되었다고 생각하는 문명권과 연대를 재현하려는 의도가 들어 있다. 그리고 그것을 동아시아의 공동체적 아이덴티티라고 생각한다. 그러나 우리는 과연 '아시아는 하나'라고 말할 만한 아이덴티티가 정말로 존재하는지 물어보아야 한다. 실체가 없는 허상은 위험하다. 왜냐하면 허상을 보며 그것이 실재라고 믿을 수도 있기 때문이다. 어쩌면 아시아는 하나라고 믿는 데에서 '아시아'가 태어나게 되었는지도 모르기 때문이다.

'한자문화권'. 이는 동아시아의 아이덴티티를 설명할 때 가장 먼저 떠오르는 단어가 아닐까 한다. 한국·중국·일본은 동일한 문자(同文), 즉 '한자'를 과거에도 지금도 역사와 언어 속에서 공유하고 있다. 그것은 라틴 문화권의 경우에 비견될 때도 있지만 동아시아의 경우 한시의 수창이나 필담의 경우에서와 같이 커뮤니케이션의 도구로 사용되었다는 점과, 현재 라틴어가 사어(死語)인 반면 한자는 각국에서 국어로 사용되고 있다는 점에서 다르다.

한국의 경우 3세기에 한자가 유입된 이래 언어생활에서 한자가 많은 부분 차지하고 있지만 일본의 경우는 우리보다 더 광범위하고 비중도 높다. 이렇듯 한자가 한국과 일본의 언어와 문화에서 높은 비중을 오랜 기간 차지하였음에도 이 문화적 특징을 지칭하는 '한자문화권'이라는 말은 근래에 생성된 것이다.

'문(文)'. 이보다 먼저 그리고 오랜 기간 동안 '동문(同文)'이라는 말이 문자, 언어, 학문, 문학, 문화, 문명 등을 다양하게 내포하고 있듯이, '동문'이라는 말 안에는 이 다양한 층위의 담론도 들어 있다.

'문자(한자)'를 중심으로 한 '한자문화권'이라는 말로 동아시아의 정체성을 온전히 표현할 수 있을까. 한자를 매개로 전개된 동아시아의 학문, 종교(불교, 유교 등을 포함), 사상, 법 등의 생성과 운영, 국제 관계까지 포함한 '동아시아'라는 정체성에 대해 내려진 이와 같은 정의는, 한자라는 '표기'를 중심으로 한 것이다. '한자문화권'이라는 이 말은 동아시아에서 일어났던 권력관계, 중심과 주변의 관계를 배제해버림으로써, 마치 동아시아의 한국과 중국, 일본이 동등한 지위를 갖고 사이좋게 한자를 공유한 듯 한 착각을 불러일으킨다.

동아시아를 설명하는 또 다른 단어인 '중화문명'은 문명을 중심으로 동아시아를 설명하고 있다. 조선이 '소중화주의'를, 일본이 '화이형 중화주의'를 주장하며 '중화주의'에 대항하였지만, 이 또한 '중화'를 중심으로 하고 있기에 한계는 명확하다. '무엇이 중화가 되는가. 중화문명의 주인은 누구인가. 중화문명에 들어간다는 것은 무엇을 의미하는

가. ' 등등의 문제는 '중화'를 우위에 두고 전개되어왔던 것이다.

동아시아는 평화와 전쟁을 번갈아 하며 오랜 기간 공존하고 대립하여왔다. 또한 중국에서 시작된 한자와 중화의 문명은 동아시아의 정체성 형성에 주요한 역할을 하였다. '한자문화권', '중화문명'은 동아시아 정체성을 해석하는 데 매우 중요한 키워드이다. 여기에 '동문'의 동아시아를 더하여 동아시아를 알아보고자 한다.

'동문의 나라'는 오랜 기간 동아시아가 자신을 설명하던 말이다. 이 단어 안에는 '문자'와 '지식', 그리고 '권력'이라는 세 축이 있다. 이를 단순화시켜 보면 한자, 유교의 경전을 비롯하여 한자로 생산된 지식, 그리고 책봉체제라는 권력의 장이 그것이다. 전근대기 중화의 문명은 한국, 일본, 베트남, 유구 등으로 전파되었고, 그리고 이것은 중국을 축으로 움직였다. 그런데 근대 이후 중국이 약화되면서 중화문명의 힘도 잃어갔다. 그러자 새로운 권력이 나타나 이 중화문명의 자리를 대신하며 새로이 '동문론'을 전개시켜 나갔다. 그리고 새로운 권력은 일본이었다. 일본은 자신들만이 아시아에서 유일한 '근대 문명국'이 되었기 때문에 구시대의 중화를 대신할 수 있다고 주장하였다.

이렇게 새로이 동문권의 리더라고 자임한 일본은 과거 한자와 유교의 '동문' 국가이었던 동아시아를, 근대 문명권으로 이끌어주는 것이 의무라고 생각하였다. 이들은 근대화의 방법보다는 근대문명국이라는 결과에 도달하는 것이 중요하였던 것이다. 힘을 가해서라도 문명개화시키는 것이 앞서 문명국이 된 일본의 임무라고 스스로를 인식하였던 것이다. 더구나 백인 서양 세력의 침략에 대항하여 황인종, 거기에 동문국 간의 연대라는 것은 아시아가 살아남기 위해 반드시 해야 하는 것이었다. 순치(脣齒)의 관계라고 말에는 동문국의 운명적 공동체 모습이 들어 있다. 당시 일본의 주장은 설득력이 있었다. 중화로부터의 이탈을 '독립'이라고 인식했던 19세기 말 조선의 상황에서 보듯, 근대기 동아시아에서 '중화'는 질곡과도 같은 존재였고, '동문'의 나라가 이끌어주는 새로운 '문명'은 국가의 존망과 연결이 되어 있는 급무(急務)였다. 그리고 이미 그러한 시도에 성공을 한 일본은 믿음이 가는 존재였던 것 같다.

다시 이야기를 전근대기 동문론으로 가보면, 전근대의 동문론은 중국을 중심으로 책봉체제 하의 동아시아에서 전개되었다는 점을 기억할 필요가 있다. 그러나 근대기 동문론은 일본(제국)을 중심으로 식민지(조선, 대만 등 한자를 사용하는 지역), 중국에서 전개되었다. 즉 이는 중국에서 일본으로 동문의 중심이 바뀌었다는 것을 말해준다. 그러나 이는 단순히 중화에서 일본으로의 권력 이동만이 아니다. 이런 변화의 결과 지식의 지형도도 바뀌었다는 것을 보여준다. 이제 일본에서 생산된 근대의 지식, 혹은 일본을 통해 번역된 지식들이 '동문'의 나라에 전파되었다. 동문국의 근대 문명화를 위해, 일본은 자신이 생산한 지식을 여전히 한자를 매개로 해서 생산, 전파하였다. 중화처럼 말이다. 그렇다고 그것이 중화의 그것과 내용적으로 다른 것일까. 결론적으로 말하면 달라야 했다. 그래서 일본은 중국을 대상화한 학문, 동양학을 만들어냈다. 그리고 도쿄제국대학, 교토제국대학 등의 대학은 동양학 연구의 중심이 되었고, 중국은 차츰 일본의 학문을 능가하지 못하게 되었다.

지금까지, 근대 일본의 침략과 동문론에 대한 연구가 다양하게 진행되어왔다. 동문을 이데올로기, 식민지 동화책의 하나라고 분석하기도 한다. 그러나 당시 일본이 주장하는 '동문론'이 동아시아에서 용인되었던 데에는 서양의 침략, 한자 및 유가는 구지식이라고 보는 부정적 인식 등, 그리고 존망의 위기감 등에서 온 지식인 계층의 불안이 크게 작용하였다고 할 수 있다. 그리고 일본에 대해 서양제국보다 위협적이지 않을 것이라고 판단한 근거는, 바로 전근대기의 '동문론'에서 찾을 수 있다.

다음 장에서는 동아시아에서의 동문이라는 개념과 전개의 양상에 대해 알아볼 것이다. 그리고 동아시아의 동문론의 역할과 의미를 구명(究明)보고자 한다.

1. '同文'의 개념

'同文'의 어원은 『禮記·中庸』 28장의 '천자가 아니면 예를 논하지 못하며, 제도를 만들지 못하며 문자를 고구하지 못한다. 지금 천하는 수레의 혜를 같이하고 글은 문자를 같이하며 행동은 인륜을 같이한다. 비록 천자의 자리에 있으나 덕이 없으면 예악을 만들지 못하며, 덕이 있더라도 천자의 자리에 있지 않으면 예악을 만들 수가 없다(非天子 不議禮 不制度 不考文. 今天下 車同軌 書同文 行同倫. 雖有其位 苟無其德 不敢作禮樂焉 雖有其德 苟無其位 亦不敢作禮樂焉).'라는 구절에서 찾을 수 있다. 이 글에서 '동문'의 사전적 풀이는 '동일한 문자'이지만, 그 의미는 천자가 하나의 문자를 사용하게 한다는 것이다. 수레가 가는 길의 너비가 같아지고, 문자가 같아지고, 윤리가 같아지는 것은 천하가 통일되어서이다. 천하를 통일하고 문자를 통일하는 가장 큰 목적은 왕국의 통치를 위한 행정상에 있을 것이다.

말은 지역에 따라 다르더라도 동일한 서체로 동일한 왕령(王令)이 전국에 일사분란하게 전달되어야 왕국이 운영되는 것이다. 그러나 동문론의 궁극적인 목적은 문자에만 있는 것이 아니었다. 언어, 나아가 문화에까지 통일을 기하여 하나의 문화권을 만드는 데 있다. 이들이 하나의 문화권을 만들려고 하는 것은, '왕도 정치'를 통해 풍속을 바꾸고 교화가 이루어진 '문명의 땅'을 만드는 데에 목적이 있다. 때문에 위의 글에서 '행동륜(行同倫)'이 나오는 것이다. 같은 윤리를 행한다는 것이다. 지역이 다르고 습속이 다른 '중국'이라는 땅에 도량형, 문자를 같이하고 나아가 윤리도 통일한다는 것인데 이때의 윤리는 '왕도정치'의 결과이다.

그러나 그것이 이루어졌는지의 여부와는 별개로 '왕도정치'와 '동문'을 통해 왕은 자신의 왕국에 대한 통치에 정당성을 부여하였다. 천명을 받은 '천자의 나아갈 길'이었던 것이다.

동아시아에서는 '동문'이라는 단어는 시공을 초월하여 사용되어왔다. 그러나 동문이라는 단어는 역사적 조건에 있는 개념어로, 개념사의 기본 단위이다. '개념사'가 '개념들의 역사'를 뜻하는 말이라면 개념사의 기본단위로서 개념에 대한 이해가 앞서야 할 것이다. 개념사는 분석 대상을 하나의 개념이나 몇몇 유관 개념들로 한정하며, 이를 위해 무엇보다 단어에 초점을 맞춘다. 동문과 이와 유관 개념으로 '동문동궤(同文同軌: 문자를 같이하고 제도를 같이한다)', '동문동종(同文同種: 문자를 같이하고 인종이 같다)', '동문동조(同文同祖: 문자를 같이하고 조상을 같이한다)' 등의 단어들이 있다.

개념은 실재의 지표이자 요소로 개념이 한편으로 정치·사회적 사건이나 변화 과정을 반영하는 거울이다. 한편 개념은 정치·사회적 사건과 변화의 실제적 요소가 되기도 한다. 예를 들어 개념은 공적 논쟁에서 이해관계의 갈등을 표출하는 정치적·사회적 도구가 되기도 하고, 지배 헤게모니를 구축하기 위한 이데올로기적 도구가 되기도 하며, 번역을 통해 문화를 전위시키는 문화적 도구가 되기도 한다.(나

인호, 2011)

동문에 대한 개념사 연구는 아직까지 진행되고 있지 않다. 동문에 관한 연구는 주로 근대 이후의 시기에 대해서만 집중되어 있다. 주요 연구로 다음과 같은 것이 있다.

사이토 마레이시(斎藤希史)는 「동문의 정치학(同文のポリティクス)」에서 '동문'으로서의 '정치'를 지적하였다. 특히 한시라는 장르를 중심으로 동문론을 분석하였다. 그는 19세기 이후 일본이 아시아를 식민지화하면서 내건 '동문동종'이 슬로건에 그친 것이 아니라고 하였다. 한자권으로서의 동아시아를 일본제국으로 재구축화한 것은, 맹주권을 중국으로부터 빼앗는 것만이 아니라 한시문의 창작을 통해 그것이 특히 식민지 종주국의 지배층과 식민지의 지배층, 그리고 지식인층과의 교유의 경우, 상호 승인의 기능을 하였으며 이런 관계는 동문동종이라는 이데올로기를 밑에서부터 지지해주었다고 한다. 또한 번역과 근대화에 따른 일본산 신한어(新漢語)는 동아시아 전역에 확산되어 지금까지도 남아 있는 것이 많다고 하였다. 특히, 한시라는 동문은 장르로서가 아니라 정치로서 기능하였다고 밝혔다.(斎藤希史, 2009)

에비나 료스케(蝦名良亮)는 「근대 중국의 이문화의 위치(近代中国に於ける異文化の位相)」에서 메이지기 일본인과 교류했던 청말 중국 지식인의 '동문론'에 대해 분석하였다. 그는 '동문'의 '문'이 고전적 문장으로서의 '한문'이며 이는 일본인에게도 동일하게 인식하고 있었다고 하였다. 그러나 중국인에게는 또 하나의 '문' 인식이 있었으니 그것은 바로 '동문동궤' 즉 천자에 의한 천하 통일을 상기시키는 표현으로 청 왕조의 지배 체재라는 의식이 내재해 있었다고 하였다.(斎藤希史, 2011)

박영미는 『일제강점 초기 한학지식인의 문명론과 대일의식』에서 식민지 지배이데올로기로서 동문동종론을 파악하고 이에 동화되어가는 유림들의 모습을 밝혀냈다. 특히, 아시아주의자로서 유학에 대한 보수를 사명으로 하였던 유림들의 행위와 이에 내재한 친일 담론에 주목하였다.(박영미, 2006) 이들에게 동문은 '유교'를 가리키는 것이고 동문의 언어는 '한자'였다.

이상에서 본 것처럼, '동문'은 폴리틱스로, 리터러시로, 유교로 다양하게 분석되어지는데 이것은 아시아가 역사 이래 자신을 표상해오던 오래된 단어이며 방식이기 때문이다. 그리고 동시에 매우 통시대적으로 읽힐 가능성이 많은 단어이기에 그렇다. 때문에 더욱더 역사적 조건에 따라 이것이 어떤 함의를 갖게 되는지를, 개념 변화의와 함께 면밀히 검토하여야 할 것이다.

2. 동아시아에서 '동문'의 전개

진시황제는 '천하를 통일' 한 이후 동문정책(同文政策), 즉 문자 통일 정책을 실시하였다. 이는 서체(書體)를 중심으로 한 것이었다. 진시황이 말한 '천하'는 '중국' 대륙을 말하며 동문의 영역도 중국 대륙을 벗어나지 않았다. 진의 통일로 인해 황하를 중심으로 했던 중화문명이 진의 영토인 지역으로 확대되었고, 통일책의 하나로 서체의 통일이 이루어진 것이다. 나아가 '동윤리(同倫理)'를 위해 분서갱유와 같은 폭력을 행사하기도 하였지만, 그것의 성과는 알 수 없다.

'중국'을 대상으로 한 동문의 영역은 당대(唐代)에도 변하지 않았다. 당(唐)의 관제 가운데 하나인 동문시(同文寺)가 제번(諸藩) 사신들의 알현과 헌납 등을 관장하는 것이 주 임무였던 것에서 보듯 동문은 중국의 천하 통일과 관리에 있어 매우 중요한 것이었다.

중국의 패권이 강화되며 중화의 힘은 대륙을 넘어 아시아로 확대되었고 이에 따라 아시아는 중화를 중심으로 한 책봉체제로 편입되었다. 한반도에 자리했던 나라, 일본 열도에 자리한 나라, 월(베트남), 유구 등이 그러한 경험을 겪기도 하였다. 그러나 조선의 소중화주의(小中華主義), 일본의 화이형(華夷型) 중화주의에서 보듯 이에 대한 반발도 강하였으며 지속적으로 중화의 패권 하에 아시아가 있었다고 할 수는 없다. 그럼에도 불구하고 조선이나 일본에서 보듯 자신을 '동문국'이라고 지칭하는 데에 주저하지 않았다. 그 이유는 무엇일까.

책봉체제라는 권력의 문제 외에, 본질적으로 '동문'을 구성하는 데 결정적 역할을 한 것은 '한자'를 통한 중화 문명의 유입이었다. 법령, 교육, 문학, 과학, 종교 등 다양한 분야에 걸쳐 중국문명을 받아들였고 이를 통해 자국을 문명화시키기도 하였다. 그러나 그것이 앞서 말한 책봉체제와 결합되어 있었을 때 문명화는 중화화를 의미하기도 하였다. 거기에는 '이적'이라는 야만이 타자로 존재하였다. 이 야만은 금수와 같은 미개의 공간이었다. 그렇기 때문에 동문의 국가라는 것은 곧 문명국, '동문'이라는 단어는 문명, 문화를 가리키기도 하였다.

전근대기 동아시아에서 '동문'의 표제가 붙는 서목을 보면 주로 문자, 외교에 관한 것이다. '언어'와 '외교'라는 것은 문명국 간에 있어서는 특히 중요한 문제였다. 그렇기 때문에 『동문휘고(同文彙考)』(1784)를 편찬하여 동문국 간의 '외교'의 법례로 삼고자 하였다. 동아시아라고 하였지만, 대개가 중국과 일본이었다.

동문국의 외교에서 상하의 질서는 분명히 존재한다. 그러나 책봉체제를 전제로 하였던 조선의 외교에서 중요한 것은 책봉체제의 질서를 지키는 것이었다. 그것은 우선 외교문서와 법령에 수록되어 전례(典

例) 정리하고, 그리고 외교의 현장에서는 이것을 지켰다.

일본 아라이 하쿠세키(新井白石)의 『동문통고(同文通考)』(1760)는 언어에 관한 것이다. 동문국의 언어와 이를 번역하는 것을 염두에 두고 편찬되었다. 동문의 대상 언어는 범어, 한어, 조선어까지 다양하였다. 그렇다고 하여 자국의 언어를 등한시한 것은 아니었다. 또한 일본에서 만들어진 한자도 수록하고 있다. 『동문통고』가 대상으로 한 동문의 나라는 일본과 언어, 문화, 종교, 외교 등에서 매우 깊은 관련을 맺고 있는 나라들이었다. 즉, 일본을 중심으로 한 '동문국'을 상정해 놓은 것이었다. 이처럼 스스로를 '동문국'이라는 인식한다는 것은 중화로의 귀속이 아니라 중화문명을 통해 성취된 '문명화된 자국'이라는 인식이 강하게 내재되어 있다. 방점은 중화가 아니라 자국의 문명에 있었던 것이다.

이러한 동문의 권역으로서의 아시아에 균열이 일어난 것은 '서양'이라는 타자, 즉 이문(異文)의 타자를 만난 후부터였다. 중화문명과는 다른 문명의 서양. 더구나 식민지 개척을 위해 출병한 서양제국의 위세는 중국을 일순간에 압도해버렸다. 아편전쟁을 통해 아시아의 '중화'가 무너져내리기 시작하였다. 그리고 청의 몰락과 중화민국, 신해혁명 등이 연이어 일어났다. 조선은 더 이상 독립된 국가로 남아있지 못하였다. 일본제국의 건설과 식민지 침략이 본격화되면서 '동문동종'의 이데올로기가 등장하였다. 文을 같이하는 황인종끼리 연대하여 이(異) 문명인 서양 백인종의 침략에 대항하자는 것이었다. 이처럼 새로운 패권(覇權)인 일본을 중심으로 한 동문론이 발신되기 시작하였다.

일본은 조선과 유구, 대만, 중국 등에 침략의 손을 뻗으면서도 '동문'의 연대를 주장하였다. 문명을 달리하는 서양, 인종을 달리하는 서양에 대한 대항과 이를 위해 인종과 문명을 같이하는 '동문'이 연합할 것을 제시하였다.

근대기 동문론의 전개는 일본 제국의 건설·침략 및 서양의 식민지 팽창 정책과 깊은 연관이 있다. 서양의 동점에 대한 위기감은 아편전쟁과 러시아의 남하정책으로 가시화되었으며 그리고 이같은 위기 상황 속에서 전통적인 '동문론'에 인종론이 더하여 '동문동종론'이 주창되었다. 아시아의 인종, 황인종의 연대, 그리고 동문의 국가의 연대를 통해 서양 이문명의 백인종에 대항하는 것이 바로 동문동종론이다.

근대 이전 중화와 동문, 이적이라는 아시아의 공간적 위계는, 동문과 서양이라는 대치 구조로 바뀌어졌다. 서양에 대해서는 이문명의 공간과 금수의 나라라는 극단적인 인식이 있었다. 인종을 달리하는 이문명과의 조우는 공포를 동반하기도 하였다. 그렇기에 더욱 동문을 아이덴티티로 한 아시아를 표상하였는지도 모른다.

조선의 유자들은 조선에 접근해오는 세계를 동문과 비동문=금수로 구분하였으며 동문의 보호를 위해 동문의 연대를 강조하였다. 이때의 동문은 유학을 지칭하는 것으로 조선의 유자들은 이를 보존하는 것을 급무라고 인식하였다. 그러나 이들이 동문의 공간에 위치한 청과 일본을 자신과 동등한 문명국이라고 인정했는지는 의문이 든다. 청과 일본에 대한 각각 다른 대응, 이것이 조선의 동문론의 특징이기도 하다.

일본은 흥아회(興亞會), 동아동문회(東亞同文會) 같은 범아시아적 기구를 만들어 연대를 강화하고자 하였다. 일본은 조선을 식민지화 한 후에는 조선에 대해 '동문동종'에서 '동문동조', 즉 동문의 국가일 뿐만이 아니라 조상을 같이하는 나라라는 슬로건을 내걸며 내선동화

정책을 시행하였다.

이러한 권력의 동문론이 있었던 것과 동시에, 지식의 동문론이 존재하였다. 일본에서 번역되거나 생성된 지식 및 신한자어가 동아시아 전반에 유통되기 시작하였으며 일본은 중국과 조선에 대한 근대적 학문 방법에 의한 연구를 시행하였다. 예를 들어 중국문학사에 관한 연구는 일본에서 처음으로 시도되었으며 다량의 연구 성과가 있었다. 이러한 연구 성과는 중국어로 번역되어 중국에 역수입되기도 하였다. 일본은 동방문화사업(東方文化事業)을 시행하는 한편, 동방문화학원(東方文化學院) 및 도쿄(東京)·교토(京都)연구소를 비롯한 다양한 기관을 설립하여 중국, 조선, 만주, 몽고 등을 연구하였다.

이상에서 보듯 아시아에서의 '동문'에는 다양한 층위의 전개와 양상이 존재하였다. 그러나 이 다양함은 '동문'이라는 시공을 초월하는 보편어에 가려져 마치 보편성을 가지는 것처럼 오해되곤 하였다. '동일성'에 가려져 '차이'는 은폐되었다. 그러나 동문이라는 단어는 정치·사회적 실재로, 혹은 언어와 역사의 상호 영향을 전제한 채 얽혀 있다.

3. 전근대기의 동문: 권력과 지의 공간

중화의 입장에서 본 동문 혹은 동문국은 책봉체제 하의 질서를 가리킨다. 『예기』의 시대, 중화는 황하를 중심으로 형성되었으며 이를 중심에 동문과 이적이라는 질서가 부여되었다. 차츰 중화의 권력이 확대되면서 동문의 영역도 넓어졌다. 한반도, 일본열도, 유구, 월 등의 지역 등이 동문의 역에 들어갔던 것이다. 중화를 중심으로 한 동문은 중화의 지배가 미치는 '권력의 공간'만이 아니라 지식 권력의 공간이기도 하였다. 다음의 예를 보자.

서긍은 1123년(인종 1) 송나라의 사신인 노윤적과 함께 고려 개성에서 왔다가 귀국 후 견문기인 『선화봉사고려도경(宣和奉使高麗圖經)』를 저술하였다. 서긍은 「동문」에서 고려와 송과의 관계를 다음과 같이 기술하였다.

> 정삭(正朔)은 천하의 정치를 통솔하는 방법이고, 유학(儒學)은 천하의 교화를 아름답게 하는 방법이고, 악률(樂律)은 천하의 조화를 이끄는 방법이고, 도량권형(度量權衡)은 천하의 공용하는 기준을 보여주는 방법이다. 네 가지는 비록 다르기는 하나 반드시 천자의 절제와 서로 합치되어야 하고, 그렇게 된 후라야 태평의 표적이 갖추어지게 된다. 성인이 일어나면 반드시 세정(歲正)을 세우고, 국시(國是)를 정하고 한 조대(朝代)의 음악을 새롭게 하고, 율도(律度)와 양형(量衡)을 동일하게 만든다. 대체로 지극함 하나로 뭇 움직임을 바로잡는 데는 그 방법이 마땅히 그러해야 한다.
>
> 우리 국가가 대일통(大一統)으로 만방에 임하니 화하(華夏)와 蠻貉(만맥)이 다 신복하였다. 비록 고구려(高句麗) 우리나라의 범칭(汎稱)은 바다 섬에 자리 잡고 있어 거대한 파도가 가로막고, 구복(九服: 중국 역대의 복속 지역을 말함) 안에 들어 있지 않기는 하나, 정삭을 받고 유학을 준봉(遵奉)하며, 악률은 조화를 같이 하고 도량형은 제도를 같이하니, 우순(虞舜)의 크고 작은 달과 날짜를 같이 맞춘 것과 백우(伯禹)의 덕화(德化)가 남쪽에까지 미쳤다 하더라도 그런 것들은 거론할 게 못 될 정도이다. 옛사람이 말한, '글은 글자를 같이 하고 수레는 차폭을 같이 한다'고 한 것을 지금에 보게 된

것이다. 또 도지(圖志: 그림과 기록)의 작성은 이국(異國)의 다른 제도를 기록하기 위한 것인데, 만약에 그 제도가 혹 같을 경우라면 그림의 작성이야 군더더기 같으니 만들어 무엇하겠는가? 삼가 그곳의 정삭·악률·도량을 중국과 같은 것을 조목지어 기록해서 '동문기(同文記)'를 만들고, 그 그림은 생략하겠다.[1]

서긍은 고려가 중국에 복속하지는 않았지만, 정삭, 악률, 도량형, 유학을 같이한다고 하였다. 이는 『중용』에서 말한 천자가 나라를 다스릴 때 나타나는 결과이며, 그 교화의 성과를 고려에서 확인하였던 것이다. 동문에 귀속된 것은 천자의 교화에 의한 것이라고 본 것이다.

그러나 동문의 입장에서 본 동문론은 이와 다른 모습을 띠고 있다. 동문, 즉 문명은 물이 높은 곳에서 낮은 곳으로 흐르듯 흘러내리는 것이다. 중화의 높은 경지에서 흘러내린 문명의 세례를 입은 동문과, 아직 이 세례를 입지 못한 이적(夷狄)이 존재하였다. 이때 문명의 공간은 '지의 공간'이었다.

조선의 경우, 중국대륙과의 교류가 시작된 삼국시대, 고려시대, 조선에 이르는 시기까지 중국대륙에 위치했던 왕조와의 관계, 일본과의 관계를 통해 자신과, 그리고 타자에 대한 '동문'의 의식의 상관관계를

---

1 徐兢,「高麗圖經」,『宣和奉使高麗圖經』제40권
   臣聞正朔. 所以統天下之治也. 儒學. 所以美天下之化也. 樂律. 所以導天下和也. 度量權衡. 所以示天下之公也. 四者雖殊. 然必參合乎天子之節然後. 太平之應. 備焉. 聖人之興. 必建歲正. 定國是. 新一代之樂. 而同律度量衡. 蓋以至一. 而正群動. 其道當如此. 仰惟國家大一統. 以臨萬邦. 華夏蠻貉. 罔不率俾. 雖高句驪. 域居海島. 鯨波限之. 不在九服之內. 然稟受正朔. 遵奉儒學. 樂律同和. 度量同制. 雖虞舜之時日東協. 伯禹之聲敎南暨. 不足云也. 古人所謂. 書同文車同軌者. 于今見之. 且圖志之作. 所以紀異國之殊制. 若其制或同. 則丹青之作. 何事乎贅扰. 謹條其正朔. 儒學. 樂律. 度量之同乎中國者. 作同文記. 而省其繪畫云.

통해 아시아를 표상하여 왔다. 특히 왕조와의 외교적 공식 채널인 사신단과의 접견 이외에 민간 차원의 교류에서 이는 종종 확인된다.

이 시기의 동문론은 '동언(同言)'의 체계였다. 동일한 문어체를 쓴다는 것이다. 백화문이나 한글, 가나가 공식적인 등장하지 않았거나 국어로 정착되지 않았다. 오직 한자만이 공식적인 기록방식이었던 시기였다. 문어로서의 한자는 필담이나 수창을 통해 커뮤니케이션이 가능하였고, 외교 법령 등의 공식문서 경우에서처럼 아시아를 균질화 시키는 점도 있었다.

권근이 중국의 사신 유사길(兪士吉)에게 차운한 시(權近)를 보자.

> 조선에 태어나 학식이 고루한 것 부끄러우나
> 일찍이 중국으로 신선의 배 띄웠네.
> 기자가 봉해졌던 우리나라는 예부터 왕도를 좇아
> 황제의 덕이 오늘날 순임금처럼 빛나네.
> 수레와 글 모든 제도 다 같게 되었으니
> 오가는 길 멀다고 한하지 마오.
> 서로 만나 한껏 취함도 진정 좋은 일이지
> 백년 사는 인생은 유한하네.
> 僻在海隅慚陋學. 曾從天上泛仙槎.
> 箕封自古遵王道. 舜德如今協帝華.
> 幸見車書文軌混. 何嫌冠盖往來賖.
> 相逢爛醉眞良計. 百歲人生亦有涯.

조선과 중국의 문사는 말은 통하지 않지만 한자를 매개로 의사소통을 하였다. 외교에서 시는 중요한 수단이었고 서로의 시에 차운하는 것도 의사소통의 하나였다. 때론 자신의 문화적 우위를 보여주기 위한 장치로 작동하기도 하였지만 소통은 매우 중요하였다. 이 시에서 권근은 조선은 기자가 봉해진 땅이라고 하였다. 기자는 중국 문명을 의미한다. 조선은 야만의 땅이 아니라 중국문명이 전파되고 중국의 현인이 다스린 문명의 지역이라는 것을 말한다. 그렇기 때문에 조선은 유가에서 이상시하는 '왕도정치'를 실천한다. 조선의 왕은 '왕도정치'를 지향하는 어진 군주라고 말하고 있다. 권근이 보기에 조선의 그 어진 군주는 중국의 가장 이상적인 군주인 요순에 버금가는 정치를 하고 있다. 그렇다면 조선의 문명화의 정도는 어떠한가. 중용 28장에서 말한, 도량형을 같이하고 문자를 같이하며 인륜을 같이 하는 수준이었다.

이는 서긍이 「동문」에서 말하였듯이 '정삭은 천하의 정치를 통솔하는 방법이고, 유학은 천하의 교화를 아름답게 하는 방법이고, 악률은 천하의 조화를 이끄는 방법이고, 도량권형은 천하의 공용하는 기준을 보여주는 방법'에 관한 것이었다. 이렇듯이 동문국이 됨으로써 이적의 국가와는 확연히 구분되며 동문의 중화와 동등해지는 것이다.

그러나 동문의 공간은, 평화롭기 만한 것은 아니고 때로 지리(권력이 실질적으로 충돌하는 지리적 장소로서, 이를 권력의 공간이라 할 수 있다)의 공간과 충돌하기도 하였다. 예를 들면 조선이 청 중심의 중화질서에 반발하며 소중화주의를 주장하면서도 중화문명의 수호자로서 자긍심을 가진 것이 그것이다.

조선이 동문국인 일본에 대해 갖는 우월감도 이의 연속선에서 이해될 수 있다. 즉, 한반도를 통해 일본에 중화의 문물이 유입되었으며 이때의 중화의 문물은 온전히 중화의 것이 아니었디. 한반도의 문명이 된 중화의 그것이었다. 이에 비해 일본은 17세기에 이르러 국력이 신장되면서 일본형 화이론을 주장하였다. 자신을 '중화'로 지칭하며 반발하기도 하였다. 조선은 일본을 동문과 이적의 경계에 있다고 인식하고 있었다. 그렇기 때문에 조선과 일본의 지식인들은 '교화'의 대상이 있다면 누구든 이끌어줄 수 있다고 생각한 듯하다.

동문국은 어떻게 되는가. 누가 동문국이 되는가. 동문국이 되었다는 것을 누가 인정하는가. 동문은 중화와 근접한 공간에서 이루어지고 있었다. 그리고 위와 같은 지정학적 위치는 변하는 것이 아니었다. 그렇기 때문에 단순히 왕조의 흥체(興替)와 다르다. 명이 망하고 청이 세워졌다고, 명의 나라가 대륙에서 떨어져나간 것은 아니지 않는가.

한편 중화가 아닌 동문국 간에도 서로를 동문국으로 인정하며 교류를 하였다. 예를 들어 베트남에 대한 조선인의 관심과 같은 것이 있다. 장유(張維)가 중국 통주(通州) 역루(驛樓)에 걸려 있는 안남국(安南國) 사신의 시를 보고 쓴 글을 보자. 장유는 안남국 사신이 쓴 총 세 편의 시를 보았다. 세 번째 시에

> 열두 난간 사이로 맑게 갠 경치
> 사막 너머 燕然山도 다 보일 듯하네.
> 수레 가는 길마저 같아져 천하는 하나가 되고
> 황금으로 쌓은 누대 천 배의 값이로다.
> 남방 交趾에서 먼 길 떠나 와 서리 몇 번 밟았던가
> 북극의 낮은 하늘 해는 길게 걸려 있네.
> 머리 들어 바라보니 황성(皇城)도 이젠 지척
> 정사 부사 모시고 조정에 따라 들어가리.
> 十二闌干霽景前. 望窮沙漠接燕然.

車同軌轍統歸一. 臺築黃金價倍千.

路遠南交霜屢閱. 天低北極日長懸.

擧頭喜見紅雲近. 香案叨陪次第仙.

라 하고, 安南書介張孚說殷臣이라 하였다.

이 시가 지어진 것은 지금으로부터 어언 60년 전의 일이다. 그리
고 안남으로 말하면, 중국과 1만여 리나 떨어져 있는 만큼, 풍토라든
가 민속 면에서 서로 엉뚱하게 걸맞지 않는 점이 분명히 있을 것이다.
그럼에도 불구하고 성률이나 시의(詩意)를 살펴보면 전혀 다르지를 않
으니, 시라는 것은 확실히 성정(性情)에서 발로되는 것으로서, 이른바
'같은 문자로 글을 쓰게 되었다(書同文)'는 말이 허언(虛言)이 아님을 알
겠다.

게다가 남교(南交 交趾, 즉 베트남을 가리킴)와 같이 멀고 먼 지역에 사
는 사람이 이렇게 시 한 수를 지은 인연으로 삼한(三韓)에까지 그 성명
을 전할 수 있게 되었으니, 글을 짓는 일은 아무래도 그만두어서는 안
될 듯하다.[2]

위의 시에서 안남국의 사신도 자신의 나라가 중국과 '동문국'임을
밝히고 있다. 그렇게 안남국이 이적의 땅이 아니라고 하였고, 이에
대해 장유는 안남의 중국과 다른 점은 분명히 있지만 안남국 사신의
시를 통해 '성률이나 詩意를 살펴보면 전혀 다르지를 않으니, 시라는
것은 확실히 性情에서 발로되는 것'이라는 것을 확인하였다. 이 말은
장유가 안남국을 동문국으로 인정한다는 것을 의미한다. 비록 동문국
내에 지리적인 원근은 있지만 동문국인 된 이상, 동일한 문명 권역에

---

2 張維,「中國通州驛樓有安南國使臣題詩」,「」, 한국고전번역원 번역 참조.

들어가는 것이다. 동문국에서 생산된 문화는 같은 동문국의 독자에게까지 전파되기도 하였다. 같은 동문국 내에서의 교류는 중국이 원하지 않았던 것일 수도 있었지만 빈번히 일어났다. 조선과 일본, 조선과 유구, 조선과 안남의 교류가 그것이다. 조선, 일본, 안남, 유구는 동문이라는 지식의 영역에서는 동등한 존재였고 상호적이었던 것이다.

이처럼 전근대기 동문론에는 중화가 동문을 표상하는 것, 동문국이 중화를 표상하는 것, 그리고 동문국 간의 상호 인정이라는 층위가 존재한다. 그러나 이는 시간의 추이를 두고 발생하는 것이 아니며 동시적이고 상호적이었다. 상호적이었지만 이것은 일대일을 포함하여 多對多까지도 포함하였다. 그리고 그 내면에는 자국중심주의(혹은 자기화)가 자리하고 있었다. '누가 동문의 나라인가' '왜 동문의 나라인가'에 대한 답은 조선, 일본, 중국, 안남, 유구 각각이 가지고 있었다. 그리고 이것은 역사적 조건에 따라 변화가 있었다.

4. 결론

전근대기 동아시아 지역에선 중화가 강해질수록 동문의 나라도 늘어갔지만, 이와는 별도로 중화의 문물을 수입하여 자국의 문화를 발달시키면서 스스로를 동문국이라고 인식하기도 하였다. 그렇기에 동문국은 때론 중화의 책봉체제와는 일치되지 않는 지점도 있고, 중화 문명에서 벗어나는 지점도 있었다.

그러나 동아시아는, 동문의 내용은 변화할지라도 스스로를 동문국의 일원으로 불리기를 주저하지 않았다. 이는 문명국을 의미하였기 때문이다. 동문국에 중화가 만들어낸 지식과 권력이 동일하게 영향을 미치기도 하고, 때로는 지식이, 때로는 권력이 미치기도 하였다. 그러나 지식의 생성은 반드시 권력에 수반하여 이루어지는 것은 아니었다. 지식의 생산은 자생적이기도 하였다. 이 자생성이 중화의 입장과 동문국의 입장에서 서로를 바라보는 차이, 즉 '틈새'를 만들어냈다. 자생성은 다시 말하면 자기화일 것이다. 지식의 수입은 문화에까지 도달하지 못한다. 자기화를 거쳐 문화에 도달하고, 자기화가 성취되어야 진정한 문명국이 될 수 있었다. 장유가 안남국 사신의 시를 보고 문화적 수준을 인정하였듯이, 그것은 단순한 모방에서는 불가능한 것이었다. 이렇게 발견된 동문국은, 이적에 둘러싸였던 동아시아인에게 상당한 우월감과 연대감을 제공하였다.

동아시아를 말할 때, 한자문화권으로, 중화문명권으로 그 정체성을 설명해버린다면, 전근대기 서양에 대한 동아시아인의 우월감과 연대감을 해명할 수가 없다. 중화의 귀속이 연대감을 발생시킬 수는 없다. 물론 동문을 만들어낸 언어는 한자이다. 그런 점에서 동아시아는 한자문화권이다. 그리고 중화가 만들어낸 문명을 공유하였다는 점에서 중화문명권이다. 거기에 동질감을, 오랜 기간 그런 방식으로 동아시아인 스스로가 인식한 문명의 나라, '동문론'을 덧붙여야 할 것이다.

| 참고문헌 |

나인호, 2011, 『개념사란 무엇인가』, 역사와 비평.

박영미, 2006, 『일제강점 초기 한학지식인의 문명관과 대일의식』, 단국대학교 박사학위논문.

_____, 2013, 「近代における日朝漢学者の交流と影響」, 『日本漢文学研究』8, 二松學舍大學日本 漢 文敎育硏究推進室.

_____, 2012, 「전통지식인의 친일 담론과 그 형성 과정」, 민족문화40, 한국고전번역원.

_____, 2012, 「明治本 金鰲新話 비평의 특징과 의의」, 동양학 52, 단국대학교 동양학연구소.

_____, 2011, 「日・ 朝知識人の日光に対する見方とその相違」, 『日本漢文学研究』6, 二松學舍

大學日本漢文敎育硏究推進室.

_____, 「19세기조선인의서구관-서양 기물의 수용과 그 영향을 중심으로」, 한문학논집 32, 근역한문학회.

_____, 2010, 「한일문사의 교유시를 통해 본 상호인식-추담 유창과 하야시 라잔을 중심으로」, 한문학논집30, 근역한문학회.

_____, 2009, 「經學院에 보이는 근대 일본 유학의 경향」, 日本學硏究 27, 일본연구소.

_____, 2008, 「한시에 표상된 근대의 풍경: 정만조의 일본 기행 한시를 중심으로」, 한국한문학연구42, 한국한문학회.

_____, 2007, 「일제강점기 재조일인(在朝日人)의 한시(漢詩) 고찰 -『이문회지(以文會誌)』를 중심으로-」, 『韓國漢文學硏究』Vol.39.

權近, 「次天使東八站路上詩」 「口號 兪士吉」, 『陽村集』 권9

徐兢, 「高麗圖經」, 「宣和奉使高麗圖經」 제40권

子安/宜邦, 2003, 『漢字論』, 岩波書店.

張維, 「中國通州驛樓有安南國使臣題詩」

斎藤希史, 2009, 「同文のポリティクス」, 『文学』第10卷 第6号, 波岩書店.

斎藤希史 저 황호덕 외 역, 2010, 『근대어의 탄생과 한문』, 현실문화.

蝦名良亮, 2011, 「近代中國に於ける異文化の位相」, 『言語 文化 社会』(9), 學習院大學.

11장

동아시아 이주자 시민권과 다문화적 현실

;

화교의 사례를 중심으로

정은주

1. 동아시아 시민 성원권에 대한 문제제기

한국을 비롯한 동아시아는 이주시민권과 다문화주의 연구에서 오랫동안 주목의 대상이 아니었다. 대다수의 동아시아 국가들은 국가 발전과 안보를 명분으로 한 국민 동원 과정에서 단합과 동질화를 필연적으로 강조하였고, 종족적(ethnic)·문화적 차이에 의해 국민으로 포함될 수 없다고 여겨지는 집단들은 주류사회로부터 배제되거나 그 사회적 존재가 부정되었다. 해방 후 일본 국적을 박탈당하고 수대째 일본에 거주하면서도 정식 구성원으로 대접받지 못하는 재일한인과 냉전시기 남한에 잔류함으로써 이후 계속 대만의 국적을 지닌 채 한국의 '보이지 않는' 이방인으로 살아온 화교가 대표적인 예이다. 그 과정에서 국제 이주가 심화시키고 있는 고전적 시민권 규정에 대한 도전이나 다문화적 일상은 특히 한국이나 일본과 같이 거주자의 절대 다수가 혈통적으로 동일한 이들로 국민을 구성한다고 간주했던 국가 공동체의 현실과는 동떨어진 것으로 여겨졌다. 그러나 아시아는 20세기에 이민이 가장 많았던 지역(Smith, 2011)으로서 아시아 전 지역에

---

* 이 글은 필자의 2015년 논문,「국민과 외국인의 경계: 한국 내 화교의 시민권적 지위에 대한 성격 분석」의 일부를 수정하고 보완한 글이다.

서 국제 이주로 인한 초국적 움직임이 활발해지고 있고, 1980년대 이후에는 한국, 일본, 대만, 홍콩, 싱가폴 등도 이민 수용국으로서 정주 외국인이 증가하며 빠르게 다인종, 다문화 사회로 변모하고 있다. 이에 따라 종래 국적과 등치되었던 시민권에 대한 도전, 즉 국경에 묶인 권리와 의무, 그에 따른 시민적 책임과 소속의 분화에 대한 고민은 유럽 및 처음부터 이민 국가였던 다민족(multiethnic) 국가들에게만 한정되는 이슈가 아님이 드러나고 있다.

한국의 경우, 1995년 약 10만 명이던 체류 외국인이 2007년 약 72만 5천 명(출입국관리국, 1995, 2007)으로 불과 10여 년 사이 7배 가량 폭증했고, 2015년 말을 기준으로 한 현재 189만9천519명(출입국·외국인정책본부, 2015)으로 여전히 그 증가세가 가파르다. 정주외국인이 증가하고 그중 다수가 한국인과 가정을 이루거나 한국경제의 일원으로 일하게 되면서 이들에 대한 처우는 1990년대 후반부터 시작되었던 인권적 문제 제기를 넘어서서 전반적인 제도적 개선의 차원에서 요구되기 시작했다. 더욱이 2007년 8월 유엔인종차별철폐위원회로부터 "한국이 다민족 사회가 되었음을 받아들이고 인종차별적 정책을 시정할 것"을 권고 받으면서, 이와 같은 국제사회의 인권담론은, 1990년대 말부터 외국인에게 부여하기 시작한 사회경제적 권리조항의 개방에 이어 2007년과 2008년 「재한외국인처우기본법」과 「다문화가족지원법」 등 체류 외국인의 시민권적 권익을 위한 사회정책의 변화로 반영되었다. 이와 같이 국적을 가지지 않은 '법적 이방인'(외국인)들의 시민권적 권익을 제도적으로 보장해가는 전지구적 움직임에 동승하면서 한국 또한 누구를 권리와 책임의 테두리에 포함시킬 것이며 그 자격 취득의 정체성을 국적 이상으로 확대함으로써 파생되는 이슈는 무엇인가라는 시민권 배분 및 확대와 관련된 새로운 정체성에 대한 논의와, 증가하는 정주외국인들과의 일상적 교류 속에서 대두되는 새로운 사회·문화적 국민통합에 대한 고민을 외면할 수 없게 되었다.

그런데 한국에서 '국민'과 '외국인'의 경계를 모호하게 하고 그 경계를 허물고자 했던 요구는 2000년대에 비로소 등장한 새로운 현상이 아니다. 19세기 후반 이래 4~5세대의 한국 정주 역사를 지닌 화교는 대한민국 건국 후에도 대만 국적을 유지하며 법적 이방인으로 살 수밖에 없었던 환경에서 한국 주민으로서의 권리를 주장해왔다. 화교는 한국의 첫 이주노동자 집단이자 한국인과 결혼하여 후세를 키우며 '다문화가정'을 구성한 첫 주자라 볼 수 있으며 또한 세대를 거듭하여 정주하는 과정에서 문화적으로 한국인이 될 수밖에 없었던 한국 근현대사의 동행자이기도 하다. 그럼에도 화교 문제가 오랫동안 주목받지 못하며 한국적 다문화주의를 이끌어내지 못한 것은 무엇보다 현대사회의 시민권 조정이 인권적 이상(理想)뿐 아니라 거주국의 국가적 이익과 본국 및 주변국과의 관계의 조율 속에서 이루어지기 때문이다. 이 글은 이러한 시각 하에 한국의 첫 장기체류 외국인인 화교의 시민권에 대한 고찰과 주변국의 연관 제도에 대한 간략한 점검을 통해 동아시아의 이주자 시민권 양상과 다문화적 현실을 가늠하려 한다. 먼저 국제이주로 심화된 국적과 시민권의 긴장관계 속에서 동아시아가 직면한 권리 배분과 성원권의 문제를 짚어본다.

2. 국적과 연계된 시민권 개념과 이주의 도전

근대 인권은 천부인권 사상에 그 근거를 두고 있는 바, '인간의 생명과 자유, 평등, 그리고 재산권과 참정권은 양도할 수 없는 기본 권리'라고 1789년의 「인간과 시민의 권리 선언」은 천명하고 있다. 그러나 인간이 실제로 권리를 행사할 수 있게 된 것은 근대 국민국가를 통해서였다. 권리에 대한 개념 없이 의무만을 지녔던 신민은 근대 국가 시스템 속에서 주권을 지닌 시민이 되었고, 이는 국적제도를 통해 국민의 경계가 확정됨으로써 가능해졌다. 그런데 국민국가는 영토 내부로 포섭된 사람들 가운데 특정인, 즉 국민이 되는 형식적 자격을 갖춘 국적자에게만 그 권리를 보장하기에, 이러한 규정 하의 현실에서 인권은 오직 국적자 가운데 요건을 갖춘 자가 지니는 법적 지위인 시민권의 형태로만 실현될 수 있다. 시티즌십(citizenship)의 번역어로서 시민권은 법적으로 제도화된 정치공동체에 소속된 지위 또는 그에 따르는 권리와 의무의 총체를 뜻하며, 때로는 그 소속된 공동체의 일원(시민)으로서의 의식과 그에 걸맞은 바람직한 행동을 뜻하는 말로도 쓰인다. 여기서는 대체로 시민이 누리는 권익으로서의 시민권이라는 의미에 무게를 두고 있지만, 권익과 의무, 시민의식이라는 것이 상호 영향을 미치며 현실적으로 연관되는 모습으로 드러난다는 점에서 맥락에 따라 두 가지 의미를 모두 내포하는 경우도 있다. 이처럼 국경을 경계로 하는 근대 시민권은 일차적으로는 국외인과 이방인을 배제시키고 있고, 이는 아감벤의 언어로 하면 경계 바깥에 놓인 그들을 예외상태로 만듦으로써 오히려 법질서 속에 갇혀 부당한 대우를 받는 존재로 만들게 된다.(Agamben, 1995: 110)

한편 국민/민족 개념은, 이전 시대의 종교를 대신해서 죽은 자와 아직 태어나지 않은 자까지를 아우르는 종적 불멸성을 제시하며, 그 안에 종족(ethnicity), 인종, 신분, 성별이 다른 이들을 감싸 안는 범주적 평등성을 내세움(Anderson, 1983)에도 불구하고, 실제로는 국민 모두가 시민권을 동등하게 향유하지는 못했다는 것은 주지의 사실이다.

영국에서 재산이나 직업에 따라 남성에게 참정권이 단계적으로 확장되었고(이선주, 2013), 전 유럽에서 여성은 세계대전 발발로 여성인력이 필요하게 되면서부터야 투표권을 가질 대상으로 논의되기 시작한 것이 단적인 예이다. 그 외, 1946년 이전 프랑스 식민지 주민들은 프랑스의 관할권에 복속되지만 시민으로서의 법적 지위를 향유하지 못했고, 멕시코 헌법상 멕시코 국적을 가진 자가 18세에 달하고 '선량한 생활방식'을 영위할 때 '멕시코 시민'이 된다고 규정한 것(이철우, 2004: 412) 등도 국적과 시민권이 일치하지 않은 또 다른 예이다. 요컨대 현대의 시민권이 국민국가와 함께 시작되었고, 시민권과 연관된 대부분의 권리가 여전히 국민국가에 의해 분배되고 보장되기 때문에 시민권과 국적이 종종 등치되기도 하지만 두 개념은 분리할 필요가 있다. 국적은 한 국가의 국민이 되는 형식적 자격인 반면, 시민권은 특정 국가의 정부에 등록됨으로써 생겨나는 실질적인 법적 지위로서, 국민 중 차별받는 소수자들이 완전한 시민권 보장을 요구하는 데에서, 혹은 미국 내 라티노들의 문화적 시민권에 대한 주장(Rosaldo, 1993)에서도 드러나듯, 시민권은 많고 적음이 비교되는 양적인 개념으로 이해된다.

이와 같이 국적과 시민권의 관계에는 근본적인 긴장관계와 애매함이 존재하는데(Castles, 1998), 특히 현대의 전지구화가 수반한 국경을 가로지르는 이주민의 증가는 영토적 원칙에 균열을 야기함으로써 양자 간의 불일치를 심화시키고 있다. 이주로 인해 국경 내에 역사적·정치적·문화적 정체성이 다른 집단이 형성되고 이들이 국적 보유와 별개의 시민적 권리와 의무를 갖게 되는 현상은 공간적 결속을 바탕으로 하는 국민과 그들에게만 부여되는 권리, 그리고 장소 간의 연계를 침해하고, 국적과 시민권의 괴리를 낳으며 새로운 정체성과 새로운 연대의 가능성을 고민하게 하는 것이다. 이에 따라, 법적 근거에 의해 시민권을 제한하는 보편주의 관점에 대한 비판으로 다원주의 관점의 시민권에 대한 담론들이 등장하고 있으며, 문화적 시민권(Rosaldo, 1993), 다문화주의적 시민권(Kymlica, 1995), 유연한 시민권(Ong, 1993) 같은 계급, 성별, 인종, 문화 등에 기초한 차이의 정치적 관련성을 인정하는 대안적 개념화가 시도되어왔다. 현실적으로 국적 없이 시민권을 행사하는 경우는 각 지역과 국가의 특수한 정황에 따라 단순히 부분적 권리를 인정받는 경우에서부터 영주권과 더불어 지방자치 수준의 참정권을 인정받는 경우까지 폭넓은 스펙트럼을 형성하고 있다.

전지구화가 진전되며 두드러지는 국적-시민권 괴리 현상 중 하나는 혈연외국인(kin-foreigner) 혹은 재외동포를 국민과 외국인 사이의 특수한 범주로 설정하고 지위를 부여하는 것이다. 중국이 화교·화인에게 국적 없이도 혜택을 부여할 방책을 고민하는 것이나 한국의 재외동포법, 인도의 인도 출신인(Persons of Indian Origin, PIO) 지위 제정 등이 이에 해당한다. 시민권 연구 담론에서는 이와 같은 국적 없는 시민권의 확대를 국가적 시민권 개념의 근본원리를 침식하는 탈국가적(postnational) 징표라 해석하는 주장(Soysal, 1994, 1996; Jacobson, 1997)이 나오기도 했다. 그러나 가장 탈국가적 성격을 띤 이중국적 제도(Spiro, 1997: 1416; Feldblum, 1998: 237~238)조차도 시민권의 국가적 소재가 여러 개 생겨난 것(Bosniak, 2000, 2002)으로 이해되며 오히려 이출자 주권을 재영토화시킨다(이철우, 2008; Guarnizo and Smith, 1998; Gamlen, 2006)는 주장을 통해 국가와의 연관성이 지속되고 있음을 제시하는 연구들이 축적되고 있다. 이는 국적과 시민권의 괴리를 국민국가 체제의 와해나 국가가 가지는 통제의 기법과 장치가 약화되는 것으로 간주할 수 없는 현재의 다양한 현실을 반영하는 것이기도 하다. 여전히 국경은 인간의 거주와 이동의 자유에 제약이 되고 여권, 신분증, 공식적 신원증명 등 국가 기제에 의해 그 자격이 부여되고 조정되는 상황에서, 재한화교와 같은 비국민이 거주지이자 집단역사의 터전이 되어가는 지역에서 시민적 권리를 확대해가는 과정은 어떤 특정한 역사적 상황과 논리 속에서 주조되는 것인지 주목할 필요가 있다.

동아시아에서 국제 이주의 역사는 오래되었으나 그 규모와 속도가 급속히 증가한 것은 1970년대 이후부터였고, 1990년대에 들어서는 미주와 중동으로 향했던 노동 이주가 동아시아 국가들의 경제성장에 힘입어 동아시아로 흡수되며 정주 외국인이 급증하기 시작했다. 1980년대 들어 노동력 부족을 겪은 한국과 일본, 대만 3국은 방문노동자 제도(guest worker system)를 도입하며 이주노동자가 증가하기 시작했고, 1970년대 일본을 선두로 하여 1990년대에는 한국과 대만에도 결혼이주민이 유입되고 증가하기 시작했다. 이제 한·중·일을 위시한 동아시아 국가들은 자국민을 해외에 송출할 뿐 아니라 자국 내에 많은 수의 이주자를 받아들임으로써 전통적인 이민 송출국과 수용국의 구분을 없애기에 이르렀고, 이주는 일방향의 이동이 아니라 순환이주(transmigration)의 형태를 띠며 과거보다 복잡한 양상을 띠게 되었다(Castles and Miller, 2009: 145). 또한 동북아시아가 세계 경제의 요지로 부상하면서 전문 인력, 사업가, 유학생 등 이주자의 성격도 다양해졌다. 이들은 수용국의 우대 하에 정주자로 자리 잡아 거주국 내국인들과 긴밀한 상호작용을 하며 거주국의 사회문화에 중대한 영향을 미치는 한편, 장기체류 외국인의 권익과 적응을 도모하고 인종적·문화적 다양성 속에서 사회통합을 이루기 위한 정책적 고민을 야기하기에 이르렀다.

이상과 같은 이주의 양상과 그로 인해 가속화되는 사회문화적 혼종화는 현대의 국제 이주가 추동하는 보편적인 모습으로, 이민 선두 국가에서와 마찬가지로 동아시아 국가 내 시민권 규정에 근본적인 의문을 제기하게 된다. 그런데 과연, 초국가적 상황에서 아직도 국가가 시민권을 부여하는 유일한 제도여야 하는가라는 질문들(Benhabib 2002: 15~16)이 국민 성원권에 대한 규정이 다소 엄격했던 동아시아에서도 현실적인 정책 담론으로 제기될 것인가? 거주지 국적 없는 이주민 시민권의 확대를 포함, 다문화주의적 정책이 전개되는 방식은 동아시아 개별 국가의 역사적·정치적·문화적 관계 속에서 형성될 것이므로 다문화적 사회 양상에 대한 분석은 그 특수한 관계의 분석과 함께 이루어져야 할 것이다. 다음 장에서는 화교에 대한 한국 및 중국, 대만의 정책을 통해 국적과 상이한 시민권의 전개방식을 살펴보겠다. 물론 유연한 시민권은 옹(Ong, 1993)이 논의한 바와 같이 경제 자본이나 사회적 자본과 긴밀히 연관되어 있고 또 쉽게 상호 전환될 수 있다는 점에서 계급적 불평등의 가능성을 내포한다. 따라서 한 국가 내에서도 계급적 위치에 따라 다른 정도의 유연한 시민권을 향유하는 이주민들을 화교라는 범주 속에서 모두 동일하게 "가장 가난한 중국인"이거나 중국과 세계를 잇는 "동양의 유대인"으로 환유 처리하지 않도록 경계해야 할 것이다.

3. 동아시아의 시민권 규정과 체류 외국인 관리방식

(1) 시민권 자격 요건으로서의 국적

한국에서 화교를 비롯한 외국인에 대한 처우는 1990년대 말을 기점으로 그 성격을 달리한다. 1987년에서야 비로소 최소한의 절차적 선거민주주의를 구현했을 뿐(김비환, 2007: 339) 개인의 권리와 시민의식에 대한 인식이 성숙치 않았던 90년대 이전에는 국내의 외국인에게까지 시선을 돌릴 여유가 없었다. 80년대 후반 이주노동자가 유입되기 시작하고 90년대 초 결혼이민자들이 합류하면서, 한국사회의 구성원으로 들어선 외국인의 처우에 대한 범사회적인 관심이 대두하기 시작했다. 무엇보다 1997년 IMF 원조를 요청해야 했던 금융위기를 겪으며, 외환위기를 극복하고 대비하기 위한 방편의 하나로서 화교를 비롯한 외국인들에 대한 경제정책 및 거주권에 대한 규정이 개방되기 시작했고, 2000년대에 들어서는 "다문화"라는 이름 하에 다양한 사회경제적 정책의 변화를 보이고 있다.

1948년 정부 수립 직후 한국은 체류 목적의 외국인 유입을 엄격히 통제했고, 화교를 제외하고는 한국에서 일상적 삶을 영위하고자 한 체류 외국인의 존재가 미미하여 건강보험이나 임금지급체계 등에 외국인에 대한 조항이 마련되지 않았다. 1970년대 말 한국 기업에서 일하면서 외국인 임금 지급 처리 체계가 없고 직장 건강보험 처리가 안되어 총무과 직원과 오랜 실랑이를 하고 결국 건강보험 혜택을 받지 못했다는 60대 화교 W씨의 일화[1]는 당시 한국의 구조 속에 외국인은 포함되어 있지 않았음을 단적으로 보여준다. 즉 한국 국적이 없는 외국인은 관리의 대상도 권리 배분의 대상도 아니었고, 시민적, 정치적, 사회경제적 권리(Marshall, 1994[1949])를 얻기 위해서는 국적을 취득하여 국민이라는 법적 자격을 갖추어야 했다.

---

[1] 자료로 제시되는 개별 화교 사례들은 2005~2007년, 2013~2014년 기간 중 실행한 인류학적 현장 연구의 결과이며, 연구 참여자의 프라이버시 보호를 위해 익명 처리한다.

대한민국 국적법은 1909년의 민적법을 통해 성, 명, 본관을 부여받은 개개인의 신분을 호적으로 확인하던 데에 기초하여 1948년 12월 제정되었고, 1997년 개정되기 전까지 부계혈통주의에 따라 국민됨을 규정했다. 따라서 할머니와 외할머니와 어머니가 모두 한국 국민이어도 중화민국 국적을 가진 화교 남성에게서 태어난 아이는 자연히 대만 국적을 취득했고 한국 국적을 갖기 위해서는 귀화 절차를 밟아야 했다. 1997년 11월 양계혈통주의로의 법 개정으로 부, 모 중 한사람이라도 대한민국 국민이면 그 화교 자녀는 국적을 선택할 수 있게 되었다. 이후 2008년 1월 호적법이 폐지되기 전까지도 호주제는 아버지의 국적을 가족 구성원이 공유하도록 하는 중요한 제도적 장치였고 (이철우 2004: 239: 김명희 2009: 253), 이에 따라 한국인의 국민됨을 결정하는 가장 중요한 요건은 아버지가 한국인인가 아닌가였다. 한국의 호적제는 2008년 1월부터 「가족관계등록제」로 전환되었는데, 지금도 국적을 증명할 문서가 따로 없는 대한민국에서 한 개인의 국적에 대한 최종적인 문서적 근거는 결국 가족관계등록부(서호철, 2008)이다.

이와 같이 호적제에 기반한 부계혈통주의 국적 규정과 그에 따른 시민권의 분배는 동아시아에 편재한 것으로서 일본과 대만도 호적을 국적을 가늠하는 최종 문서로 삼고 있다. 현대일본의 「국적법」은 1899년 제정된 이후 혈통주의 원칙에 따라 부친의 지위와 핏줄을 이어가는 자를 '일본인'이라 규정하였고, 일본은 이에(戶)를 단위로 국민을 파악하는 호적제를 통해 천황제를 중심으로 한 가족국가 체제를 마련하였다(임경택, 2012). 패전 후 일본은 단일민족국가로서의 기반을 재구축하며 '외국인 참정권 정지'(1945), '외국인 등록의무'(1947) 칙령 및 '구식민지 출신자를 외국인으로 규정'(1947)한다는 방침을 마련함에 따라 식민지 시기 일본 국적을 가졌던 재일한인과 대만인들은 국적을 박탈당하고 시민권적 권익으로부터 배제되었다. 1984년의 국적법 개정에서는 1980년대 들어 증가한 국제결혼, 무국적아의 문제를 고려하여 부모 양계 혈통주의로 전환함으로써 일본인 개념의 순혈성과 부계혈통주의는 양보하였으나 여전히 국적 부여의 기준은 일본인과의 가족관계에 의존하고 있다.

대만 역시 1929년 국적법을 제정한 이후 1999년까지 부계혈통주의를, 즉 부친의 중국인 혈통에 대한 증명인 호적을 국민 신분의 유일한 기초로 삼아왔다. 2000년 공포한 개정 국적법에서 외국인 귀화에 대한 시행세칙이 만들어지기 전까지 중국인 혈통이 없는 외국인은 대만 남성과 결혼하지 않는 한(김윤태, 2011: 519), 국적을 취득하여 시민권을 보장받을 수 없었다. 더욱이 1967년 이래 유학 온 해외화교 학생들에게 호적등록을 할 수 있게 한 「回國僑生戶籍登記判法」을 1994년에 폐지함에 따라, 아이러니하게도 현재 한국 출신 화교를 포함, 중화민국 여권을 소지하고 있더라도 다시 말해 대만 국적이 있다 하여도 호적이 없는 이들은 대만의 시민권적 권익에서 많은 제약을 받는 외국인과 다름없는 지위를 갖게 되었다.

건국 초기 한국 정부는 이방인의 국민 진입 수단인 귀화에 대해서도 경계하며 일정한 경제적 능력과 사회저명인사의 추천 등 엄격한 요건을 두었다. 현재 화교는 「국적법」 제6조에서 정한 '간이귀화'의 요건[2]에 부합하므로 저명인사의 추천은 요구되지 않는데, 오랫동안 일반귀화 요건이 정하는 재산증명과, 특히 '국회의원급 한국 저명인사 2인의 추천'이란 요건은 서민 화교들로서는 귀화의 문이 닫힌 것으

---

2 「국적법」 제6조에 따르면 자신과 자신의 부 또는 모가 대한민국에서 출생한 자이거나 자신의 배우자가 대한민국 국민인 경우에는 간이귀화의 요건을 충족한다.

로 여겨지는 높은 장벽이었다. 지금도 많은 화교들은 왜 한국 땅에 그렇게 오래 살면서도 국적 취득을 하지 않았느냐는 질문에 대해 "언제 대한민국이 우리에게 국적을 가질 수 있게 해주었느냐?"고 반문하며 국적법 자체를 차별의 징표로 기억하고 있다.

그런데 귀화의 조건이 까다롭지 않았어도 국적을 바꾼다는 것은 지금보다 민족주의적 개념과 중국인이라는 자기정체성이 강하던 과거의 화교에게 쉬운 결정이 아니었다. 동남아 화교가 현지 국적을 취득한 데 반해 한국화교의 대다수는 4~5대째 한국에 거주하면서도 여전히 대만 국적을 고수하고 있다. 이들 중 90% 이상이 중국 산동성에 원적을 두고 있음에도 불구하고 중국이 아닌 중화민국의 국적을 갖게 된 것은, 그리고 국적 없이는 수많은 시민적 권리가 제한됨에도 불구하고 한국 국적을 취득하지 않은 주요한 계기였던 것은 한반도와 중국이 모두 이념적으로 양분되면서 진행된 냉전시대 이데올로기적 연대의 결과이다. 중화민국 국민당 정부는 본토수복을 위한 기지인 대만이 화교들의 고향이 아니라는 딜레마를 해소하기 위해 화교-혁명-건국을 일체로 하는 정치적 담론 하에 귀국관광, 귀국교육 등 화교에 대한 특권적 정책을 마련했는데, 특히 교육은 화교의 지원을 얻는 데 핵심적인 역할을 할 것으로 간주되었고, 동아시아에서 미국-대만-한국-일본-동남아로 이어지는 냉전적 연대를 꾀했던 미국의 전폭적인 재정 지원에 힘입어 진행되었다. 그리하여 공산화로 인해 거주지 한국과 오가는 길이 막힌 '중공'을 대신하여 중화민국은 한국과의 반공 연대 속에 남한에 거주하는 중국 혈통인의 '조국'으로 상상되었고, 중화민국이 지원하는 화교학교의 민족교육 체제 속에서 교육받으며 교육 자본을 획득하기 위해서도 대만 국적은 당연한 선택이었다[3]. 중화민국과 한국의 국적법이 모두 이중국적을 불허하였으므로 화교가 한국 국적을 취득하기 위해서는 먼저 그들에게 중국을 대표하던 중화민국 국적을 포기해야 했는데, 법적 이권과 보호 등의 문제를 차치하고, 배타와 차별에 대한 집단적 기억이 있는 한국 땅에서 '중국' 국적을 버린다는 것은, 소수자 집단의 종족 연망(network) 유지와 교육전략 등을 고려할 때 화교들의 말처럼 "큰 용기가 필요한 일"이었다.

반면 동남아시아 화교는 중국의 외교적 필요에 의해, 즉 동남아와의 외교 관계를 개선하고 이를 바탕으로 대만 문제에 대한 발언권을 확보한다는 도구적 접근으로서 중국이 1954년 화교의 이중국적 폐기를 권고함에 따라, 강력한 동화정책과 억압적 외국인 정책을 표방하는 여러 동남아 국가에서 90% 이상이 현지 국적을 선택하게 된다. 중국은 1880년대 이래 해외 거주 중국인에게 화교라는 명칭을 부여하며 보호 정책을 취해왔으며, 1909년 선포한 대청국적조례(大淸國籍條例)에 근거하여 중국 혈통을 가진 모든 자는 출생지 여부를 떠나 중국의 국적에 속한다고 하는 부계혈통주의 국적법을 천명하였었다(李炳翰, 2010). 그러나 동남아 식민정부의 매개자 역할을 수행하며 경제력을 장악하여 반감을 사고 있는 화교가 정치적으로도 친중국=공산화의 앞잡이로 인식되며 외교의 걸림돌이 되자 "시집간 여인은 이미 친정집 사람이 아니다"라 한 주은래의 회유(1956)와 함께 이중국적 불허 방침을 확립하게 된다. 이상에서 드러나듯 동남아시아 화교와 한국 화교는 상반된 국적 선택을 하지만, 양자의 선택은 모두 냉전체제의 산물이다. 분단된 한국에서는 반공 연대 속에 '형제의 나라'라 불렸던

---

3 이에 대해서는 졸고, 「디아스포라와 민족교육의 신화: 한국의 중국인 디아스포라 교육실천에 대한 민족지적 연구」(2013) 참조.

대만의 국적을 유지한 반면, 공산화의 위험을 경계하던 동남아에서는 중국 국적을 상실하고 거주지 국민국가의 성원으로 흡수되어 국적을 취득했으며, 이는 양 지역 화교들의 경제권과 사회권을 결정짓는 지표가 되었다.

(2) 동아시아의 체류 외국인 관리방식

대한민국 헌법은 외국인에 대해서는 "국제법과 조약이 정하는 바에 의하여 그 지위가 보장된다"고 규정하고 있는데(「헌법」 제6조 2항), 실제 외국인이 관리의 대상이 된 것은 1963년 「출입국관리법」이 제정되면서부터이다. 동법은 '대한민국 국적을 가지지 아니한 자'로 외국인을 정의하고 18세에 이른 화교를 비롯한 외국 국적자에게 외국인 등록을 의무화하였으며, 외국인을 거주자와 비거주자로 구분, 거주자에게 다양한 체류기간을 허용하고 관리한다. 동법에 따라 대만 국적을 소지한 외국인인 화교는 출국 후 재입국하기 위해 반드시 출입국관리법의 관련 규정에 따라 입국심사를 받고, 2002년 영주자격이 생기기 전까지는 일정 기간마다 체류자격을 다시 얻어야 했다. 거주허가는 1998년까지는 3년을 상한으로 하는 거주자격(F-2)이었다가 1998년부터 2002년 영주자격이 신설되기 전까지는 5년 상한의 거주자격(F-5)을 부여받아 3~5년마다 주기적으로 이를 갱신해야 했다.

화교들은 과거 거주 자격 갱신을 기다리며 관련 공무원들에게 겪은 수모와 '골탕', 뒷돈을 얹어야만 일이 성사된다는 소문에 공무원과 경찰을 경멸하면서도 두려워했던 기억을 세대를 거듭하며 소통하였다. 한국 땅에 몇 세대를 거주하고 있음에도 긴 외국인 심사대 앞에 줄을 서며 입국심사를 받아야 했던 것은 화교가 한국에 속하고 있지 않음을 주기적으로 깨닫게 해주는 계기였다. 또한 외국인등록번호는 일반 관공서에는 입력되어 있지 않아 주민등록등본이라도 떼려면 동사무소가 아닌 출입국관리사무소에 가야 했다. 현재도 이러한 불편은 여전히 해소되지 않은 채, 특히 인터넷에서 등록번호 인식이 원활히 이루어지지 않는 문제는 그들이 한국사회에서 배려되지 않는 존재임을 일상적으로 각인시키는 역할을 하고 있다.

일본의 경우도 국적법과 영주권법에서 중국인의 일본 유입과 정착에 대해 엄격하게 규제해왔다. 기본적으로 단순노동에 종사하는 노동자의 유입을 금지했고(1899년 352칙령)(朱慧玲, 1997: 22~25), 원칙적으로 영주를 목적으로 한 외국인의 유입을 억제하여 1990년대 중반까지는 영주 거류권을 획득하는 것도 쉽지 않았다.

1990년대 말까지 한국의 출입국 관리정책은 귀화를 장려하는 동남아시아에 반해 일본과 같이 이민을 제한하는 방식이었던 반면, 교육, 언론, 종교 등 사회문화적 측면에 대해서는 간섭도 지원도 하지 않는 방임정책으로 일관했다. 이에 따라 재한화교는 중화민국 대사관의 관할 하에 한국 전역을 48개의 '자치구'로 나누고 반관반민(半官半民) 성격의 협회를 각 자치구에 두어 화교 인구를 자체적으로 관리하였고, 대만과의 국교 단절 후에도 각 지역의 화교협회가 화교 인구 관리와 행정을 돕고 있다. 학교 또한 한국 교육부의 관리·감독을 받지 않는다는 전제하에 한국정부로부터의 재정 지원 없이 1999년 전까지 '외국인단체'로 분류되었다. 일본의 경우도 한국과 마찬가지로 교육, 사회단체 설립 등 사회문화 정책에 있어서 불간섭과 불승인의 원칙을 고수하여 일본 내 화교학교들은 모두 법률상 비정규학교로 규정되며 재정상 정부 지원을 받지 못했다(Ng Wai-Ming, 2003). 반면 인도네시아 등 동남아 국가들에서 화교학교는 거주국 정부의 통제를 받아 결국 이후 거주국의 교육체계로 편입되었고, 단체 활동에도 적극 개입하여 신문 및 경제사회 단체를 단속하고 민족행사를 제한하였으며 개종과 성씨 개명도 요구하는 등 억압적인 동화정책을 펼쳤다(Charney, Yeoh, and Kiong, 2003).

외국인 관련 경제정책의 경우, 1980년대 이전의 동남아 각국이 그랬던 것처럼, '자주적 국민경제의 부흥'을 기치로 한 한국의 제반 경제정책은 화교에게 억압적인 정책이었다. 이승만 정권의 '창고폐쇄령'은 창고에 물건을 쌓아 놓고 판매하는 방식으로 운영했던 화교무역상사의 연쇄적 폐쇄를 불러왔고, 두 차례에 걸친 화폐개혁(1953년, 1962년)은 은행 신용거래가 불가하여 현금 거래만을 했던 화교들의 자산에 큰 손해를 안겼다. 1961년에 제정된 「외국인토지법」에 따라 화교는 토지나 산림 등의 자원을 소유하는 것이 제한되었고, 1968년의 개정법 「외국인 토지 취득 및 관리에 관한 법」은 주택과 점포를 합해서 200평을 초과할 수 없으며 점포 단독으로는 50평을 초과할 수 없게 하여 큰 규모의 식당이나 사업장, 공장을 설립하는 것이 불가능하게 되었다. 개정법에 따르면 토지를 소유하더라도 스스로 경작을 해야지 임대할 수는 없게 함으로써 부동산을 통한 재산 증식을 막았다. 외국인토지법, 화폐개혁, 창고폐쇄령으로 타격을 입은 배갈공장, 간장공장 등 화교 제조업이 연쇄부도를 맞으며 문을 닫을 수밖에 없었고, 양조업이나 금융업, 미용업 등에 종사하는 것이 금지되었다. 또한 야채 재배를 위한 비닐하우스 설치장비를 화교에게 보조하지 않았으며, 요식업만이 화교의 대표업종으로 남았을 때 짜장면 가격을 한동안 동결시키는 등 1990년대 말 이전의 한국의 경제정책은 화교의 입장에서는 그들의 경제규모가 커지는 것을 적극적으로 막는 정책으로 보일 수밖에 없었다[4].

일본 역시 외국인의 경제활동에 각종 제한을 두었다. 광산법, 어업법, 텔레비전방송법, 전기통신사업법, 외국인토지법, 선박법, 항공법 등에 모두 외국인의 경영 및 소유 불가 규정이 있었고, 술, 담배, 소금, 쌀 판매 금지, 택시업 금지 등의 행정규정이 있었다(朱慧玲, 1995: 31). 특히 화교들은 무시와 차별의 대상이 되어 한국에서와 마찬가지로 일본 화교의 직업도 자영업에 한정될 수밖에 없었다. 반면 동남아시아 국가들은 중국의 이중국적 금지와 동남아 화교의 지역화가 추진됨에 따라 1980년대를 기점으로 억압적 경제정책에서 화교화인의 경제적 기반을 국가 발전을 위해 활용하는 정책으로 전환하였다.

4. 전지구화에 대한 동아시아 국가의 대응과 외국인 정책의 변화

한국의 외국인 관련 제반 정책과 첫 장기체류 외국인으로서 화교가 갖는 시민권적 지위는 한국사회가 '타자'를 받아들이는 역사적 과정 및 인식의 변화와 맥을 같이한다. 피부색이 다른 '외국인'의 수가 절대적으로 적었던 때 인종적으로나 사회문화적으로 "보이지 않는" 소수였던 화교는 거주, 복지, 재산증식 등의 권리가 국민에게 독점적이었던 한국에서 외면되었다가, 전술한 바와 같이 다양한 인종의 이주민이 증가한 1990년대 말에 이르러 거주자로서의 권리와 경제활동 및 사회복지 혜택이 열리고 확장되는 방식으로 전환되었다.

1998년 외국인에 의한 적대적 M&A가 전면 허용되었고, 외국인토

---

4 한국정부의 억압적 외국인(화교) 경제정책에 대해서는 많은 화교 연구자들이 논의한 바 있다. 예를 들어 박경태 · 장수현, 2003; 박현옥 · 박정동, 2003; 양필승 · 이정희, 2004; 이윤희, 2004 등 참조.

지법의 개정으로 토지 소유의 상한선이 철폐되었으며, 토지 취득 후 의무적으로 취득신고를 하고 허가를 받아야 하는 것을 제외하고는 외국인의 부동산 권리는 제약을 받지 않게 되었다. 또한 외국인에의 투자개방 업종이 확대되고 주식투자 한도가 폐지되어 금융과 외국환의 자유로운 거래가 가능해졌다. 1998년 5인 이상 고용업체의 피고용 외국인은 직장가입자로서, 90일 이상 체류 가능한 D, E, F 형 체류자격을 가진 외국인은 지역가입자로서 신청에 의해 건강보험 혜택을 받을 수 있게 되었으며, 국민연금법에서도 외국인을 가입 대상에 포함시켰다.

무엇보다 1990년대 말부터 시작된 화교에 대한 관심은 2002년 화교를 주요 수혜자로 겨냥한 영주권 제도의 신설을 이끌어냈다. 또한 2005년 「공직선거법」 개정으로 2006년 5월 지방선거에서 처음으로, 선거일을 기준으로 영주권을 얻은 지 3년이 지난 19세 이상의 외국인에게 투표권이 부여되었다. 영주자격 시행 첫 해 영주권을 획득한 외국인 6,022명 중 대만국적자의 수가 5,958명(출입국·외국인정책본부, 2002)이었고, 2006년 지방선거 시 선거권을 부여받은 외국인도 총 수 6,579명 가운데 98%인 6,511명이 화교로 혜택 대상의 대다수가 화교인 것으로 드러났다.

그런데 한국의 영주권은 법률로 제정되지 않고 출입국관리법 시행령을 개정한 대통령령으로 발효되어, 5년 이상 국내에 장기 거주한 외국인에게 영주자격을 부여하는 규정이다. 즉 전통적 이민수용국에서처럼 귀화를 통해 완전한 시민이 되기 직전의 지위를 보장하는, 국적과 연계되는 제도적 장치라기보다는 출입국관리법을 보완해서 새로이 추가한 체류자격(F-5)인 것이다. 영주자격이 체류자격의 성격을 띠는 것은 일본도 마찬가지인데, 이러한 체계에서는 영주권 신청자를 위한 이민자증이 따로 있는 것이 아니라 일정기간 체류할 수 있는 사증을 가지고 입국 후 체류자격을 변경하는 방식으로 영주자격이 발효된다(설동훈, 2013). 한국 영주권의 내용을 살펴보면, 영주자격을 소지한 외국인은 1년 이내 출국 시에 재입국 허가가 면제되고, 내란죄 등에 의하지 않고는 강제 퇴거되지 않으며 국내에서 자유로운 경제활동을 보장받는다: 고용보험의 적용을 받으며 지방자치단체 의회의원 및 장의 선거권과 주민투표소환권을 갖고, 납세의 의무는 있지만, 교육, 근로, 병역의 의무는 부과하지 않는다(법무부, 2008)고 하여 거주권과 일부 정치권을 인정받고 있다.

일본의 경우, 외국인 정책의 특성은 관광, 문화, 경제활동 목적의 단기체류자의 입국은 허가하는 반면 중장기 체류자는 제한적으로 유입함으로써 일본에서의 취업 및 거주만을 목적으로 하는 외국인에 대해서는 원칙적으로 입국을 허용하지 않는다는 데 있다(시미즈 타카오, 2008). 1980년대 이후 인력난 해소를 위한 외국인 유입 인구가 증가하면서 1989년 입국관리법이 개정되어 일본 내 취직활동에 제약받지 않는 '정주자'라는 체류자격이 신설(정미애, 2011)되었고, 90년대 초부터 뉴커머라 불리는 새로운 특성의 외국인들이 증가하면서 다문화주의 담론과 정책에 대한 사회적 관심이 높아지게 되었다. 그러나 한국에서는 미등록 노동자를 양산한다고 하여 폐지된 산업연수생 제도를 여전히 고수하고 있고, 정주 자격은 니케진(日系人)이라 부르는 일본계 남아메리카인들에게 제한하는 혈통중심적인 이민정책을 견지하고 있다.

대만은 역사적으로 이민 집단들로 구성된 이민 국가이며 처음부터 다민족 사회였지만 외국인에 대한 정책적 개선이 이루어진 것은 역시 이주노동자 및 결혼이민자의 유입이 증가한 1980년대 이후였다. 대만은 한국, 일본과 달리 이주노동 유입 초기부터 고용허가제를 채택하여 노동자 신분으로 취업할 수 있게 하였으나, 일본이 니케진을 우대하고 한국이 재외동포(특히 조선족 이주노동자)에게 특혜를 준 데 반해, 오랜 기간의 대립적인 양안관계로 인해 중국 본토 출신 이주노동자의 유입을 금지해왔다. 또한 냉전 시 이데올로기적 연대를 위해 호적을 부여했던 대륙 출신의 화교들에 대해 1994년부터 더이상 호적을 부여하지 않을 뿐 아니라 호적 없는 화교에게 발급하는 여권에는 무비자협정 제한 조항을 둠으로써, 대만 출신의 화교만을 우대하는 자국민 출신 중심의 화교 정책으로 선회하였다. 전지구화와 다문화적 현실의 도전이 동아시아 각국의 역사적, 정치적 정황에 따라 정책면에서 달리 구체화되고 있음을 볼 수 있다.

영주자격은 국민과 외국인의 경계에 끼인 새로운 범주로 해석되지만(Hammar, 1990), 한국에서 대부분의 사회복지 관련 제도들에는 영주권자를 위한 별도의 적용 규정이 없다. 구인회 외(2009)의 연구에 따르면, 보험료 납입을 조건으로 급여가 제공되는 사회보험의 경우는 대체로 외국인 적용 조항을 두고 있다. 그러나 재원이 일반조세에서 충당되고 수혜자가 이전의 기여 없이 수급자격을 얻게 되는 사회복지 서비스나 공공부조 제도의 경우는, 한국인과의 혼인을 통해 국적 취득이 예정된 자와 그 자녀, 즉 소위 '다문화가정'의 범주에 드는 이들만 특례조항으로 언급하고 있다. "내 돈 내서 돌려받는 거나"(화교인권활동가 50대 T씨) 제도적으로 보장되었을 뿐, 저소득층과 노령 인구, 장애인, 한 부모 가족에 대한 정부 차원의 복지나 성적 피해 여성에 대한 보호 등 시민으로서 정치공동체에 기대할 만한 공공부조에 있어서는 영주권자라 하더라도 실제로 다른 외국인과 차별화되는 혜택이 주어지지 않음을 알 수 있다.

처음 영주자격이 신설되었을 때 화교들은 주기적으로 거주 허가를 받지 않아도 된 것을 환영하였고, 특히 지방선거에 투표권을 행사할 수 있다는 데에는 많은 화교들이 감격스러워했다. 그러나 한국 내 장기거주 외국인이 점차 증가하면서 영주권 취득 요건은 까다로워지는 반면 실제 혜택은 국민의 권리와 거리가 있다는 것이 드러나면서, 영주권을 반드시 취득해야 할 것으로 여기지 않는 이들도 많아졌다. 영주권 취득 요건과 관련, 2008년 8월에는 전문직 종사자 및 연금 수혜 동포, 외국인 투자자, 그리고 국내에서 출생한 화교들에게 영주권 취득 요건을 완화하는 내용의 출입국관리법 시행령 개정안이 마련되었다. 그러나 2007년 대만국적자의 영주권 취득 수가 12,157명이고 2009년 12,986명인 것을 보면(출입국외국인정책본부, 2007, 2009) 개정안 이후에도 영주권 취득 화교의 수는 크게 달라지지 않았음을 알 수 있다. 2007년에 행했던 면담에서 한국어 능력시험 등이 추가되는 등 영주권 취득 요건이 까다로워지는 것을 불평하며 영주권을 취득하지 않았다고 하는 화교들이 있었는데, 2014년에도 다수의 노령 화교들은 영주권 취득을 대단한 혜택을 가져다주는 것으로 보지 않았고 오히려 한국어자격시험이 포함되는 등의 사유로 그 취득 과정을 성가신 절차로 여겼다. 그리하여 2015년 말 현재 30,002명의 대만 국적 체류외국인 중 영주권자는 13,563명(출입국·외국인정책본부, 2015)으로 전체의 반수가 채 되지 못하는 수준이다[5].

자체 교육기관으로서 한국 내 화교학교들은 1999년에 '각종학교(各種學校)'의 하나로 인가를 받게 되었는데 이를 통해 화교학교는 학교

---

5   대만 국적의 체류외국인 가운데에는 장기체류자인 화교 외에도 대만 출신의 신화교도 포함된다는 점을 감안해도 여전히 영주권자의 수는 예상보다 적다. 2013년 총 21,187명의 대만 국적자 중 영주권자가 13,968명으로 2년 전에는 영주권자가 과반수였던 것으로 신화교의 수가 증가했음을 미루어 알 수 있다.

로서의 정체성을 찾았을 뿐 아니라 이전에 제외되었던 경제적인 혜택도 받게 되었다. '외국인단체'로 분류되었을 때 지방세법상의 재산세, 등록세 등 각종 세제상의 혜택을 받지 못해 재정난이 가중되었었는데, 각종학교로 인가됨에 따라 초중등교육법상 학교의 지위를 갖게 되어 양도세, 부가가치세, 재산세 등의 조세 감면 혜택을 받게 된 것이다. 2009년 2월에는 「외국인학교 설립과 운영에 관한 규정」이 개정되어 이전에는 금지되었던 내국인(한국인) 입학자격이 명시되고 내국인 졸업생의 국내학력 인정 범위가 설정됨으로써 한국인 학생을 정식으로 모집하는 것이 가능해졌다. 대만과 한국 양국의 정부 지원을 크게 기대할 수 없어서 대체로 학생들의 등록금에 학교 재정이 의존하고 있는 상황에서 이와 같이 입학 가능한 학생의 범주가 추가된 것은 화교학교로서는 그 존폐의 위기에 하나의 대안을 가지게 된 것을 의미한다. 중국인 교육이라는 민족교육의 진정성과 한국사회에의 긴밀한 사회화의 문제 등 화교학교 자체의 문제점은 남아 있다. 그러나 종족 본래의 언어로 교육할 수 있는 교육기관을 유지할 수 있는 제도적 기반을 마련하는 것은 화교들이 오랫동안 걱정하고 염원해온 것으로서, 국적의 전환 여부와 관계없이 '문화적으로 다를 수 있는 권리'(Rosaldo, 1993)을 제공한다는 점에서 한국사회가 장기체류 이주민을 '외면되는 외국인'이 아닌 '다양성을 가진 구성원의 일원'으로 고려할 때 중요한 이슈이다.

2011년부터 2013년 사이에는 화교노인복지와 장애인 복지, 그리고 외국인등록번호의 인식 불편에 대한 사항이 개선되었는데, 이는 화교 협회와 활동가들이 오래전부터 선결 이슈로 꼽았던 것들이다. 외국인 등록번호가 웹상에서 인식되지 않아 한국인 지인의 명의를 빌거나 웹상의 편의를 모두 포기해야 하는 일상적인 불편은 2011년 「정보통신망 이용촉진 및 정보보호 등에 관한 법률」 개정안이 통과되어 주민번호 이외의 방법으로 웹사이트 가입이 가능하게 함으로써 부분 해소되었다. 종래 화교 장애인은 한국 정부로부터 하등의 지원을 받을 수 없었는데, 2011년 장기체류외국인의 장애인 등록을 허용하는 장애인복지법 개정안이 통과되고 국가인권위원회에서도 장애인 등록에 이주민을 제외하는 것은 차별이라고 결정함으로써 2013년 1월 27일부터 영주권자 및 국내거소 신고를 한 재외동포, 결혼이민자도 장애인 등록을 할 수 있게 되었다. 이에 따라 화교도 장애인 등록을 하면 장애등급 심사를 받고 국민건강보험법 상 지원되는 전동휠체어 등을 지원받을 수 있게 되었다. 또한 대구, 부산, 광주시가 각각 2009년, 2010년, 2013년 3월에 만 65세 이상 영주권자 노인들에 대해 지하철 무임승차를 시행한 것에 이어 서울시도 화교들의 진정과 서울시 시민인권보호관의 결정에 따라 2013년 7월 화교 노인들에게 도시철도 운임을 면제하기로 결정하였다.

이러한 외국인 정책상의 변화로 인해 한국은 이제 화교들이 1970~1980년대처럼 "살 길을 찾아" 굳이 익숙한 땅을 떠나지 않아도 되는 환경이 되어가고 있다. 그런데 이와 같은 권익의 확장은 화교들의 청원에 따라 국민적 지위와 별개로 지방자치법상 주민으로서의 몇몇 권리 조항이 파편적으로 개선된 양상이고 지위상 다른 외국인과 크게 차별되는 법적 규정이 마련된 것이 아니어서, 권리는 있으나 지위가 확보되지 않은 여전히 유동적이고 불안한 상태라고 볼 수 있다. 영주 자격의 신설, 경제활동 규제 완화, 외국인 학교에 한국인 학생의 입학을 허용하고 학력을 인정하도록 한 변화들은 장기체류 외국인인 화교에 대한 온정주의적 시각에서 혹은 그 체류의 역사적 의의를 중시하여 일방향으로 '베풀어진' 것으로 볼 수 없다. 이주자 시민권의 확장과 관련된 일련의 변화들은 전 지구적 이주자 인권담론의 확장과 다문화주의 담론의 영향 속에서 마련되지만, 타 국가들에서도 그러하듯 자국의 이득과 관련이 있을 때에만 우선적으로 고려되고 채택되었다. 영주자격을 마련하고 외국인 경제활동을 개방한 것은 인권적 관점에서 필요한 것이기도 했으나, 한국이 전지구화의 경제적 국면을 수월하게 나아가기 위한 방책이기도 한 것이다. 즉, 한화(韓華)의 시민권적 지위는 한국정부가 한화를 내부자로 수용하고 제도적으로 그 자격의 문제를 체계적, 전반적으로 개선함으로써 변화를 맞이한 것이기보다는, 화교가 제기하고 한국시민사회의 지원에 힘입어, 주민으로서의 권리가 다문화주의 담론의 확장 속에 경제개방, 교육개방 등 한국사회의 전지구적 적응과 관련되는 분야부터 하나씩 열리기 시작한 것이라 볼 수 있다. 한국의 화교와 비슷한 처우를 받아왔던 재일한인의 경우도 한인들의 지속적인 민권운동의 결과로, 이전 일본 국적을 소유했던 외국인에게 부여되는 권리 취득 자격으로서 특별영주자 자격의 신설을 이끌어냈다. 특별영주권자의 99%는 한인인 한국인과 조선인이 차지하고 있다.

한편, 동아시아 국가들은 다른 지역에서도 그러하듯 모든 외국인(외국 국적자)에 대해 동일한 처우를 하고 있지 않다. 과거 한국정부는 영토 밖의 혈연집단인 해외 한인에게 외국 국적의 취득을 권장하며 한국 내에서의 법적 권리를 인정하지 않았지만(김덕주, 1998), 1990년대 말부터는 한국에서도 혈연외국인(kin-foreigner)에 대한 처우에 변화가 시작되었다. 1999년 8월 제정된 「재외동포법」은 외국 국적 한인에게 재외동포체류자격(F-4)을 부여하고, 출입국과 국내 경제활동을 우대하는 것을 골자로 한다. 주로 이미 한국사회로의 이주노동을 뿌리내리고 있던 조선족 중국 동포들을 대상으로 시작된 조치인데, 일본이 니케진을 우대하는 정책을 펼치고 대만이 대만 출신 화교 위주의 정책을 펼치는 것도 같은 맥락에서이다. 중국 또한 외국인인 화인(華人)을 1980년대부터 조심스럽게 중국 정책의 범주 내로 포섭하더니 점차 교민정책의 중심으로 삼고 있다(李炳輝, 2010). 속지주의를 표방했던 국가들을 포함, 많은 국가들이 재외동포법의 시행과 같은 정책과 제도를 통해 혈연주의로 회귀하는 듯한 이러한 작동은 단순히 다문화주의 담론에 대항하는 본질주의적(essentialist) 국민 구성론의 부활이라기보다 국민국가가 전지구화와 초국적 움직임에 적극적으로 대응하고 있는 결과라고 볼 수 있을 것이다.

5. 동아시아의 다문화주의적 현실

전지구화의 진행과 국제이주의 보편적 흐름은 동아시아 내 다수의 국가가 견고하게 유지했던 혈통주의에 기초한 국민 개념과 그러한 성원권에 의해 국가공동체의 권리 배분 및 사회통합을 구상한 정책 구도에 변화를 가져왔다. 동시에 동아시아 각국은 그 사회 내에 다양한 문화적·인종적 집단이 공존하게 됨에 따라 다문화적 사회가 되었음을 인정하고, 대만에서는 2001년에, 일본과 한국에서는 2006년에 모두 정부가 '다문화' 사회를 지향한다고 천명하기에 이르렀다(Wang and Daniele, 2006; 타무라 타로, 2007). 그런데, 이전의 동아시아 문화는 내부적으로 진정 동질적이었는가라는 질문은 차치하고라도, 다문화라는 사회학적 현실을 받아들이며 각 사회가 다문화주의적 접근을 전개해 가고 있는가는 심화되는 다양성과 그에 대한 반동에 즈음하여 점검할 필요가 있다.

다문화주의의 지향과 실천 방향에 대해서는 다양한 접근이 있지만, 다문화주의는 기본적으로 한 사회 내 다양한 집단들의 문화를 단일한 문화로 동화시키지 않고 서로 인정하며 공존하게 하는 데 목적이 있는 이념 체계와 그를 실현하고자 하는 정부 정책 및 프로그램을 지칭한다. 킴리카(Kymlica, 1995) 등 다문화주의를 발전시킨 이들은 자유주의 국가가 그 내부의 종족적 다양성의 존재와 이들이 가지고 있는 다양한 문화에 대한 선의의 무관심을 지적하며 다수자들의 문화를 통한 국민 통합의 노력이 소수자에 대한 불의를 만들어내지 않는가라는 문제 제기를 하며 집단 간 달리 요구되는(group-differentiated) 권리를 인정해주어야 한다고 주장한다. 캐나다의 정치철학자 테일러(Talyor, 1992)는 다문화주의를 문화적 다수집단이 소수집단을 동등한 가치를 지닌 집단으로 인정하는 인정의 정치(politics of recognition)라 정의하며, 이는 소수가 다수의 권리를 침해하지 않는 한도에서의 자유를 인정하는 수준이 아니라, 다수집단이 소수집단의 문화가 존속할 수 있도록 적극적 조치를 위하는 것을 포함한다고 천명한다. 이러한 이념은 선진 이민국가들의 동화주의적 이주 정책에 대한 대응으로 출발하였으며, 국민국가 성립 이전부터 영토 내에 거주하고 있던 토착민과 국민국가 성립 이후 진입한 이주민들의 국가 체제 내 상충하는 요구가 축적된 발로라 볼 수 있다.

이와 같이 다문화주의는 서구의 역사적·사상적 토대로부터 발전하였고, 민주주의와 시장경제의 강화를 위해 수용되었다. 그럼에도 선진 이민 국가들에서도 다문화주의의 실패와 가정에 대한 자성의 목소리가 커지고 최근 Brexit(영국의 EU 탈퇴)의 사유로도 이민자에 대한 불만이 제기되는 등의 전 지구적 동향을 고려하면, 동아시아에의 일반적 적용에는 무리가 따를 수밖에 없다. 종종 아시아에서 다문화주의에 대한 요구는 민족주의 요구와 상충하는 것으로 이해되고, 킴리카와 흐어(Kymlica and He, 2005)가 지적한 것처럼 지정학적 안전성이라는 이슈로 소수민족에 대한 의심이 상존하는 아시아적 특성 때문에, 또한 식민주의의 유산을 안고 있는 여러 아시아 지역에서 식민지 이전의 위계질서로 인해 주류와 소수 간의 갈등이 내재하고 있다는 점으로 인해 동아시아에서 다문화주의의 적용은 조심스러울 수밖에 없다.

한국에서 다문화주의는 2000년대에 들어서 본격적으로 논의되기 시작했고, 정부가 인구문제와 인력문제를 종전의 출입국 및 외국인력 활용정책에서 벗어나 이민정책이라는 관점에서 접근하면서 활성화되고 있다(김남일, 2007)고 평가된다. 외국인노동자와 결혼이민자, 외국국적동포에 이어 해외유학생 및 전문직 외국인들도 증가하게 되자 정부는 2007년 5월 '출입국관리국'을 '출입국·외국인정책본부'로 명칭을 바꾸고 기존의 출입국 관련 업무 외에 외국인에 대한 사회통합 문제까지 다루게 하였다. 1997년 「북한 이탈주민의 보호 및 정착지원에 관한 법률」, 1999년 「재외동포의 출입국과 법적지위에 관한 법률」, 2004년 '외국인 고용허가제', 2006년 '외국국적동포 방문취업제', 2007년 「재한외국인처우기본법」, 2006년 결혼이주자와 그 자녀를 위한 '다문화가족 관련 서비스−생애주기별 맞춤형 서비스' 방안이 마련된 데 이어, 2008년 「다문화가족지원법」의 법제정이 이어졌다. 이는 급격히 증가하는 이주민을 관리해야 할 요구와 그들에 대한 처우와 제도의 신설을 요하는 다문화주의 담론을 반영한 것이라 볼 수 있겠으나, 일관된 사회통합 철학 및 정책이 부재한 채 개별 정부 부처들이 '정치적으로 옳은 것'으로 인식되는 정책 사업을 경쟁적으로 추진하다 보니 부처별로 흩어지고 비슷한 사업이 중복되는 비체계적인 양상을 노정하고 있다. 무엇보다 외국인/이민자에 대한 차별과 배제만이 아니라 한국사회 내부의 다양성 인식과 소수자에 대한 관용도 부족한 상황에서 이주민 집단에 대한 정부의 선심성 지원 사업들이 집중된 결과, 일반 국민 중 저소득층, 한 부모 가족, 장애인 등 다른 형태의 소외집단들이 역차별 의식을 가지고 다문화주의를 곡해하며 관련 정책에 일방적인 적대의식을 품게 된 점은 심각한 사회의식의 문제로 대두하고 있다.

특히 한국의 소위 다문화 정책은 한국인 남성의 가족이 되는 결혼이민자와 그 자녀들을 한국사회에 통합하려는 데 집중되어 있다는 점에서, 겉으로는 다문화를 표방하지만 실제로는 가부장적인 동화정책이라는 비판(이선옥, 2007)을 면할 수가 없다. 이렇듯 '한국인의 혈통을 이어받은 자녀들'을 한국사회로 통합한다는 취지로 특화한 한국 '다문화' 정책의 대상에는 한국인과의 혼인에서 탄생한 또 다른 혼혈인 화교들은 제외되어 있다. 여기서 '혼혈(mixed-blood)'이란 현실적으로 자신들이 생물학적으로 다른 집단이라고 말하는 집단 간의 결합에서의 재생산을 의미하는 용어로 사용한다[6]. 문화적 통합이나 국적을 떠나,

---

6 21세기에 '혼혈'이라는 언어는 일상적으로나 학문적으로도 매우 조심스러운 용어이다. 그것은 19세기 식민주의 시대의 발명품인 '인종'이 생물학적인 실체로 존재하는 듯한 오해를 불러일으키며(전경수 외, 2008: 15), 인간집단의 정체성을 규정짓는 데서 혈연/생물학적 차이를 최우선시 할 오류를 범하게 할 수 있다. 그럼에도 불구하고, 탐바이아(Tambiah, 1990)가 지적한 것처럼, 인종, 인종주의, 혼혈 등이 엄밀한 과학적 실체가 아니라 할지라도 그것들이 여전히 현실적 영향력을 지니고 사회현상으로 드러나고 있다면, 사회과학은 그 언어들을 배제하기보다는 그 언어가 여전히 통용되며 힘을 발휘하는 현실의 맥락을 고민해야 한다고 생각한다. '국제결혼'이나 '다문화가족'이라는 언어만으로는 한국 사회에서 오랜 시간 한국인과 (혈연적·문화적으로) 섞여 살아온 화교들의 위치를 가늠하기가 힘들다. 한국이 정서적으로 더 익숙해도 "부모님이 중국인이니까 나는 중국인"이라고 답하는 노년의 화교들이 있는 한편, "왜 할머니와 어머니가 한국인인데 나는 화교로 사는 걸까"를 고민하는 청년 화교들의 의문을 해결해주지도 못한다. 여기서 '혼혈'은 "피가 섞였다"고 표현하는 현실 용례를 드러

현재 한국정부에서 범주화한 '다문화가족'의 테두리에 포함되지 않는 것이 한국인과의 섞임이 없어서가 아님을 분명히 하기 위한 용어이기도 하다. 화교 여성과 한국 남성이 결혼한 경우에는, 화교 여성은 남편의 국적에 따라 한국 국적을 취득할 수 있어도 대만 국적을 유지하는 경우가 있지만, 그 자녀들의 경우는 교육전략에 의해 어머니의 국적을 선택하는 경우가 아닌 한 자연히 한국 국적을 취득하게 된다. 반면 화교 남성과 한국 여성의 결합에서 탄생한 후세들은, 모계 한인과의 반복적 결합으로 전술한 바와 같이 '한국인과의 피의 결합' 비율이 높아도 화교로 분류되는 것이다. 부계혈통주의 조항이 국적법에서는 사라졌지만 외국인 통합정책이 아버지가 한국인인 가정에 대해서만 적용되는 것은 여전히 부계혈통주의의 그늘이 잔재하고 있는 것으로 보인다. 집단정체성을 가늠하는 데 있어 부계혈통주의의 헤게모니가 한국 혹은 동아시아에만 존재하는 것은 아니지만, 장기적인 관점에서의 통합과 새로운 정체성 대두의 문제를 감안할 때 '다문화'와 외국인 정책의 대상은 조정이 필요할 것이다.

다문화교육의 예를 살펴보면, 미국의 다문화교육이 인종관계 속에서 교육의 평등한 기회를 보장하는 일종의 교육 운동으로 자리 잡았고, 캐나다의 다문화교육은 이중어 사용과 이민자 집단의 문화적 권리를 강조하는 내용이 주를 이루는 데 반해, 한국은 결혼이민자 가족만이 교육 대상이 되어 한국사회에 잘 적응하도록 언어와 관습(문화)를 학습시키는 데 중점을 두고 있다. 이는 대만이 결혼이민자를 대상으로 '신이민(결혼이주여성)문화발전'(2007), '신이민교육강화'(2008) 등

내기 위한 용어로서, 한국 역사 속에서 "튀기"라는 말처럼 비하의 의미를 담고 쓰였던 용어로서의 '혼혈'이 아님을 분명히 한다.

정책을 통해 결혼이주여성을 '교육시켜야 할 대상'으로 인식하는 것과 같은 맥락의 정책 실행 양상이다. 한국을 포함한 동아시아 국가에서는 다문화적 공존을 강조하며 정책과 교육 방안을 마련하고 있지만, 다문화정책에 깃든 담론의 이면에는 다양한 문화의 공존과 발전보다는 문화적 동질성을 재확인하며 국민국가 체계로의 동화와 통합의 가치가 더 크게 부각되고 있음(천선영, 2004; 한경구 외, 2015: 38)을 볼 수 있다.

대만의 다문화주의 정책은 국민당의 오랜 독재하에 요구된 단일중화정신과 억압적인 본토화에 대응하여 대만, 중국 차별화를 주장해온 민주진보당 진영의 민족정치적 움직임에서 발원되었다는 특성을 지닌다. 2001년 정부가 다문화주의를 국책으로 선포하고 2005년 「원주민족 기본법」을 제정하여 원주민의 권력과 주도권을 법적으로 인정하였고, 하카인의 문화권 등의 제반 권리를 보장하는 「하카기본법」이 2008년 제정되었으며 2007년 내정부출입국이민사무소를 설립하여 결혼이민여성과 그 가정에 대한 서비스를 진행하였다. 대만은 한국, 일본보다 결혼이주민 및 돌봄 노동에 종사하는 여성 비율이 높은데, 1994년 외국인 결혼이민자에 대한 제한을 철폐하였으나 여전히 가사노동자들에 대한 인권침해 문제는 심각하다.

일본에서 다문화주의 담론과 정책에 대한 사회적 관심이 높아지게 된 것은 1990년대 초부터 뉴커머라 불리는 새로운 특성의 외국인들이 증가하면서이다. 2005년 '다문화 공생' 정책을 표방하기 전까지 일본의 외국인 정책은 곧 출입국 정책으로서, '다문화공생'은 외국인을 단순히 지원의 대상으로 삼는 데서 나아가 공생의 관계로 보고 인권을 보장하며 다른 문화에 대한 이해를 촉진하는 내용을 담고 있다(신재주, 2010). 그런데 일본의 다문화공생은 외국인 인구가 많은 지자체를 중심으로 운영되고 중앙정부의 법 제정 노력 등은 소극적이라는 평가를 받고 있다. 최근에는 우경화와 함께 혐한시위가 조직적으로 일어나 재일한인을 위협하고 있고 민족학교에 대한 재정 지원을 중단하는 등 이민자 사회통합과 다문화주의 실천과는 어긋나는 양상을 보이고 있다.

한국 및 인접 동아시아 국가들의 정책 실행을 보면, 다문화주의가 내포하는 근본적 이상으로서의 차별 철폐와 다름에 대한 관용이, 다양한 인종·민족 간 조우에 직면하여 사회통합을 이룬다는 대의 하에 오히려 동화주의적인 양상으로 변질되고 있는 모습을 볼 수 있다. 이는 전술한 바와 같이 동아시아의 역사적 특수성에 기인하는 바도 있거니와 어쩌면 다문화주의가 지닌 문화에 대한 가정 자체의 문제점에서 발원하는 것은 아닌가 재고할 필요가 있다. 이주민, 원주민 등에 의한 다문화의 도전을 상정하는 것은 하나의 사회나 집단은 하나의 문화를 가지고 있다는 가정에 기반을 둔다. 여기서 문화의 단위는 국민국가이고, 이민자들은 출신 국가 국민의 일부로 그 국가의 문화를 담지한 것으로 간주될 뿐 이민자 집단 내부, 국가 사회 내부의 다양성은 고려되지 않는 점은 재고할 필요가 있다. 이러한 가정은 문화의 경계를 강고한 것으로 간주하며 실제 분리주의를 조장하거나 문화적 게토를 만들어내기도 하며, 관용을 외치는 가운데 오히려 문화적 '침탈' 나아가 권리 침탈을 경계하는 결과를 낳는 것이다.

6. 나가며

제국주의 침략과 냉전을 겪고 근대화 과정을 거치면서 강력한 국가가 이상화된 동아시아에서는 역사적으로 근대 서구에 비해 '사회'가 '국가'에 비해 약했다고 할 수 있으며, 근대화 과정에서의 역사적 경험은 동아시아인들로 하여금 더욱더 강한 국가를 열망하게 만들었다. 국민국가가 문화의 유일한 단위가 아님에도 통상 문화의 단위로 지칭되는 것이 동아시아에만 국한되었던 것은 아니나, 이상의 역사적 과정 속에서 국민국가주의는 특히 동아시아의 가장 큰 특징 중 하나로 고착되어오며, 국가를 문화의 단위로 상정하는 사고틀을 번번히 노정해왔다. 국민국가의 내적 통합이 강조되는 가운데 일집단-일문화주의가 더욱 강화되어왔는데 이는 집단 내부의 역학관계나 문화요소 간 경쟁과 갈등을 덮어버리는 경향과 함께 '이방인'에 대한 이질성을 강화해왔다. 이러한 동아시아의 문화구성론과 국가성원권에 현재 국제이주와 전지구화가 추동하는 국제사회의 흐름은 문화적, 정치적, 제도적으로 커다란 도전을 던지며 국민과 외국인의 이분법 속에서 상상하지 못했던 새로운 시민 범주를 이끌어내고 있다.

이 글은 이러한 배경과 문제의식 하에 동아시아의 대표적 이주 집단이자 한국사회의 첫 장기체류 외국인인 화교가 갖는 시민권적 지위를 중심으로 동아시아의 이주자 시민권과 다문화주의 정책 양상을 살펴보았다. 일본이 특별영주권자와 일반영주권자를 구분하고, 대만이 대만 출신 화교의 처우와 일반 화교의 처우를 달리 하고 있는 데 반해, 한국에서 영주권은 5년의 거주기간 조건을 만족하는 이들에게 동일하게 적용된다. 이에 대해 한국 화교는 한국 국민이 되기를 선택하는 대신 한국사회의 '특수한 외국인'이 되기를 희망한다. 한국인과 역사 및 정서를 공유해왔고 문화혼성과 경제 교류의 다리 역할을 했을 뿐 아니라, 한국사회의 시민으로 스스로 자리매김하기 위한 노력을 기울여온 자신들을 '영주자격 5년 한국 거주'라는 요건으로 통칭되는 '외국인' 범주 속의 낯선 이방인들과 동일하게 취급하지 말아달라고 주장한다. 자신들의 역사적 특수성을 인정해달라는 주장 하에 한화는 이주자 통합의 역사가 길지 않은 한국 시민권 규정의 틈새에서 정착국 국적 없이 디아스포라의 생존방법을 극대화하는 방식의 독특한 이주자 유형을 제시하고 있는 것이다. 이는 현대의 많은 이주민들이 복수 국적을 취득하며 전지구화가 수반하는 유동성과 선택의 자유를 만끽하는 듯한 초국적성의 환상을 주는 가운데, 한국이라는 환경 속에서 특정 이주민이 당면한 현실적 선택이 동일하게 탈국가적이거나 초국적 코스모폴리타니즘을 대변하고 있지는 않음을 말해주기도 한다.

국민국가가 초국가적 흐름에 의해 불가피하게 이중국적을 허용하는 원리에서도 드러나듯[7], 국가는 국민과 외국인 사이에 중간자적 지위를 배제하려는 내적 동력을 가지는 반면, 경계에 선 사람들은 국민과 외국인, 더 가까운 외국인과 덜 충성스런 외국인 등의 구분 사이에서 생존과 정체성 유지를 위한 방안을 모색하고자 한다. 2010년 한국의 국적법 개정에서 화교를 비롯한 장기체류 외국인에게로 이중국적을 확대·허용하지 않은 것은 중간자적 지위를 생성하는 것보다 국민/외국인의 경계를 설정하는 것이 더 중요하게 여겨지고 있다는 것을 반증한다.

시민권을 얻을 수 있는 자격과 관련하여 국가는 여전히 다양한 법

---

7 이중국적의 허용은 세계적으로 자국 디아스포라를 포섭하려는 전략의 일환으로 논의된다.(Gamlen, 2006) 또한 이민수입국이 이입이민에게 이중국적을 허용하는 것도 영토 내로 유입되는 외국인을 막을 수 없다면 그들을 국민으로 전환한다는 아이디어, 즉 통치 대상 인구의 한 부분으로 재구성하겠다는 것이다.(이철우, 2008; Gamlen, 2006, 2014)

과 정책에 대해 독점적 권한을 행사한다. 각 나라가 처한 다양한 상황과 형편에 따라 시민권의 허용 정도가 다르게 나타나며 국가는 허용의 주체로서 다양한 시민권의 허용 방식은 각 국가의 고도의 전략에 의한 결과라 볼 수 있다. 외국인에 대해서는 인간적 권리와 국민적 권리를 구별한다는 것이 통설이나, 일각에서는 국민적 권리를 부여할 자격의 기준은, 다시 말해 실질적 국민 개념의 핵심은 바로 민족성이 아니라 생활운명공동체로서의 사회의 실질적인 편입 여부, 혹은 실재 거주기간, 납세의 종류와 액수, 본인과 가족의 주생활지에 의해 판단되는 정주성이라 주장하기도 한다(최유, 2008: 120). 즉, 민족 개념에서 연유한 국민 형성과 대우에 반대하는 담론들에서는 혈통과 출생이라는 우연적 사실에 기초하여 시민권적 권리를 배제한다는 것이 타당한 것인가라는 문제 제기를 하고 있고, 이러한 담론은 초국적 이주가 확대될수록 국가들에게 도전이 되며 국민/외국인 구분을 흐리는 시민권적 권리의 확장을 보이고 있다. 예를 들어 독일의 경우, 한국과 같이 혈통주의에 기반한 이주민 정책을 추진하면서 단기체류 외국인을 선호하고 외국인 인력은 최후 수단으로 여기지만, 이미 국내에 진입하여 살아가고 있는 장기체류 외국인에 대해서는 시민권자에 준하는 혜택들을 점차 확대해가고 있다(곽효문, 2013; 설동훈, 2013).

국적과 마찬가지로 시민권도 사회적, 정치적으로 구성되는 것이므로, 전지구적 시민권 담론의 공통분모에도 불구, 각 사회의 시민권 규정과 다문화주의적 정책 설정은 사회적 환경에 맞는 독립적인 논의가 될 수밖에 없다. 따라서 국적과 시민권의 두 영역 간에 비교적 분명한 구분을 낳거나 혼동을 낳는 역사적, 사회적, 정치적 지형을 파악하는 일은 연구자가 외면하지 말아야 할 주제 영역이 되어가고 있다. 그 관계의 작동을 파악하는 것은 또한 집합적 정체성의 형성 과정과 문화적 연대의 추이에 대한 질문으로 연결된다. 동아시아가 직면하고 있는 다문화적 현실이 현재로서는 적응과 관용의 문제로만 여겨지지만, 결혼이민자, 이주노동자 및 전문직 정주자의 자녀가 성장한 임박한 미래에 그것은 빈곤, 취업, 인구성장, 정체성의 정치 등 동아시아 각국이 전면적으로 감당해야 할 사회적 이슈가 될 것이다.

| 참고문헌 |

곽효문, 2013, 「다문화사회와 시민권에 관한 연구: 한국과 독일의 제도비교를 중심으로」, 『인권복지연구』 13호.

구인회, 손병돈, 엄기욱, 이수연, 정재훈, 2009, 「외국인 이주자의 사회통합 방안 탐색: 영주권자에 대한 사회복지제도 적용을 중심으로」, 『보건사회연구』 29(2).

김덕주, 1998, 『새 정부 출범에 따른 재외동포 정책의 재검토』, 외교통상부.

김명희, 2009, 「한국의 국민형성과 '가족주의'의 정치적 재생산: 한국전쟁 좌익 관련 유가족들의 생애체험 및 정치사회화 과정을 중심으로」, 『기억과 전망』 21.

김비환, 2007, 「한국사회의 문화적 다양화와 사회통합: 다문화주의의 한국적 변용과 시민권 문제」, 『법철학연구』 제10권 제2호.

김윤태, 2011, 「대만의 이민정책」, 『중국학연구』 58.

서호철, 2008, 「국민/민족 상상과 시민권의 차질, 차질로서의 자기정체성」, 『한국문화』 41.

설동훈, 2013, 「국제인구이동과 이민자의 시민권: 독일, 일본, 한국 비교연구」, 『한국인구학』 제36권 1호.

신재주, 2010, 「한국, 독일, 호주의 다문화정책에 관한 비교연구」, 『사회과학연구』 17(3).

李炳翰, 2010, 「'두 개의 중국'과 화교정책의 분기 – 반둥회의(1955) 전후를 중심으로」, 『중국근현대사연구』 제45집.

이선옥, 2007, 「한국에서의 이주노동운동과 다문화주의」, 『한국에서의 다문화주의: 현실과 쟁점』, 도서출판 한울.

이선주, 2013, 「시민권, 포함의 역사 혹은 배제의 역사」, 『영어영문학 연구』 제55권 1호.

이철우, 2004, 「시민권, 어떤 개념인가」, 『한국의 사회변동과 사회통합』 한국사회학회 후기사회학대회 발표논문집.

_____, 2008, 「주권의 탈영토화와 재영토화: 이중국적의 논리」, 『한국사회학』 제42집 1호.

임경택, 2012, 「근대 일본의 국적 제도와 '일본인'의 설정: '혈통주의'와 '단일민족론'에 근거한 변용 과정」, 『한국문화인류학』 45(2).

전경수, 김민정, 남영호, 박동성, 2008, 『혼혈에서 다문화로』, 일지사.

정미애, 2011, 「일본의 외국인 정책과 다문화 공생정책의 간극」, 『의정논총』 5 (2).

정은주, 2013, 「디아스포라와 민족교육의 신화: 한국의 중국인 디아스포라 교육실천에 대한 민족지적 연구」, 『한국문화인류학』 46(1).

_____, 2015, 「국민과 외국인의 경계: 한국 내 화교의 시민권적 지위에 대한 성격 분석」, 『한국문화인류학』 48(1).

천선영, 2004, 「'다문화사회' 담론의 한계와 역설」, 『한독사회과학논총』 14(2).

최유, 2008, 「외국인의 사회권 주체성에 관한 작은 연구」, 『사회과학연구』 19(3).

한경구, 양정모, 정은주, 한건수, 2015, 『문화다양성 교육 커리큘럼 개발을 위한 지침서』, 한국문화예술위원회.

朱慧玲, 1995, 「日本華僑華人社會的特點的現狀」, 『八桂橋刊』第2期.

_____, 1997, 「東北亞華僑華人經濟的變遷」, 『華僑華人歷史研究』第3期.

陳月萍, 2004, 「美援僑生教育與反共鬪爭(1950-1965)」, 國立暨南國際大學歷史學科 碩士論文.

Agamben, Giorgio, 1995, *Homo Sacer: Sovereign Power and Bare Life*. Stanford: Stanford University Press.

Anderson, Benedict, 1983, *Imagined Communities: Reflections on the Origin and Spread of Nationalism*, Random House, Inc.

Benhabib, Seyla, 2002, *The Claims of Culture: Equality and Diversity in the Global Era*, Princeton University Press.

Bosniak, Linda, 2000, "Citizenship Denationalized", *Indiana Journal of Global Legal Studies* 7.

_____, 2002, "Multiple Nationality and the Postnational Transformation of Citizenship", *Virginia Journal of International Law* 42.

Brubaker, Rogers, 1990, "Immigration, Citizenship, and the Nation-State in France and Germany: A Comparative Historical Analysis", *International Sociology* 5(4).

Castels, Stephan, 1998, "Globalization and the Ambiguities of National Citizenship", in Rainer Baubock, John Rundell eds. *Blurred Boundaries: Migration, Ethnicity, Citizenship*. Ashgate Publishing Limited.

Charney, Yeoh, and Kiong, eds., 2003. *Chinese Migrants Abroad: Cultural, Educational, and Social Dimensions of the Chinese Diaspora*. Singapore University Press: World Scientific Publishing Co.

Feldblum, Miriam, 1998, "Reconfiguring Citizenship in Western Europe", in Christian Joppke ed., *Challenge to the Nation-State: Immigration in Western Europe and the United States*. Oxford: Oxford University Press.

Gamlen, Alan, 2006, "Diaspora Engagement Policies: What Are They, and What Kinds of States Use Them?" Working Paper No. 32. Center on Migration, Policy and Society(COMPAS), University of Oxford, Oxford.

_____, 2014, "Diaspora Institutions and Diaspora Governance," *The International Migration Review*, vol. 48, no. S1.

Hammar, Tomans, 1990, *Democracy and the Nation-State: Aliens, Denizens and Citizens in a World of International Migration*. Aldershot: Averbury. Jacobson, David(1997), *Rights across Borders: Immigration and the Decline of Citizenship*. Baltimore: The Johns Hopkins University Press.

Kymlica, Will, 1995, *Multicultural Citizenship: A Liberal Theory of Minority Rights*. Oxford: Clarendon. Kymlica, W. and Baogang He, eds., 2005, *Multiculturalism in Asia*, Oxford University Press.

Marshall, T.H., 1994[1949], "Citizenship and Social Class", in Bryan Turner and Peter Hamiton eds., *Citizenship: Critical Concepts*, Vol. 2. London: Routledge.

Ng Wai-Ming, Benjamin, 2003, "Chinese Education and Changing National and Cultural Identity among Overseas Chinese in Modern Japan: A Study of Chuka Dobun Gakko in Kobe", in Charney, Yeoh, and Kiong eds., *Chinese Migrants Abroad: Cultural, Educational, and Social Dimensions of the Chinese Diaspora*. Singapore University Press: World Scientific Publishing Co.

Ong, Aihwa, 1993, "On the Edges of the Empires: Flexible Citizenship Among Cosmopolitan Chinese", *Positions 1*.

Rosaldo, Renato, 1993, *Culture and Truth: The Remaking of Social Analysis*. Beacon Press.

Smith, Rogers M., ed., 2011, *Citizenship, Borders, and Human Needs*. University of Pennsylvania Press. Philadelphia.

Soysal, Yasemin, 1994, *Limits of Citizenship: Migrants and Postnational Membership in Europe*, Chicago: University of Chicago Press.

Spiro, Peter, 1997, "Dual Nationality and the Meaning of Citizenship", *Emory Law Journal 46*.

Tambiah, J. Stanley, 2008, *Magic, Science, Religion and the Scope of Rationality*, Cambridge University Press.

Taylor, Charles, 1992, *Multiculturalism and the Politics of Recognition*. Princeton: Princeton University Press.

세계 속의
동아시아 국가 브랜드 이미지

;

중국, 일본, 한국의
비교적 관점을 중심으로

다니엘 종 스베켄디크

세계화란 무엇인가? O'Rourke와 Williamson에 따르면 세계화란 '상품시장(commodity markets)', '이민시장(migration markets)', '금융시장 (financial markets)'의 통합을 뜻한다.(O'Rourke, Williamso, 1999) 상품시장 의 세계화는 한국의 스마트폰이 유럽으로 수출되고 유럽의 자동차가 한국으로 수입되는 것과 같이 서로 다른 국가 사이에서 발생하는 재 화의 수입과 수출을 말한다. 이민시장의 세계화는 한국의 광부들이 독일에서 일하고, 독일 마르세데스 벤츠사의 직원이 한국에서 일하 는 것과 같이 서로 다른 국가 사이에서 발생하는 이민과 이주를 말한 다. 금융시장의 세계화란 한국인이 미국에서 주유소를 개업하고 스타 벅스와 같은 미국의 프랜차이즈 회사들이 한국에 진출하는 것과 같이 서로 다른 국가에서 발생하는 금융거래를 말한다.

O'Rourke와 Williamson에 따르면 세계화는 19세기 초반부터 시 작된 현대의 현상이다. 세계화는 산업혁명을 통한 기술혁신으로부터 발생되었으며 산업혁명 기간에 발명된 공장과 기계들로 옷이나 라디 오와 같은 소비재가 대량으로 생산되었다. 같은 시기 산업혁명은 증 기선, 기차, 자동차와 같은 기술혁신을 통해 운송비를 크게 절감시켰 다. 이로 인해 짧은 시간에 서로 다른 국가 간의 수입과 수출이 가능 하게 되었고 이러한 운송 혁신은 이민시장 역시 바꾸어 놓는다. 이주 노동자들은 짧은 시간에 낮은 경비로 외국의 농장이나 공장으로 일을

하러 이주할 수 있게 되었고, 금융시장 역시 산업혁명에 영향을 받았다. 전화나 전신과 같은 전기통신의 혁명은 회사가 해외의 지점에 돈을 송금할 수 있게 해주었다.

산업혁명 이전에 사람들은 식량과 직물을 주로 생산하는 농업사회를 기준으로 생활했으나 산업혁명으로 인해 세계화가 시작됐다. 전근대시기의 국가들은 서로 고립되어 생활할 수 있었던 반면, 산업혁명은 현대의 국가들이 보다 글로벌하게 생각하도록 촉구했다. 한 개의 나라가 새로운 물건들을 모두 생산하는 것은 불가능하기 때문이다. 예를 들어 1천 년 전에 사람들은 이동을 위해 말을 이용했다. 각 나라들은 필요한 말을 자국에서 생산할 수 있었기 때문에 국가 간의 교역이 불필요했다. 하지만 산업혁명으로 몇몇의 국가들이 자동차를 생산하며 마차의 자리를 대신하였고, 다른 나라들은 증기선을 생산하기 시작했다. 현재는 무역을 통해 모든 나라가 자동차와 배를 소유할 수 있고 이는 각 나라의 교통 기반시설을 발전시켰다.

이러한 예시는 세계화가 각 나라들의 복지 역시 향상시켰음을 보여준다. 세계화를 선택하는 대신 고립정책을 택한 나라들은 발전이 뒤쳐져 있다. 세계화의 좋은 예 중의 하나는 바로 한반도이다. 남한은 김영삼 대통령의 세계화 정책으로 1990년대부터 세계화를 시작하여 외국 제품과 외국 음식점이 생기고, 외국이민자들이 한국에 정착하기 시작했다. 반면 북한은 현재까지도 세계에서 가장 고립된 국가로 알려져 있다. 일례로 6%의 북한 주민만이 냉장고를 소유하고 있는데 이것은 북한 정부가 냉장고를 대량생산하지 못할 뿐더러 이를 수입하기도 힘들기 때문이다.(Schwekendiek, 2008)

세계화로 인해 사람들은 필연적으로 외국의 물건과 브랜드, 아이디어는 물론 외국 이민자에까지도 노출된다. 남한 역시 여기에서 예외는 아니다. 세계화는 말 그대로 많은 나라와 연관되어 있다. 현재 세계에는 200개 정도의 나라가 있는데 이 중 어떤 나라들은 유명하고 좋은 평판을 가지고 있으며 어떤 나라들은 나쁜 평판을 가지고 있다.

1. 국가 브랜드 이미지가 중요한 이유

세계에서 좋은 평판을 받는 것이 어째서 중요할까? 좋은 평판을 갖는 것이 판매이익, 관광이익, 외교이익, 이민이익 등의 네 가지의 혜택을 가져오기 때문이다. 이를 차례대로 알아보자.

첫 번째로 판매이익이다. 백화점이나 대형 마켓에 가면 판촉사원들이 물건을 홍보하는데 그 물건이 "made in Germany(독일제)", 혹은 "made in the USA(미국제)"라고 강조하는 경우가 흔하다. 제품이 어디에서 생산되었는지 만으로도 판촉사원들은 그 제품이 한국이나 중국 등 다른 나라에서 생산된 제품보다 더 훌륭하다고 홍보한다. 유명한 나라에서 생산된 제품은 그 자체로 홍보가 된다. 하지만 사람들이 모르는 사실은, 백화점이나 대형마켓에서 판매되는 이러한 외국 제품들이 그 나라에서는 별로 유명하지 않은 경우도 있다는 사실이다. 홈쇼핑이나 인터넷 쇼핑몰에서 "made in Germany"라고 강조되며 판매되는 여러 제품들이 사실 독일에서는 별로 유명하지 않은 경우가 많다. 하지만 소비자들은 단순히 "made in Germany"와 좋은 품질을 연결시켜 그 제품이 세계적으로 유명하다고 자동적으로 생각한다.

이렇게 좋은 평판을 가진 나라는 판매적인 부분에서 여러 모로 이득을 본다. 이러한 나라의 제품들은 자신의 상품을 더욱 비싸게 판매할 수 있게 된다. 회사들은 내수 시장에서 경쟁력이 없더라도 외국의 시장에 쉽게 진출할 수 있다. 다른 말로 하면 나쁜 평판을 가진 나라는 수출하거나 성장하기가 더 어렵다는 뜻이다. 나쁜 평판을 가진 나라의 회사들은 오히려 그로 인해 손해를 보는 경우도 있다. 남한의 경우 국가 평판이 좋지 않은 편이기 때문에 남한에서 생산된 제품들은 일본이나 미국, 혹은 독일에서 생산된 제품보다 가격이 30%가량 낮게 책정된다. 다시 말해, 한국의 회사들은 동일한 제품도 "made in Korea"이기 때문에 독일이나 미국, 혹은 일본에 비해 가격을 70%까지밖에 책정하지 못한다는 것이다. 이처럼 좋은 국가 이미지는 수출에 있어 큰 영향을 미치게 되고 오늘날의 세계화 추세에서는 좋은 국가 이미지는 높은 가격의 판매로 이어진다. 이것은 또한 1997년 IMF 위기나 2007년 금융위기와 같은 세계적인 위기에서도 중요하다. 좋은 평판을 가진 나라의 회사들은 제품 품질의 향상 없이도 계속해서 그들의 물건을 수출할 수 있다. 이러한 회사들은 해외의 소비자들이 계속해서 제품을 구매하기 때문에 불경기와 같은 위기 속에서 더욱 안전하다.

두 번째로, 관광이익이다. 좋은 평판을 가진 나라는 외국 관광객을 불러모은다. 관광산업은 세계에서 가장 큰 서비스 산업 중 하나이다(Waitt, 1996). 관광산업은 관광, 음식, 숙박, 운수, 쇼핑산업에 많은 일자리를 창출한다. 〈사진 1〉을 보면 한국은 외국인에게 전통관광과 쇼핑하기에 좋은 나라로 광고하고 있다. 관광산업은 많은 외화를 벌어들이는데 2012년 12월 31일에 발표된 문화체육관광부의 방한외래 관광객 통계발표에 따르면 1,110만 명이 넘는 외국 관광객이 한국을 방문하였고 141억 달러의 관광수입을 올린 것으로 나타났다. 많은 도쿄, 베를린, 뉴욕이나 런던과 같은 유명도시들은 외국 관광객들이 휴가를 보내기 위해 여행을 와서 쇼핑을 하고 음식을 먹고 박물관을 찾

[사진 1] 2016년 서울의 시티투어버스
참고: 흰 색의 영문으로 "전통시장과 한국 문화, 음식, 쇼핑" 이라고 써 있음.

는 등의 호황을 누리고 있다. 이는 많은 일자리를 창출하여 실업률을 낮추게 된다. 하지만 나쁜 평판의 나라들은 관광객을 많이 유치할 수 없다. 관광객들은 자신의 휴가를 투자하여 먼 곳으로 여행을 하기 때문에 위험하고 정치적으로 불안한 나라에 여행가서 목숨을 위협받거나 나쁜 대접을 받는 것을 원치 않는다. 나쁜 평판의 나라들은 관광객이 줄어들고 이는 높은 기회비용으로 이어진다.

세 번째로, 국가의 좋은 평판은 세계 속의 "소프트 파워"를 증가시켜준다. "하드 파워"는 경제, 군사력과 자주 결부되는 반면, 소프트파워는 정치, 외교력과 연결된다.(Lee and Melissen, 2011) 특히 공산화, 군국화가 된 북한을 마주하고 일본과 중국과 같은 열강 사이에 위치한 남한과 같은 작은 국가에게 정치적 동맹은 매우 중요하다. 좋은 평판을 가진 국가들은 UN이나 OECD와 같은 국제적인 기구로부터 외교적 정치적인 도움을 받을 수 있는 반면, 나쁜 평판을 가진 나라들은 종종 국제 정치싸움에서 희생양이 되곤 하는데 강대국은 신뢰할 수 없는 나라의 정부와 엮이는 걸 원치 않기 때문이다. 국가의 좋은 평판은 위기 속에서 믿을 만한 동맹국을 찾는 기회를 증가시켜준다. 다른 말로 하면, 정부에 대한 나쁜 평판은 위기상황에서도 다른 나라의 원조를 받기 힘들다는 뜻이다.

네 번째로, 이민시장이다. 이주노동자들이 그들의 나라를 떠나 다른 나라로 일을 하러 떠날 때, 그들은 자신의 고국과 계속적으로 교류를 해야 한다. 그들이 이주한 나라의 국민들은 이민자들을 그들의 출신국에 대해 이미 가지고 있는 고정관념을 토대로 이민자들을 대한다. 이주자들에 대한 차별은 대체로 매우 강력하다. 예를 들어 유럽이나 미국, 호주와 같은 부유한 서양 나라에 입양된 한국인 입양인들 중 23%가 한국인이라는 이유로 육체적인 폭력을 경험한 것으로 나타났는데(Jung et al., 2008) 때때로 한국인에 대한 편견이 이러한 공격의 이유가 되곤 한다. 다른 말로 하면, 평판이 나쁜 국가에서 온 사람들은 평판이 좋은 국가에서 온 사람들보다 더 자주 무례한 대우를 받게 된다. 이것은 요즘 더욱 중요해졌는데, 많은 한국인들이 한국을 헬조선이라 부르며 해외로 이민하고 싶어 하기 때문이다. 2016년 코리아타임스에 따르면 10명 중 8명의 한국인이 헬조선을 떠나 외국으로 이민을 가고 싶어 한다(The Korea Times, 'Koreans want to leave 'Hell Joseon', 18 January 2016). 이들은 더 부유하고 사회복지가 잘 되어 있는 서양 국가들로 이민을 가면 한국에서보다 훨씬 더 나은 삶을 살 것이라 기대한다. 하지만 앞에 언급한 한국인 입양인 조사에서도 알 수 있듯 이들 나라는 자신들이 가지고 있는 역사적 유산에 대한 자부심이 강하고 한국인에 대한 차별이 매우 심하다. 이민을 가기 전에 이민을 가고자 하는 나라에서 한국이 어떻게 인식되고 있는지를 먼저 알아보는 것이 매우 중요하다.

국가의 좋은 평판은 오늘날 세계화 속에서 매우 중요하다. 좋은 평판은 국가프리미엄을 붙인 수출업을 통해 외화를 벌어들이고 외국 관광객을 불러들여 숙박, 음식, 관광, 쇼핑을 통해 많은 돈을 벌어들일 수 있다. 좋은 국가 평판은 외교협상에서 다른 나라로부터 어떻게 대우되는지를 결정하고 다른 나라에서 자국 이민자들이 어떻게 대우받는지도 결정한다.

오늘날 세계화 속의 국가 평판의 중요성을 인정하는 것은 매우 중요하다. 2008년 세계 금융위기 이후, 정책결정자들은 국가 브랜드 이미지를 높여 수출을 늘리는 방법에 주목하기 시작했다. 따라서 국가 브랜드 지수도 매우 중요해졌는데, 이 연구의 나머지 부분에서 국가 브랜드 이미지에 대한 설명과 동아시아 3국인 중국, 일본, 그리고 남한이 세계 속에서 어디에 랭크되는지를 알아보도록 하겠다.

2. 국가 브랜드 지수의 이해

공식적으로는 Anholt-GfK Roper Nation Brands Index라고 알려진 국가 브랜드 지수는 시몬 안홀트와 컨설팅회사인 GfK에 의해 2008년 론칭되었다. 국가 브랜드 지수는 세계 속에서 한 국가가 가진 제품, 정부, 문화, 국민, 관광, 이민의 6개의 영역에 기초한 브랜드 파워를 측정한다. (Politiek, 2012; 김진영, 2009)

첫 번째로, 제품은 상품 및 서비스에 대한 이미지로 제품의 원산지에 따라 자동적으로 갖게 되는 긍정적, 혹은 부정적인 이미지를 말한다.

두 번째로, 정부는 민주주의, 사회정의, 빈곤과 환경문제를 포함한 국가에 대한 신뢰를 말한다.

세 번째로, 문화는 영화, 음악, 스포츠, 문화 등을 포함하는 각 나라의 문화 및 유산에 대한 지각을 말한다.

네 번째로, 국민은 교육, 개방성, 친밀성, 잠재적인 적대 및 차별에 대한 이미지 등을 포함한 국민의 경쟁력을 말한다.

다섯 번째로, 관광은 관광에서 주요 요소인 자연미, 역사적인 건물과 기념물, 활기찬 도시 라이프와 도회적인 매력 등의 세 가지 영역에서 관광객을 어떻게 끌어들이느냐 인지를 말한다.

마지막 여섯 번째는 이민으로 해당 나라에 살고 싶게 만드는 매력과 경제 및 사회적 조건들에 대한 이미지가 어떤지를 측정한다.

이처럼 국가 브랜드 지수는 매우 포괄적으로 평가된다. 20개 핵심국가에서 1,000명의 일반 국민이 무작위로 선택되어 설문에 응하는데 응답자들은 20개 핵심국가는 물론 30개의 추가 주요 국가에 대해 6가지 영역에 관련된 질문들에 대해 그들의 의견을 답하게 된다. 〈표 1〉은 20개의 핵심국가와 응답자가 대답해야 하는 30개의 주요국가를 포함한 총 50개국의 나라에 대한 리스트이다. 응답자들은 다른 나라뿐만 아니라 자국의 나라에 대해서도 평가를 했는데 중국의 경우는 이것이 허용되지 않았기 때문에 제외되었다.

2008년 처음 실시된 이 순위를 통해 본 연구는 중국, 일본, 남한의 동아시아 3개 국가가 전 세계에서 이 6가지 요소에 의해 어떻게 평가되는지를 분석하도록 하겠다.

[표 1] 2008년 국가 브랜드 순위 조사에 포함된 국가 목록

응답자가 의견을 말한 20개 핵심국가와 30개 주요국가

1	아르헨티나	26	덴마크
2	호주	27	에콰도르
3	브라질	28	에스토니아
4	캐나다	29	핀란드
5	중국	30	헝가리
6	이집트	31	아이슬란드

7	프랑스	32	인도네시아
8	독일	33	이란
9	인도	34	아일랜드
10	이탈리아	35	리투아니아
11	일본	36	말레이시아
12	멕시코	37	네덜란드
13	폴란드	38	뉴질랜드
14	러시아	39	나이지리아
15	남아프리카	40	노르웨이
16	남한	41	페루
17	스웨덴	42	루마니아
18	터키	43	사우디아라비아
19	영국	44	스코틀랜드
20	미국	45	싱가포르
21	오스트리아	46	스페인
22	벨기에	47	스위스
23	칠레	48	타이완
24	쿠바	49	태국
25	체코 공화국	50	아랍에미리트 연합국

참고: 1~20은 설문에 응한 20개 핵심국가

3. 국가 브랜드 지수

국가 브랜드 지수는 2008년부터 현재까지 발표되고 있으나 현재 접근 가능한 데이터는 2008년 데이터뿐이다. 2009년부터는 상위 10개 순위만 공개되며 구체적인 순위 점수 없이 최종 순위만이 공개되고 있다.

〈표 2〉는 2008년부터 2014년까지의 국가 브랜드 순위를 나타낸다. 50개 국가 중에서 독일과 미국이 2008년부터 2014년까지 1, 2위를

[표 2] 2008~2014 국가 브랜드 지수 추이

순위	2008	2009	2010	2011	2012	2013	2014
1	독일	미국	미국	미국	미국	미국	독일
2	프랑스	프랑스	독일	독일	독일	독일	미국
3	영국	독일	프랑스	영국	영국	영국	영국
4	캐나다	영국	영국	프랑스	프랑스	프랑스	프랑스
5	일본	일본	일본	일본	캐나다	캐나다	캐나다
6	이탈리아	이탈리아	캐나다	캐나다	일본	일본	일본
7	미국	캐나다	이탈리아	이탈리아	이탈리아	이탈리아	이탈리아
8	스위스	스위스	스위스	호주	스위스	스위스	스위스
9	호주	호주	호주	스위스	호주	호주	호주
10	스웨덴	스페인	스웨덴	스웨덴	스웨덴	스웨덴	스웨덴
...							
22	중국						
...							
24	싱가폴	싱가폴					
...							
28		중국					
...							
31		한국					
...							
33	한국	태국					
34	태국						
...							
50	이란	이란					

참고: 2009년 이후의 자료는 상위 10개 나라 순위만 공개됨.
출처: GfK Roper Public Affairs & Media(2009a), GfK Roper Public Affairs & Media(2009b), Politiek(2012), GfK Marketing and Communications(2012), GfK(2014).

다투고 있다. 독일은 2008년과 2014년 1위를 기록했고 미국은 2009년부터 2013년까지 1위를 차지했다.

〈표 2〉는 일본과 같은 아시아의 국가도 상위순위를 기록하고 있음을 보여준다. 일본은 2008년부터 2014년까지 5위에서 6위를 차지하였다. 싱가포르와 같은 다른 아시아 국가도 2008년과 2009년에 24위를 기록하며 평균보다 약간 높은 순위를 차지했다. 그러나 남한의 경우는 상황이 다르다. 2008년 33위, 2009년 31위를 기록하며 제3세계 국가인 태국과 근접한 순위를 기록했다. 일본이 매우 높은 국가 브랜드 순위를 가진 것으로 보아 순위에 반아시아 감정이 영향을 준 것으로 보기는 힘들다. 하지만 세계에서 한국과 중국이 낮게 평가되고 있음은 분명하다. 일본과 중국, 한국은 같은 몽골 계통의 민족이지만 외국인에게 이 세 나라를 구분하는 것은 어렵지 않은 일이며 만약 어렵다면 이 세 나라가 비슷한 순위로 평가되었을 것이다.

다음 파트에서 일본, 중국, 한국이 20개 핵심 국가에서 6개의 분야에 따라 어떻게 인식되어 있는지를 알아보도록 하겠다.

4. 세계 속의 중국, 일본, 한국의 평판

〈그림 1〉에서 〈그림 21〉까지 50개국의 순위를 확인할 수 있는데 평균순위인 25위와 가장 하위순위인 50위에 점선으로 표기를 했다.

본 연구에서는 순위만 확인할 수 있고 왜 그 순위를 기록했는지는 설명하는 데에는 한계가 있지만 관심이 있다면 한국의 브랜드 가치에 대한 설명으로 다음 논문(Dinnie, 2009; Graves, 2010; Schroeter and Schwekendiek, 2015; Schwekendiek, 2010)이 도움이 될 것이다. 아쉽게도

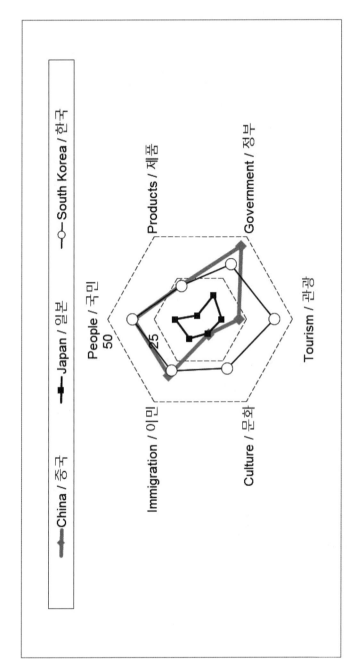

[그림 1] 세계인이 평가한 중국, 일본, 한국의 브랜드 이미지

중국과 일본에 대한 연구는 많지 않다(Dinnie, 2008).

〈그림 1〉은 세계에서 중국, 일본, 한국이 어떻게 평가되는지를 6개 분야로 구분해 표시한 것이다. 평균적으로 일본은 6개 분야 전체에서 중국이나 한국보다 좋게 평가되고 있다. 하지만 문화 측면에서 일본은 50개 국가 중 8위를 차지하며 9위를 기록한 중국보다 단지 1순위가 더 높게 나타났다. 하지만 한국의 경우 K-pop과 온라인 게임, 올림픽 게임의 좋은 성적에도 불구하고 이보다 매우 낮은 30위를 기록했다.

5. 동아시아에서의 중국과 일본, 한국의 평판

이번 파트에서는 세 동아시아 국가가 서로에 대해 어떤 평판을 가지고 있는지를 살펴보도록 하겠다. 하지만 중국의 경우 자국에 대한 평가가 금지되었기 때문에 〈그림 2〉는 중국이 일본과 한국을 어떻게 생각하는지 만을 표시했다. 〈그림 3〉은 일본인이 일본과 중국, 한국을 어떻게 생각하는지, 〈그림 4〉는 한국인이 중국과 일본, 한국을 어떻게 생각하는지를 보여준다.

〈그림 2〉는 중국인이 일본을 전체적으로 낮게 평가하고 있음을 보여준다. 중국인은 자국에 대해 응답할 수 없었기 때문에 중국을 제외한 49개 국가들 중 제품 영역을 뺀 모든 영역에서 일본을 평균인 25위보다 낮은 순위로 평가했다. 특히 중국은 일본을 국민과 정부 영역에서 가장 낮은 순위인 49위로 평가했다. 이것은 과거 일본이 만주를 침략했던 식민지 경험에 기인한 것이지만 한국 역시 매우 낮게 기록된 것은 다소 의외이다. 한국의 국민은 49개 국가 중 40위를 기록했

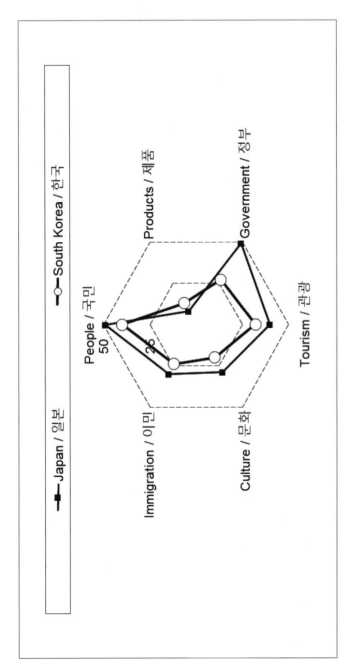

Japan / 일본 · **South Korea / 한국**

People / 국민
50
20
Immigration / 이민
Culture / 문화
Tourism / 관광
Government / 정부
Products / 제품

[그림 2] 중국인이 평가한 일본과 한국의 브랜드 이미지

는데 이것은 1950년에서 1953년까지 발생한 한국전쟁과 1592년에서 1598년까지 발생한 임진왜란으로 인해 많은 중국인들이 한국에서 죽었기 때문으로 추측되나 이 부분에 대해선 더 많은 연구가 필요하다. 전체적으로 중국인에게 남한은 일본보다 아주 조금 더 좋게 평가되었다. 특히 한국 정부는 49개 국가 중 27위를 기록하며 49위를 기록한 일본정부에 비해 훨씬 좋게 평가되었다. 일본이 유일하게 높게 평가된 분야는 제품 영역으로 49개 나라 중 8위를 기록했으며 한국은 13위를 기록했다.

〈그림 3〉은 일본인이 중국과 일본, 그리고 한국에 대해 어떻게 생각하는지를 보여준다. 대부분의 사람은 자국에 대해 애국심을 가지고 있기 때문에 일본 역시 자신의 나라를 6개 영역 모두에서 매우 높게 평가했는데 50개 나라 중 5위를 기록한 문화영역과 7위를 기록한 정부 영역을 제외하고는 모든 영역에서 일본이 1위를 기록했다. 〈그림 3〉은 중국이 50개 국가 중 이민, 국민, 제품, 정부 영역에서 가장 낮은 평가를 받았음을 알 수 있다. 하지만 관광 영역에서는 중국이 39위를 기록하며 좀 더 나은 평가를 받았고, 특히 문화 영역은 중국에 5위를 주었다. 〈그림 2〉에서 중국이 일본 정부와 국민을 가장 낮게 평가한 것처럼 〈그림 3〉에서 일본 역시 중국의 정부와 국민을 가장 낮게 평가했다. 한국은 전체적으로 중국보다 조금 낮게 평가되었으나 한국 국민 역시 50개 국가 중 46위를 기록하며 매우 낮게 평가되었고 한국 문화와 제품은 평균수준인 25위에 근접하게 기록되었다. 일본은 한류붐과 2002년의 한일월드컵 공동개최에도 불구하고 한국을 낮게 평가했다. 하지만 중국에 비해서는 한국이 훨씬 긍정적으로 평가되었다.

그렇다면 한국 국민들은 중국과 일본, 한국에 대해서는 어떻게 생

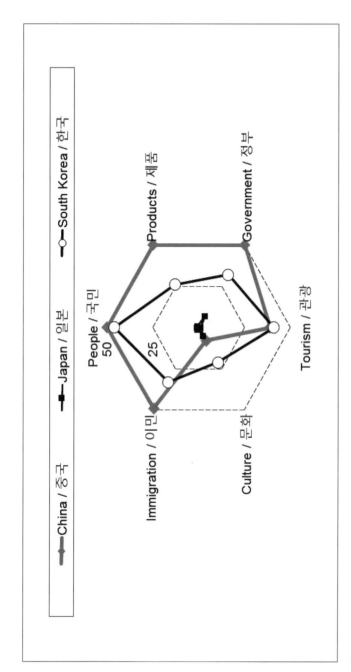

[그림 3] 일본인이 평가한 중국, 일본, 한국의 국가 브랜드 이미지

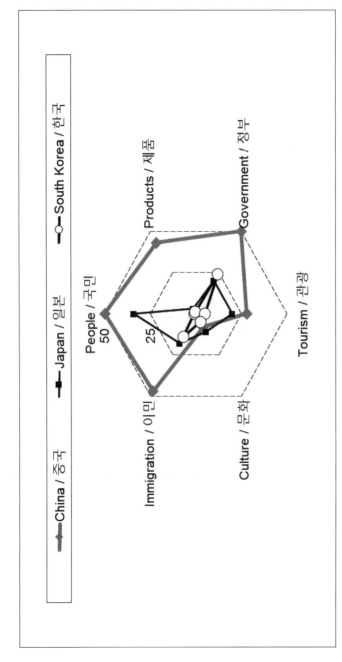

[그림 4] 한국인이 평가한 중국, 일본, 한국어 국가 브랜드 이미지

각할까? 〈그림 4〉에서 볼 수 있듯 한국 국민 역시 자국에 6개 분야 모두에 걸쳐 매우 높은 점수를 주었다. 하지만 이민 분야에 대해서는 50개 국가 중 14위로 다소 낮게 책정했고, 정부에 대해서도 24위로 낮은 점수를 주었다. 〈그림 3〉과 〈그림 4〉를 비교해보면 일본인들은 한국인보다 더 애국심이 강한 것을 알 수 있는데 일본은 자국에 대해 6개 영역 모두에서 1위에 가깝게 평가했기 때문이다. 한국인 역시 일본인과 비슷하게 중국을 매우 낮게 평가했다. 이민, 국민, 제품, 정부 분야에서 중국은 거의 하위권을 기록했는데, 반면 여행 분야에서는 50개 국가 중 28위, 문화는 8위로 책정하였다. 이것은 매우 흥미로운데, 〈그림 2〉에서 볼 수 있듯 일본 역시 중국의 문화를 5위로 매우 높게 평가했기 때문이다. 전체적으로 일본은 평균보다 상위권으로 평가되었다. 평균보다 낮은 영역은 국민영역으로 50개 국가 중 34위를 기록했다.

6. 기타 아시아에서의 중국, 일본, 한국의 평판

이번 파트에서는 중국, 일본, 한국이 다른 아시아 국가에서 어떤 평판을 받고 있는지를 2008년 국가 브랜드 지수를 통해 살펴본다. 이 아시아 국가들은 터키(그림 5)와 인도(그림 6)로 이들은 민주적 정치적 경제적 중요성으로 인해 20개 핵심국가에 들어가 있다.

〈그림 5〉는 터키에서 동아시아 3국 중 일본이 가장 상위로 평가되었음을 보여준다. 일본은 터키에서 대부분 1위에 가까운 순위를 기록하였는데 가장 낮게 평가된 영역은 문화 영역으로 50개 국가 중 8위를 기록했다. 한국과 중국은 이민, 국민, 제품, 정부 영역에서 평균순

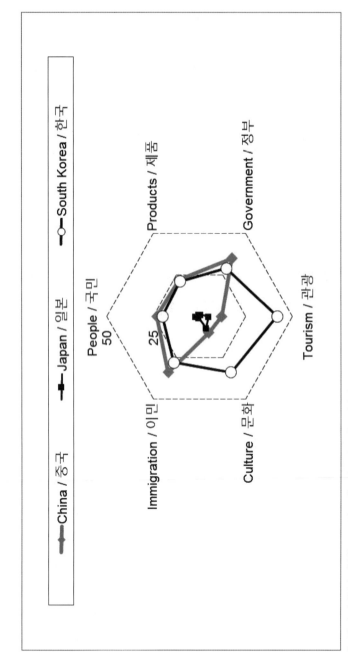

[그림 5] 타키인이 평가한 중국, 일본, 한국의 국가 브랜드 이미지

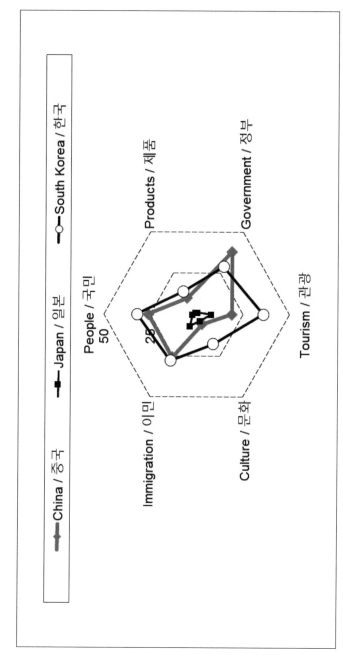

[그림 6] 인도인이 평가한 중국, 일본, 한국의 국가 브랜드 이미지

위인 25위에 가깝게 나타났다. 중국은 문화와 관광 영역에서 일본과 비슷하게 매우 높은 순위를 기록한 반면, 한국은 관광에서 42위, 문화에서 34위를 기록하는 등 낮게 평가되었음을 볼 수 있다.

〈그림 6〉은 인도 역시 마찬가지로 6개 영역에서 일본을 매우 높게 평가했음을 보여준다. 한국과 중국은 이민, 국민, 제품, 정부 영역에서 비슷하게 평가되었고, 역시 중국의 문화와 관광 영역은 한국보다 높게 평가되었다.

7. 라틴아메리카에서의 중국과 일본, 한국의 평판

이번 파트에서는 라틴아메리카에서 중국과 일본, 한국이 어떻게 평가되는지를 알아본다. 〈그림 7〉은 아르헨티나, 〈그림 8〉은 브라질, 〈그림 9〉는 멕시코가 평가한 국가 브랜드 이미지이다.

전체적으로 이 세 라틴아메리카 사람들은 일본을 아시아 국가인 인도와 터키에 비해 약간 낮게 평가했다. 하지만 〈그림 7〉에서 보듯 중국과 한국에 비교하면 일본은 훨씬 높게 평가되었다. 전체적으로 중국과 일본은 멕시코와 브라질에서 비슷한 수준으로 평가되었다. 하지만 아르헨티나에서 국민 영역은 50개국 중에 49위, 관광 영역에서는 46위로 매우 낮게 평가되었다.

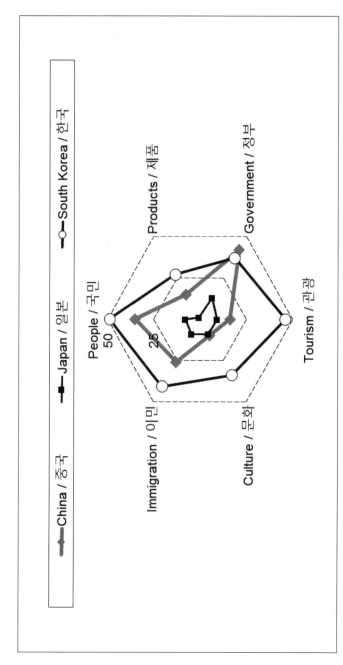

[그림 7] 아르프헨데브란이 평가한 중국, 일본, 한국의 국가 브랜드 이미지.

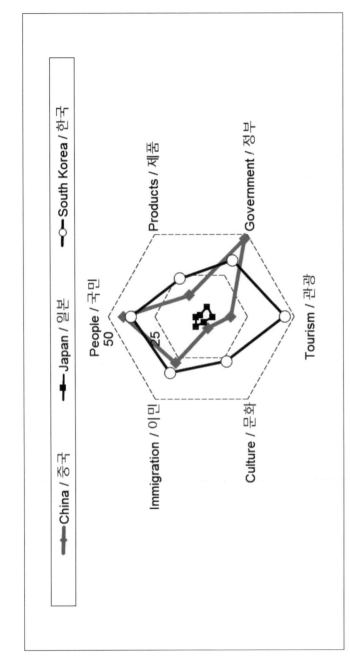

[그림 8] 브라질인이 평가한 중국, 일본, 한국의 국가 브랜드 이미지

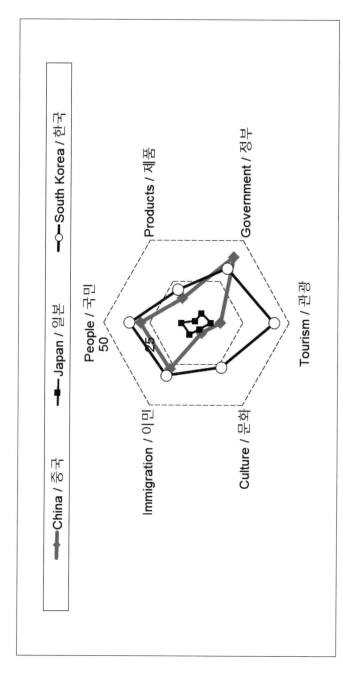

China / 중국　　Japan / 일본　　South Korea / 한국

Products / 제품

People / 국민

Government / 정부

Tourism / 관광

Immigration / 이민

Culture / 문화

50

25

[그림 9] 메시코인이 평가한 중국, 일본, 한국의 국가 브랜드 이미지

8. 영미 국가에서의 중국, 일본, 한국의 평판

이번 파트에서는 영미국가에서의 동아시아 3국의 평판에 대해 알아본다. 영미국가로는 영국(그림 10)과 영국의 식민지였던 호주(그림 11), 캐나다(그림 12), 그리고 미국(그림 13)이 있다.

영미국가에서의 세 국가에 대한 평판은 매우 비슷하다(그림 10~13). 일본은 라틴아메리카에서 보다 조금 더 낮은 순위를 받았지만 여전히 평균인 25위보다는 높은 순위를 기록했다. 일본은 제품 분야에서 가장 높은 순위를 나타냈는데 영국과 호주, 미국에서는 50개국 중에 2위를 기록했다. 캐나다에서는 일본 제품이 50개국 중에 10위로 다소 낮게 기록했다. 중국과 한국은 호주, 캐나다, 영국에서 국민, 이민, 제품 영역으로 비슷한 위치를 기록했다. 하지만 한국은 특히 여행과 국민 분야에서 영국에 의해 46위로 매우 낮게 평가되었고 중국은 정부 분야에서 세 동아시아 국가 중 가장 낮은 순위로 50개국 중 48위와 49위를 기록했다.

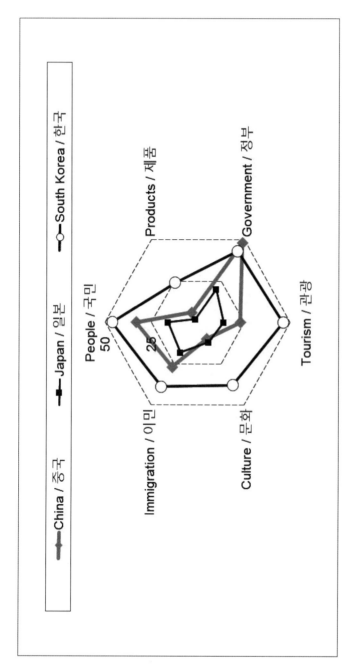

China / 중국　　Japan / 일본　　South Korea / 한국

Products / 제품

Government / 정부

People / 국민

50

25

Tourism / 관광

Immigration / 이민

Culture / 문화

[그림 10] 영국인이 평가한 중국, 일본, 한국의 국가 브랜드 이미지

12장 세계 속의 동아시아 국가 브랜드 이미지　399

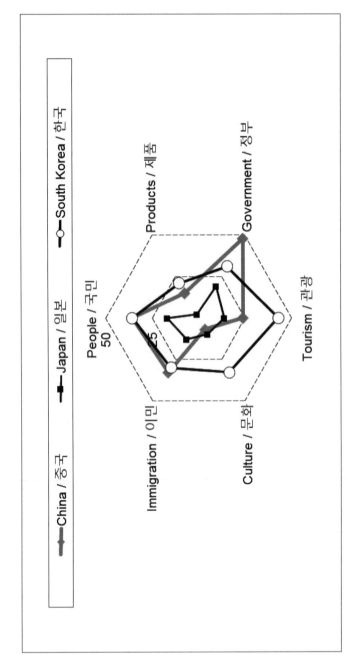

[그림 11] 호주인이 평가한 중국, 일본, 한국의 국가 브랜드 이미지

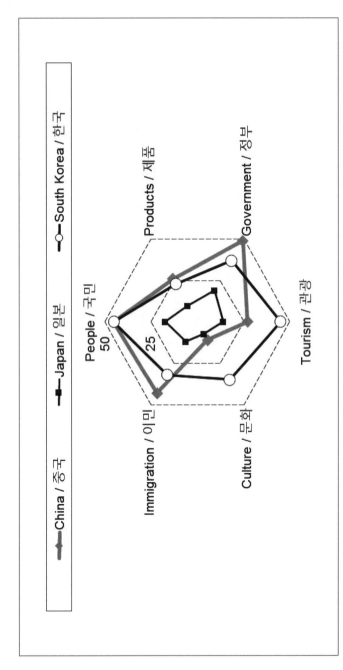

[그림 12] 캐나다인이 평가한 중국, 일본, 한국의 국가 브랜드 이미지

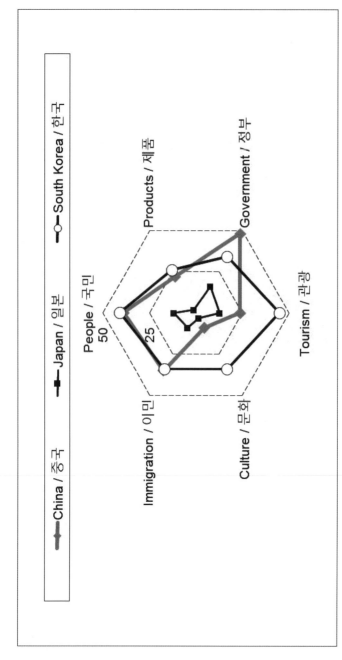

China / 중국
Japan / 일본
South Korea / 한국

Products / 제품
Government / 정부
People / 국민
50
25
Tourism / 관광
Immigration / 이민
Culture / 문화

[그림 13] 미국인이 평가한 중국, 일본, 한국의 국가 브랜드 이미지

9. 아프리카의 중국과 일본, 한국의 평판

이번 파트에서는 동아시아 3개국이 아프리카 대륙에서 어떻게 평가되고 있는지를 살펴본다. 〈그림 14〉는 이집트, 〈그림 15〉는 남아프리카를 나타낸다. 이집트는 아프리카 최북단에, 남아프리카는 아프리카 최남단에 위치해 있지만 이 두 개의 국가가 핵심국가로 선정된 이유는 아프리카 대륙에서의 경제적 중요성 때문이다.

이집트인은 영미국가에 비해 동아시아 국가에 대해 매우 높게 평가했다(그림 14). 이집트인은 6개 영역 대부분에서 일본을 1~2위로 높게 평가했다. 놀랍게도 중국 역시 국민, 제품, 관광, 문화 영역에서 6~8위로 매우 높게 평가되었다. 남한의 경우는 꽤 낮게 평가되었지만 6개 대부분의 영역에서 25위 정도로 평균치를 나타내었다. 영미국가에 비해 남한은 이집트에 의해 훨씬 높게 평가된다. 제품 영역의 경우 남한은 이집트에 의해 9위로 평가되며 가장 높은 순위를 기록했다.

남아프리카의 경우 동아시아국가는 매우 낮게 평가되었다(그림 15). 전체적으로 남아프리카의 평가는 영국(그림 10)과 비슷한 경향을 보였는데 이것은 호주, 캐나다, 미국과 마찬가지로 남아프리카 역시 예전 영국의 식민지였기 때문으로 생각된다. 이는 왜 남아프리카의 평가가 영국의 "offshoots" 국가들과 유사하고 이집트와는 크게 차이가 나는지도 설명된다.

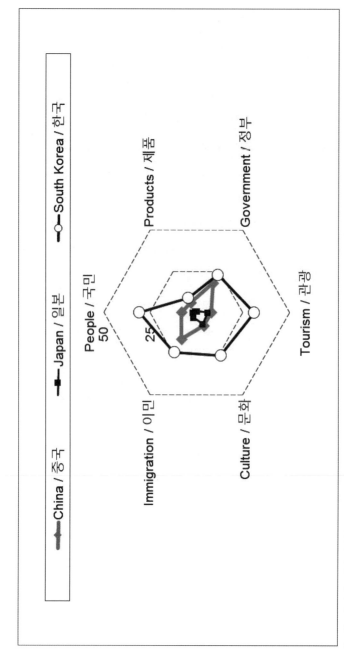

[그림 14] 이집트인이 평가한 중국, 일본, 한국의 국가 브랜드 이미지

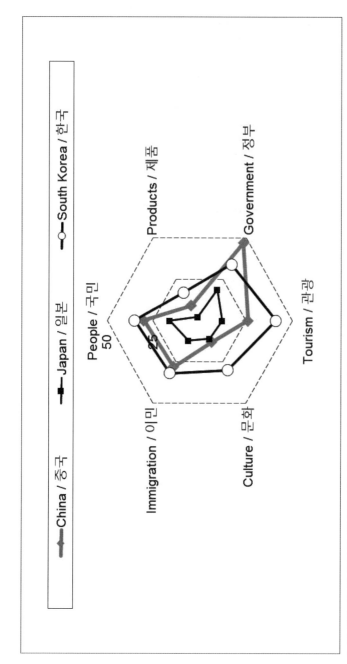

[그림 15] 냄아프리카인이 평가한 중국, 일본, 한국의 국가 브랜드 이미지

10. 서유럽에서의 중국과 일본, 한국의 평판

이번 파트에서는 서유럽에서의 중국과 일본, 한국의 평판을 알아본다. 〈그림 16〉은 프랑스, 〈그림 17〉은 독일, 〈그림 18〉은 스웨덴, 〈그림 19〉는 이탈리아를 나타낸다.

전체적으로 일본의 국민, 정부, 관광, 이민 영역은 프랑스와 이탈리아에서 평균수치인 25위에 근접하며 매우 낮게 나타났다. 일본은 제품영역에서 가장 높게 평가되었다. 서유럽 국가 모두 중국의 정부를 49위로 책정하며 매우 낮게 평가했으며 제품, 국민, 이민 영역에서 중국과 한국은 비슷한 수준으로 낮게 평가되었다. 반면 중국의 문화와 관광영역은 한국의 경우보다 높게 평가되었다. 제품의 경우 한국은 훌륭한 품질과 높은 수준의 디자인에도 불구하고 중국과 같은 순위로 평가되었다(Kim and Jaffe, 2010; Schwekendiek, 2010).

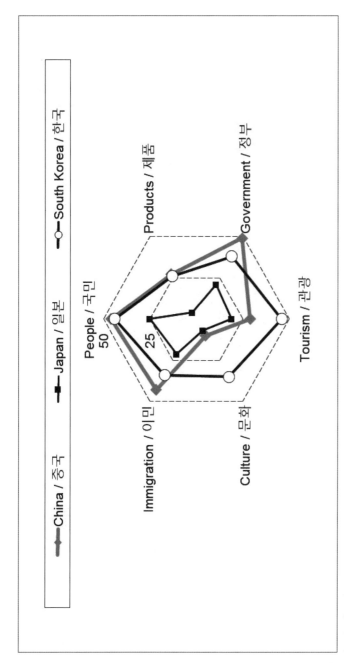

[그림 16] 프랑스인이 평가한 중국, 일본, 한국의 국가 브랜드 이미지

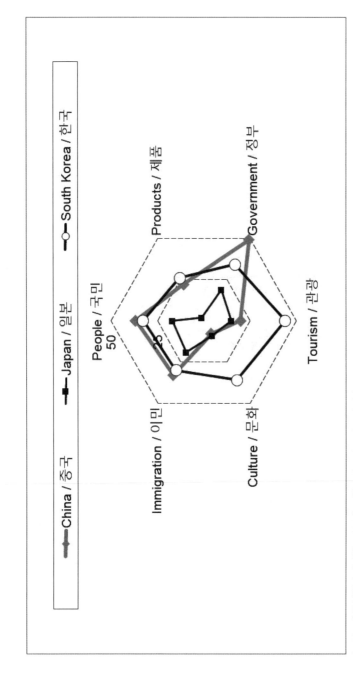

[그림 17] 독일인이 평가한 중국, 일본, 한국의 국가 브랜드 이미지

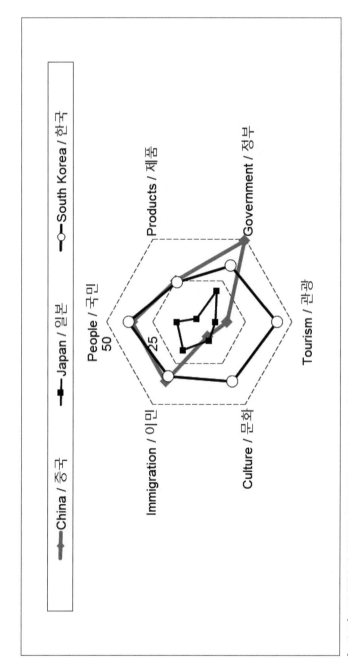

[그림 18] 스웨덴인이 평가한 중국, 일본, 한국의 국가 브랜드 이미지

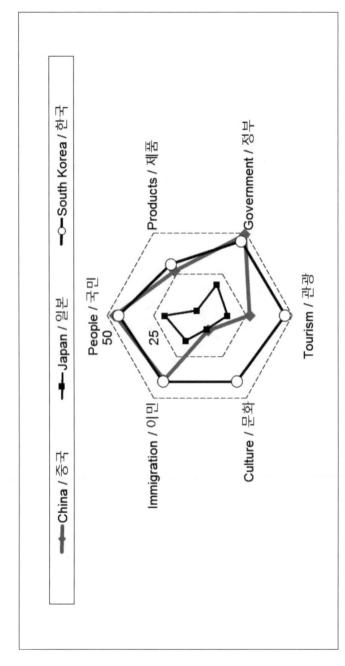

[그림 19] 이탈리아인이 평가한 중국, 일본, 한국의 국가 브랜드 이미지

11. 동유럽에서의 중국과 일본, 한국의 평판

마지막으로 동유럽에서의 동아시아 3개국의 평판을 알아본다. 동유럽은 폴란드(그림 20), 러시아(그림 21) 두 개 국가만 핵심국가로 선정되었다. 러시아는 국제적인 중요성으로 선정되었으나 폴란드의 경우는 선정 이유가 명확하지 않다.

〈그림 20〉은 폴란드에서 일본이 매우 높게 평가되었음을 보여준다. 특히 제품의 경우 일본은 50개국 중 1위를 차지했고 정부의 경우만 18위를 기록하며 낮게 평가되었다. 중국은 정부 영역에서 50위, 이민 영역에서 45위를 기록하며 매우 낮게 평가되었으나 관광 영역에서는 15위, 문화 영역에서는 16위로 평균보다 상위를 기록했다. 한국의 경우도 순위가 매우 낮은데 정부 영역에서 43위, 관광에서 48위, 국민에서 47위를 기록하며 중국과 비슷한 수준을 보여준다. 하지만 중국과 다르게 한국은 문화에서조차 38위, 여행에서 48위로 중국보다 더 낮게 평가되었으며 제품의 경우도 중국이 26위로 한국의 28위보다 더 높게 평가되었다.

러시아의 경우 폴란드보다는 동아시아 3개국이 높게 평가되었다(그림 21). 러시아에서 일본은 6개 영역 모두에서 1위에 근접한 높은 순위를 기록했고 중국과 한국은 25위 정도로 평균순위를 나타냈다. 한국과 중국은 정부 영역에서 각각 25위와 36위를 기록하며 거의 바닥순위를 기록했던 서유럽 국가들보다는 더 높게 평가되었다. 또한 한국 제품은 11위를 기록하며 17위를 기록한 중국 제품보다 높은 순위를 기록했고 이것은 중국 제품을 조금 더 높게 평가했던 폴란드의 경우와는 반대로 나타났다.

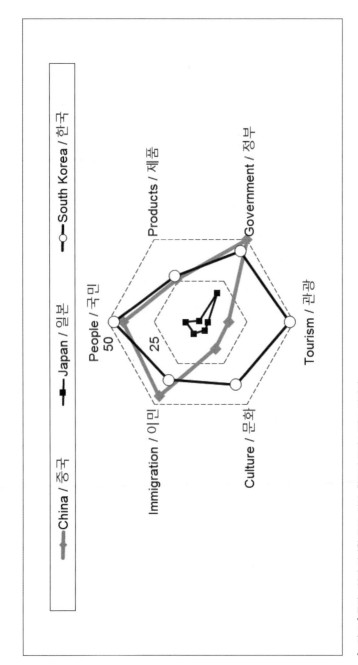

[그림 20] 플란드인이 평가한 중국, 일본, 한국의 국가 브랜드 이미지

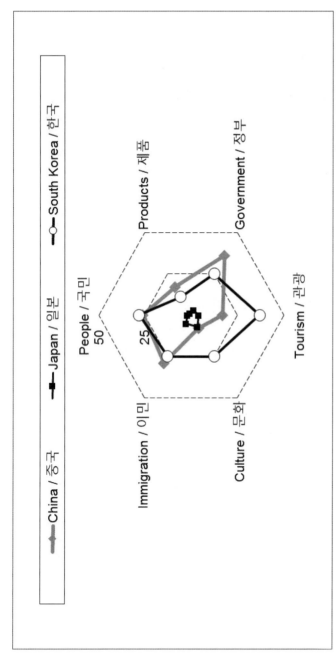

[그림 21] 러시아인이 평가한 중국, 일본, 한국의 국가 브랜드 이미지

12. 맺음말

세계화로 인해 국제사회에서 국가의 평판은 점차 중요해지고 있다. 좋은 국가 브랜드 이미지는 경제적, 외교적, 이민적인 측면에서 보다 긍정적인 효과를 불러온다. 본 연구에서는 중국과 일본, 한국으로 이루어진 동아시아 3개국이 세계 속에서 어떠한 국가 브랜드를 가지고 있는지를 2008년 국가 브랜드 지수를 통해 살펴보았다.

일본은 세계에서 매우 좋은 평판을 가진 것으로 나타났다. 2008년 국가 브랜드지수에서 일본은 종합 5위를 기록했는데 특히 제품 분야에서는 전 세계 대부분의 국가에서 매우 높은 순위를 기록했다. 반면 중국과 한국의 경우는 평균인 25위에도 미치지 못했는데 중국이 관광과 문화에서 한국보다 높은 순위를 기록했기 때문에 전체 순위는 한국보다 중국이 더 높게 나타났다. 심지어 제품 분야에서조차 일부 국가에서 중국 제품은 한국 제품보다 더 좋은 평가를 받았다. 하지만 정부의 경우 많은 나라에서 중국이 가장 낮은 순위인 50위를 기록했다.

본 연구의 주요 목표는 학생들에게 왜 국가 브랜딩이 중요한지를 알리고 동아시아 3개국인 중국과 일본, 한국의 강점과 약점을 통계적인 근거와 함께 보여주는 데에 있다. 다만 순위에 대한 근본적인 요인은 차후의 연구에서 더욱 심도 있게 다루게 되길 희망한다.

| 참고문헌 |

김진영, 2009, 「국가 브랜드 지수와 국가디자인 경쟁력의 연관관계 분석」, 『브랜드디자인학연구』 제12호.

정애리, 권지성, Schwekendiek D, 2008, 「국외 입양인 실태조사 및 효율적 입양사후 서비스제공방안」, 보건복지가족부.

Schwekendiek D, 2015, 「한국사회가 묻고 인문학이 답하다, "한국의 국가 브랜드 이미지를 통한 국제사회와의 소통문제와 대북관계의 함축"」, 인문학(HK)연구소협의회 & 인문한국(HK)성과확산총괄센터.

Dinnie K, 2008, Nation branding: concepts, issues, practice. Amsterdam: Elsevier.

Dinnie K, 2009, Repositioning the Korea Brand to a Global Audience: Challenges, Pitfalls, and Current Strategy. Korea Economic Institute Academic Paper Series 4:1−7.

GfK, 2014, Press release: Germany knocks USA off top spot for 'best nation' after 5 years. Nuremberg: GfK.

GfK Marketing and Communications, 2012, Press Release: Two−Thirds of Nations Experience Reputation Decline in 2012 Nation Brands Index: GfK Marketing and Communications.

GfK Roper Public Affairs & Media, 2009a, 2008 Anholt−GfK Roper Nation Brands Index.

GfK Roper Public Affairs & Media, 2009b, The Anholt−GfK Roper Nation Brands Index 2009 Report August 2009 − Prepared for: Switzerland. New York: GfK Roper Public Affairs & Media.

Graves C, 2010, Designing a distinctive national brand. McKinsey Quarterly April:6−11.

Kim MO, Jaffe S, 2010, The new Korea: An inside look at South Korea's economic rise. New York: American Management Association.

Lee SJ, Melissen J, editors. 2011, Public diplomacy and soft power in East Asia. New York: Palgrave Macmillan.

O'Rourke K, Williamson J, 1999, Globalization and History. Cambridge: MIT Press.

Politiek M, 2012, The Anholt−GfK Roper Nation Brands Index 2011: Key results for Holland. The Hague: Netherlands Board of Tourism & Conventions.

Schroeter T, Schwekendiek D, 2015, Understanding South Korea's Poor Nation Brand Image: A Content Analysis of Two Leading German Print News Media, 1948−2013. International Journal of Asia Pacific Studies 11.

Schwekendiek D, 2008, Determinants of well−being in North Korea: evidence from the post−famine period. Economics and Human Biology 6.

Schwekendiek D, 2010, Marketing Korea Inc. Korea Forum Issue 1+2.

Waitt G, 1996, Marketing Korea as an international tourist destination. Tourism Management 17.

문화체육관광부, 2012년 방한외래관광객 통계.

| 저자 소개 |

1부 동아시아 연구의 시각과 방법

| 1장 | 한·일 양국의 역사를 다시 본다
미야지마 히로시

성균관대 동아시아학술원 석좌교수이자 도쿄대 명예교수이다. 그동안 조선시대와 근대시기의 경제사, 사회사, 사상사 분야를 집중적으로 연구하며 한국사의 특징을 동아시아적 시야에서 파악하고, 한국 학계와 외국 학계의 소통을 위해 고민해왔다. 주요 저서로『미야지마 히로시의 양반』(너머북스, 2014),『미야지마 히로시, 나의 한국사 공부』(너머북스, 2013),『일본의 역사관을 비판한다』(창비, 2013),『朝鮮土地調査事業史の研究』(도쿄대 동양문화연구소, 1991),『현재를 보는 역사, 조선과 명청』(너머북스, 2014 공저) 등이 있다.

| 2장 | 유럽의 오리엔트 연구 혹은 아시아학의 기원
보데윈 왈라번(Boudewijn Walraven)

네덜란드 레이던대학교 명예교수(한국학). 유럽한국학 학회의 전 회장. 현재 성균관대학교 동아시아학술원 석좌초빙교수. 저서로는『보물섬은 어디에: 네덜란드 공문서를 통해본 한국과의 교류』(지명숙과 공저)와 "Popular Religion in a Confucianized Society,"(in Martina Deuchler and Jahyun Kim Haboush (eds.), Culture and the State in Chosŏn Korea) 외 한국문화사에 대한 다수의 논문이 있다.

| 3장 | 동아시아사를 바라보는 시각
　　　　배항섭

성균관대학교 동아시아학술원에 재직 중이다. 19세기 민중운
동사를 전공했다. 최근에는 서구 중심주의와 동시에 근대중심
주의에 대한 비판, 곧 전근대-근대의 시기구분이 가지는 정치
적, 이데올로기적 의미에 대한 비판과 근대를 상대화하는 방법
에 관심을 가지고 있다. 구체적으로 "장기 19세기의 동아시아
사", 특히 "근대이행기"의 민중의식을 새롭게 조명하고 있다.
대표 논저로『19세기 민중사 연구의 시각과 방법』,「근대이행기
의 민중의식 ─ 근대와 반근대의 너머」,「서구 중심주의와 근대
중심주의, 역사인식의 天網인가」등이 있다.

| 4장 | 법률과 동아시아 사회, 문화, 역사
　　　　박소현

서울대학교 동양사학과를 졸업하고 미국 미시건대학교(University
of Michigan)에서 박사학위를 받았다. 현재 성균관대학교 동아
시아학술원 부교수이다. 주요 관심 분야는 한·중 비교문학 및
비교문화이며, 최근에는 비교사적 시각에서 동아시아의 법률
과 문화를 연구 중이다. 주요 연구로는『중국 근대의 풍경』(공
저),『능지처참』(역서),『당음비사』(역서), "Thinking with Chinese
Cases: Crime, Law, and Confucian Justice in Korean Case
Literature" (논문) 등이 있다.

|5장| 동아시아공동체 담론의 현황과 새로운 이론의 모색
김비환

성균관대학교 정치외교학과를 졸업한 후 영국 케임브리지대학 사회정치학부에서 정치학석사와 정치학 박사학위를 받았다. 귀국 후 성균관대학교 정치외교학과 교수로 부임하여 현재까지 서구정치사상사와 정치철학을 강의하고 있다. 현재 주요 관심사는 정치와 법의 관계, 정의론, 자유론, 그리고 인간의 존엄 등이다. 최근의 대표적인 저서로는 『민주주의와 법의 지배: 현대 입헌민주주의의 스펙트럼』(2016), 『마이클 오크숏의 정치철학과 정치사상』(2014), 『플라톤과 아리스토텔레스의 정치철학과 변증법적 법치주의』(2011) 등 다수가 있다.

|6장| 비판적 지역주의로서 한국 동아시아론의 형성
임우경

성균관대학교 동아시아학술원 재직. 연세대학교 중문과 석박사. 중국 북경대 박사후. 중국현대문학 전공. 주로 동아시아의 민족과 젠더 문제에 관심이 있으며 현재는 한국전쟁시기 중국의 국민동원과 여성, 동아시아 냉전에 관해 연구 중이다. 저서로 『근대 중국의 민족서사와 젠더』, 『이동하는 아시아: 탈냉전 수교의 문화정치』(편저), 『'냉전' 아시아의 탄생』(편저)이 있고, 주요 논문으로 「요코 이야기와 기억의 전쟁」, 「한국전쟁 시기 중국의 애국공약운동과 여성의 국민 되기」, 「한국전쟁시기 중국의 반미대중운동과 아시아 냉전」 등이 있다.

| 7장 | **글로벌 히스토리와 동아시아론**
　　　　고은미

성균관대 동아시아학술원. 일본중세사를 전공했다. 주요 연구 분야는 동아시아 대외관계사(9-14세기)이다. 저서로 『南宋の沿海制置司と日本・高麗』, 『東京大学日本史学研究室紀要 別冊 中世政治社会論叢』, 2013; 「宋銭の流出と「倭船入界之禁」」, 『史学雑誌』, 2014; 「日本金の輸出と宋・元の貿易政策」, 『日本史研究』, 2015 등이 있다.

| 8장 | **탈냉전과 일본의 동아시아 담론**
　　　　박이진

일본 오사카대학에서 문화표현론 비교문학을 전공하고 아베 고보에 관한 논문으로 박사 학위를 받았다. 최근에는 아베 고보를 포함하여 식민지 출신 귀환 작가들의 일본 문학 내에서의 위상 정립과 동아시아적 지평에서의 귀환자 문학에 관심을 갖고 연구하고 있다. 현재 성균관대학교 동아시아학술원에 재직 중이다. 주요 업적으로 『오에 겐자부로 작가자신을 말하다』(공역), 『韓國における日本文學飜譯の64年』(공저), 『전후 일본의 생활평화주의』(공저) 외에 「전후일본의 이방인들」, 「The Postwar Experience of Repatriates」, 「전후 '귀환 소년'의 실존의식」 등 다수의 논문이 있다.

| 9장 | 동아시아와 조선조 후기 한문학
진재교

성균관대학교 한문교육과를 졸업하고, 같은 대학 대학원에서 한국한문학으로 박사 학위를 받았다. 경북대학교 한문학과 교수를 역임하고 현재 성균관대학교 한문교육과 교수 및 동아시아학술원 원장 겸 대동문화연구원장으로 있다. 주요 저서로 『이계 홍양호 문학 연구』(1999), 『이조 후기 한시의 사회사』(2001) 등이 있으며, 공저로 『근대전환기 동아시아 속의 한국』(2004), 『동아시아 서사학의 전통과 근대』(2005), 『19세기 한 실학자의 발견: 사상사의 이단아, 백운 심대윤』(2016) 등이 있고, 번역서로 『정조 어찰첩』(2009), 『북학 또 하나의 보고서: 설수외사』(2011), 『19세기 견문지식의 축적과 지식의 탄생: 지수염필』(2013), 『18세기 일본 지식인 조선을 엿보다: 평우록』(2013) 등이 있다.

| 10장 | 전근대기 동아시아의 同文
박영미

성균관대학교 동아시아학술원 HK연구교수로 한국한문학을 전공했다. 주요 연구 분야는 근대기 한문학, 한일 비교 한문학이며 대표 저서로 『일제 강점 초기 한학 지식인의 문명관과 대일의식』(2006), 「신체제와 친일한시」(2007), 「경학원에 보이는 근대 일본유학의 경향」(2009), 「일본의 조선총서 간행에 대한 시론」(2013), 「일제강점기 재조일본인의 한문학 연구 성과와 의의」(2012) 등이 있다.

| 11장 | **동아시아 이주자 시민권과 다문화적 현실**
　　　　 정은주

서울대학교 인류학과와 동 대학원을 졸업하고 미국 하버드 대학교(Harvard University)에서 화교의 디아스포라 형성과 특수성에 대한 연구로 박사학위를 받았다. 최근에는 화교 및 한인 이주자 연구를 통해 현대 도시와 국가의 재편과 다문화적 역학에 관심을 두고 연구하고 있다. 현재 성균관대학교 동아시아학술원 HK연구교수이다. 주요 논저로 「디아스포라와 민족교육의 신화」, 「차이나타운 아닌 중국인 집거지: 근현대 동아시아 역학 속에 주조된 서울 화교 집단거주지의 지형」, 「국민과 외국인의 경계: 한국 내 화교의 시민권적 지위에 대한 성격 분석」 등이 있다.

| 12장 | **세계 속의 동아시아 국가 브랜드 이미지**
　　　　 다니엘 종 스베켄디크

성균관대학교 동아시아학술원에 재직 중으로 주로 남북한의 생활수준 및 생활양식 등에 대한 연구를 경제학, 사회학, 인구학적인 관점으로 심도있게 다루고 있다. 현재까지 국제저널에 30여 개의 논문을 발표했으며 6권의 책을 편찬했다. 대표업적으로는 저서 『South Korea: A Socioeconomic Overview from the Past and Present』(2016), 『A Socioeconomic History of North Korea』(2011) 등이 있으며 논문 『Understanding South Korea's Poor Nation Brand Image』(2015) 등이 있다.

동아시아 연구, 어떻게 할것인가

초판 1쇄 인쇄 2016년 8월 24일
초판 1쇄 발행 2016년 8월 31일

책임편집 배항섭 · 박소현 · 박이진
옮 긴 이 성균중국연구소
편 집 인 마인섭(동아시아학술원)
　　　　　　성균관대학교 동아시아학술원 02)760-0781~4
펴 낸 이 정규상
펴 낸 곳 성균관대학교 출판부 02)760-1252~4
등　　록 1975년 5월 21일 제1975-9호
주　　소 03063 서울특별시 종로구 성균관로 25-2

ⓒ 2016, 성균관대학교 동아시아학술원
ISBN　　979-11-5550-190-0　94150

＊ 본 출판물은 2007년 정부(교육부)의 재원으로 한국연구재단의
　지원을 받아 수행된 연구임(NRF-2007-361-AL0014).